杨阿敏

编

古典文学名家访谈录

学海沧桑

吴永学 题

长江出版传媒
崇文书局

图书在版编目（CIP）数据

学海沧桑：古典文学名家访谈录 / 杨阿敏编 . --
武汉：崇文书局，2023.9
ISBN 978-7-5403-7388-7

Ⅰ . ①学… Ⅱ . ①杨… Ⅲ . ①中国文学－古典文学研
究－文学家－访问记－中国－现代 Ⅳ . ① K825.6

中国国家版本馆 CIP 数据核字（2023）第 127432 号

策划编辑：陶永跃
责任编辑：吕慧英　胡　钦
封面设计：杨　艳
责任校对：侯似虎
责任印刷：李佳超

学海沧桑：古典文学名家访谈录
XUEHAI CANGSANG GUDIANWENXUE MINGJIA FANGTANLU

出版发行：长江出版传媒｜崇文书局
地　　址：武汉市雄楚大街 268 号 C 座 11 层
电　　话：(027)87677133　　邮政编码：430070
印　　刷：湖北新华印务有限公司
开　　本：880mm×1230mm　　1/32
印　　张：16.25
字　　数：362 千
版　　次：2023 年 9 月第 1 版
印　　次：2023 年 9 月第 1 次印刷
定　　价：98.00 元

序

一代学人的集体记忆

吴承学

杨阿敏先生发来书稿《学海沧桑：古典文学名家访谈录》，嘱我作序。我怀着强烈兴趣，一口气读完了 10 篇访谈。掩卷而思，感触纷涌。

这本书是古典文学名家系列访谈的第一辑，书中采访了北京及周边 10 位研治古代文学的著名学者。他们治学的领域和路子各有不同，年龄差异亦颇大，但以 20 世纪 50 年代生人为主；他们上大学的时间也先后不一，但以 70 年代为主。总之，多数被访者皆为"文革"后进入高校的本科生和研究生。

我喜欢"学海沧桑"这个书名，用"沧桑"二字来形容这四五十年间学术的发展变化，极为贴切。沧桑是这一代人的际遇，变革是这一代人的使命。四十多年来，作为投身这场变革的亲历者、受益者和见证人，他们对这段历史的回顾与叙述，无疑会更真切地透露出"沧桑"的意味。

任何历史的书写，包括个人的回忆，无论有意无意，都是有选择性的，有所彰显，有所遗忘，有所遮蔽；但当我们把同时代人的个体回忆放在一起，看到的，便是一个时代的集体记忆。就此而言，《学海沧桑》记录的，就是一部当代中国古代文学学术史的雪泥鸿爪，因而具有特别的意义。

1976年，中国结束"文革"十年浩劫，1977年，恢复高考招生制度，到了80年代初，开始形成从学士到博士的学位制度。这是中国高等教育划时代的变革，从此中国教育迎来数十年大规模的高速发展。而在当时，一切刚刚开始，百废待兴。高校条件落后，经费奇缺，文献资料残缺不全，很多基础的书本不易寻觅，更说不上对于海内外相关文献的检索收集了。尤为困难的是，当时不少学生的学术基础基本为零，他们从小没有受过完整连贯的教育，中学毕业就上山下乡，只有极少数人参军、当教师、当工人……高考一恢复，社会对人才的渴求如火山爆发，有些人没有读过或读完中学就直接考上大学，有些人没有读过大学（或刚上大学）就直接考上研究生。虽然这一代学人知识储备与知识结构存在一定缺陷，但幸运地搭上了恢复高考的"头班车"。那是一个旧秩序刚被打破、新秩序尚未形成的年代，学术界洋溢着别样的乐观和自信，空气中弥漫着浓郁的理想主义和宏大抱负的气息。"自由之思想"和"独立之人格"，成为当时许多年轻学者的自我期许和强烈追求。而当时社会上和学术界还没有那么多清规戒律，不问背景，不讲出身，甚至不管有没有读过或读完大学，只要有才华，只要肯努力，就能拿到迈进学术殿堂的通行证。

我有时翻阅八九十年代的报刊，对那时大学生、研究生的照片印象特别深刻，他们学习、生活的条件是那么简陋，而眼神是那么坚毅，又是那么纯朴和干净，让人想起青藏高原那湛蓝纯净的天空。我很怀念这种熟悉却久已不见的眼神。

生逢其时，选择古典文学的这批学者，很多人纯粹是发自内心喜爱，是一种精神寄托。在未有学术规范之前，幸有这一代学人的学术热情与学术良知，加上曲折丰富的生活经历和人生体验，使他们具备独立思考能力，怀有强烈的使命感和进取心。他们就像没有戴上笼头的野马，在不设疆界和樊篱的广袤大漠上恣意奔跑，也许不怎么规范，也许不那么缜密，甚至俨若"无知者无畏"，酣畅淋漓地展示了少有的自信和气魄。现在看来，这种无拘无束的形态很可能已是"后无来者"。至少，这种充满激情、野蛮生长的学术，于今已难得一见。

如果以为那时的他们只是无知无畏，显然失之片面。他们从零起步，一直在探索、调适，在反思、进取。国门刚打开，睁眼看世界，西方传入的概念、理论与方法曾产生重大的影响，这对于开拓眼界、打破原有的理论禁锢，以及提高思辨能力具有积极意义。但很快，年轻的古典文学学者开始认识到学术的本土性，注重从文献、文体与文本中考察文章与文心，尽可能在中国的语境里探索中国文学的特殊性，追寻中国美感与中国智慧。这也是这一代学人数十年来经过迂回曲折的探索，逐渐得出的大概共识。当今古代文学研究的盛况与水平，包括存在的不足和问题，大致就是这批学者所开创和引领的结果。

回顾当时的研究生教育，古代文学一批老一辈的导师无疑是一大亮点。他们对于当时自由开放学风的形成，以及研究生的培养，起了很重要的作用。他们都经过民国学术与共和国初期的学术传统的陶冶，功力精深。但当时学位教育是新事物，除极少数人曾留学国外，绝大多数学者没有受过系统学位教育，如何培养博士，博士论文怎么写，导师们并不太清楚。但这不要紧，他们可以凭借自己的经验和感觉"摸着石头过河"，一切皆可探索。当时的学位论文没有什么开题报告、预答辩，答辩前不需要发表论文，不需要查重，答辩后也没有层层抽查，年轻学者却都能平稳而迅速地成长。

几十年来，我国研究生培养方式已经发生很大变化。回想当初，从零开始，没有规范，未立标准，但允许探索、不设樊篱，构成了特殊的环境和氛围。记得我们当年写论文，还没有学术规范的概念，比如引文不必标出什么版本，只简要地标出哪本书第几卷。研究生的论文题目，也有微观、中观的，但不少题目相当宏大，这和现在差异甚大。以古代文学专业的博士论文为例，如马美信《晚明文学初探》（1984年）、李从军《唐代文学思想史》（1985年）、朱则杰《清代诗歌史》（1988年）、马亚中《中国古典诗歌的最后历程》（1988年，后以《中国近代诗歌史》为名出版）、邓小军《唐代文学的文化精神》、赵敏俐《汉诗综论》……都是开阔宏大的题目，其他学科的博士论文也大多如此。后来，一些学者开始提倡学术规范，倡导小题大做，风气开始改变。此后关于研究生培养的各种规定和标准陆续颁布。于是研究生的学术研究开始走向细密而精深，发展到现在，又演化为狭小而精致。论文能安全通过，便是"王道"。以前的许多博士论文，题目宏阔，论文格局和气魄都比较大。假如按照现在的标准，就研究综述之全面、文献收集之齐备、研究之精细、论证之严密而言，那时不少论文是不够规范的，可能存在问题，甚至是严重的问题。但总体而言，当时的成就还是非常卓著的。衡量高校教育的标准不外乎两个，一是出人才，一是出成果。那个时代的研究生教育，在短短的时间内，就培养了一批又一批优秀的学术人才，出现了一些在海内外有重要影响的学术成果。一个时代有一个时代的文学，一个时期也有一个时期的学术风尚。杜甫诗云"王杨卢骆当时体"，学术研究也有"当时体"，当我们把当时的学术风气放到具体的政治、文化语境中，就更容易理解了。它们当然有不足，但自有一种不可磨灭的光彩。

这一代学者的所长与缺陷、成就和特色，都折射了时代的影响。从 20 世纪 70 年代后期到今天，转瞬已经四十多年。这期间，中国学术史和政治文化史息息相关，只有站在这个高度上才能真正领略"学海沧桑"的特殊意味。这是一个急遽转型又充满变化的历史阶段。从学术史与教育史上看，可以说是从追求个性、推崇启蒙的草创时代逐渐走向高度统一、严谨整饬的规范化与体制化时代。而这一代学人也在此进程中完成了他们的历史使命。

学术是一代接一代传承下来的。这一代学者中的许多人，虽然已取得杰出成就，却仍在坚持不懈地推进学术的发展，但总体而言，他们已完成了学术的开拓与传承。

作为过来人，读这本书感到亲切、真实，并由衷感动，也引发颇多感慨。这种心情，可以用陶渊明"欣慨交心"的诗句来形容。《学海沧桑》所记录的一代学人的足迹，已经深深印在历史记忆中。回忆的意义，不仅在于怀旧，更在于前瞻。这一代学者的经验和教训，应该成为未来学者的一笔财富。阮元说："学术盛衰，当于百年前后论升降焉。"（《〈十驾斋养新录〉序》）这一代学人数十年的学术成就、地位及影响，需要较长时段的历史检验，才能从学术史的角度给出恰当评价。不过，当他们回顾数十年的学术历程，我相信，是足可自慰平生的。

目　录

数十年来的攀登之路

——谭家健教授访谈录

谭家健，1936年出生于湖南衡阳，1955年考入北京大学中文系，中国社会科学院文学研究所古代文学研究室研究员，曾任中国古代散文学会会长、中国骈文学会会长。已出版著作《中华古今骈文通史》《中国古代散文史稿》《中国散文简史》《先秦散文艺术新探》《墨子研究》《六朝文章新论》《中国文化与文学》《中国哲学与认识论》《中外散文随笔》，以上九种十册已合编为《谭家健文集》。

上　篇

杨阿敏：谭老师好！据我们了解，您以80岁高龄，连年出版巨著。2018年，出版《中华古今骈文通史》，115万字；2020年，出版《谭家健文集》10大册，530万余字；还将出版《域外古典散文选注评析》等两本新书。我们非常钦佩！想请您谈谈您的家庭教育背景，小学、中学、大学的学习情况，部队、抗美援朝、编辑生涯和"文化大革命"等经历。至于您在中国社会科学院文学研究所40多年的成绩和体会，已经撰写了专文，就不重复了。遵照您的意见，按时代先后次序分为四个阶段。请先谈谈家庭教育背景和小学、中学的学习情况。

　　谭家健：承蒙青睐，枉驾访谈，不胜荣幸。鄙人才疏学浅，乏善可陈，刚才提到的那些书，是长期积累的结果，并不是近几年写出来的。姑且聊聊几十年的简单经历和点滴感受，回忆某些难忘的往事，或许对年轻读者不无参考价值。

　　1936年4月，我出生于湖南衡阳。父亲是旧知识分子，读过古书，他的启蒙教师是位老秀才，是三代教育世家。老秀才的儿子是我的私塾老师，孙子是我的私塾同学，长我四五岁。1955年，我这位同学以小学教师资历考上北京师范大学，毕业后继续从事教育工作，我同年考上北京大学。再说我父亲。他上过新学堂，20世纪20年代后期毕业于湖南政法学堂（相当于政法学院），后来在湖南耒阳、常宁、湘潭、衡阳等县级政府工作，历任科员、科长、秘书等职。最高职位是主任秘书，短期代理湖南绥宁县长，还在山东昌维地方法院做过推事（即审判员）。那时候县政府只有县长，没有副县长。如果县长到上级专员公署开会，或下乡出巡、考查、办案，就由主任秘书（相当于秘书长）在县衙代理公务。绥宁县位于湘西南山区，交通闭塞，出行主要靠坐轿子。县长一出去就是十几天、个把月，公文由主任秘书代拆代行，民事案件由主任秘书代审。老百姓分不清上面坐的是谁，就乱叫县长老爷，传到我的家乡就变成我父亲当过县长了，是被有意无意夸大了，后来给我带来相当长时期的负面压力。

　　我父亲是学法律的，在几处县政府当过司法秘书，给我的印象是为人处世要正派、公道，没有听说他有徇私枉法的行为。在学习方面主要的影响是引导我看古典小说，不时给我讲过近现代官场、文坛一些文化掌故。我母亲粗识文字，能读少量古诗。我上小学的时候，她教我一些古诗，像"床前明月光，疑是地上霜""谁知盘中餐，粒粒皆辛苦"等等。后来上高小，她就不管我了。父亲在我读小学的时候偶尔看我的作业，只点评，不修改。到中学他就不管了。

我读小学和中学都在衡阳。当时每村设初小一所，每乡设高小一所。我四岁读初小，四年后毕业，刚八岁，时为1944年夏，日寇侵略衡阳，学校停办。我读过将近两年的私塾，同学有二十来岁、十七八岁、十岁上下的。我已经初小毕业，无需读《三字经》《百家姓》，开始即读"四书"，然后读《左传》。老师并不讲解，只是教我认字背书。我能够认识多数文字，但不懂意思。最难懂的是《大学》《中庸》，《论语》就稍懂一点，《孟子》好懂些，《左传》有故事，更好懂而且颇有趣味。同学当中，年龄大的读《资治通鉴》，有的读《东莱博议》，有的读《古文观止》，每个人程度不同，教材也不同。老师的小儿子比我年轻，读《唐诗三百首》。老师每天教他背一首诗，小孩子声音很好听，背起来像唱歌一样，他在那边背，我在这边听，跟着就学会了一些唐诗。有的同学读《古文观止》，我也偷听了一些文章。

那时候读书也就半天，下午老师经常出门，学生自学，我就看小说。从日本鬼子来了，父亲没有工作，就看小说消遣，一边看一边给孩子们讲故事。他讲完一本，我就找相应的书来看。最感兴趣的是《说岳全传》，写的是抗击金兵侵略者，能联系现实。慢慢地，我喜欢上古典小说。听父亲讲过《镜花缘》《西游记》《水浒传》等故事，接着就自己去读这些书。

1946年，我10岁，上高小。那所高小老师比较有水平，课程比较齐全，很多学生住校，上课、作业对我来说比较轻松，有时间看别的书，也接触一些新文学，印象最深的是冰心的《寄小读者》、胡适的《差不多先生》。也看了一点鲁迅的书，但不太懂，对于《阿Q正传》和《野草》里的一些文章，理解不深。我是住校生，晚上自习，可以点灯看书。读的书以古典文学为主，至于现代文学，像茅盾的《子夜》，我是在六年级看的，也不太懂。

　　1948年，我上初中，是著名的成章中学，现在还是湖南的重点中学。老教师经验丰富，多数是大学毕业，校长是从北京大学教育系毕业，是我的三姨夫。教导主任从武汉大学毕业，是我的四姨夫，是当时衡阳三位著名的数学教师之一。1950年他去了香港，后来去了台湾，又到美国读博士，回台湾后曾任台湾师范大学数学系教授、系主任。成章中学有图书馆，古今中外的书都有一些，还有杂志、报纸。大部分学生住校。初中、高中共有12个班，七八百人。同学关系融洽，高年级学生辅导低年级学生。我对成章中学印象很好，曾撰专文怀念，发表在《光明日报》的《最忆是母校》专栏。从小学到中学，我没考过第二名，各科成绩都很好。小时了了，长大未必了了。在学校了了，到社会未必了了。

　　读小学时我就学习写浅近的文言文，中学曾试写骈体文——就是古文加一些骈偶句子。读过《北山移文》《滕王阁序》《春夜宴从弟桃李园序》《陋室铭》及几篇散体赋，觉得有趣，我就模仿其中的句子，作四六对句。有的同学模仿新诗，有的同学模仿填词，有的同学用衡阳方言写作文，老师不反对，虽然"画虎不成"，但鼓励这种精神，学校风气就是这样宽松。外国翻译的书也读过，最有名的就是《鲁滨逊漂流记》、《福尔摩斯探案集》、意大利亚米契斯的《爱的教育》——这本书现在书店还有卖，以小学四年级小孩的口吻写一个学年的经过，属于世界名著，给小学生看的。虽然我已经上初中了，但非常受感动。现在讲给我孙子听，他也很喜欢。手头这个版本已经不是以前我看的版本了，是改写过、压缩过的。我看的那个版本比现在这个详细，（现在这个）有些故事被删掉了。

初中的时候有一位亲戚问我：长大以后做什么？我当时脱口而出，说想做文学家。为什么产生这种想法呢？可能是因为看文学作品比较多吧。新小说家如鲁迅、茅盾、老舍等，在当时青年人当中很有威望。我是否想学这些作家呢？其实很模糊。我根本没想过后来专做古典文学研究。那时我还是不懂事的小孩子，兴趣尚不固定，随口说说而已。

现在回忆起来，小学同学多数是优秀的，我们那个班 30 多人，迄今所知道的有高级职称者十来人，正高三人，副高多人。学文学的就我一个，还有学历史、统计、地质、工程、采矿……分布在各行各业。中学那个班来自衡阳专区各县，后来工作的情况不清楚。

1949 年 10 月，衡阳解放了，我开始大量读新中国的书，感觉很新鲜。中学用的历史课本是胡华写的《新民主主义革命史》，胡华后来是中国人民大学教授。我对共产党和新民主主义革命的了解就是从那本书开始的。看新小说，印象最深的是周立波的《暴风骤雨》，丁玲的《太阳照在桑干河上》，赵树理的《小二黑结婚》《李家庄的变迁》，马烽、西戎的《吕梁英雄传》等，都是中学时期看的，还有苏联的《钢铁是怎样炼成的》《日日夜夜》等等。我非常崇拜奥斯特洛夫斯基，牢记书中一些警句。

新中国成立时，我 13 岁半，接触新事物很快，包括历史观、文学观、政治观。很快就接受共产党的政策主张。1950 年剿匪反霸，枪毙了就贴告示。大人们说，这些家伙罪恶累累，杀人放火，该枪毙。我也这样看待。我家有土地40亩、房子两处，乡下城里各两间，属于地主。我父亲怕共产党，他毕竟是国民党，当个小官，自认为可能算官僚地主。其实他只是个小公务员，科级干部而已。他为人胆小，心里战战兢兢。

我长期住在学校，受学校影响比家里影响大。衡阳市的土地改革，我们学校所处的郊区是试点。土改开始之前，对学生进行教育。1950年10月举行过一次作文比赛，全校分为初中、高中两个部分。初中部的题目是"你如何以实际行动支持土改"，我参赛的作文得第一名，可见我的政治态度。

大力宣传抗美援朝是11、12月了，宣传的主要内容是控诉美帝国主义，克服恐美、崇美的思想，宣传美帝国主义怎么侵略中国、日本怎么侵略中国；侵略朝鲜，美国是主凶，日本是帮凶。

抗美援朝运动轰轰烈烈开展，衡阳市新民主主义青年团派了两个人到我们学校做宣传，一个是长沙地下党的，一个是北平来的南下学生，同学们积极响应。学生会排演话剧《血泪仇》，本校演出之后还到全市各校公演。

接着就是动员参军、参干。共产党缺干部，军队要扩军，准备打大仗嘛。并不是招战士，最初是空军招地勤人员，还有别的什么兵种，不记得了。然后是中南军政大学、西北军政大学，都称"大学"，实际是干部培训班。要高中生，年龄18岁以上。军队学校招完了，第二批学校是湖南军政大学等，条件降低了，学历降到初中毕业，年龄降到16岁。后来又有第三批……

轰轰烈烈的参军运动，感动了我。当时我年龄不满15岁，空军不够条件，西北军区干校未录取，就去 48 军干校报名，我的个子高，虚报成 16 岁。招生人员问我为什么要参军，我说亲眼看见日本鬼子烧杀抢掠，我要保家卫国。还考我什么是化学，我回答：化学是研究化分和化合的学问。就这样，我被批准入伍了，这是 1951 年 1 月 19 日，我的新生活从此开始了，所以这个日子记得很牢。

我高高兴兴地进入军队，亲戚朋友一致反对。那时已经到 1 月中旬，有很多伤员用火车送到衡阳的陆军医院，头上、胳膊上绑着绷带，拄着拐棍。亲戚朋友看到了，说你要参军，将来就是这样子，我没有害怕。我的班主任看得起我，说你还小，还可以继续读书嘛。我自己知道，明年要土改，家里没有钱送我读书了。当时父亲母亲在哪儿，我都不知道。外祖父打算送我到湘潭一家钱庄当学徒，将来可以当会计，我认为参军是最好的出路。就在这种情况下，我兴高采烈地迈进了军营，外祖父、舅舅临别时都掉了眼泪。我的表哥、表舅、好几个同学先后都参了军，分别走向东南西北。

杨阿敏：您讲得很实在，很清楚。请继续讲讲军队生活和入朝参战的经历。

*谭家健：*我到了 48 军干校，其实就是教导队，没有几天，移防广东韶关。衡阳穿棉衣棉袄，韶关穿短袖汗衫，打赤脚，穿呱哒板儿（木头拖鞋），满街上呱嗒呱嗒地响，很有热带感。

在军队里学习半年，主要讲阶级观点、劳动观点、组织观点、纪律观点、群众观点，这些观点我至今记得很清楚。60 年代"四清"，我给农村青年团员讲上述五大观点，受到领导赞赏。

在教导队学习半年后，我被分配到 354 团 1 连队当文化教员，在铁路线上守护桥梁和隧道。那时粤北有土匪，从我们那个隧道顶部往下滚石头，企图破坏交通。

1952 年 3 月，部队调往湖北参加荆江抗洪。文化教员的任务是做好宣传鼓动工作，说快板、出墙报、写稿子、表扬好人好事。我写的快板诗若干首，被《中南日报》记者抄去，刊登在《说唱荆江分洪》一书中，不久还寄来一点稿费。我买了一个小皮制钱包，现在还保存着。由于我在荆江抗洪当中表现好，在 354 团部总结时受到表扬。

荆江抗洪结束，部队到岳阳休整，没有半个月，就宣布参加"抗美援朝"。在动员会上，我的发言，指导员欣赏，说谭教员刚才讲得非常实在。我们部队在岳阳楼前誓师，紧接着乘火车北上。

军队调动是保密的。一路都是闷罐车，关着门窗，不知道铁路附近是什么地方。经过武汉、郑州、天津都是晚上，有时开窗透气，看见城市大烟囱，大家很高兴，烟囱代表工业化。经过山海关时，看到了雄伟的长城和天下第一关，格外激动。到东北，看到大平原，大片高粱、玉米地，十分辽阔。到黑山住了约一个月，再次进行入朝前的战前动员，马上就要上前线了，准备和要求非常具体。9 月初，我们从安东跨过鸭绿江。我作为文化教员，真的是高唱"雄赳赳，气昂昂，跨过鸭绿江"的。在火车上很闷，指挥战士唱这首歌，有鼓动作用。鸭绿江铁桥被炸断了，旁边还有便桥可以走，白天不敢走，晚上桥当中走汽车，步兵走两边，过桥时得赶紧跑，不知道什么时候来飞机，要抢时间。

跨过鸭绿江，不久天亮了，部队坐下休息。我看到朝鲜的新义州全是一片废墟，整个城市找不到一间完好的房子，而丹东这边一片繁荣。我们都明白，如果不抗美援朝，丹东就会变成新义州。

进入朝鲜以后，我第一次看见空战。这时已经是 1952 年 9 月，中国人民志愿军空军参战一年多了，我方空军和美国空军在天上打斗。美国空军的主要目的是破坏桥梁，用战斗机保护轰炸机。中国空军只有战斗机，没有轰炸机。中国空军基地在东北，不在朝鲜。美国空军基地就是航空母舰，南朝鲜是它的后方基地，美方飞机来得多，我方能以少胜多，把美机打跑了。我头一次看空战，心里怦怦跳。后来天天看，也就不害怕了。我们部队白天是不走的。美机从航空母舰上飞过来，装油有限，白天可以回去，到晚上就飞不回去了。我们摸到规律，吃完晚饭四五点钟，天还没黑时候，就赶紧出发，因为这个时候飞机是不会来的。我们夜行军，敌人的飞机看不见。但这不是绝对的，美方有夜航机。我们一路往三八线走去，越往南敌机越厉害，它们从南朝鲜起飞，中国空军飞不过清川江，重要渡口、车站被炸得一塌糊涂。轰炸主要的目标还有汽车和火车，一路上都可以看到汽车冒烟。1952 年我们已经有办法防空，派公安部队沿路放哨，隔几公里一个哨，看到飞机来就鸣枪，枪声传到后边那个哨，后边那个又打枪，这样一传，和古代传烽火一样。一听到声音，我方汽车就赶紧钻山沟，山沟里有防空库。但是总有司机听不到枪声，或者没有找到合适的山沟，被敌机发现，就被打着了。

沿路还有特务打信号弹，告诉天上的飞机，这里有汽车。飞机本身也扔照明弹，天上挂的灯一长串，整条路都是亮的。我们步兵一见飞机马上就趴进路边水沟，有的汽车躲不过去而被炸，我们亲眼看见多处汽车残骸。

1952 年供应情况比 1950 年、1951 年好多了，一把炒面一把雪的情况少了，但是越到南边供应就越差。运不上来怎么办呢？告诉你，这顿饭尽量吃饱，下一顿还有没有不一定。也有挨饿的时候，整天没饭吃，只能啃压缩饼干，和砖头一样。志愿军的纪律严明，不拿群众一针一线。有一次半夜宿营，我和文书睡在朝鲜农民的苹果仓库里，苹果码得像金字塔。我俩虽然又饥又渴，但没有动一个苹果。早上起来，朝鲜老伯一看，苹果依然是金字塔，向我们连伸大拇指。

部队一直走到三八线，到达对峙的前沿阵地。"前沿"这个概念起码是十几里，不是说你看见我，我看你才是前线，这十几里之内都是前沿。什么意思？美国的大炮能打十几里，我们的炮打不了那么远，它能够封锁你这边十几里之内的道路桥梁和人员活动。我们没有兵营，就是住坑道。我住的坑道很小，就我和文书两个人。白天我把衣服晾在外头一棵树上，第二天早上一看不见了，一颗炮弹落在附近，那棵树冠被炮弹削掉了。我们睡着了听不到声音，这颗炮弹若偏一点，就把我们两个埋在坑道里了。

我这时是高射机枪连的文化教员。有一次，我们遇到敌机低飞，九挺机枪齐开火。敌机向我方阵地扫射，子弹落地像冰雹一样，满地冒烟。全连原来在坑道里学习文化、读报，一下子大家都出去了，各就各位上岗，我也跟着出去了。敌人飞机正在不停地扫射。连长说："谭教员，快进坑道去，外面没有你的事！"我说了一句："大家都不怕，我怕什么？"就站在机枪班的后头。连长说，这小教员胆儿还不小呢！战后开总结会时表扬我"作战勇敢"。

停战以后回国，到40军干部文化学校当文化教员。学校的学员都是连排干部，按学员的文化程度分为六个队，分别教授一年级、二年级、三年级、四年级、五年级、六年级课程，六年的课三年学完。

教员分语文组、数学组、历史组、地理组、自然科学组，一个队编几个班，分班上课，和正规小学是一样的。我教过语文，采用祁建华速成识字教学法教材——因而学会了民国时期使用的注音符号识字法，以及吕叔湘、朱德熙合著的《语法修辞讲话》。后来调到六队，教五、六年级的历史。课本是总政治部编的，把范文澜《中国通史简编》再"简编"。我边教边学，教学相长，这使我的文学、历史水平有很大的提高。

我在部队将近五年，等于上了五年学，长时期没有离开书和笔。在连队里，上面经常下发文学书籍，归我保管。在干部文化学校，发的书更多，读的书也更结合专业。在部队期间，写过一些稿子，比如连队的总结汇报稿、好人好事表扬稿、新闻报道稿、快板和顺口溜……得过两次奖，第一次是40军全军1953年新年征文三等奖，第二次是40军1953年全年的通讯报道三等奖。1954年9月，我为班上学员、二级战斗英雄金克智代写短文《我们一定要解放台湾》，发表在东北军区出版的《东北战士》上，文末注明"谭家健记录"。同年又为金克智代写《全歼坦克敌》，收入总政治部组织汇编的《志愿军一日》书中，后面有"谭家健记录"。我写的顺口溜《英雄的喜报送到模范家》，收入40军编辑的《战斗在朝鲜》一书中。我还写过二人对口数来宝《三歼敌机》，口述稿，文字未保存。到1954年1月，我参军三年整，加入了共青团。不久，由正班级提升为排级，刚满18周岁，在军龄、年龄、学历相近的同事中不太多见。

1954年底，40军干部文化学校一分为二。第一干校留在鞍山，第二干校迁往密山，1955年初改为黑龙江军区第二文化干校，迁到齐齐哈尔，准备集体转业。我和数十名教员、数百名学员、一整套学校领导及各部门工作人员，一起被安排到第二干校，很可能在两三年之后转业到黑龙江省地方工作。于是，少数教员开始考虑报考大学，其中有大学肄业的、高中毕业或肄业的，初中学历的很少。我也想试一试，于是积极准备，把高中的语文课本、政治课本、历史课本、地理课本都找来，认真地学。别人七点钟起床，我六点钟起床，别人十点睡觉，我十一点睡觉。用了半年时间，把那些书都看了。这期间，得到干校领导的关心，同事们互相帮助，共同讨论，一起复习。干校共7人报考，录取2人，我被北京大学录取，另一位被沈阳师范学院录取。高考作文题目是"你准备怎样做一名新中国的大学生"。

杨阿敏：您在朝鲜战场勇敢无畏，工作成绩显著。以初中学历考上北京大学，尤其不易。请继续谈谈北大学习和批判"白专道路"。

谭家健：我在北京大学学习五年，终身受益，没齿不忘。怎么度过的？简单说，可分为两个阶段，一个是反右以前，一个是反右以后。

反右以前，我觉得能进北大非常的幸福。一进校门，标语上写的是：欢迎你！未来的红色文学家。欢迎你！未来的红色史学家。未来的化学家、未来的数学家……党号召向科学进军，鼓励成名成家，我也下决心要成为学者、专家。前两年学习，大家都很用功，有许多名师，有那么多的图书，同学的水平都很高。二年级的时候我在《光明日报》发表一篇15000字的文章《略谈〈孟子〉散文的艺术特征》，刊登于1957年9月7日和9月14日《文学遗产》专刊，占用两版。

以往大学都是 9 月 1 日开学，那一年因为要反右，北京大学推迟到 9 月 15 日开学，三年级还没开始，我当时 21 岁。

反右以后，政治气氛不同了。我不是右派，也没有右派言论，还是团支部委员。反右前期，我曾经说过右派或许是小资产阶级的狂热，不一定是成心反党反社会主义。别人批判我这话错了，立场成问题，这是我一大罪名。1958 年批判"白专道路"，说我一心想成名成家，发表了文章，洋洋得意，受了批评还不悔改，不断地发表文章，三年级、四年级、五年级，发表了六七篇小文章，成了"白专道路"的典型。同学里认真读书、写文章的还有好几个，也都是挨批的。实际上"白专道路"这个概念就不清楚，什么叫白，什么叫专？年轻的大学生发表几篇文章就算专吗？对党委提了些意见，对党支部或某个党员提出批评或有些不满，就算白吗？那个时候是不容分说的。批了三年，批得我抬不起头来。

有一次到工厂劳动锻炼，规定只许读毛主席著作，不许看业务书。我带了一本 1955 级同学集体编写的《毛泽东文艺思想概论》油印稿，其中关于批判继承文化遗产一节是我执笔的，劳动之余拟作修改。学生干部临时"营长"看到了，认为我乘机搞私货。临时"教导员"谢冕同学说"这和学习毛主席著作不矛盾嘛"，使我逃过了一场批判。

参加中国文学史、中国小说史的集体写作，我是积极认真、尽心尽力的。总结的时候有的同学说，谭家健表现不错，要不要表扬一下？小组长说，谭家健是"白专道路"典型，表现再好也不能表扬。听到这句话，我心里凉了半截。我成了学生中要被砍倒的"白专"旗帜，表现再好也白搭，非常委屈。毕业鉴定里有一些话不符合实际，说我对共产主义失去信念，在集体科研中搞自留地，我暂时忍受了，但心里不服。当时正值"大跃进"，说一天等于 20 年，15 年要超英赶美，共产主义不再是遥远的将来。我不赞成这样的话，说共产主义恐怕不是短期内能实现的，于是又被扣上共产主义理想动摇、对共产主义失去信心的帽子。这顶"帽子"很重。1958 年以后号召大学生做普通劳动者，我说北京大学应该是培养专家的，普通劳动者让技工学校去培养，就有人批判我想做太学生，这是一个难听的名词。1962 年中文系党总支接受我的申诉，把这些话删去了。但有些人的印象并没有改变，还是认为谭家健走"白专道路"，直到"四人帮"倒台以后才彻底改变。我并不怪写鉴定的同学，也不怪北京大学，因为当时全国政治运动都是这样搞的。庆幸我没有被划成右派，也没有受到处分。有的同学被划右派、受处分，受伤害比我深。

上面讲的一些话可能负面的多些。下面应该补充几句：自改革开放后，40 多年来，我和北京大学老师、同学的关系是良好的，密切的。文学研究所和北大中文系在培养研究生、编写《中国大百科全书》、撰写《先秦文学史》等许多方面积极合作，我都参加了。我自己撰写的几本书，得到北大多位老师、同学的帮助。我在海外讲学，得到北大中文系的支持。我的点滴成长，受到北大多位老师的关爱。有许多的人和事，我是永志不忘的，绝对没有因为当年的不恰当批评而影响我对母校的感激之情。

北大老师中对我帮助最多的是褚斌杰先生，我为怀念他写过一篇文章，题为《学而不厌，诲人不倦》；另一位是杨晦先生，我为怀念他写过一篇文章，题为《冬日夏日皆可亲》，分别感谢他们二位的厚爱，这里就不重复了。

杨阿敏："白专道路"早就不成问题了，许多当时走"白专道路"的人后来成名成家，批判"白专道路"的人后来也努力追求成名成家。请谈谈第四阶段：《新建设》编辑部。

谭家健：1960 年我大学毕业，9 月被分配到中国科学院哲学社会科学部，简称"学部"。10 月去北京庞各庄挖鱼塘，当时副食缺乏，猪肉、鸡鸭、鱼都没有，就自己生产，大学毕业生刚来的全去挖鱼塘。当时吃饭吃不饱，得病的人很多。挖完了回来总结，到 12 月才分配工作，我被分到《新建设》编辑部。编辑部领导让我到哲学组，而不是文学组，我心里非常不舒服，但是硬着头皮接受下来。几年后才知道，原来让另一位河南大学中文系毕业的去哲学组，处理中国哲学史方面的稿子，他坚决不干，只好让我去。领导说我喜欢先秦文学，先秦诸子，文史哲不分家嘛。我知道毕业鉴定对我政治评价不高，如果不服从分配，将来会倒霉的，没有资本不服从。有的同学也劝我，学点哲学史没有坏处。于是下定决心学，两年之内我读了好多本中国哲学史书籍和哲学史资料选辑，很快就能胜任工作。不久，编辑部领导在会上说，还是北京大学学生的基础比较厚实，谭某人原来是学文学的，叫他处理中国哲学史稿件很快就能适应。

三年以后我回到文学组，驾轻就熟。编辑部领导并不提倡编辑写文章，要求编辑做理论战线的哨兵，捕捉社会上偏离马克思主义的言论拿来批判。但是，我还是在四年之内发表了五篇文章。

1964 年，我犯了一次"严重错误"。有篇来稿提到《水浒传》里的《解珍解宝双越狱》，猎户解珍、解宝打死一只老虎，老虎滚到地主毛太公院子里，猎户来讨，他不给，反而诬陷猎户是强盗宋江一伙，抓入监牢要处以死刑。后来解珍、解宝得到十字坡张青、孙二娘和宋江的帮助，把毛太公杀了。来稿者认为，金圣叹批《水浒》大骂毛太公是恶霸，其实是隐射明末江苏巡抚毛一鹭。毛一鹭是大奸贼魏忠贤的干儿子，到处为魏忠贤建生祠，为非作歹，所以金圣叹评点说"如今毛子、毛孙遍天下"。我觉得此文提出了一些新的问题，可以发表供讨论、批评。一位领导同意发表，已经排好版，印刷了一批杂志。另一位领导看到后，说这篇文章是影射毛主席，骂共产党的。于是马上撤下文章，收回已发出的杂志，并上报中宣部。经过康生审批，作者被定为"现行反革命"，我和那位同意发表的领导受到批评和处分，还罗织并非我错的"错误"，颠倒是非，胡乱上纲。我明白这与"毛太公"事件有关，不能分辩，只好逆来顺受，这是我平生受打击最严重的一次。"四人帮"倒台后，那篇来稿的作者申诉，得到平反。过了几年，该作者成为江苏省的劳动模范，给我的处分也撤销了。

　　"文革"当中，给我扣的帽子莫名其妙。我既不是走资派，也不是右派、反革命、叛徒、特务。解放时我才13岁，15岁参军，没有历史问题和政治问题。就因为我写过十几篇大小文章，造反派说篇篇都是影射，让我靠边站，接受批判，每天扫厕所，抄大字报。不许参加运动，不过没"戴高帽"，没有游街。不到一年，就"解放"我了，可以参加运动，还是抄大字报，没有资格在大会上发言，属于一般群众，不算造反派。工、军宣队规定白天要上班、学习，批判这个那个，晚上没有事，我自己在宿舍看三个小时书，看了很多书。我后来出版的几本书，在"文革"期间打下一些基础，写出了一些初稿。

　　1975 年 7 月，工、军宣队撤出学部，临走前对我进行了一次"缺席批判"。原因是这样的：《新建设》全体人员原本计划到工厂劳动三个月，刚到一个半月，胡乔木奉邓小平之命，把工宣队全部撤出学部。工宣队的高级领导很不高兴，认为学部有人向上面告状，有一股反工宣队的逆流。我不明底细，在工宣队总结会上作了很不恰当的发言。队长大谈经验和收获，内容和一个半月前的动员会上讲的目标差不多。别人都叫好，大唱赞歌。我这个傻瓜却说，到工厂学习还不到原计划一半，怎么会提前收获那么多经验呢？工宣队欢迎提意见，其实是要大家颂扬。我傻里傻气地真的提意见：工宣队号召向工人阶级学习，却又规定到工人师傅家里访问不能个人行动，必须两人一起去，这有何必要？工宣队听了极其恼火，认为这是反工宣队逆流，准备临走之前进行反击。不巧我妻子得急病，在保定住院，急需我护理。我向领导请假，不能不准啊！而工宣队近日就要撤出，不能等我回来再开会，于是决定"缺席批判"，动员群众，狠批逆流。事后，我回来了，一位参加领导小组的老干部向我转达批判会的精神，我一一反驳。老干部无奈地说，他是不同意批判的，现在是奉命转达。工宣队已经走了，你找不到他们了，算了吧。接着就是胡乔木要求《新建设》改办成《思想战线》，大家忙于新的任务，批判逆流没人提了。这次"缺席批判"也就成为我在"文化大革命"中的最后一次挨整。

　　1976 年 10 月，"四人帮"倒台了，《红旗》杂志是重灾区，需要从学部抽一些人到《红旗》杂志帮助日常编辑工作，为期一年。我被安排到科教组，曾经向钱学森大师当面提出修改稿子的意见，帮助杨乐、张广厚具体修改稿子，与地质部写作组一起修改加工纪念李四光部长的文章，还修改过其他一些稿子。《红旗》杂志要求很严格，不仅从政治上反复审读，而且对语言文字也仔细推敲，尽量做到没有多余的字词句和不准确的名词、动词、形容词，比《新建设》审稿水平要高一个层次。这一年使我得到一次极好的学习和历练，在我个人经历中值得记上一笔。

1977年12月，我回到学部，接着就被调到文学研究所，开始新的里程。

杨阿敏：听您讲述从40年代到70年代后期的一些经历，您在小学、中学、大学的学习成绩优异；在军队、《新建设》《红旗》工作积极，在朝鲜战场表现勇敢；在那个思想混乱的年代里，遭遇不公正对待，能够尽量忍受，事过境迁，无怨无悔；改革开放以后，大踏步前进，迈向新的高峰。实在值得敬重，要好好向您学习。谢谢谭教授，祝您健康长寿！

2010年摄于美国尼加拉瓜大瀑布前

下 篇①

裴云龙：40年前的12月18日，是中共十一届三中全会胜利闭幕的日子，中国社会科学界从此迎来了学术的春天。请您谈谈40年来的工作收获和体会，与大家分享，您看好吗？

谭家健：这40年确实很不平常。每个人都有很多收获和体会。我是1977年12月下旬从《新建设》编辑部调到文学所的，1978年1月正式上班，至今40年了。从1978年1月到1998年，是我在职工作的20年；从1999年到现在，是退休然而仍在从事学术活动的20年。为了访谈整理方便，建议分前后两时期聊聊你我都关注的事情，然后再谈谈你有兴趣且值得说的故事。这样可以吗？

裴云龙：完全顺从您的思路。那么1978—1998年，可以说是您"全力奋进，多头并举"的时期。

谭家健：你这样概括很好。不仅我是如此，当时其他同仁也是如此，大家都努力工作，都想把失去的时间补回来。百废待兴，有很多事情等待人们去做。我先谈谈我参加的三项集体工作吧。按时间顺序，先讲第一届研究生的培养情况，好吗？

---

① 本文"下篇"由中国社会科学院文学研究所裴云龙采访整理，经授权一并收入此书，特此致谢！

　　裴云龙：好的。1978 年招收的第一届研究生，到今年已经入学 40 年了，他们也几乎都退休了。其中，在我们古代室工作过的几位先生，将会从学生的角度回忆当年如何迈入学术殿堂的第一步。您当年是导师，请您谈谈导师们所付出的心血。其中有些导师已经作古，当年的经验弥足珍贵。

　　谭家健：1978 年春天全国科学大会之后，中国社会科学院决定成立研究生院，周扬同志为首任院长，王士菁先生为中文系主任，（中文系）分古代文学、现代文学、文艺理论 3 个专业。每个专业之下分若干方向，有 10 多位导师。古代文学专业分为先秦至隋代文学方向、唐宋文学方向、元明清文学方向。余冠英先生当时是副所长兼古代文学研究室主任。他年事已高，名下招收了 5 名硕士研究生，指定胡念贻、曹道衡、徐公持和我协助工作，组成指导小组，每人分工负责指导 1 名学生。我负责 2 名，并担任联络员，要经常与 5 名学生联系，了解他们的学习、生活和思想情况，还要联系指导小组成员，在余先生领导下共同商讨研究有关事宜。余冠英先生讲得很清楚，你们四个都是导师，周扬院长给你们都发了导师证，分工而不分家。他要求 5 名学生定期到各位导师那里去讨教、谈话、汇报，而不是 1 位导师只负责 1 名学生。5 名学生的平时作业及毕业论文，5 位导师都要看，一起讨论，可以叫"一专多师"制。

　　这 5 名学生学历不一，年龄不等，有的大学毕业，有的大学肄业，有的高中毕业，还有一名初中毕业（24 岁），必须因材施教。研究生院安排了共同基础课，指导教师还要开专业课，个别人要吃偏饭。初中毕业的那位是由我分工负责辅导的。他自学英文，能看英文书，古文阅读能力还可以，看书多而杂，写了几大本读书笔记，一册一册的，有一定见解，但是不会写学术性文章。他没有上过逻辑课和大学作文课，最需要的是如何把自己杂乱的体会加以组织、整理，清楚地表达。他喜欢在自己的作业和笔记中吸收外国学者的观点，如"意识流"和弗洛伊德的学说等等。

他把自己的毕业论文题目选定为"庄子的意识流研究"，初稿交给指导小组传阅，包括余先生在内都说看不懂，校外专家北京大学的褚斌杰先生也看不懂。余先生叫他改题目，他很不情愿。我问他你懂什么叫意识流吗，他承认自己也不太懂，只是觉得新鲜有趣。我说：指导教师都看不懂的内容，怎么指导你呢？你自己都不太懂的内容，怎么可能写得好呢？你赶快换个题目吧。后来，他改题目为《韩非子的文学研究》，大致遵循学术论文的要求完成了写作。答辩委员会基本上同意通过论文，但认为文章还有不足，需要进一步补充修改，于是决定允许他先毕业分配工作，暂缓授予硕士学位。一年以后，要用同一题目，请原班答辩委员会成员，再举行一次答辩，若通过再授予学位。这名学生的论文，先后改了7遍，每一遍都要征求余先生及其他先生的共同意见，由我帮助他修改。别的同学说："谭老师是把着你的手教写文章啊。"过了几年后，他的文章也能在期刊上发表，又过了几年还出版了专著。

我辅导的另一名硕士研究生郑君华，1964年进入北京大学中文系学习，1969年本科毕业，被分配到贵州工作。1978年考入我院研究生院后，毕业论文的方向是研究《左传》。他取得硕士学位后，回到贵州师范大学工作，教学和研究都有成绩，出版过几部书，翻译过几本书，还写过上百万字的长篇小说，为人谦和、忠厚，不幸

58 岁时英年早逝。他毕业以后，曾经长期与我保持学术合作的关系。1995—1998 年，我单独指导了一名硕士生，她毕业后跟随丈夫到英国工作去了。

我参加文学所第二项集体工作是编写《中国大百科全书》。启动于 1980 年，其中的《中国文学卷》由文学研究所负责，文学所及各地学者分别参加编辑及撰稿。秦汉魏晋南北朝文学部分的主编是余冠英先生，副主编是曹道衡、沈玉成、费振刚，编辑组成员有廖仲安、倪其心、徐公持、谭家健、韦凤娟。我们一起拟定提纲，确定入选作家、作品和概论、名词等条目，分为特大条、大条、中条、小条，各自规定若干字数，然后分头约请合适的人选撰稿。各位编辑集体审阅初稿，再请作者修改，改后由编辑组成员再次改稿，最终由副主编和主编定稿，其间要反复多次。分别设在北京和上海的中国大百科全书出版社，对每卷、每册都派出专职或专聘的编辑多人参加审稿，要求材料准确，论述科学、严谨，评价客观，一字一句都要仔细推敲。我除了参加编辑工作之外，还撰写了 10 余个条目，如"《后汉书》""《水经注》""《颜氏家训》""《洛阳伽蓝记》""《弘明集》""任昉""王俭""三国两晋散文""八股文"等。1981 年毕业后留在文学所工作的硕士生，有多位参加了后期的编校工作。《中国大百科全书·中国文学卷》的编写以邓绍基、沈玉成两位先生出力最多，而对于像我这样年岁的人以及比我更年轻者来讲，都是最好的、严格而系统的训练过程，受益匪浅。《中国文学卷》第 1 版于 1986 年出版。此后，文学研究所还组织编写了 8 卷本《中国文学大辞典》，我作为特约撰稿人撰写了数十条目，约数万字，但没有参加全书的编辑工作。

文学所的第三项集体工作，是撰写多卷本中国文学史。1979年，这一想法由时任副所长的余冠英先生提出，并与有关人员商议谋划。1981年，中国文学通史系列编委会成立，副所长邓绍基为主任委员，古代室主任刘世德、沈玉成为副主任委员，委员有参加该系列撰写的文学所、北京大学、南京师范大学的学者12人。原来还有中山大学的人，后来退出了。余冠英、林庚、唐圭璋为顾问。《先秦文学史》的主编是胡念贻先生，1981年冬天胡先生诊断出重病，1982年去世。此后，由北京大学褚斌杰先生继任该卷主编，由他指定我和李少雍、郑君华、孙绿怡、王景琳、章必功参加。我负责散文部分，撰稿约占四分之一。初稿完成之后，褚先生因患严重高血压，不能上课，由我代他在北大讲研究生课程一学期。该卷由人民文学出版社及曹道衡、沈玉成二位审稿，提出修改建议上百条。褚先生交由我修改、补充、定稿，最终于1998年出版，把我的名字与褚斌杰先生并列为双主编。这是褚先生对我的抬爱，也是当时文学所领导和编委会对我工作的肯定。

1978—1998年期间，我出版了10本书，分别是《先秦散文纲要》（与郑君华合作）、《历代骈文名篇注析》（主编）、《中国文化史概要》（主编兼主撰）、《〈水经注〉选注》（与李知文合著）、《〈墨子〉选译》（与郑君华合著）、《古代神话寓言精读》、《〈颜氏家训〉选译》、《先秦散文艺术新探》（获北京市优秀著作二等奖）、《墨子研究》（获中国墨子学会评选30年来优秀成果奖）、《先秦文学史》（双主编之一）。其中，前4本书为台湾的出版社购买版权重版。20年间，我撰写学术论文及其他各类文章100多篇，分别发表于我国内地、台湾、香港以及新加坡、马来西亚的报刊。各书的写作经过，有的已在该书后记中有所介绍。

综观我在职工作的 20 年，成绩乏善可陈。真正算得上学术著作的，恐怕只有《先秦散文艺术新探》和《墨子研究》两部而已。

裴云龙：您对自己要求很高。在我们的心目中，您的许多著作，比如《先秦文学史》《先秦散文纲要》《中国文化史概要》等等，都具有相当大的学术影响。当然，您第二个阶段出版的著作水平更高，影响更大。在 1999—2018 年，您的经历可谓"老当益壮，更上层楼"。请您谈一谈情况如何。

谭家健：1999 年 2 月，我正式退休，到 2018 年底，这 20 年间，我有几年在马来西亚、新加坡两所高校任全职客座教授。2007 年 2 月以后，我不再在国内外讲学，偶作一次性学术讲演而已。这 20 年内出版了 10 本书。2002 年出版《六朝文章新论》，是系统性论文集，大致相当于六朝散文研究。其中的文章，最早的写作于 20 世纪 50 年代末，即大学四、五年级时，较晚的写作于 1999 至 2001 年，包括散体文、骈体文、赋体文研究，故统称为"文章"。2004 年出版《先秦两汉文学通论》，由赵敏俐和我主编。2005 年出版《中国古代散文史稿》，是集合我在国内外的讲稿而成，58 万字，有 7 个附录，包括《"散文"源流小考》《古代散文体裁》《古典散文总集举要》《40 年来古典散文研究之回顾与展望》《近 20 年中国散文史著作及选本举要》《台港澳地区出版之中国古典散文研究著作述要》等。全书共 9 章，从第 2 章至第 9 章附录该时期散文研修新书举要。此书曾获中国社会科学院老干部局评选的老干部优秀著作二等奖，2019 年将增订为 60 万字。2007 年出版《谭家健散文随笔》，30 万字，收入在国内外所作散文随笔 60 余篇，2019 年将增补至 55 万字。2009 年出版《中国文史哲汇通》，63 万字。该书第 1 编为《中国文化史专题》，第 2 编为《中国认识论述略》，第 3 编为《中国文学史精读》。同年与孙中原先生合作出版《墨子今译今注》。2010 年，在马来西亚新纪元学院出版《中国散文简史》，40 万字。为适应国外讲学需要，在 35 讲之末各附两三篇范文及注释，以方便学生阅读。2011 年出版《中国散文史纲要》，32 万字，是《中国古代散文史稿》的浓缩本。2012 年出版《谭家健讲古代散文》，18 万字，属于"农村书屋"的普及性读物。2018 年 11 月出版《中华古今骈文通史》，115 万字，属于国家社科基金的重点项目。

近 10 年间，我对前 20 年出版的 3 本书进行了增补再版。《墨子研究》由 40 万字增至 60 万字；《先秦散文艺术新探》由 42 万字增至 61 万字；《中国文化史概要》由 52 万字增至 73 万字，我个人撰写的章节占该书一半以上。还有两本书由超星数字出版集团发行音像电子版，一是《谭家健讲古代散文》，25 讲；二是《中国古代的认识论》，2008 年先有电子版，后来改为纸质版（编入《中国文史哲汇通》中）。退休后 20 年写的单篇文章，数量与前 20 年差不多，赏析性、知识性短文少了一些，发表于我国台湾、香港以及新加坡、马来西亚、印尼、韩国的报刊者较之前多一些。

裴云龙：刚刚出版的新著《中华古今骈文通史》是您用力最多的巨著，很想请您谈谈该书的写作经过和体会。

谭家健：我对古代骈文的兴趣由来已久。20世纪40年代末期，读高小和初中时，已从《古文观止》中读过几篇骈文，如孔稚圭《北山移文》、王勃《滕王阁序》、骆宾王《讨武曌檄》、李白《春夜宴从弟桃李园序》、刘禹锡《陋室铭》等。1955年上大学以后，我系统学习了中国文学史，接触骈文更多。1978年到文学研究所工作，以古代散文为研究方向，这个"散文"概念是包括骈文的。按照分工，我主攻先秦至隋朝。研究先秦两汉以散文为主，魏晋至隋则以骈文为主。在参加《中国大百科全书·中国文学卷》的编辑过程中，我把严可均编的《全上古三代秦汉三国六朝文》翻阅了一遍，对于骈文初起和兴盛情况有所了解。应《文史知识》《古典文学知识》及其他刊物之约，1985、1986年我写过4篇介绍骈文的文章，引起黄山书社的注意，副社长和编辑登门约稿，请我主编《历代骈文名篇注析》。我阅读了20世纪30年代出版的几本骈文史、骈文概论专书和骈文选本。通过主编此书，我对中国骈文史的发展、变化有了进一步的认识，某些想法和当时出版的中国文学史有别，于是又写了几篇文章阐明自己的观点，有几位学者写文章与我讨论，促使我更深入地思考。

1996年中国骈文学会成立，我被推选为副会长，结识了许多骈文学界的朋友。2002年出版的《六朝文章新论》中，有十余篇文章是谈骈文作家作品的。2005年出版的《中国古代散文史稿》中，论魏晋南北朝散文1章，是骈散合在一起讲的；论唐代散文1章，初盛唐骈文讲得多一些，中唐、晚唐古文讲得多一些；论宋元和明清散文2章，骈文各专设1节。2006年，我被选为中国骈文学会会长，认识的朋友更多。我阅读了当时已经出版的《中国骈文史》、断代骈文专著和一些新选本，对骈文的新想法更多了，于是产生了写一本中国骈文简史的念头。2010年，我向中国社会科学院老干部局申请了科研资助，2013年完成，40万字左右，意犹未尽，许多新材料、新观点未写进去，没有打算出版。2014年，我向国家社科基金提出申请，课题为《中华古今骈文通史》，把"中国"改为"中华"是为把域外骈文写进去，还准备把民国时期骈文、台湾和香港骈文、近30年来骈文也写进去，力图贯通古今，幸而获准。有了财力支持，我先后专门到国内数个城市和国外的新加坡、马来西亚收集资料。我在该两国任教多年，知道一些线索，不但收集了新、马两国的资料，还找到了不少印尼、泰国、越南的古文总集和别集，从中挑选出不少骈文作品。

关于越南的文学作品，我知道有一套《越南文学总集》42册，广西某大学有一套，便托朋友向该校询问可否借阅，回答是只有厅局级干部才能看。我是中国社会科学院研究员，享受厅局级待遇，他们说享受厅局级待遇者还不行。我托人到处找，文学所刘宁研究员到北京大学东方语言学院图书馆翻目录，竟然找到该书。刘宁还请了一位越南留学生帮助我。后来，安小兰教授又介绍另一位越南留学生随我去北大图书馆继续找资料，解决难题。

关于日本和朝鲜半岛的骈文资料，主要来自中国社会科学院近代史所，由杨天石学兄和曾景忠学兄帮助借阅。日本的道坂昭广教授和韩国的诸海星教授、李钟汉教授、赵殷尚教授为我寄来日本、韩国的许多资料，并且解答了一些问题。台湾的许东海教授、陈守玺博士、陈怀成教授，香港的邝健行教授、何祥荣教授分别寄来台、港骈文资料。内地为我搜集资料的人很多，重要的一位是温州的周晓明先生，他身患腿疾，行动不便，自学电脑，广泛阅读，练习写作骈文，出版了两本作品集，介绍多位当代骈文作者的作品供我参考。北京的王达敏教授、冷川博士、李景华教授、常森教授、赵伯陶编审、杜瑜研究员，外地的莫道才教授、莫山洪教授、杨旭辉博士、李金松教授、王志清教授、魏明伦先生、袁瑞良先生、陈福康教授、欧明俊教授、陈蒲清教授、吕双伟教授，都向我提供了资料。依托中国古代散文学会和骈文学会，我召开了3次咨询会，60多位学者发表了高见；10余人参加多次审稿会。骈文最难懂的是典故，指教者甚多，主要有白化文教授、刘永翔教授、赵伯陶编审等。《中华古今骈文通史》出版至今①才一个多月，已经收到了好几位朋友寄来的匡正意见，其中山西的李蹊教授的勘误表，列出标点和文字错误多处。这种细心关切和热心帮助，令我十分感动，衷心感谢。

---

① 指访谈时。

2000 年摄于马来西亚新纪元学院校园内

　　裴云龙：据我所知，您从 20 世纪 90 年代初到 2007 年这 16 年中，有 8 年是在国外讲学，在 3 所高校担任全职客座教授。您的教学活动反响很好，同时您在学术研究方面也取得重要收获。很想听您谈谈，国外教学与科研是如何互动互补的。

　　谭家健：我在新加坡、马来西亚多次担任客座教授。国内的一些朋友颇为关注，有几位问过我，你是如何出国的，是不是有亲戚介绍呢？回答是没有亲戚，也没有朋友介绍，完全是文字之交。对方认为我合适，才聘请的。

　　1980 年，我在中国国家图书馆看到一本《先秦哲理散文》，作者叫林徐典，出版者是新加坡国立大学。该书论述允当，语言通畅，许多观点都注明征引或参考了中国大陆出版的相关权威著作。我当时已经出版《先秦散文纲要》，很喜欢新加坡这本书的文风和见解，于是向刚从新加坡访问归来的哲学所马振铎先生打听，得知林徐典是新加坡国立大学中文系主任，长期主讲先秦文学。于是致信联络，同时寄去我的文章著作，马上收到林教授回信以及相关的文章著作。我们没有见过面，但交流、讨论很是契合。我写过一篇短短的书评，在《文学遗产》上介绍《先秦哲理散文》。

1990年秋，新加坡国立大学中文系高级讲师辜美高博士到北京参加学术会议，顺便登门拜访，说奉林徐典老师之命，给我送来更多的书，包括林先生和中文系其他教师的著作。同时透露中文系正筹备于明年6月举办国际汉学研讨会，拟邀请世界各国汉学家200人，其中中国40人，此外还有新加坡、马来西亚100人，初步考虑请我报告中国40年来古典散文研究之回顾与前瞻，询问我是否同意这个题目。我猜想是林教授看过我的文章之后，才提出这个题目，就欣然同意。一个多月后，收到会议正式邀请，我的发言稿寄去后，林教授表示满意。没有多久，就办好了出国开会的护照和签证等手续。

林教授又来函说，他即将满60岁，次年7月将退休，所任课程需要有人接替，拟在认识的中国朋友中选择合适者担任客座教授，我是候选人之一。从国外聘客座教授，要经过中文系合议提名，国立大学校长审核后，报教育部批准，再由外交部、内政部按程序签署有关文件，才能确定，费时颇长。由于当时中国和新加坡正式建交刚刚半年，此前文化教育界曾有民间交往，而国立大学由政府管辖，第一次向中国聘请客座教授，较前严格，变数很多，能否获准尚难确定。

他寄来许多表格，提出各种证件要求，如大学毕业证书、研究员证书、无犯罪记录证明、家庭成员无犯罪记录证明、身体健康证明等等，最主要的还是已出版著作和已发表文章的目录，以及讲过哪些课程。他强调，若有某项不合要求，则难以通过。我当时想，林教授认识的中国教授很多，比我更合适的人不在少数，我不过是预备队员而已。后来他不断告知，大学同意了，教育部同意了，已报外交部了……并且不断寄来课程表，拟讲课程每周4门、10节，包括二年级的《中国古代散文选读》、三年级的《先秦两汉文学史》、四年级（荣誉班）的《墨子研究》、硕士班及博士班的《中国文化史》。其中，前三门原系林教授的课，后一门是新开设的。为硕士班上课须高级讲师以上，为博士班上课须副教授以上。

林教授认为我四门课都可以讲，上司通过的可能性很大，请我备课，于是寄来一大批历年教学大纲供我参考。中国文化史、先秦两汉散文、古代散文选读我在中国社科院研究生院及一些大学讲过。关于墨子，我出版过《墨子选译》，他们要求我讲"墨子研究"，我觉得任务重了，便急忙备课。同时，向文学所领导报告，新加坡国立大学有可能聘请，但正式聘书尚未收到。文学所领导认为这是好事，表示同意。到1991年5月，离出国开会只有一个多月的时候，我才收到正式聘书。我之所以详述初次出国经过往事，是为了澄清个别人的猜疑。我很感谢文学所领导的大力支持和几位热心朋友出主意，帮助我克服许多困难，办妥稍后我的家人随行出国的手续，在当时是很不容易的。

我在新加坡讲学，备课时间主要用于写《墨子研究》的讲稿，写了30万字。1996年出版时变成40万字，详情在该书后记已有介绍。

到马来西亚新纪元学院担任客座教授，是我退休后的事，社科院不管了，所以没有什么障碍。但是也有极个别人不高兴，说闲话，就不理他了。

我在新纪元学院讲课的时间比在新加坡国立大学长，讲授的课程除前面已列4门外，还有六朝文学史、唐宋文学史、元明清文学史、《左传》导读、《诗经》导读、古代汉语、中国散文史、中国哲学史、音韵学等。音韵学这门课，我在北大认真学过，此番备课时得益于杨耐思学长的悉心指导、帮助，他借给我一些参考书，教我知道多少讲多少，没有把握的就不讲，免得出错。我切实照办了。

在马来西亚新纪元学院讲学期间，2005年我出版了《中国古代散文史稿》，是在新、马两国讲稿的集合，两国的好几名学生为我提供资料，打字、复印。2010年出版的《中国散文简史》，是前述《史稿》的浓缩版。我有几十篇文章发表于新、马两国的学术刊物或文学杂志、报纸副刊。通过多年讲学，既传播了中华文化，也增进了中国和新、马两国的友谊。三所高校不少老师和学生，至今仍与我保持友好联系。我刚出版的《中华古今骈文通史》，得益于新、马两国的同事、学生和朋友甚多，前面已经谈过了。

新加坡东方文化学院是林徐典教授退休后与北京大学中文系合办的一所专修海外学士课程学校，教学计划与北大一样，全部教师由北大派出，每人讲4个月，讲若干门课程，采用浓缩式教学法，4年课程在2年讲授完成。学生大多为成年人，一个班为全日制，另一个班为业余制（夜间加上星期六、星期日授课）。2003年发生"非典"疫情，北大的老师进不去，恰好我当时在新加坡，林徐典院长和北大中文系都同意我来讲课，聘书上注明为双聘客座教授，授课时间为 6 个月。由于我的子女在新加坡工作，我有长期居住证，不需要办签证。授课期满之后，一部分学生自发要我再讲 3 门专修课——《庄子》选读、《左传》选读、中国文化史。民办学校的学生实行按课时收费。这 3 门课是原来教学计划之外的，学校提供教室，学生另付教师讲课费。我讲了 3 个月，加上前年曾讲过 3 个月，我在东方文化学院一共讲了 1 年的课。

在国外讲学多年，对我的学术研究帮助很大。除了上面讲到的一些讲义变成了专著，写了一些文章之外，更重要的是大大拓宽了视野，提高了学术境界。看的书比在国内多，与来自我国台湾、香港以及日本、美国、英国的同事们交流很频繁，能了解文史哲各领域不同的观点、方法和资讯，与许多同行成为朋友，这是一笔精神财富。这些人脉资源让我至今受益，以后也还会起作用。

裴云龙：您退休之后，被推选担任中国古代散文学会、中国骈文学会的副会长、会长和中国墨子学会领导工作长达 20 年，组织多次学术会议，联络、团结越来越多的国内外同行学者，对这 3 个学术领域的研究与交流起到积极的推动作用。您能不能谈谈领导学会工作的情况和体会？

谭家健：中国古代散文学会成立于 1995 年，首任会长是北京师范大学的郭预衡先生，我是第一副会长。2005 年，郭先生因年老请辞，由我继任会长；2014 年，我以超龄请辞，由武汉大学熊礼汇先生继任；2018 年，熊先生因年龄关系请辞，由北师大郭英德先生继任。从 1995 年到 2018 年，古代散文学会举办全国性和国际性学术研讨会 12 次，较小型的或与其他学会合办的会议多次，出版简报 18 期。中国骈文学会成立于 1996 年，首任会长是湘潭大学的姜书阁先生，我是副会长；2005 年姜先生仙逝，由我继任会长；2015 年我请辞，由南京大学曹虹教授继任会长。中国骈文学会现已举办全国性或国际性骈文学术研讨会 5 次，2019 年在西安举办第 6 次。中国墨子学会成立于 1991 年，1997 年我被选为常务理事，2001 年开始担任副会长至今。墨子学会秘书处设在山东省滕州市墨子研究中心，有专职人员多名，每 4 年举办一次国际性学术研讨会，学术性、文化性活动很多。我不参与日常事务。

　　中国古代散文学会和中国骈文学会都是民间团体，没有经费。每开一次学术会议，费用由举办的大学全部负担。会务人员即该校相关师生，他们很辛苦。我和其他参加学会负责工作的朋友都认为，学会是一个联络与交流性团体，会长、副会长都是联络员，严格讲不能叫"领导人"。"领导"什么呢？学术是自由的，文责自负，谁也领导不了谁。学术是需要讨论和争鸣的，各述己见，可以互相指出优缺点，但不能评价谁高谁低，谁对谁不对，学会没有裁判权。学会的宗旨就是以文会友，互相交流、切磋、琢磨、质疑、讨教，取长补短，求同存异。会员都是平等的，不分职称、职务高低和年龄大小，都是朋友关系。由于坚持上述原则，这两个学会学风、会风是好的，一向团结和谐，亲切融洽，没有发生过大的矛盾和纠纷，有热烈争鸣而无争吵，有善意批评而无攻击批判。这是 20 年来大家共同努力而形成的传统。当然难免出现一些不愉快的苗头，作为学会的组织者就要及早息争止讼，消弭淡化，防患于未然，需要许多人互相配合才能做好工作。

中国古代散文学会每年出版一期简报，几乎都有一篇当年古代散文研究新书举要，以提供讯息。这项工作由我做了十多年。通过收集了解新书出版情况，增加自己的见识，也对会员有些帮助。

在中国墨子学会，我常做的工作也是定期汇报和介绍新书，有详有略；还不定期查阅报刊发表的墨学论文，并加以归纳，找出讨论焦点和新的见解等等。

我对这3个学会所做的工作是微不足道的，而所得到的收获是极丰厚的。关于中国骈文学会给我的帮助，在前述关于《中华古今骈文通史》的写作经过中已经谈过了。下面讲讲墨子学会对我的支持。

1995年初，北大褚斌杰先生与我谈及在新加坡写过什么文章、著作和讲义，我以《墨子研究》讲义相告。褚先生告诉我，中国墨子学会秘书长张知寒是山东大学历史系教授，非常热心交朋友，积极联络墨学同好，如方便，可与他联系。不久，我到济南大学讲学，顺路拜访张知寒先生，与他一见如故。他知道我出版过《墨子选译》，问我有何新作，我告以《墨子研究》正在修改，拟以其中的附录《墨子研究论文分类索引》（1904—1994，含海峡两岸）求正。他非常欢迎，命我赶快寄来，旋即编入《墨子研究论丛》第3辑，1995年10月出版，索引共1500条。不久收到美国爱丁堡大学哲学系李绍昆教授来信称，从索引中看到他作于1961年、发表于台湾的文章目录，连他自己也忘记了，"就像找到失散多年的孩子一样高兴"（原话），旋即推荐我出席在韩国召开的中国哲学国际研讨会。

1997年，我被推选为中国墨子学会常务理事。1999年，被邀请出席在台北举办的中国哲学国际研讨会。2001年，被选为中国墨子学会副会长。2000年至2007年，我在马来西亚、新加坡两所高等学校讲授"墨子研究"先后 5 个学期，在马来西亚、印尼有关学术会议上单独以墨学为题发言、讲演多次，在国内的中国国际广播电台以《平民哲学家墨子的思想》为题讲课 6 次，向全世界华人广播。从 2001 年到 2009 年，由中国墨子学会推荐，美国的李绍昆教授、中国人民大学的孙中原教授和我，3 人合著《中英合译墨子全注全译》。工作进行多年，因为体例和编排方面的困难，后来改为分别出版，中译英由李绍昆教授署名，古译今由我和孙中原教授署名，商务印书馆 2009 年出版，至今已重印 3 次。

中国墨子学会编辑出版《墨子集成》共 100 册。这项巨大工程，由张知寒教授率先提出，张教授去世后，由任继愈教授和李广星编审共同主编，2004 年出版。我被列为顾问，向编委会提出过一些参考书目建议，赠送了我在台湾和新、马购买的墨学著作多种。2016 年，中国墨子学会组织"《墨子》公开课"系列讲座，共 12 讲，由 12 位学者讲课，第 11 讲"20 世纪墨学之复兴"由我讲。组织者告诉我，反响甚好。该课程的全部讲稿已于 2018 年成书出版。

关于中国古代散文学会对我的帮助，略述如下。从 1995 年开始担任副会长以来，许多朋友为《先秦散文艺术新探》《六朝文章新论》《中国古代散文史稿》《中国文史哲汇通》写书评；马世年教授、刘宁研究员分别撰写过访谈录；孟向荣编审撰写过印象记，介绍我对古代散文的见解和研究情况；孙欣硕士把我的《先秦散文艺术新探》《墨子研究》与主编的《中国文化史概要》合起来评论，以《汇通文史哲的可贵尝试》为题，在台湾发表。也有朋友坦诚地指出缺点和错误。阮忠教授的文章认为《中国古代散文史稿》讲每个历史时期的概论太简单，没讲清社会文化背景是个欠缺；熊礼汇教授当面对我说，有的书评对你这本书评价过高；福建的一位博士、新加坡的一位硕士、美国的一位在读博士生分别来信、来电指出我书中的某些事实错误、标点和引文错植、漏排等等。

2014年以后，我计划编选《谭家健文集》，从已出版的20本书中选出9种10册，其中8册是经过不同程度补充修改的。由于这段时期我的主要精力用于撰写《中华古今骈文通史》，因而这8本书的校对和审改约请了8位学者各负责1本，大多是古代散文学会的朋友。他们非常认真、细致，费力甚多，尤以张梅博士为最。有的朋友还提出重要修改意见，认为早期写的几篇文章今天已不合时宜者应删去，或者把某一段或某几句没有什么现实意义的话删改；还有的朋友建议增加新的考古发现资料和某种被忽略了的文体介绍，这都为新版著作增色不少。《谭家健文集》已经在2020年6月由社会科学文献出版社出版。

裴云龙：衷心感谢谭先生为我们讲述40年来学术攀登的心得。您的宝贵经验和心路历程，对我们后学来说是宝贵的精神财富和有力的激励。我们将以您为榜样，在学术上不畏艰险，不恋浮华，勇攀高峰。

谭家健：谢谢！

我戴天山明月来

——薛天纬教授访谈录

薛天纬，1942生，陕西宜川人。退休前为新疆师范大学教授。曾为华东师范大学兼职博士生导师及中国人民大学国学院特聘教授。研究方向为唐诗及中国古代诗学，尤重李白研究，曾任中国李白研究会会长。现为中国唐代文学学会顾问。主要著作有《李白诗解》《李白诗选》《唐代歌行论》及合著《李白全集编年笺注》等。

杨阿敏：请谈谈您的中小学经历。您在西北大学中文系读书期间是如何度过的，当时的大学是一种什么状态，有哪些老师给您的印象比较深刻？

薛天纬：我是陕西人，家乡在延安地区的宜川县，唐代叫丹州。宜川在黄河边上，隔着黄河，东岸就是山西。黄河壶口瀑布就在我们县，上初中的时候，全校师生徒步去壶口旅行，县城距离壶口一百里地，

2015年10月中国李白研究会年会期间摄于故乡黄河壶口瀑布岸边

往返需五天。1942年农历十月初一，我生于宜川县城七郎山下。我父亲是商人，曾任宜川商会会长。1948年冬，我随家人回到故乡云岩镇永宁村，在村里的小学上过一年学。我出身于一个大家庭，父兄从小教我认识了不少字。1950年春季，我到云岩小学上学，因为识字较多，所以直接上了三年级。我记得云岩小学的大门上有一块匾额，上书"横渠遗风"四个大字，我当时并不懂这几个字的意思。直到很久之后读了清乾隆年间编成的《宜川县志》，才知道北宋大儒张载（世称"横渠先生"）做过云岩县令，于是不由得内心生出一些自豪。

1953年夏，我小学毕业，进入宜川中学读书。初中时候，教语文的赵如彬老师，端午节时会给我们讲屈原的诗歌，读《国殇》和《哀郢》，还读郭沫若的译诗，给我留下了深刻的记忆。他教作文，引导我们不要写套话。比如那时人们写信，一开头总要问候"近来身体健康吧，饮食增加吧"，赵老师拿了一封信给我们读，信是一位朋友写给他的，开头是："本来不想这么快就给你回信，因为上次你给我的回信拖了很久，但一想，好人总是要原谅病人的（赵老师当时生病了），所以就没有报复你。"赵老师读的这封信给我的印象太深了，从那时起我懂得了写作文不能写套话。许多年以后，我已经当教授了，有次回延安，在延河边上遇到赵老师，他退休前在延安教师进修学院任教，我说："是老师您的影响，使我选择了读中文系。"他说："这话我相信！"

我读高中是在延安中学。高中期间，从1956年到1959年，国家提倡"向科学进军"，人人都知道这口号，叫"知识就是力量"，所以学校的教学是比较正规的。大概从我们那届开始，在高中阶段，语文分为文学和汉语两门课，文学课本（记得由张毕来主编）像文学史的作品选一样，从《诗经》的"关关雎鸠"开始讲起，一直到明清小说。我们系统地学了一遍。1949年以后我才开始读书，没有上过私塾，高中那一段文学课的学习，使我对中国古代文学的东西有了一个比较系统的了解。高中阶段赶上了"大跃进"和"大炼钢铁"，1958年夏天我们没放暑假，参加了修延惠渠的劳动。冬天又去距离延安60里的建设煤矿参加了一个月炼焦劳动，就是炼焦炭，焦炭是用来炼铁的。炼焦是土法，在半个篮球场大小的坑里装满原煤，封起来从下面烧，煤就变成了焦炭，再挑水把火浇灭。这次劳动十分艰苦，天气又冷，但大家热情很高，我用《我是一个兵》的曲子改填了词："我是一个兵，来自中学生。昨天放下手中书，今天做炼焦工……"登在"延安中学炼焦营"的油印小报上，被同学们排成节目演唱。过后，我写了一篇作文，记叙炼焦劳动，这篇作文被延安广播站播出，又登在《延安报》上，我因此拿到了生平第一次稿费2元钱。巧的是1959年7月高考，作文题目是《记一段最有意义的生活》，我原封不动地把那篇文章凭记忆写了一遍，据说得了高分。

我小时候几乎没有什么阅读经验，即使有一点也基本上可以忽略。比如我小时候，应该是在七八岁的时候，用毛笔写大字，叫"写大做"，有一个老先生给我写了一个样本，叫"做格"，我把它垫在白麻纸底下，在上面描。那位老先生给我写的是《千家诗》里朱熹的诗："胜日寻芳泗水滨，无边光景一时新。等闲识得春风面，万紫千红总是春。"还有一首是程颢的《春日偶成》："云淡风轻近午天，傍花随柳过前川。时人不识余心乐，将谓偷闲学少年。"于是，这两首诗我就会背了，但不懂意思，当时也不知道作者是谁，也不知道《千家诗》。

　　1959 年高中毕业，我考到西北大学中文系。西北大学在西安，是抗战时期的西安临时大学，后来改名为西北联合大学，继而又改为西北大学。50 年代的时候，西北大学是教育部直属的综合大学之一。但是，1958 年陕西省把西北大学要回去了，变成了省属，直到现在。

　　上大学期间，虽然政治活动及劳动不少，但 1960 年赶上"三年困难时期"，在这种情况下，国家实行"调整、巩固、充实、提高"的八字方针，大学开始比较重视教学。"全国文科教材会议"之后，教育部组织专家编写大学文科教材，我们正好赶上这批教材出版，学校里强调读书了，劳动减少了，社会活动也减少了，政治活动也减少了，我们安心读了两年书。当时出的这批教材，至今还在我书架上，比如王力主编的《古代汉语》、朱东润主编的《中国历代文学作品选》。文学史当时有两种，一种是中国科学院文学所编写的，还有一种叫五教授本，即游国恩、萧涤非、王起、季镇淮、费振刚五位教授主编的文学史教材。还有《中国历代文论选》，是复旦大学郭绍虞教授主编的。教材封底上印着"高等学校范围内发行"，当时社会上是买不到的。

　　读本科期间，我们的课程安排是很系统的。比如，除《古代汉语》之外，还开了文字学、音韵学和训诂学课程。学了文字学，知道了《说文解字》及段注，虽然没有通读，但把任课老师推荐的王筠《文字蒙求》从头到尾照描了一遍。学了训诂学，知道了"高邮王氏"，当时节衣缩食买的一本杨树达的《词诠》作为工具书至今仍在书架上。学了音韵学，知道了守温和尚及"三十六字母"等知识。记得杨春霖先生在课堂上举例，说："陕西话有'bia'这个发音，把一张纸贴到墙上，陕西话说'bia'到墙上，'bia'其实就是'敷'，古无轻唇音，把‘f’读‘b’。”古代文学课课时相当多。为了配合古代文学教学，系里的古典文学教研室自己编了一本作品选，是由校印刷厂用很黑很粗糙的纸张印刷的，书很厚重，一册在手，从先秦到近代的作品形成了一个完整而简洁的系统，很实用。刘持生先生开了一门《汉魏六朝散文选读》，选目自出心裁，比如王褒《僮约》，读过终生不忘，后来我写关于"太白遗风"的文章便引用了《僮约》。

　　傅庚生先生给我们讲授了唐代文学这一段。傅先生是著名杜甫研究专家。"文革"之前，全国的大学教授中搞杜甫研究最著名的两位，一位是山东大学的萧涤非，一位是傅庚生。本科期间，我认真读了萧先生的《杜甫研究》（上下册，上册是论述，下册是杜诗选注）。1962年，当杜甫诞生1250周年之际，杜甫被列为"世界文化名人"，学术界开展了相当热烈的纪念活动。傅先生在《光明日报》等报刊相继发表《沉郁的风格，闳美的诗篇》《探杜诗之琛宝，旷百世而知音》等文章。傅先生还著有《杜甫诗论》《杜诗散绎》等著作，在国内有广泛影响。1962年上学期，傅先生为我们班讲授《中国历代文论选》，虽然因为课时有限，上册都未能讲完，但真是受益匪浅。傅先生挑选了教材中他认为最重要的篇章，详细讲解，给我们留下了极深的印象。正是在上这门课期间，我背诵了《典论·论文》《文赋》《文心雕龙·神思》等经典之作，背诵的东西化成了自己的血肉，可以灵活运用，受用终身。

　　"文革"结束以后，1978年我又回到西北大学读研究生，导师是傅先生。他把我们招进去，专业方向是魏晋南北朝隋唐五代文学。有一次在他家里看到陈贻焮先生送给他的一本书，前面写着"庚生师"，后面签名是"一新"，傅先生说，"一新"就是陈贻焮。当年傅先生在北大教书的时候，陈贻焮是他的学生。傅先生教我们做研究，常说"伤其十指，不如断其一指"，即抓住一个问题，一定要研究透彻，而不要把面铺得太开，浮光掠影，最终什么问题都没解决。他也教我们如何做人，教诲我们"做人不能俗"，他最看不起"俗"人。

杨阿敏：大学毕业后，您被分配到新疆工作，研究生毕业后又重返新疆。请讲述一下您在新疆的工作经历。

薛天纬：大学毕业国家统一分配，我们同班14个同学去了新疆。我与另外3位同学被分配到乌鲁木齐第一师范任教。乌鲁木齐第一师范建校是在清末光绪年间的1906年，历史很老，是自治区教育厅的直属学校。1963年秋天我刚工作，教一个师范短训班语文课，学生是乌鲁木齐市的应届高中毕业生，招进来培养一年，进行一些专业训练，然后去做小学教师。

这里要重点说说的，是1964年夏天，我有幸参加了在西安召开的第4次全国普通话教学成绩观摩会。全国每个省（市、自治区）各有一个代表团参加观摩交流，新疆代表团共5人：教育厅一位干部领队、新疆"文改会"（研究维吾尔文字改革的机构）专家魏萃一、我，另外还有两个参加普通话汇报表演的学生。我之所以能有机会参加这个会议，是因为第一师范是教育厅直属学校，而推广普通话是师范学校的重要工作，至于学校为什么选派我这个刚刚任教一年的青年教师去参加会议，当时没有细想，至今回忆起来仍没有答案，但觉得真该感谢学校领导的青睐。两位学生，一位是汉族小学生，叫王源，是铁路小学的女孩；另一位是少数民族女中学生，名字好像叫玛依拉，她朗诵郭小川写新疆的诗歌，全场听众都惊讶她普通话讲得好，其实她是全国政协副主席鲍尔汉的孙女，就是在北京长大的。这个会是在西安人民大厦开的（那个时候全国每个省会城市都有这样一座标志性建筑，重要会议都在那里召开，比如新疆就是乌鲁木齐的昆仑宾馆，俗称"八楼"）。会议十分隆重，国家文字改革委员会主任、党的"五老"之一吴玉章亲临大会。开幕式入场的时候，时任教育部副部长的叶圣陶童颜鹤发，站在会场入口与每一个进场的人，不论大人小孩，一一握手。那次开会，除了大会之外，有分组讨论，我所在的小组里有国家文字改革委员会的多位语言文字学家，至今眼前仍能浮现他们的面容，有周有光、林汉达、倪海曙、徐世荣、杜松寿等。其中朗诵专家徐世荣和陕西籍的杜松寿曾于我读本科时到西北大学中文系做学术讲座，其他专家则是久闻大名而第一次得见其人。那真是一次难得的机会，也算是我参加的第一个学术性会议。

这次会议之后，我参加了新疆自治区招生工作组，到天津去招生。招生对象是天津当年高考没有录取的应届高中毕业生。那个时候大学招生数额非常少，而且招生首先一个条件是政审，就是看家庭出身有没有什么问题。天津这个地方资本家比较多，考生家里稍微有点什么问题都可能落榜。但是这些年轻人文化基础非常好，高中学得非常扎实，招到新疆去，上两年学，培养目标是民族中学汉语教师，毕业后给少数民族学生教汉语。学制是正规的两年制专科。那一届招了100名学生，分为三个班，简称维专一、二、三班。我担任维专三班的班主任，同时给三个班上语文课。这门课的名称应该叫"阅读与写作"，没有课本，是从报刊上找一些比较好的文章，包括一些文学作品，作为范文学习，以提高学生的分析能力和写作能力。维专班同学两年的修业时间并没有全部拿来学习，他们到兵团农场摘棉花，到自治区展览馆做"新疆维吾尔自治区成立10周年大庆"的讲解员，到七一纺织厂参加社教，等等。他们1964年入学，应该1966年暑期毕业，但他们还没有毕业"文革"就爆发了，所以他们一直到1968年才被分配到天山南北去工作。后来，他们一大半调回了天津，但也有同我一样在新疆工作至退休的。维专班同学基本是1945年前后出生，我与他们当时是师生关系，但事实上属于同一年龄段，他们毕业后我都视为朋友。2014年9月，维专班同学在天津聚会，纪念进疆50周年，我应邀前往，曾赠给他们一首七律：

倒转流光五十年，津门儿女竞翩翩。
辞亲不畏征行远，出塞唯期天地宽。
国是无常谁可问，予生有梦自能圆。
古稀翁妪重逢日，执手同歌相见欢。

1968年秋冬之际，第一师范的毕业生都分配离校了，学校当时也归属了乌鲁木齐市。积压了三年的小学毕业生要上初中，第一师范就招初中生。那个时候不叫一年级、二年级，都是军事化的，叫一连、二连，我带的那个班叫二连四排。四排的"战士"们入学时年龄十二三岁，我当排长。当时上课每天读语录，写"红色日记"，还要参加劳动、挖防空洞、夏收等等。两年后，开始比较全面地复课了，又要培养教师。第一师范开始从下乡知青中招收师范生，办了语文班、数学班等，学生属于工农兵学员，但因为第一师范本身不是一个大学，学生后来都给了中专待遇。我给语文班上过课，做过班主任。

　　新疆的高等师范教育，在"文革"前有过一些反复，当初有过新疆师范学院，后来又被撤销了，因为当时新疆大学的基本任务就是培养师资的，不需要再设一所师范学院。新疆师范学院被撤销后，一部分合并到新疆大学，一部分迁到喀什，1962年成立了喀什师专，现在叫喀什大学。所以新疆在"文革"结束时，就筹备要成立一所新疆师范大学。

《李白全集编年笺注》编写组。左起房日晰、阎琦、
安旗师、薛天纬。2004 年摄于西北大学新村

　　国家决定恢复高考是1977年冬天的事。新疆也组织了第一次高考，入学的学生叫77届，实际上是1978年春天入学。这个时候新疆师范大学还没有成立，但是先招生了。77届大学生入学，就在第一师范的校址。到1978年上半年，78届又招进来了。77届、78届

招进来的时候，新疆师范大学还没有成立，两个孩子的出生其实先于母体。1978年12月，教育部关于成立新疆师范大学的文件下达。文件明确"乌鲁木齐师范学校"（即第一师范）及"新疆教师培训部"（其前身是教育厅的"中小学教师进修部"，也曾设在第一师范）是成立新疆师范大学的基础。所以，新疆师范大学的校史可以追溯到1906年，也是百年老校了。1978年上半年，我给中文系77级上过古代文学课，我手里有古代文学的老教材，作品选与文学史是糅在一起上的。

杨阿敏：为什么选择考研究生，傅庚生、安旗先生是如何指导学生的？请谈谈您对两位先生的认识，以及谈谈您读研究生时的具体情况。

薛天纬：1978年春天，我得到研究生恢复招生的消息。一翻招生目录，有母校西北大学傅庚生先生的招生信息。我当时没别的想法，也没有想到其他城市去，就想回到西安，回到母校。傅先生给我们讲唐诗的印象太深了，我的愿望就是跟傅先生学唐诗。

研究生招生考试我记得比较清楚。考俄语，我的成绩考得不错。我们高中读了三年，大学又读了两年，学了五年俄语。当时我的俄语水平能阅读俄文《真理报》与《文学报》，常跑到钟楼邮局买这两份报纸来读。俄语大概考了七八十分，我清楚地记得阅读与翻译题的题目是列宁的名言"学习学习再学习"。专业课考试，我选了关于李贺诗歌的题目。我大学时读了《三家评注李长吉歌诗》，印象比较深。"文革"期间，唐代的诗人被分成儒家和法家两类，李贺是"法家"，他的作品可以公开合法地读。研究生考试的时候，我把李贺诗歌大段地写了上去，甚至把杜牧给李贺诗集写的序都默写进去了，所以考试比较顺利。1978年夏天，我到西安去复试，傅庚生先生亲自主持复试。在"西树林"的树荫底下，大家席地而坐，傅先生说到我试卷上居然默写那么多李贺的诗歌，表示很赞赏。那一届，中文系招了14名研究生。跟着傅庚生先生的一共4个人，除了我之外，还有阎琦、李云逸、韩理洲。我们的专业方向是魏晋南北朝隋唐五代文学。但到秋天，我们入学时，傅庚生先生身体就不行了，卧病住院了，没有办法再工作。

在这一情况下，当时西北大学的校长郭琦——从延安过来的一位老教育家，四川人，于1979年夏把安旗老师从成都调到西北大学，后来安旗老师就成了我们4个人的导师。所以我读研究生应该是前后两位导师。

安旗老师本来在西安工作，她是成都人，后来调回成都，这次又从成都回到西安。安旗先生来的时候没有职称，因为她没在高校工作过，她是全国著名的文艺评论家，五六十年代就出了多种诗歌评论集，在全国广有影响。1962年，纪念杜甫诞生1250周年时，在傅庚生先生发表许多纪念杜甫文章的同时，安旗先生也在《四川文学》杂志发表了《"沉郁顿挫"试解》一文，文中将"沉郁顿挫"四个字解释为"忧愤深广，波澜老成"八个字。这篇文章我当时就拜读了，印象十分深刻。文章收进了中华书局编辑的《杜甫研究论文集》。安旗先生调来西北大学前，已经开始了李白研究，来西北大学时带着写好的书稿《李白纵横谈》。

关于我们读研究生期间，导师怎样指导学生，据我的印象，除了外语课是按课表上课，有教科书，其他的专业课都没有课堂教学，都是师生相互接触、交谈。你写你的文章，你读你的书，写出来后，和老师去交流讨论。写的文章也不一定是老师讲过的东西，比较自由。大家读的书很多，如饥似渴地读书。在一次与安旗老师进行了关于李白《将进酒》的讨论后，安老师鼓励我进行系统的李白研究。当时，在西北大学图书馆没有找到詹锳先生的《李白诗文系年》，我就到陕西师范大学图书馆找到这本书，在馆里用了大约一周时间，把全书基本上摘抄了一遍。当时，安旗先生对李白的生平与创作已经形成系统看法，在此基础上，她决定撰写一本《李白年谱》，并交给我来执笔。安老师修改定稿，并精心撰写了《前言》。这本 8.8 万字的书，于 1981 年秋脱稿，1982 年由齐鲁书社出版。

我的硕士论文题目，遵照安老师意见，写李白，题目是《李白诗歌思想综论》，大概写了七八万字。论文都是手抄的，用方格稿纸手抄，然后复印出来。当时整个西北大学大概就图书馆有一两台复印机。80 年代中期，我与阎琦、房日晰在安旗先生带领下，进行《李白全集编年注释》的工作，稿子也全是手抄。前些年搬家，翻出那时的稿子，我非常惊奇，自己当时怎么能写那么漂亮的钢笔字？现在写不了了，自从用电脑打字，写字退步得很厉害，连签名都签不好了。

我们答辩应该是 1981 年 11 月份前后的事情。我从乌鲁木齐到西安来，那时候交通不像现在这么方便，宝鸡到天水之间这段铁路，到秋天一下大雨这就被大水冲断，火车就不通了。我到兰州就无法再前行了，到不了西安。怎么办呢？生平第一次坐飞机，就是读研究生最后一个学期。1981 年秋天，为了赶回西安完成硕士论文答辩，从兰州坐飞机到西安，飞机票是 28 元，现在随便打个出租车也不止这个钱吧！我们的硕士论文答辩，请了中国社科院文学所的吴世昌先生来主持，吴老的研究生董乃斌已经完成了答辩，就陪着他来到西安。乃斌兄与我同为1942年生人，他"文革"期间曾在西北大学工作数年，这一次也是故地重游。

答辩完以后，就毕业了。我们是"文革"后的第一届研究生，毕业以后，很多地方和单位都可以去，不回新疆完全可以。但是，当时新疆师范大学成立了，我的工资也一直是新疆师范大学在发，当然我有义务回去继续为新疆服务。新疆师范大学也盯得很紧，要求我回去。那个时候我也成家有小孩了，所以我又回到新疆去了。我记得十分清楚，1982年元旦那一天，我"二出阳关"，登上了从西安开往乌鲁木齐的火车。数箱书籍，是同窗费秉勋用"零担"帮我托运回乌鲁木齐的。这一年，我将满40周岁，已经没有了21岁时出塞的豪情，甚至还生出几分悲凉。当时也有诗，其中一首写道："已把青春逐塞寒，阳关重度意萧然。苍茫云海天山月，照我梦魂返长安。"从1982年回到新疆师范大学开始，一直到2009年12月退休，加上读研究生之前在新疆的15年，我把46年的岁月献给了新疆的师范教育事业。退休以后，因为儿子在北京工作，就住到北京来了。2011年，冯其庸先生推荐我到中国人民大学国学院做特聘教授，前后5年，至2016年聘期结束。

杨阿敏：您曾在中国人民大学国学院开设古诗文写作课，如何才能走进诗词写作的大门，写出合格的作品？如何看待当下的旧体诗词写作现状？

薛天纬：学会写作古诗词，首先要读得很多，背得很多。即使不懂格律，但是脑子里背了好多唐诗，有了这个基础，然后再去学习格律，就容易了。掌握诗词格律很简单，一个小时就可以把格律讲清楚，这个不是问题。我上课时复印了裴斐先生《诗缘情辨》所附"诗律明辨"作为教材，裴先生把诗词格律讲得简明而通达，一看就懂。

时下写作旧体诗的人很多，作品多到难以数计。在我看来，今人写作的旧体诗总体上可分为两大类：一类是"大众的"，一类是"小众的"。"大众的"诗俗，"小众的"诗雅。"小众的"诗即文人诗。"大众的"诗可能写作者也学了格律，写得也符合格律，但是你一读，觉得诗的气味"俗"，没有文人气。当下大学教授中写诗的人不少，但都是把写诗当成教学科研的"余事"，甚至是写着玩儿。我也写，但写的不多。我的朋友周啸天先生可能算是个例外，他是以旧体诗词写作获得"鲁迅文学奖"的唯一之人。他真正把诗词创作当成一项事业来做，不但写，也做这方面的研究，有许多著述。我的学生王星汉（以笔名"星汉"行），是新疆师大1977届的学生，他酷爱旧体诗词写作，水平也很高，而且是中华诗词学会的创会副会长之一，被誉为"新边塞诗派"的代表作家。星汉也是把诗词写作当成事业做的。我参加过几次中华诗词学会的活动，诗词界诸人指称我为"星汉的老师"，以为识别。

杨阿敏：作为研究生导师，您是如何指导学生读书治学的？

薛天纬：新疆师范大学是 1993 年 12 月获准为硕士学位授予单位的，"中国古代文学"是首批 6 个授权专业之一。1994 年的招生没有赶上，首届硕士生是 1995 年入学的。我在新疆师大培养的硕士研究生比较多，给他们开的一门最重要的课程，是"唐诗史料学"。学了这门课程，就迈过了唐诗研究的门槛。上课就在我家里，因为所有资料都在我的书架上。然后就让他们去读书，必须读大量的作品。罗宗强先生《隋唐五代文学思想史》出版后，我为此专门开了一门课，精读罗先生书，逐章逐节地读，凡书中征引的原始文献，一段段布置给研究生自己先阅读，每人一段，课堂上做重点发言，大家一起讨论，疑难处我作讲解，这样既培养了学生阅读古籍的能力，又学习了罗先生的著作。罗先生的书我先是买了一本，精读时用红铅笔划了线，写了批注。后来，罗先生赠书到了，我就把原先精读过的那本送给我的第一个研究生，他把我原来的红线和批注全部"影写"照搬到了罗先生的赠书上。这个研究生毕业后考了陈伯海先生的博士。

2003 年到 2008 年这 5 年间，我在华东师范大学招过两届博士生，招生的方向是"唐诗研究"，培养了 3 个博士生。因为我是兼职导师，每学期大概有一个月时间去上海指导学生，真正上的课程实际只有一门，就是"古代文学研究前沿"，介绍学术动向，学习最新研究成果，一起讨论研究方法，我给他们现身说法地谈做学问的体会。花力气最多的，是指导他们做好学位论文。3 个博士生，一个做卢仝研究，一个做唐诗与西域文化研究，一个做唐代落第诗研究，答辩都是"优秀"等级。在中国人民大学国学院，我只招过一个博士生，但入学一年后我的聘期就满了，便把他交给另外的导师了。当然，我给国学院的博士生上过一些课。

杨阿敏：注释是阅读鉴赏诗歌的重要参照，当下的注本质量参差不齐，现状堪忧。您不仅参加了李白诗歌的编年注释工作，还注评过高适、岑参诗，您认为如何才能做好注释工作？扩大一点说，您是如何研治古典文学的？

薛天纬：我读研究生的时候，王利器先生给我们上过课，他讲过一句话："一定要把卡片做起来！"并且讲了做卡片的注意事项，比如卡片必须一样大小，等等。我以前也做卡片，有电脑以后就不做了。做卡片，可以积累知识，更重要的是围绕一个特定的问题来积累材料，最终达到解决问题的目的。进入专业研究之后，一定要想问题，遇到一个感到有疑问的问题，要准备解决它，就得先做卡片。

读研究生期间我写过一篇文章。读李白的诗，有一首《答友人赠乌纱帽》："领得乌纱帽，全胜白接篱。山人不照镜，稚子道相宜。"出来了"乌纱帽"这个词。大家现在还说"乌纱帽"是吧，保乌纱帽，丢了乌纱帽，等等。乌纱帽就是官帽。当时我读李白的诗，产生了疑问：如果乌纱帽是官帽，只能由朝廷授予，怎么能由"友人赠"呢？那么，在唐诗里"乌纱帽"到底是什么东西？我就翻阅各种文献资料，特别是查阅唐诗中出现的"乌纱帽"，遇到一个个实例，就用卡片记下来，卡片积累得差不多了，问题的答案就出来了。于是，我就写了一篇文章，题目是《"乌纱帽"小考》。结论是，乌纱帽在唐代不是官帽，是老百姓都可以戴的帽子。文章不太长，发表于中华书局编辑出版的《学林漫录》第六集。这算是比较正规的学术文章，是我读研究生期间写的东西。后来有两本书把这篇文章收进去了，一本是王春瑜先生所编《新编日知录》，另一本是王子今先生所编《趣味考据学》。这是我发表的第一篇学术性文章。

读研究生期间，我还写过一篇文章，题为《李白"游仙醉"问题初涉》，发表在《西北大学学报》1980年第2期。我刚才百度了一下，文章还能查到。陈毅元帅有诗《冬夜杂咏·吾读》："吾读太白诗，喜有浪漫味。大不满现实，遂为游仙醉。"我文章的题目即取自陈毅诗句。这篇文章，我在后来的论文集中没有收入，因为进入专业研究后，我觉得这篇早期的文章没有什么学术性，算不了研究成果（但在当时，应该说达到了发表水平），敝帚不自珍，我自己把它否定了。

我做研究、写文章，坚持一个原则，就是言之有物，不说无谓的话，不说无个人看法的话。因此，我做的题目无论大小，写的文章无论长短，自己觉得绝无虚文。举例来说，我们仍然说李白的诗，大家都很熟悉李白的一首《行路难》："金樽清酒斗十千，玉盘珍羞直万钱。停杯投箸不能食，拔剑四顾心茫然。欲渡黄河冰塞川，将登太行雪暗天（一作满山）。闲来垂钓碧溪上，忽复乘舟梦日边。行路难！行路难！多歧路，今安在？长风破浪会有时，直挂云帆济沧海。"什么叫"歧路"？现在人们还在用这个词，谁走上歧路了，误入歧途了。这不是个好词，是吧！犯错误了。李白诗中的"歧路"是什么意思？"多歧路，今安在"，什么叫"今安在"？就是"如今在哪里"。诗人在寻找"多歧路"，"歧路"显然不是个贬义词，而是李白寻找的、追求的对象。他一时找不到出路，但他相信将来一定有出路，所以接着说"长风破浪会有时，直挂云帆济沧海"。《行路难》诗中的"歧路"

这个词从来没有人注释过，也从来没有弄清楚。你去查收词最多的《汉语大词典》，"歧路"有多个义项，但放在李白诗中都讲不通。

既然前人没有给我们留下关于"歧路"的正确解释，那么，只有自己去解决这个问题。解决的方法只有一个，就是到唐诗中寻找"歧路"这个词，把各个诗例排列起来，累积起来。一条、两条、三条，十条八条以后，答案自然就出来了。唐诗里的"歧路"是什么意思？歧就是路，路就是歧，"歧路"也常说成"路歧"，在这里其实就作"道路"解，由地面的道路借喻仕进之路。李白另有一首《行路难》，开头直呼："大道如青天，我独不得出！""歧路"的意思，正与"大道"仿佛。"多歧路"，就是一条条道路、许多条道路。然而"多歧路，今安在"，自己寸步难行，处处碰壁，硬是找不到出路在哪里。

我在前两年出版的《李白诗选》（人民文学出版社出版）中，对"歧路"的注释引用了几个诗例，这里就不重复了。我写成的文章叫《"歧路"解》，发表在《古典文学知识》上。这文章也不太长，但这个问题从放在脑子里面到最后解决，大概有10年以上的时间。问题放在这里，我不可能为了解决这一个词，把《全唐诗》翻一遍。但是这个问题放在脑子里面，我不断地在阅读，发现一条诗例就把它记下来，这个问题就好像一块磁铁一样，不断地把有用的东西吸过来，积累到一定的时候，结论就出来了。现在有了电子检索，输进去关键词，唐诗的例子都出来了，只费吹灰之力就可以获得许许多多例子，做事情容易得多了，当年的感受却没有了。

由"歧路"我想到对工具书的使用。读书，做学问，谁都离不开工具书，尤其是专业工具书。但是，又不能过于依赖工具书，因为工具书有时解决不了你的问题，比如上面说的"歧路"，《汉语大词典》就解决不了你的问题。非但如此，工具书有时候还会给你一个错误的解释。比如，白居易诗中有"云母粥"一词，什么是"云母粥"？注家没有解释。你去查《汉语大词典》，倒是有这个词，解释说"云母粥"是"白米粥的美称"。那么，亿万国人早餐喝白米粥，今后咱们都改叫喝"云母粥"吧，都用这个"美称"吧！其实，《汉语大词典》在这里犯了一个极不负责任的错误。服用"云母粥"是白居易在学习道教修炼时养成的一种生活习惯，"云母粥"是用云母粉作原料煮成的粥。云母无毒，喝了对人无大害。我在查阅了道教典籍后，写过《何物"云母粥"》一文，解决了白居易诗中的一个具体问题，也纠正了《汉语大词典》的一个错误。

那么，照你这样说来，工具书就不可信了？非也！有时候我们恰恰是因为没有很好地使用工具书，才使阅读与研究中遇到障碍而得不到解决。比如，李白的重要诗篇《古风》其一"大雅久不作"，诗中有"扬马激颓波，开流荡无垠。废兴虽万变，宪章亦已沦"几句，"激"是什么意思？人们曾费了许多探求的功夫，不断地向最终的解释靠近，却没有走到终点。其实，做文史研究最离不开的工具书《辞源》，解释"激"的第一义项，就是"遏制"。我们常说的成语"激浊扬清"，就是遏制浊流，播扬清流。李白诗句"扬马激颓波"，就是扬马遏制了颓波。一方面遏制了颓波，一方面开启了汉赋之流，成就了王国维所说的"汉之赋"这"一代之文学"。所以，我们既离不开工具书，又不能太依赖工具书、太相信工具书。此中道理，只有到研究实践中去体会。

说了半天，原来你几十年就是在几个字词的解释上下了点功夫？那倒也不是。你要求我谈谈注评高适、岑参诗的问题，我就着这个话题说说。我给三秦出版社做《高适岑参诗注评》这本书，对岑参诗中的"轮台"，作出了明确判断，轮台就是北庭，就是北庭节度使驻节的地方，即今天的全国重点文物保护单位"北庭故城"。当然，我先是写了一篇比较长的文章《岑参诗与唐轮台》，发表在2005年的《文学遗产》上。有兴趣的读者，可取之一读并共同讨论。我还给这本书写了一篇序，其实是一篇文章，题为《高岑与盛唐边塞诗的人性内涵》。这篇文章曾被《唐代文学研究年鉴》关注，文章的基本观点，就是盛唐人踊跃赴边，是为了实现自己的人生价值，是为了满足"发展"的人性需求。我甚至还说过："对于古代文学作品来说，是否表现了人性以及表现的程度如何，是决定其价值的关键。"我还多次说过："李白是张扬人性的一面旗帜。"要而言之，我的学术研究，其实是义理、辞章、考据都做一点的。

我近年发表过的一些观点，自信"真理掌握在自己手里"，期待得到学术界的认同，甚至期待得到文化传播界的采纳。比如，李白名篇不要再被误称为《梦游天姥吟留别》，而恢复其本来面目《梦游天姥吟留别东鲁诸公》，简称为《梦游天姥吟》；比如，不要再说杜甫是被叛军俘虏后押回长安，他是自己主动返回长安的。

如果从1982年研究生毕业返回新疆师范大学算起，我从事学术研究至今近40年。1982年5月，西北大学郭琦校长亲自策划了"中国唐代文学学会成立大会"，那时我刚回到新疆师大不久，去西安赴会时，于途中火车上吟成一首七绝：

母校频招游子回，阳关古道正东开。
长安此日逢嘉会，我戴天山明月来。

这首小诗的末句得到安旗师激赏。此后，我说自己是每参加一次学术会议，就戴一回天山明月。40年间，总体来说，是在唐代文学的范围内兜圈子。2006年我出版的《唐代歌行论》，虽然"溯源篇"是从先秦开始的，但重点仍是唐代。因为这本书的写作，我后来在说明自己的研究方向时，往往表述为"唐代文学及中国古代诗学"。2008年我写过一篇文章《师范渊明　唯取一适——苏轼为什么要写〈和陶诗〉》，算是突破了唐代的疆界，上挂魏晋南北朝，下连宋代，而且一下子就论及了陶渊明和苏轼这两位时代的顶级作家。我自己想到这一点，就觉得好笑。

杨阿敏：您治古典文学数十年，与学界交往应该不少，可否与我们分享一些您经历过的"新世说新语"呢？

薛天纬：这个话题可以说的内容太多了，而且是个说不完的题目。我随意说一点，比如：

1982年5月，西北大学郭琦校长亲自策划了"中国唐代文学学会成立大会"，会址是西安城内的"芷园"，即杨虎城公馆。会议前前后后发生过数不清的学人逸事。我当时在会务组服务，留下了许多美好记忆。这里说几条：

1. 安旗先生是会议东道主，她准备了一个精美的册页，让我们代她拜望各位老先生，并请他们在册页上留下墨宝或赠言。詹锳先生题写了两句联语：

久困樊笼荒旧业
欣开眼界识新朋

　　上句说自己。詹先生出身西南联大，在那里完成了《李白诗文系年》《李白诗论丛》两种现代李白研究的奠基之作。后来，他到美国留学，学了心理学，50年代初回国后，在天津师范学院教授心理学。是之谓"荒旧业"。直到"文革"结束后，他才在河北大学重新开始古典文学研究。"久困樊笼"不用解释。詹先生与安旗先生是初次见面，所以有联语下句。大家看看这联语的绝妙之处：上句仄仄平平平仄仄，下句平平仄仄仄平平，声律自不待说，上下句语词的对仗极其工整，妙处尤在上句"久""旧"二字，下句"欣""新"二字，本句中同音字重现，上下句又在相同位置构成严整对仗。2016年9月，在河北大学举行的"詹锳先生诞辰100周年纪念及《詹锳文集》首发会"上，我在发言中讲到这件事，并说此联语实可以补入"文集"。

　　2. 会务组到老先生处登记返程火车票（当时航空极不发达，人们没有乘飞机的概念），詹锳先生写了一个纸条，"我年老体弱，身胖腿短"，接着一句是"请订下铺"。

　　3. 购卧铺票实在不易，散会那天，会务组把苏仲翔（渊雷）先生送到火车站，没想到下午老先生又回来了，原来他独自在小酒馆里饮酒，误了车。苏先生随身带一个小酒壶，餐桌上剩的酒，就灌进去，随时取饮。

　　4. 大家到华清池考察，并体验了温泉洗浴，我与姚奠中先生等数人在"九龙汤"共浴，姚先生看着大家赤条条的，笑言："我们是九条龙啊！"

5. 20 世纪 80 年代初，知识分子意气风发，王达津先生在小组会发言，激昂慷慨，声如洪钟："我们这个时代，要的是高适、岑参，要的是李白，要的是早年的杜甫！"

顺便透露一点私藏：我在简报组工作，收集了一些老先生们投来的诗稿，有的写在小纸片上，有的写在台历页上，有的写在香烟盒上。日后，我将择机逐步公之于众。

求学路上的足迹

——葛晓音教授访谈录

葛晓音，1946年生，上海市人。1989年起任北京大学中文系教授。其间曾任日本东京大学大学院人文社会系教授，香港浸会大学中文系讲座教授。现为北京大学博雅荣休教授。著有《八代诗史》《汉唐文学的嬗变》《山水田园诗派研究》《诗国高潮与盛唐文化》《先秦汉魏六朝诗歌体式研究》《杜诗艺术与辩体》《中唐古诗的尚奇之风》等代表作。

杨阿敏：请先介绍一下您小时候的家庭生活情况。

葛晓音：我1946年出生在上海江湾五角场。我母亲是一位小学老师，我父亲是京剧团的编剧。上海原来有所谓的"三大舞台"：天蟾舞台、共舞台、大世界。他是共舞台的编剧，后来改成新华京剧团。我家就是一个普通的知识分子家庭。不过我大概两岁多的时候，就被送到我的外祖母家寄养。我是在无锡长大的。

记得小时候外婆家原先是租住在无锡西门外棉花巷的一个姓张的大户人家的大宅子里，叫作"张洞里"。那个大宅子是一个中西合璧的建筑，有前后花园，梧桐院，还有水池、假山、小桥。40年代末，社会比较乱，院门永远是关着的，不让小孩出去，所以我几乎就是关在这个宅院里长到四五岁的。宅院的主楼虽然是一栋洋房，但前后花园基本都是按照中国古代传统的庭院设计的，也稍微有一点西式花园的装饰。这使我后来读到一些描写庭院的古典诗词就觉得特别亲切，好像回到了小时候生活的环境中。而且那个大院打开后门就是一个池塘，不远处又有一条河，特别像南方乐府民歌里描写的那种风景。我还记得上高中时，语文老师出作文题"我的童年"，我写的就是这几年生活的回忆，语文老师都不相信。他说你是看巴金的《家》《春》《秋》看多了编出来的吧！那时候上海住在弄堂里的人很难想象那种生活环境。

后来"张洞里"好像是被政府收回去了，我们就搬出来，租住在棉花巷的一个大杂院里。我五岁就上了小学，在无锡读小学到四年级，那个时候无锡没有什么上学的年龄限制。小学这几年几乎是浑浑噩噩过来的，我都记不清读了些什么东西。反而记得小学在一座古庙里，教室在大殿上，有点可怕。因为年纪太小，上学觉得累了，就跟老师说我要回家，我家就在小学对面。后来到了五年级的时候，父母把我接到了上海，小学的五、六年级，还有初中、高中是在上海读完的。

棉花巷的那个大杂院门外用碎花岗石铺的小街，还有街边的房子大体上都是民国时期的旧貌，一年四季的各种传统民俗也都很有趣味，这些留下的印象是最深的。所以，每当看到古代典籍里描写的这些东西我都觉得特别亲切。这些经历如果说有点什么影响的话，可能打下了我后来喜欢历史、文学的一个基础。

杨阿敏：您中学都是在上海念的，请您回顾一下中学的学习情况？

葛晓音：我小学的学习其实不好，不是一个好学生。我上课喜欢说话，不太专心。初中的时候就开始偏科，只喜欢历史和文学，数理化不好。尤其数学不好，差到什么程度呢？就是经常不及格。偶尔有一次不知道怎么考了一个四分，就是良了。校领导居然还让我在全校大会上报告自己是怎么进步的，我都觉得莫名其妙。但我语文和历史确实非常好，每次一到考语文和历史的时候，全班同学都围着问我问题，一到考数学就轮到我哭鼻子了。

我的初中是上海市复兴中学，是上海的重点中学，现在也很有名，数学教学特别好。偏偏我数学特别差，所以后来初中毕业之后没有考上这个学校的高中，考了另外一所高中，这个高中是新建的，叫作上海市长风中学，老师可能都是临时凑来的，水平有高有低。但特别幸运的是我的英文老师和语文老师非常好，他们可能有点右派的经历，所以就被发落到这种比较差的学校里来了。他们都对我很偏心，所以我到了高中之后，英文、历史、文学方面是很拔尖的。而数理化也不是那么差，大概是初中时数学提前教了不少，到高中不觉得太难了。所以在学校里经常被评为"三好生"，也算是班里比较早加入共青团的。

我那时最喜欢的是绘画，其实我初中的时候曾经想报考上海美术专科学校。到了高中时，我还是不死心，想继续考美院。我舅公，也就是外祖母的弟弟，叫钱松喦，后来是江苏国画院的院长，是一个著名的国画家。我妈就把我的画寄给他看，看我有没有考取美术学院的希望，舅公回信说不错，又把我的画寄给当时上海画院的应野平先生，也是一个著名的画家，他也说不错，考上是很有希望的。但是据他所知，1963年以后美术学院就不会再招生了。果然，1963年除了工艺美院，全国美术学院都没有招生。我很沮丧，高考时只得改变志愿报了中文系。

从初中到高中，我的主要精力都放在绘画上。记得我们初中的美术老师特别好，他姓陈，好像是丰子恺先生的学生，曾经带我们美术小组的学生去丰子恺家中拜访。丰子恺先生住的是一座花园洋房，我还记得他一头白发坐在阳台上的藤椅里的样子。高中的时候，我也是做完功课就画画，还参加学校的美术班，学校的一些宣传画都是我画的。当时自己立志将来要做一个画家。至于在功课方面，兴趣还是在文学和历史方面。

我父亲是京剧团的编剧，他们那个剧团是自负盈亏的，相当于现在的民营剧团，没有政府补贴。他们经常要编一些连台本戏吸引观众，就是能够一出接一出连续演的剧本。所以家里剧本和历史小说特别多，比如《三侠五义》《包公案》《施公案》等，还有古代文学的经典作品，凡是家里有的书我全部都看了。那时我的功课不像现在的学生那么紧张，所以有很多时间可以看闲书。

大概是1961年或1962年的时候，上海文化局组织一些编剧整理京剧的老剧本。我原来以为京剧的剧本是很少的，但是实际上有很多流传下来的剧目没人整理。那时候我父亲经常拎着一摞一摞的白皮本回来，就是没有正式出版的剧本。他整理我就在旁边当故事看，很快就把所有等待整理的剧本通通看完了。所以脑子里装的东西特别杂。

我父亲也喜欢读小说，高中时学校给了我一张上海虹口区图书馆的借书卡，我父亲就经常让我到图书馆去借书。那时我借的书，印象中几乎全是西方和俄国的文学名著，英国、法国和俄国的最多，美国的看得很少，主要是 18、19 世纪的名著，那时候就知道了很多西方文学史中的大作家。我父亲看完一本，我就跟着看一本。看完还回去以后立刻再借。那段生活我觉得还真是挺带劲的，有时我们全家一起讨论《水浒传》《红楼梦》里的人物，我妹妹那时还小，也喜欢掺和进来，所以家里的文学气氛还是挺浓的。

杨阿敏：当时为什么想到报考北京大学中文系，在中文系读书的几年您是如何度过的？

葛晓音：1963 年因为全国只有工艺美院招生，可是我又不太喜欢工艺美术的路子，也不擅长。于是我的语文老师就劝我考北大中文系。其实我当时对北大只有《青春之歌》里的那点印象，听了他的话，就糊里糊涂地报北大了。学校还让我们一颗红心，两手准备。因为上海有支援新疆的任务，学校让我带头报名，做好考不上大学去新疆的打算。我回来跟家里商量，父母居然也没怎么反对，我就报名了。

当时高考的录取通知书是发到考生所在中学的。发通知书的那一天，老师让我去，说你不是报名去新疆了吗？那你现在就要填表了。我想，完了，肯定没考上。就说好吧，填就填，结果原来是老师在考验我，看我是不是真心愿意去支边。后来她拿出录取通知书对我说："你考上了北京大学。"我当然很高兴。当时高考有第一张志愿表和第二张志愿表，第一张是一类大学，第二张是二类大学。我们那届大概170多个高中毕业生，只有4个同学考上第一类志愿，除了我考上北大以外，好像还有两个考上的是华东师大。其余考上第二类志愿的也就十几个学生，因为这个学校是新建的，我们是第一届毕业生，质量不太高。

拿了录取通知书回到家里，我父母的反应跟别人不一样，说："你为什么不把华东师大放在第一志愿呢？"我家离复旦大学是比较近的，但他们认为我根本考不上复旦，所以就让我把华东师大放在第一志愿。而且上海人都不太愿意自己的子女离开上海。去北京离家那么远，我又才17岁，什么都不会做，父母特别不放心。后来我父亲单位里的人都恭喜他，说北大多好啊，我父亲才高兴起来。

我记得我们那届高考很幸运，我们是不考数学的。就考语文、英语、历史、地理，全是文科的，所以我后来很赞成高考文理分科。如果不分科，我绝对考不上北大。另外，那年虽然已经开始讲究家庭成分了，但还不是很严格，到1964年以后就严了。要不然我也不一定考得上，因为我父亲有历史问题。总之那会儿我们完全不像现在的学生上北大的目标那么明确，真的是很稀里糊涂的。

60年代的大学本科是五年制。我们第一年和第二年是扎扎实实上了两年基础课的。最重要的是"中国文学史"和"古代汉语"两门课，中国文学史一个星期有4节，都是很资深的老师教。比如魏晋南北朝到唐代一段是林庚先生教的，宋元明清部分是季镇淮先生教的，都是好老师。

另外，我们还有老师课后辅导的制度，就是每星期至少有一次到两次，任课老师要到学生宿舍去答疑。我们女生比较少，就全部集中到男生宿舍去，同学有问题都可以问。那时候的老师都很负责任，比如林先生。因为我是课代表，每次林先生去答疑，我都去接他，林先生是风雨无阻，下雨打着伞他也过去。同学都挺愿意提问题的，任课老师跟本科同学的关系也比较密切。这个制度对于本科生的培养很有好处，但现在几乎是不可能实现的，老师们越住越远了。

这两年的课应该说是上得非常扎实，虽然学习条件不太好，也没有大的图书馆，阅览室都是分散的。我们一下课就往自习室跑，要去占位子，因为宿舍还是比较挤的。我们上课记笔记特别认真，反正争取一字不落地把老师的话都记下来。我的成绩算是比较好的，所以后来"文化大革命"刚开始的时候，我就被大字报扫到了，说我是"白专苗子"，整天跟在教授的屁股后面跑。

其实1964年的时候社会主义教育运动就开始了，一个学期至少有一个月要到工厂或农村劳动。我们曾经到北京朝阳区的一个纺织厂劳动过一个月，还曾经到延庆去挖种树的坑。差不多每个学期都要出去，住在外面，而且用的是上课的时间。但大体上还算是踏实地学了两年。

第三年就不行了，要参加"四清"运动。机关干部，还有大学里的老师和学生，全部抽出去，到农村搞社会主义教育运动。上一届同学去湖北江陵，我们年级的同学和老师，还有系里的一部分老师，去北京郊区小红门，我是在龙爪树大队，和村民同吃同住同劳动，吃派饭，挺辛苦的。不过我们因为年轻吧，也不觉得难以承受。

其实像我这个队，"四清"到底清出些什么人来了呢？也没有什么大的问题，顶多就是抓点多吃多占、分配不公诸如此类的吧。我那个时候干活还真的是挺卖力气的，我大概因为吃东西不太讲究，所以跟农民在一块，特别能吃他们那个窝头、贴饼子，所以当地村民都很喜欢我。不知怎么就让班里的团支部书记觉得我表现挺好，一度还想让我写入党申请书。总之，那一年在乡下还算过得挺开心的。

到了第二年五月第一张大字报出来以后，六月就让我们通通回学校，"文化大革命"开始了。"文化大革命"初期是非常乱的，一个运动接一个运动，书是根本不可能读了。

到"文革"中期两派武斗，我住的那间宿舍最倒霉了。有一天夜里，对立派的男生拿着长矛，把我们女生宿舍楼的门都捅穿了。把屋里的人全部赶出去，什么东西都不能带。幸亏在这之前，我认识一个对立派的化学系的女同学，这个女同学挺好的。她主动偷偷上楼帮我去宿舍拿东西。当时宿舍只有我一个人住，另外两个女同学，一个是家里有病人回去了，还有一个回家不在校。我让她先把那两个同学的行李从窗口扔下来，等到再扔我的行李的时候，就被那些男生发现了，逼着她不许再扔。所以她只来得及把我的一个行李卷扔下来，就是被子里卷了一点衣服和书，其他东西包括四季衣物、所有的书、笔记本和箱子，都被扣在那间宿舍里了。

被赶出来的这些女同学，只好想办法自己找地方住，流离失所了一段时间。后来，工宣队和军宣队进来整顿学校的秩序，我回到楼里找东西。原来住的宿舍因为隔壁是水房，被对立派的男生接了管子当淋浴室了，所以片纸不存。我在楼道尽头的一堆垃圾里翻了半天，只找到我的一本《魏晋南北朝文学史参考资料》的下册。

除此以外，我在"文化大革命"中没有吃太多的苦头，虽然不是红五类，没资格加入红卫兵，但靠着我还有点绘画的技能，又特别能画人物像，所以还有用处。"文化大革命"那几年，学校里各处的毛主席像都是我画的。

后来新北大公社成立了一个展览会大队，负责举办各种展览，我主要是担纲画主席像和大幅宣传画，另外也做些其他的美工活。虽然缺乏资金，条件简陋，但我总能想办法弄出一些比较好的宣传效果。比如我曾经当过歌舞团的美工，负责布景道具和灯光背景的制作。这个挺难的。记得有一次排演《长征组歌》，要通过幻灯打出灯光布景来，但那个时候表演的舞台就是在学校的大饭厅，舞台纵深比较短，没法打出正常比例的画面。我们就要想办法把那个幻灯片画成变形的，让灯光打出来成为正常的，完全要靠自己手工制作。在这方面我想了些办法，效果挺好。第一次上演的时候，还引起了小小的轰动。

还有一次，五校联合排演京剧《红灯记》，记得有北大、清华、北航、地质大学。三天之内要把布景都做出来。我们就跑到专业的京剧团去学，他们还派了一个专业的美工来帮我们。美工指导说三天时间太紧，不可能弄得成。我就想了个办法，第一天让木工把所有的架子都做好，钉上布。第二天我在几个脸盆里把各种颜料调好，让那些不会画画的同学一起往布景板上泼颜料，拿笤帚全部扫开，留下真正需要画的地方，由少数几个能画的人来画。这样就在三天之内完成了任务，还得到了美工指导的夸奖。

这两年书也读不成了，绘画倒成了专业，每天就忙着搞宣传。其实我们那个展览会大队搞了什么展览，现在什么都想不起来了，我只是关心我自己画的那部分，把它画好就行了。

至于大串联，我跟几个关系好的女同学出去过一阵子，走到西安和延安，然后到重庆，在重庆待了没多久就回来了。一路上就是到处乱看，实际上我们那是借机游山玩水。最有意思的是在西安看碑林。当时碑林都关了嘛，我们想办法跟了一辆送菜的卡车，偷偷进去，饱饱地把碑林看了一遍。那时候还是春天，满园子的月季花，真美。我第一次看到昭陵六骏，特别震撼。所以大串联倒还是有点收获的，借此机会看了好多古迹。

那个时候挤火车非常困难，我们女同学一般都上不去，没有票，都是从窗口翻上去，我也没这个本事，都是同学把我连拽带推地弄上去。我记得第一次去延安的时候，我们在火车上挤得没处下脚，跟我一起的那个女同学身手特别敏捷，她爬到行李架上躺着，行李架居然也没有塌掉。我们从重庆回北京的时候，同行的两个女同学都挤上火车了，就我手里拿着一大兜橘子，没上去。正巧后来又来了一趟火车，结果整个车厢里都没有人，等于我一个人坐了一趟专列回到了北京。

毕业时当然也不可能写毕业论文。当时秩序太乱了，上面就派了工宣队、军宣队进驻北大整顿秩序。我们年底要毕业的时候，"文化大革命"斗争进入比较白热化的阶段了。我们本来应该1967年7月毕业的，拖到了1968年12月才毕业。

杨阿敏：毕业时为什么会前往新疆芳草湖农场，在农场主要做些什么，在新疆的生活如何？

葛晓音：以前的大学生毕业都是由国家分配工作的，但"文化大革命"中根本就没有分配一说了。记得我们班只有一个同学因为先天性心脏病照顾到上海教中学，还有一个到镇江，这算是比较好的地方。其他绝大部分去了边疆。我想高中毕业已经准备去新疆了，那大学毕业还是去新疆吧。反正不是东北就是内蒙古、青海，我就去了新疆，很简单。

从北京到新疆走了三天三夜多，从上海到新疆要三天四夜。一路都通火车，都是硬座，坐不起卧铺，非常辛苦，下车的时候脚都肿了。到了新疆的时候冰天雪地，正好是十二月，马路上的冰至少有几十公分厚，它是化不了的，下一次雪就积一层冰。

好多内地大学生被分到新疆，新疆主要有两个垦荒系统，一个是兵团系统，一个是地方的农垦系统。我先去农垦厅报到，被分配到昌吉回族自治州呼图壁县的芳草湖农场。我一听这个名字，脑子里就浮现出天鹅湖的美丽画面，十分向往，就同意去芳草湖农场。

我们大概有几百个内地学生分到农垦厅，好多同学是南方来的，不知道路有多滑。记得有一个武汉大学来的男生，扛着一个箱子，穿着塑料底的棉鞋，塑料鞋底一到冰上滑得简直没法走路。解放军带着我们，先到招待所去，那个同学走几步就摔个大跟头，手里的箱子都飞出去了，好不容易爬起来，解放军去给他把箱子捡回来，刚走几步又摔了，箱子又飞出去了。部队里的战士都挺好的，他们看不下去了，就一路帮忙把箱子扛到了招待所。我们在招待所听到这里会冻死人的各种传说，弄得大家都挺紧张的，就尽可能买一些毡靴、军大衣等御寒的衣物。后来大卡车把我们拉到了芳草湖农场。我被分在四分场三小队。我们这个农场从内地来了200多个大学生，我们队就有七个，分别来自清华、北大、西安交大，还有一些乌鲁木齐的中学生，有的年纪很小，才十四五岁。

我们到了小队，队里没有房子，就把队部的仓库腾出来，也没有床板，所以头一年就让我们睡在泥地上。地上铺的芦苇，芦苇上铺一张用粗羊毛擀出来的毡毯，那个毡毯还挺隔潮的。一屋子睡10多个人，除了草铺，就只有一个炉子。炉子烧的是梭梭柴，梭梭柴是会引起煤气中毒的，因为它是半碳化的树枝和树干。农民要到好几百公里以外的戈壁滩上去捡，捡了拉回来，路上要走好几天，据说每年都会有人在马车上被冻死。

第一年主要是在生产队里劳动，很辛苦，一是路走得远，每天扛着铁锹，常常要一个多小时才能走到要去的地里。还有最辛苦的就是间苗和除草，简直是一眼望不到头，一直蹲着，腰和腿都受不了，不过那会儿年轻，好像都能挺过来。还有掰玉米，更是你想象不到的苦。天热掰玉米的时候，那个青纱帐里是密不透风的，热得汗流浃背，蚊子还特别多，一出汗蚊子更叮你，所以就得穿长袖长裤，尽可能把外露部分都保护起来。而且干玉米叶子边缘锋利，不断地割人，回来以后，凡是外露的地方是都是划的伤口。

也有快乐的时候，因为我们那个农场是产西瓜的，西瓜特别好。据说每年国庆的时候，天安门城楼上用的就是我们种的西瓜。所以到夏天的时候，虽然扛着锄头要走得远一点，但是也不用干太多的农活了，可以到瓜田里随便挑瓜吃，好西瓜是真的多，口袋里装一把勺子，在那儿吃一个多小时的西瓜，又扛着铁锹回去了，这种日子也很惬意的。

我还骑马放过羊，说起来别人都不相信。队里不让女同学骑马，我爱人就教我。他是北大政治系毕业的，我们是在生产队里认识的。我差不多学会了，就去放羊。可没想到春天的羊特别难放，因为嫩苜蓿太鲜美，羊见了就没命地吃，会撑死。如果羊进了苜蓿地，必须把它轰出来，这可费死劲了，羊群根本不肯出来。那天我累得半死，最后还是从马上摔下来了。从此以后，我再也不放羊了。

到了第二年，上面知道我会画人物画，就把我调到总场的宣传部。因为需要搞很多阶级斗争的展览，比如发现一个"地富反坏右"分子，家里抄出来的东西要展览，还要画他们的劣迹。从此以后我就一直在总场画画，待了两年，加上在分场劳动一共将近三年的时间。

我在总场还遭遇过一次煤气中毒事件。新疆烧的是烟煤，取暖用火墙。烟囱虽然很大，但很容易被烟灰堵住，所以火墙要经常通，爬到房顶上，弄一盆水从烟囱口浇下去就行，要是不通火墙就会煤气中毒。我住的屋子里有好几个被调到总场来的女大学生，她们各有自己的办公室，只有我一个人在宿舍里画画，白天待的时间比较长。自己又不会通火墙，不知不觉就吸饱了一氧化碳，还没有感觉。有一天晚上，大家已经睡下，我突然觉得不行了，就推了推我旁边的女同学说我难受，刚说完就昏过去了，我自己都不知道。后来我旁边那个女同学说，见我眼睛都翻过去了，吓得要死，赶紧就起来叫隔壁住的解放军。那个时候大概是零下30多度吧，特别冷。那个小战士过来一看也吓坏了，就赶快骑着自行车到场部医院去找医生。可是他太着急没有戴手套，为此还冻坏了一根手指。幸亏医生来得及时，加上门已打开，外面的新鲜空气进来了，我就慢慢地醒了。这次经历让我感到在那个时代还有人情的温暖。

杨阿敏：后来因为什么原因，去到昌吉州中学任教，当时的中学是什么情况，您在学校的工作如何？

葛晓音：因为我们都是大学生，和那些年轻的中学生不一样，他们类似于插队，不像我们是有国家工资的，还是要分配的。到第三年末的时候，我们基本上被就地"消化"，芳草湖的这批大学生绝大部分都被分配到昌吉自治州的各个机关、学校，还有一小部分清华的同学被分配到乌鲁木齐的工厂。

昌吉州五七中学听起来不像是一个正规学校的名称，其实是州里的主要中学。但是学生不爱学习，比较淘气，我上课的时候真是对付不了这些学生。幸亏我也没教多长时间，就教了一个学期吧。

当时昌吉回族自治州的革委会知道我会画画，就把我借调过去，在州广场画宣传画，成了宣传部的人员。州里办的展览除了宣传大好形势以外，就是为公安局做治安宣传。经常是破了一个案子以后，就让我们搞一个展览，主要是画连环画，比如一个案子是怎么发生的，怎么侦破的。任务往往特别紧急，这种活一般都是我当主力。

有一次我爱人带着学生下乡去收麦子，我为了赶一个案子的连环画，一个人在家连续干了10天。没时间做饭，每天就喝玉米粥，实在吃腻了，我就煮"钢丝面"，就是玉米轧的面条。你听名字就知道有多难消化了，特别硬，吃一顿以后几顿饭就不用吃了。我就是这么过的日子，仗着年轻，还真是有股拼劲。

后来我又被自治区妇联借调到宣传部，在乌鲁木齐市做宣传工作。市中心的广场上有一个特别长的画廊，我经常帮他们画画。当时妇联主席是吕铭，据说是刘胡兰入党的介绍人，资格很老，她很欣赏我的苦干精神，几次劝我正式留在妇联工作。但那个时候已经开始出现知青的"回城潮"，和我们一起分到新疆的好多大学生都陆陆续续回到内地去了，我心里也难免动摇。还有一个具体原因，就是我当时因劳累过度得了甲状腺功能亢进，要回上海去治疗，也非常不方便。所以我就跟吕铭说还是想调回内地，吕铭很通情达理，同意了，不过她觉得挺遗憾的。

杨阿敏：当时为什么离开新疆前往河北省兴隆县文化馆工作，请谈谈在文化馆工作期间的情况？

葛晓音：我的人事关系在昌吉中学，实际上我是从自治区妇联离开的。当时有北大的同学在《承德日报》工作，他帮我联系到承德，刚开始承德师专愿意要我，据说在调档时因为我的家庭出身问题被地区人事部门否决了。后来他又想办法把我调到了河北兴隆县文化馆，离北京更近，慢车也才4个小时。

在文化馆我分到了文学组，但其实文学组没有多少活儿干，就是写写快板书，编点小节目。我又不擅长这些，就经常跑到美术组跟他们一块干活，也是画宣传画。偶尔给《承德日报》画些报纸上的插图。后来曾经参加过一次庆祝建军的省级美术展览，先是地区选拔，我画了一幅周总理在病中读报的彩墨画，地区就把它选送到河北省展览。展览结束后还选出十几幅画，做了一套册页，我的画也被选进去了，我在绘画上就只有这么一件正式的出版作品。没多久"四人帮"倒了，我们的命运都改变了。

杨阿敏：已经毕业 10 年之久，为什么选择考回北大重新进修，当时是如何得到招生信息的，这一年的进修给了您什么影响？

葛晓音：我有一个同班同学，跟我一起到新疆去的，较早回到北大附中教书。她的消息比较灵通，提前告诉我说中文系可能打算要办个"回炉班"，意思就是我们这些人是不合格的钢铁，重新回炉再造，主要从 1963、1964、1965 这三届毕业生中选学员。那时候学校特别缺师资，办班最初的意思是让这些人进修以后留在大学当老师。其实 1978 年全国第一次招研究生的消息传出来，我都没敢动这个心思。我的书全都丢了，还考什么研究生啊！但是后来听到有"回炉班"的消息以后，我觉得这倒挺好的，我可以去学习两年。于是就赶紧到处借书，我复习用的那套文学史还是从我们文化馆的一个小伙子那儿借的，他正好手上有一套游国恩的文学史，我借来就拼命地背。

我们回炉班，据说三届同学大都报名了，加起来有 200 多人吧，最后只取 25 个人，十分之一，都是同学。挺难考的，我居然考了第一名，就上了这个"回炉班"。第一年进修既复习了旧课，同时也补充了一些新的课程，比如张少康先生给我们上的文学批评史。"回炉班"使我们在短期内补上了荒疏已久的学业，我特别感激力主招回我们这老三届毕业生的系领导向景洁老师，他丝毫不计较自己在"文化大革命"中吃过的苦头，要知道正是这几届中的某些"小将"曾把整桶的浆糊和墨汁浇了他一头一身。

但是教育部不承认"回炉班"的学历，要我们结业以后哪儿来的回哪儿去。于是从下半学期开始，大家都各自拼命地准备考研究生。第二年我们 25 个人，除了个别同学找到工作以外，其他同学都考上了各个大学的研究生，好像考得都挺不错的，基本都是前三名吧。

杨阿敏：在考上研究生之前，您都读过哪些书？印象较深，对您影响较大的书有哪些？

葛晓音：我读的书非常杂。在边疆的七年，我自己的书没有了，但是一起的知青多少带了一些，大家互相换着看。见到古代文学作品选和诗选这类书，我就借来抄。另外还系统学习了《大学英语》1、2、3年级的教材，也是借来抄的。我后来考研究生就沾了这个光，英语得了70多分，那个时候就算不低的分数了。

其他的书农场里几乎看不到，大家手里都是杂凑的书，也没什么像样的。到了文化馆以后，馆里有个小图书室，里面倒藏着很多经典的著作。我经常跑到那儿去借书，读过《世界通史》《中国通史》，还有茅盾、巴金的集子等等。在这之前，我在大学还有高中的时候，都有计划地读过西方的名著，对古今的文学名著，尤其是小说，读得还是相当得多，还做过不少笔记。

印象深的、能够励志的有一本书，是《居里夫人传》。这是我从小图书室捡回来的一本书。县文化局说那个小图书室的书都是"封资修"的东西，必须送造纸厂销毁，我一听吓坏了，就偷偷地和馆长说，里面有很多好书，都烧掉太可惜了，我能不能去捡几本回来。馆长对我挺好的，他说那你捡吧，别让我知道就行了。我就从里头捡了些书回来，其中有《古文观止》《中国文学发展简史》，还有《居里夫人传》，是居里夫人的女儿写的，特别感人。居里夫人求学时的那种艰苦环境，还有在科研上永不停步的拼搏精神，对我后来奋发上进，还是有很大影响的。

　　杨阿敏：在北大中文系读研究生期间，您自己的学习生活是处于一种什么状态？

　　葛晓音：读研究生期间的生活，我以前在《我的两个十五年》这篇文章里都讲过了。研究生三年在我一生中是非常重要的时期。我特别庆幸遇到了一个好导师陈贻焮先生，我和师姐张明非是他的第一届研究生，而且陈先生是带完一届再招下一届，所以这三年里他就专心指导我们，对我们的要求非常严格，每两个星期要交一次读书报告，这要是放到现在，几乎没有学生能做到了。

　　我跟师姐都特别用功，早上6点钟就起床，吃完早饭，我们就跑到北大图书馆文科阅览室223的门口，一边背外语单词一边等着开门。进去以后选好各自的座位就开始看书。我喜欢坐在一排开架书旁边，上面是《全唐文》《全唐诗》，还有《二十四史》，站起来就能够到，张明非坐在最后一排。除了吃饭以外，一直到晚上图书馆闭馆我们才回宿舍。每天的生活都是这样。

　　星期六和星期天，就跟我爱人回父母家里吃顿饭，然后再一起回学校。他也考上了中国人民大学的研究生，我们一般都在人大找一间空教室，各看各的书，一直看到晚上，我再自己回北大。三年的日常生活基本就是这么过的，从来没有说出去玩，就是拼命地想把丢失的时间补回来。

　　这三年里的确是到了废寝忘食的地步，脑子里只有学问没有别的。有一次我骑自行车到学校商店去买东西，因为一直在想一个问题，出来以后自行车也忘骑了，就放在商店门口，过几天后发现自行车没有了，再回去找。几乎到了失魂落魄的程度。

到了寒暑假，就把平时有些创意的心得体会，想办法提升、补充，写成论文，所以这三年里我写了大概七八篇论文吧，研究生毕业以后我就已经发表了好几篇了。在论文写作的训练方面，我很感激陈先生。第一篇发表在《文学遗产》复刊号上的论文是他逐字逐句帮我修改的。他总说写文章的语言大体有三个境界：第一步做到表达清楚，第二步要求词汇丰富、漂亮，第三步要注意语言风格与评论对象相协调，要特别讲究措辞的语感。不能为写文章而写文章，一定要真有所得才写。后来我自己写论文也好，看学生的论文也好，都非常重视文字表述，这都是得益于陈先生的教诲。

杨阿敏：您曾说自己对诗歌艺术的领悟较钝，而古典文学研究者还需要将直观的感受上升到理性的认识，这更加不易。您是如何提升自己的艺术鉴赏能力的？

葛晓音：在读书报告中经常要分析一些作品，陈先生就说，你这个固然分析得不错，但有的作品不像你分析得那么好，你不要把所有好的、坏的都说得那么好。艺术分析有两种：一种是欣赏佳作，要挑选真正能给人丰富的联想和美感的作品；另一种是作品本身不一定好，但是能说明作家的创作倾向等其他问题。对诗歌可有三种态度：一是研究问题，二是欣赏，三是探索艺术上成功或失败的尝试。一定要避免为了讲一个作家好就硬凑的倾向。

陈先生很注重我们文学感悟力的培养，他经常对我们说，林先生的感悟力是最高的，他说好的东西一定是好的。这点陈先生非常佩服林先生。陈先生的训练方法，是让我去找一个别人没有研究过的作家集子，看完以后选出我认为是好的作品给他看。他就这样反复地让我选过几次，然后再谈他的看法。当然最主要还是大量地阅读，在这过程当中自然而然会领悟很多东西，鉴赏力就是这样慢慢提高的。

我其实是不大看前人的鉴赏文章的，偶尔看一些好的、名家的，比如说俞平伯和他父亲俞陛云的，一定要看那些悟性很高的才行。现在鉴赏文章很多，可以说是良莠不齐吧，所以不能什么都看，要学会分辨。现当代大家的文章，我就看几家，更主要的还是自己从作品中领悟，这不是能一蹴而就的。读多了你可以一看作品就知道是什么时代的，而且能很快把握作者的用心。鉴赏时我也努力避免用诗学批评中现成的词语来套，因为诗话里的东西水平也是高低不齐的，要自己会判断。

陈先生当时还要求我学创作，希望我会写一手好诗，填一手好词。他觉得写诗有隔不隔的问题，分析艺术也有隔不隔的问题，自己会一点旧诗词，解诗就减少一点隔膜感。不隔才能一针见血，击中要害，表达也是如此。我也不是说绝对不写，但除非特别重大的能触动我的事情，我可能会写几句抒发心情，即使写了也秘不示人。因为我总觉得好诗都被古人写尽了，现代人真的很难写过古人，而且现代的生活感情，好像也很难用那时候的词语来表达。但我每次和陈先生说这些想法的时候，他总是不高兴，我也没有办法。古体诗词要学得像不是太难的，因为我们毕竟读了这么多的古诗，也掌握了古诗的基本写法和词语，但是要写得好就不是那么回事了。我是一向觉得如果没有创造性的东西，我宁可不写。

杨阿敏：作为陈贻焮先生的开山大弟子，硕士阶段，陈先生是如何指导您读书治学的？

葛晓音：陈先生那会儿和我们面谈比较多，因为我们两星期要交一次读书报告。他看完报告以后，会在上面打钩、圈点、加批语。如果写得好，他就会给你圈出来，或一个勾，或两个勾，或三个勾，三个勾就表示特别的赞赏。所以回来你只要看他打了几个勾就可以了，他的评点都非常到位。

在念研究生的三年里，陈先生在一只眼睛几乎失明的情况下，戴着老花眼镜看完了我四五十万字的读书报告，在我那密密麻麻、不留天地的笔记本上寻找有价值的创见。所以，我这三年积累了好几本读书报告。他每次看完以后，很快就找我们谈，一般是就报告中的问题说他自己的看法，这时我也可以问一些治学的方法。他的谈话我全部都记录下来了，后来集中起来整理了一下，写成一篇文章，在北大的《大学生》刊物发表过。这篇文章发出来后，很多人看到了。

陈先生对我们的读书要求是：重要作家必须读全集和详注，为了训练阅读古籍的能力，开始几家集子尽可能看不加标点的本子。同时围绕重点对同时代的二三流作家作一般的浏览，大致熟悉这些作家的基本情况和主要作品。在读作家全集的同时，通读《资治通鉴》、其他史书上的有关人物传记。第一年着重在多学、多思、积累材料。第二年练习写几篇论文。平时还要积攒一些创见，毕业时搞一个较有把握的比较大的问题。

陈先生认为，我们在背书、考据、学术的功底上比不了前人，但一代有一代的学风，不要妄自菲薄。搞学问应当有点野劲、生气勃勃，才能突破前人的饱和状态。我们的前辈在做学问方面给我们积累了丰富的经验，应当认真揣摩他们的路子。很多问题要从根本上去想，不要光满足于一些现象的罗列，要找出它的原因。要设身处地为古人着想，知人论世，是为了讲公道话，不是充当古人的辩护士。

杨阿敏：陈先生的《杜甫评传》是 20 世纪杜甫研究的一座里程碑，您为此书写了跋，请您介绍一下阅读此书的体会。

葛晓音：陈先生写《杜甫评传》的整个经过，我都是非常了解的。在 1982 年出版了上卷以后，又在 1988 年 5 月出版了中、下卷，全书共计 108 万字。在他之前，从来没有一本书那么详细地从头到尾地把杜甫的生平论述出来。虽然杜甫的生平基本上是比较清晰的，有很多人研究过，但毕竟还是有很多细的地方，还是搞不太清楚。陈先生把这些问题考证得非常仔细，如三大礼赋的献赋经过和背景、秦州行止、同谷居处、旅梓游踪、巴东行迹、东屯营田等等，都有助于进一步了解诗人生活和思想。

陈先生对诗歌有很高的感悟力，说诗重妙悟，讲究巧于表达，对杜诗的解析有些还做了翻译串讲，这些串讲既能准确而空灵地说明艺术给人的感受和联想，又能还诗歌以活泼的生活气息，同时注意随内容和风格而变换讲法，凸显出原诗容易为人忽略的精彩之处。读起来还明白易懂，能够引人进入诗境。

最重要的，我觉得陈先生作为一名研究者，他是把自己当作杜甫的朋友，一个知己。所以他自己也说那本书有点像小说的味道，非常生动、活泼、有趣。他老是称老杜如何，你跟着他，随着他的笔触，就可以把杜甫的生平、心路历程看得非常清楚。还有一点，我们后来在学习研究杜甫的过程中，发现几乎所有的问题都可以在陈先生这本《杜甫评传》中找到答案。小到一首诗的解析，大到一个问题，他几乎都有或详或略的论述。他这本书的参考价值是非常大的，而且也比一般的纯粹论述性的书要好看得多，研究著作能写得这么吸引人的很少见。我的主要体会，都写在此书的跋里了。

陈先生这本《杜甫评传》，可以说把他一生研究唐诗的经验都融入进去了，是他研究唐诗的几十年深厚的积累。不是就杜甫论杜甫，他把杜甫那个时代，前前后后，上贯下连，整个都连在一起了，内容、背景是非常深厚的。这里头史学的、诗学的、文学的各种功夫都有，要慢慢地体会才能悟得出来。《杜甫评传》也是将义理、辞章、考据，时代、作家、作品综合起来的一个巅峰之作，给学界展示了一位大作家的研究需要积毕生功力的典范。

杨阿敏：请您综合评述一下陈贻焮先生的学术研究方法和成就。

葛晓音：我觉得陈先生那一辈是比较特殊的一代人，他在我们的老师中是所谓的大师兄，比袁行霈老师这一辈年纪要大，比林庚先生一辈年轻，正处在两个年龄层中间。他没有念过私塾，沾了"五四"以来新派治学的光。他主张义理、辞章、考据三者要相结合，另外还有时代、作家、作品，这六样东西综合在一起，能够做综合研究，这是最理想的治学境界，他自己确实是一直这样做的。

其实我的路子也是受他影响的。在杜甫之前，他比较突出的成就是在王维、孟浩然的研究方面。他做了两本选注——《王维诗选》和《孟浩然诗选》，西方学者都认为是非常经典的，里面有很多的发明。他通过孟浩然诗里的行旅路线，考证出孟浩然的生平情况，这种做法很有创新意义。这些考证奠定了研究孟浩然生平和思想的基础，以后虽然还有学者补充，但基本不能出其范围。

除了王孟山水诗的研究，他还有一篇大论文，是《从元白和韩孟两大诗派略论中晚唐诗歌的发展》，这篇文章特别长，有5万字，可以说最能体现他的综合研究能力。他从中唐社会风尚、政治状况、文学背景等方面，对元白、韩孟两大诗派如何体现中唐诗歌"大变"的实绩作了独到的剖析，并以较大的气魄为这一时期复杂的诗歌发展状况勾出了清晰的脉络，提出了一些有名的观点，最有代表性的是指出白居易的新乐府讽喻诗实质上是"谏官的诗"。

还有就是对韩愈、孟郊、李贺的诗歌艺术表现上的原理，揭示得非常透彻，这在当时也是少见的。比如他揭示出李贺的艺术特点是"探寻前事"。"探寻前事"是杜牧对李贺的评价，他就解释所谓的"探寻前事"实际的原理是什么。这个对我启发特别大，一直到现在我都很重视这种研究方法。也就是说，不仅要说出这个作品好在哪里，还要说清它的原理在哪里，它为什么好，运用这种艺术表现的内在道理是什么。要把这一点说出来。这是古人的诗话也做不到的，是现代学术的思维方式。这些方面陈先生对我的启发是最大的。

除了杜甫以外，陈先生研究的作家有李白、王维、孟浩然、李贺、李商隐，还有后来做的曹操。这些个案研究都非常精彩，后人研究的时候都是绕不过去的，而且也体现了陈先生在诗学理论、历史文化各方面的综合学养。所以我就给他概括成"通新旧之学，达古今之理"，他是比较善于把新学和旧学综合在一起的。

杨阿敏：在陈先生身边二十年，您对先生的了解想必很深，先生在您心目中是什么形象？对您影响最大的是什么？

葛晓音：陈先生为人宽厚，十分正直，他对很多现象有自己的看法，能坚守做人的原则和底线。他对学生极其热忱，可以说倾尽全力吧，学生跟他也是非常亲。他指导学生的很多办法，我们现在也一直在沿用，虽然我们达不到他当时的那种效果，现在的学生也不是当初的我们了。

最突出的是，陈先生对所有人都特别的热心肠，而且比较容易动感情。他的真诚，无论是及门的弟子，还是一般的访问学者，只要是跟他接触过的人都会留下深刻的印象。他有一颗童心，特别喜欢小孩子，让人觉得跟他很容易亲近。有时我觉得，人和人的性格真的是不一样。陈先生那种热忱非常有感染力，有时候他也不一定和你说几句话，但你马上就会被他吸引。他又是一个非常风趣的人，所以很多人只要跟他打过一两次交道就很难忘记。

另外就是他那种尊师重道的做派，给我印象也很深。他对林庚先生特别尊敬，其实他并不是林先生的研究生，只是给林先生做过助教，但他就把林先生看成他的业师，每个星期都要到林先生那里去问安，写什么论文都要请林先生批评，直到我读研的时候，还是言必称林先生。我对林先生的好多印象都是从陈先生那里来的。

陈先生每次到南京大学都会去拜见程千帆先生，回来就详细地跟我讲，程先生跟他说了什么，眉飞色舞的，特别高兴。他对程先生那种崇敬真是发自内心的，说起其他老一辈的学者也总是饱含深情。对老辈学者的那种由衷的尊重、敬佩，我觉得我们这一辈的人可能都不一定能做得到。

陈先生经历过很多事，看问题很透彻，只是不轻易表态。你看他好像是一个很外向的人，其实他心里有很多的块垒。可他始终能够让自己保持对生活的诗意感受，感情非常饱满浓烈，我觉得这一点是很不容易的。

杨阿敏：1992 年，在您的协助下，林庚先生开始《中国文学简史》下卷的编写工作。您是怎样协助林庚先生工作的？与一般的文学书相比，这部书的特色何在？

葛晓音：林庚先生原来的《中国文学简史》只有上册，出版社建议他写个下册，两本合在一起。所以下册主要是宋元明清这部分。林先生开始写这部书时已经是 84 岁了，当时他手也抖，查资料什么都挺不方便的。他提出要我当助手，我很高兴，趁此机会可以向林先生好好学习。以前主要是跟着陈先生去见林先生，单独跟他见面的机会不多。由于林先生年事已高，写作主要采用他口述观点、由我记录整理的方式。每次我到他家去，就带一个笔记本，我们对谈，他谈我记录，基本就是这样子。林先生谈的时候不看书，那些资料全记在脑子里，有的可能不是很精确，但是大致不差。我的感觉是他已经把所有的资料当作酿酒的材料一样，都已经酿熟了，所以挤出来就是酒。一般来说他只是说重要的观点，但有的时候也会说到一些细节的地方，不管他说什么，我就统统记下来，回来以后将它整理出来。当然还需要补充很多资料，我就去图书馆查书，有的时候我查的资料也能够帮助发挥他的观点。

比如说关于《水浒传》的问题，他原有基本观点，我查了很多资料，经过两人讨论，写成文章，发在1993年《国学研究》第1卷上，题为《从水浒戏看〈水浒传〉》。他坚持要署我的名，我说不，因为大观点是他的，我只是帮他补充了一些资料而已。他还挺重视这篇文章的，最后在文章末尾署"林庚口述、定稿，葛晓音执笔整理"。这篇论文通过对九本水浒戏以及《大宋宣和遗事》与《水浒传》的比较，考证出《水浒传》的成书"至早也要迟到永乐末年"，"下限应是在正德、嘉靖之际"，其作者"当然不可能会是罗贯中"，"至于施耐庵有无其人，本来就很成问题，传说他更早于罗贯中，自然也就更不在话下了"。又认为《水浒传》中的"英雄形象乃是市民心目中的江湖好汉融入了传统的'游侠'理想的产物"，这种人物性格的精神内涵决定了水浒聚义的反势要、立边功的中心主题。文章还根据明代前期重视边功的大量资料解释了120回《水浒传》后半部主题转为招安平辽的原因，也澄清了历来评《水浒》都以为梁山泊"图王霸业"是要另立王朝的误解。

林先生的文学史修养非常全面，除了诗以外，小说研究也有一些精彩的文章，像《红楼梦》《三国演义》的分析都写得非常好，都被我吸收到下册中。写一部文学史毕竟要求比较全面，他讲得也有详有略，像《儒林外史》《聊斋志异》只讲一个大的观点，我补充得比较多一点。但大部分我是就他原来的观点发挥，比如《西游记》，他原来就有一本《西游记漫话》。这本书一反以往认为小说反映封建社会现实政治和农民斗争的流行说法，分析了《西游记》的童话精神，指出这种童话精神产生于《西游记》已有的神话框架，并且与明代中后期李贽的"童心说"所反映的寻求内心解放的社会思潮相一致。这些观点和《水浒传》研究一样，可称是石破天惊之论。另外林先生在40年代就出过一部完整的厦大版《中国文学史》，这次写下册，也吸收了其中一部分内容。

我写好下册初稿后，林先生做了细致的修改加工，最后由他定稿。与一般集体编著的文学史相比，这是一部真正属于个人的文学史，观点是非常鲜明的，从头贯穿到底。一般的文学史讲诗的时候讲诗，讲词的时候讲词，各个时代之间没有太多的逻辑关联，林先生的文学史不是，他认为唐五代以前是寒士文学，宋元明清以后就是市民文学。但前后又是相呼应的，像后期论《儒林外史》和《聊斋志异》的意义，从作者对寒士阶层的反思这个角度去看，就能认识得更透彻。

比如蒲松龄在《聊斋志异》中为什么把女性写得那么好，对男性那么痛恨，就是因为作为封建社会上升力量的寒士阶层到后期已经腐败堕落没有出息了。《儒林外史》实际是对这个阶层崩溃的总结性描写，从这个角度去讲，真能讲出新意来，能够对《儒林外史》中很多情节作出透辟的解析。书里的人物都是布衣、山人、侠客、不慕名利的公子，这些人在早期寒士文学中都是被歌颂的对象，代表着社会前进的力量，本来走的都是和科举完全对立的人生道路，但是到了《儒林外史》中这些人全变成骗子、恶棍，这就说明连八股以外的这条人生道路也变质了，整个寒士阶层已经不可救药了。

下册系统而明确地表述了林先生对中国文学史后半部分的基本特征的认识。他认为，宋元以来，新兴的市民文学日益兴旺起来，并越来越居于创作上的主导地位。寒士文学与市民文学之间的盛衰交替，便是中国文学史上最鲜明的一个重大变化。这一基本论点与他对先秦至唐代文学的认识相辅相成，和《中国文学简史》上册构成一个完整的体系。所以在1995年把上、下卷合并，定名为《中国文学简史》，成为一部全书，由北京大学出版社出版。

林先生是主张读聪明书的人，他脑子里记的东西很多。比如先秦文学，他虽然只做《楚辞》，其实别的经典也读得非常熟，随口就能说出典故出于哪本书，甚至哪一卷。但他不喜欢堆砌资料，主张无论是写一本书还是写一篇文章，不求面面俱到，而是要重点突出，观点鲜明。林先生对这一点要求非常高，他看我写的草稿，凡是罗列比较多的地方，他马上就说你不用把材料都堆上去，要突出最重要的论点，观点要始终贯穿在论述当中。这使我深受教益。

杨阿敏：您和林庚先生接触很多，还编选过《林庚文选》，想必对林庚先生很了解，请谈谈您认识的林庚先生和他的治学方法。

葛晓音：我大学本科时是文学史课代表，和林庚先生接触比较多，读研后跟着陈先生也经常去见林先生，再加上协助他写作文学史这一段经历，所以，直到林先生去世，我们的交往都是比较密切的。我觉得他是一个有着彻骨的清气的人，他是真正的清高，从里到外都散发着诗意，他的精神世界是完全远离世俗的。当然，他也是生活在人间，50年代以后还挺坎坷的，但我觉得林先生始终以一种超脱的眼光来看待世界和身边的一切事物。要知道学界多年以来是不平静的，难免会有各种烦扰。可是一到他家，踏进门见到他，你顿时会觉得远离了这些烦恼，心里特别宁静，特别干净，这是我每次见到林先生的一个特别突出的感觉。所以林先生也说，有什么烦恼，就到我家来，我这里是一片净土。我觉得林先生的家真的是一片净土。跟他接触，自己能得到一种精神上的净化。

林先生考虑的问题都非常宏大，所以我说他是一个真正的诗人。从他的新诗里可以看到，他的眼界非常高远——时空、生命、青春、永恒，都是非常富于哲理性的思考。有时他会把片段的心得写在纸片上给我看，前些年他还把平时零碎的思考结成一个集子《空间的驰想》，这是我最爱读的一本书。一个人经常思考这些问题，那些琐碎的、庸俗的东西自然而然就不会去关注，精神境界也可以得到一种升华。

他其实也遭到过批判，受到过不公的待遇，但是他对那些肤浅无稽的批评几乎是不屑一顾的。这种人生态度对我影响很大，让我渐渐地也把学术以外的东西看得比较淡，那些人事上的是非竞争，我都尽量不参与，专心做自己的事情就行了。这是我从林先生那儿得到的最大的收益。

林先生的治学方法，我觉得一方面是多看书，一方面是不停地思考。我和他对谈时他都不怎么翻书，偶尔翻一翻，他基本上就是坐在那儿慢慢地想。我去之前他就先想好了和我谈什么问题，然后慢慢地把他的想法说出来。他平时不断思考的特点，也可以从他书桌上的日历本看出来，翻过去的日历背面是空白的，他经常把他想到的东西记在这些小纸片上面。有时是成段的，有时是一些片言只语。

他去世之后，我们找到他的一些笔记本，上面记了不少这种片段的想法，其中有的变成了文章，有的是零零碎碎的，不一定能成文章。从这些积累可以看出一个观点在他脑子里要酝酿多久。

书出版了，文章发表了之后，他还在不停地改。我常看到他在著作上不停地改。他的文字极其讲究，这儿用一个什么字，这个字怎么用，有他许许多多的考虑，所以他永远在不停地修改当中。他的治学有人觉得好像是那种诗人式的、感悟式的成分多，没有太多实证性的东西，不像有的人堆砌很多材料。但实际上这跟他的理念有关系，这就是他平时跟我说的，不要面面俱到，不要光堆砌材料，要把最重要的观点突显出来。但这并不等于他没有材料，他只不过是让材料站在这些论点的背后，不喜欢把所有的资料都铺排出来而已。正因如此，他有很多观点都是能经得住时间考验的。

杨阿敏：请谈一下您硕士论文的写作情况。您现在又是如何指导研究生的呢？

葛晓音：我的硕士论文选题是《初盛唐诗歌的发展》，主要思路是试图在前人认识的基础上，从社会政治和艺术规律相互作用的角度勾勒出贞观至天宝间唐诗的发展趋势。这个题目太大了，实际上当时根本没有能力做出来。现在回想起来，虽然其中有一些新的观点，比如关于陈子昂、张说、张九龄与盛唐诗歌革新的关系，最后提炼成一篇文章《论初盛唐诗歌革新的基本特征》，1985年在《中国社会科学》上发表，还得了两次奖。但是总的说来，很多问题都没有把握住，太不成熟。不过其中隐隐约约又有一条主线，就是初唐到盛唐经历过几个阶段的诗歌革新，还算有一点体会，为我后面继续探索初盛唐诗歌做了一些准备。

当时硕士论文要求不太高，一般3万字左右就可以了，我写到5万字，就算是比较多的了。我的论文答辩委员会是林庚先生当主席，还有我的老师陈贻焮先生、傅璇琮先生、冯钟芸先生、倪其心先生几位。大家给的总体评价还是比较高的，傅先生提了不少具体的意见，让我深感一些材料的使用还没有完全消化。

现在指导博士研究生选题，我就是希望他们题目要有一定的规模，但不要太大，要有实实在在的材料做支撑，能够从中提炼出一些有新意的观点。研究生选题根据各人的基础和条件，我的要求是不太一样的。有的学生基础较薄弱，将来也许不做学术了，那么我大体上就是帮他找一个相对容易操作的选题，多多少少能写出自己的一些见解来就可以了。但如果是资质比较好的，而且希望自己在学术上有所发展的学生，那么我就尽可能给他提出一些比较高的要求，按着我的老师教我的那套义理、辞章、考据的研究方法，从如何阅读材料，材料之间的联系如何去找，如何去创新，发现问题，提炼观点，直到写成文章，每个环节都有严格要求。大体上说还是因材施教吧。

杨阿敏：《八代诗史》本是霍松林先生约请陈先生写的，先生却把这个任务交给了刚硕士毕业的您。请您讲述一下当时的写作过程。

葛晓音：应该是1982年吧，我毕业留校没多久，霍松林先生请陈先生写《八代诗史》，罗宗强先生写《唐诗小史》。当时陈先生觉得我虽然毕业了，但还要继续努力在本段文学史的研究方面打好基础。我的硕士论文主要是做初盛唐文学，魏晋南北朝这一段除了发过陶渊明的相关文章外，没有系统地做过。所以他决定让我写。我刚开始不敢接，挺诚惶诚恐的，罗先生是我敬重的前辈，怎么能接一本和罗先生那本书配套的写作任务呢？在陈先生再三鼓励下，我才下决心，索性拿它当博士论文来写。

写的过程中，我努力争取每一章都有一些新的观点。现在回想，比较弱的两章是《陶渊明》和《南北朝乐府民歌》，恰好是我被派到澳门大学去教学的那一学期写的。那个地方资料欠缺，时间也比较散。其他的每一章都下了比较大的功夫。当时写的时候主要还是从社会政治和学术文化、文学思潮的角度来考虑，论述了八代诗歌题材、内容、形式、风格的基本特征及其变化原因，并围绕重点作家的研究，描述了同期作家群体创作的风貌，勾勒出每一代诗歌前后因革的关系及其对唐诗的影响。当时还没有考虑到诗歌体式方面的问题。

在写每一章之前，如果有新的读书体会，我就写成论文，先用论文的形式发表，然后再把它改写成书。这本书其实1985年就交稿了，后来因为出版过程中遇到很多挫折，一直拖到1989年才出版。但是大体上可以反映1985年以前魏晋南北朝文学研究的一个水平吧。

杨阿敏：30多年过去了，《八代诗史》这本书依旧在重印，您觉得这本书的成功之处是什么？

葛晓音：我觉得这本书还是比较雅俗共赏的。一些基本观点现在还能站得住，而且被很多人引用。比如关于汉乐府选诗标准的问题、北朝乐府的采集问题等等，特别是齐梁文学革新的问题影响一直是比较大的，当时先写了一篇《论齐梁文人革新晋宋诗风》的论文发表在 1985 年第 3 期的《北京大学学报》上，观点至今还没有过时。

写这本书的时候，我希望在出版体例的规定下，能够稍稍摆脱五六十年代文学史写作的思路和模式，在论述每一代诗歌的发展原因、艺术风貌的同时有所发现，有所创获。虽然三年时间远远不足以对这段诗史展开充分的研究，只是一个粗线条的勾勒，但在 80 年代初期，不少观点还是较有新意，也产生了一些影响。此书出版后，得到余冠英、王瑶、曹道衡、吴云等老一辈学者的赞扬和充分肯定，我的老师陈贻焮先生更是热情洋溢地为我写了一篇书评式的长序。

去年华东师范大学思勉原创奖评比的时候，经过三轮海选也把这本书给推出来了，进入前 14 本书。我当时曾请求退出，不想参加这个评比。因为这本书是 80 年代初写的，近二三十年来，魏晋南北朝文学研究的发展已经非常深入了，从我个人来说，对很多问题也有了更全面的思考。特别是在体式方面，后来等于是又重新做了一遍。当然，时隔三十年，还有人记得这本书，我很感谢。

这本书对于一般的读者来说，还是比较好读的，篇幅也不过二三十万字。当时霍先生的要求是中等文化水平的读者都能看得懂。中华书局又认为适合做大学文学史的教材，所以直到现在还在重印。

杨阿敏：作为一个普通读者，您觉得杜诗最打动您的是什么？您最喜欢杜诗中的哪几首？请您介绍一下自己的读杜经验。

葛晓音：对于一个普通读者来说，杜诗最能打动人的，当然还是他那些忧国忧民的作品，这是我们必须承认的。我最早接触杜诗大概是初一的时候，那时我们还读不到杜甫那么深的作品，就是读些"两个黄鹂鸣翠柳"之类的短篇。但是我参加了学校的语文兴趣组，语文老师在给我们讲《兵车行》的时候，将整首诗抄下来，整整一黑板。第一次读这首诗歌，真是非常震撼，老师的讲解更是让我深受感动。我就自己找了一本冯至的《杜甫诗选》，希望多读一些杜诗。作为一个初中生，虽然并未完全看懂，但我觉得杜甫诗歌最能打动我的是那种真挚的情感，他的《兵车行》、"三吏三别"是用他的血泪凝结而成的。在"三吏三别"中，我们一般选择的是《石壕吏》，但我觉得《垂老别》和《无家别》也特别感人。这些诗是你合上书本也忘不掉的。

如果让我说最喜欢哪几首，那还是他在安史之乱期间的那些名篇。还有像《赠卫八处士》这样的作品，他真的是能够把人生很多特别深刻的感悟提炼出来。这其实是唐诗的一般特点，但他总是能够给你提炼得特别警策，特别感人。所以人们遇到类似的情境，自然就会想起杜甫的一些诗句。尤其是在离乱中写给家人、朋友的那些诗歌，是我最喜欢的。以前有人称其为"情圣"，他的深挚动人之处，确是其他人所不及的。

杜甫诗在艺术上的好处，我是后来在研究中才慢慢地体会出来的。五律当中那些名作，比如《春夜喜雨》《旅夜书怀》，也就是大家都熟悉的那几首，我也是很喜欢的，因为它们确实是好。七律当中，最喜欢的是草堂时期的一些作品，还有夔州诗里的《登高》《阁夜》等等，《咏怀古迹五首》中最好的，我觉得是咏昭君这一首。

总的来说，我读杜诗全集，认真细读大概有三遍。当然，我是为了写《杜甫诗选评》，后来又写这本《杜诗艺术与辨体》，从不同的角度去读。但是，我觉得杜甫不是很容易看懂的。所以只能说每读一遍，就好像向他走近了一步，但仍然不敢说已经很理解他。你说有什么经验，我现在也谈不上，就是对照各种注本一首一首地去读，用心去体会，把前前后后的背景都搞清楚了，然后弄明白每首诗究竟要说什么。有些比较难的诗，尤其是他的五言排律，形式上的创新，加上很多的典故，还不能说我全部读懂了。我觉得一个伟大的诗人或者作家，要真正理解他，你必须要有跟他相对等的才力、见识和胸怀，而我只是一个普通的研究者，离他的时代又那么远，只能说希望能多理解他一点吧。

对于初学者而言，怎么读杜诗？其实，古人早就讲过，读杜甫"十首以前较难入"，因为他的诗歌很深。那么作为一个普通的读者，还是从他最浅显的东西开始。杜诗是博大精深、无所不有的，可以从一些短篇开始，短篇并不只是指五律，因为五律中也有难懂的。歌行短一点的也可以读，有一些特别好的长篇歌行还是应该读的，像我刚才讲的《兵车行》《哀江头》等。总之还是从名作入手，因为杜诗选本很多，有些名篇是大家公认的。所以我觉得从普通读者来说，先读名作，然后如果想要多了解他一点，那么你可以集中去读他某一时期的作品，这样一点点地了解。再有更多的余力，我建议读杜甫的评传。其实陈贻焮先生的《杜甫评传》最好读，只是部头比较大，还有莫砺锋的《杜甫评传》，这都是进入杜诗的途径吧。

杨阿敏：提到杜甫及其诗歌，我们总是最先想到"诗圣"和"诗史"这两个关键词，您如何理解这一评价？

葛晓音：古人讲"诗圣"，是从圣贤之心这个角度去讲的。但实际上，我觉得今天说杜甫是"诗圣"，也不为过。什么是圣贤之心？就是仁爱之心，就是博大的胸怀，这一点他真的是达到了一种圣人的境界。我们现在常讲《茅屋为秋风所破歌》，杜甫确实是能够推己及人，就是能够从自己的困苦，看到更多人的痛苦。像《自京赴奉先县咏怀五百字》里，他从长安千辛万苦走回家，一进门就遇到儿子去世的伤心事，他立刻联想到还有一些人比他更苦："默思失业徒，因念远戍卒"。自己还是个做官的，家里还免了租税，他的儿子居然还在秋天庄稼收获的时候饿死了，那其他的人将会怎么样？天下可能就会大乱。唐代诗人有很多哭儿子的诗，像顾况、孟郊等，老年的时候死了儿子，是很痛苦的。但没有人能像杜甫想到这些，这真是一般人不可能有的情怀。《茅屋为秋风所破歌》，也是这样一种精神。还有《凤凰台》，他在同谷的凤凰村时，知道附近有一座凤凰山，他想到凤凰山上可能有小凤凰，因为凤凰是儒家理想中天下太平的祥瑞，他就想象可以用自己的心和血把小凤凰喂大，让它变成祥瑞。这意思是为天下太平和苍生的安宁，他愿意贡献出自己的生命。这当然就是一种圣人的胸怀了，真有这种胸怀的人，可以称得上是"圣"。

从艺术上说，"圣于诗"，指的是他艺术水平最高。杜甫是集大成的，显然后面再也无人超过杜甫。那么他到底"圣"在哪里？就在于他的博大精深、无所不有。这是大家都公认的，元稹、秦观早已对此作了概括。所以我觉得"诗圣"包含两个内涵，一是他本身那种伟大的情怀，二是他代表中国诗歌的最高成就，这两点加起来，才是"诗圣"。在写《杜诗艺术与辨体》的时候，我强调"诗圣"其实并不是大家所想的那种高高在上、俯瞰苍生的样子，其实杜甫并不觉得自己有什么神圣的地方，他从内心觉得自己就是一个腐儒，从他的处境来说，他就是一个野老。他基本上就是从这两方面刻画自己的。正因为平凡而且潦倒，所以他才更了不起。

诗史的问题，我觉得是诗歌史上的一个比较老的公案了。唐代时，诗史的说法就已经提出来了，最开始提出时，是将杜甫和李白作比较，就是说他一生在离乱中度过，善于把安史之乱中的这段历史表现出来，也包括他自己的经历，是这样一个意思。从宋代开始，诗史就提得相当高了，而且在宋代，杜甫诗史的说法是没人否认的。到了明代，杨慎提出了一个与众不同的见解，认为诗和史不是一回事，这其实是从不同文体的角度来说的。他认为杜甫的一些诗，批判现实、直刺当局的东西写得太直露了，而诗不应该这样，他就拿《诗经》里一些比较含蓄的比和兴来和杜诗相比。杨慎的说法，有一部分说得有道理，关键是说诗有诗的功能，史有史的功能。但是，他也有逻辑漏洞，《诗经》三百篇里有赋比兴，你拿《诗经》里的比和兴和杜甫的赋相比，这不公平，因为《诗经》里也有很多直接批判的，所以很多人都为杜甫辩护。到了清代时，尤其是清初的遗民，他们自己亲身经历了家国的变乱以后，对杜甫诗史的意义就看得更加清楚了，认为杜甫的诗和史是不能分开的，诗产生于史。

大致说来，关于诗史有两种意见，一种基本上认为杜甫以诗反映史，这个意见是一边倒的。一种是杨慎的意见，没有太多的人肯定他。但我觉得从辨体的角度来看，杨慎是有一点道理的。如果把诗和史等同起来，这样来看杜甫的诗，其实还是对他的诗的价值评价不够。你不能把它仅仅看作是记录史实的一类韵文，它首先是诗，一般的史都是客观的记录，要求实录，不虚美，不隐恶，正史里除了司马迁的《史记》我们说它是"无韵之《离骚》"，灌注了自己的感情，一般的史都要求史家客观冷静地记录历史。杜甫的诗固然是真实地反映了历史，但他所关注的主要是在历史大变乱中人们的生存环境，人的命运的变化及内心的痛苦，这是诗人才有的情怀。

看杜甫"三吏三别"中的《新婚别》，古代的女子刚结婚，身份三天后才能明确，她连拜见公婆的资格都没有，丈夫就走了。那这个女子对自己的命运是怎么想的呢？这首诗完全是用新妇自己的口气在诉说内心的怨痛。《无家别》里，战士好不容易回家了，母亲已经去世，这时他还没有失去生活下去的希望，还想着现在是春天了，应该收拾田园了。结果官府又把他给征去当兵了，就连这点正常农作的可怜愿望都被剥夺了。《垂老别》不也是么，他写的是老人家马上就要上战场送死去了，但是看到可怜的老妻躺在路边哭，身上衣服单薄，只得勉强安慰她：等死不如战死，何况死期还宽。这些诗千古之下仍能催人下泪，就在于能深入到人性的深处，写出普通老百姓对人生和亲情的留恋，以及为国家承担责任的勇气。这种强烈的感染力是任何史书都比不上的。所以我说杜甫的"诗史"绝不仅仅是用诗的形式实录历史事件的史，而是以史实为背景观照人生的诗。这样你才能够真正理解杜甫诗史的价值所在。杨慎看到了诗和史的差别，但是没有说清诗跟史的差别究竟在哪里。

杨阿敏：您认为"乾坤一腐儒"是杜甫对自己一生最准确的概括，这一命题对诗人及其诗歌艺术而言，意义何在？

葛晓音：我老师曾经说过，"乾坤一腐儒"这句诗从艺术而言，不算是佳句。后来我想杜甫为什么这么构句，这个乾坤那么大，腐儒那么小，把这两个大小反差这么强烈的意象组织在一句诗里，我觉得不是偶然出现的。所以就注意到他类似的诗句，如"天地一沙鸥""江湖满地一渔翁""乾坤一草亭"等等，这样一种大小悬殊的组合，把自己一个人渺小的形象放在一个特别广阔的空间中做比较，来凸显自己的孤独感和无力感，好像是杜甫从秦州以后才逐渐有的一种尝试。虽然他早期也常常有这种孤独感，比如他干谒不成，处境很潦倒的时候也有这种感觉，但越到后期，他的孤独感就越来越强烈，而且在很多的诗歌境界中把它凸显出来。我后来写过一篇论文《论杜甫的孤独感及其艺术提炼》，就是探讨这个问题的。这算是我自己的一点体会吧。

杜甫不少脍炙人口的名作都是跟这种孤独感有关系的，他很善于在一个空阔高远的意境中提炼出自己渺小孤独的形象。比如《旅夜书怀》，"星垂平野阔，月涌大江流"是何等壮阔的境界，大江流是时间的流逝，星月令人感觉到时空的永恒，而对比之下，"细草微风岸，危樯独夜舟"又是这么细小孤独。这让他想到自己这么一个渺小的人在这个世界上到底有什么意义，所以后面紧跟着"名岂文章著，官应老病休"，自然想到自己是功不成、名不就。他并不希望依靠文章来获得生前身后名。那么生前呢？又老又病，做不成官，也谈不上建功立业，所以觉得自己好像天地之间的一只沙鸥一样到处飘零。这首诗比较早地以广阔的空间境界来凸显他个人的渺小。

后来杜甫继续提炼这类诗歌意境。比如《白帝城最高楼》，他站在白帝楼最高的地方观望下面的三峡，看到大江的流逝，想到人世间的龙争虎斗。而他的形象则是"泣血迸空回白头"，一个白发苍苍的老头，风吹着他的头发，血泪迸射到空中。《登岳阳楼》也是，"亲朋无一字，老病有孤舟"，太渺小无力了，而他面对的是一个那么广大的洞庭湖，"吴楚东南坼，乾坤日夜浮"，还有"戎马关山北"，整个动乱不息的北方。像《登高》就更明显了，这首诗是我比较喜欢的。全诗有意用音节和意象的组合，营造出一种秋气在大江上空回荡的氛围，所有的猿、鸟，包括落叶，都被秋气席卷。"无边落木萧萧下，不尽长江滚滚来"，独自面对这样高远的境界，诗人的形象却是一个潦倒多病的白发老翁。所以到《江汉》这首诗里，就把"乾坤一腐儒"提炼出来了。乾坤在杜甫心目中不仅仅是大自然，也是整个社会、整个世道，所以这是一个天道和人事组合在一起的巨大的概念。汉高祖曾说，为天下不用腐儒。杜甫觉得自己就是这样一个没用的腐儒。但是如此广大的乾坤中，只有他这个腐儒始终心存天下，又让后人从他的孤独中看到了诗人的生命必将永恒的信念。《江汉》这首诗是他去世前一年写的，他用这句诗给自己的人生做了定位。

以前我们在读杜甫的时候，只注意他作为一个"诗圣"，是如何具有民胞物与的情怀，如何去关怀大众，但是杜甫其实对他自己的人生意义有非常深刻的思考，这点以前的人都不太注意。事实上这一点也不是杜甫独有的，这是盛唐或者说建安以来，凡是有思想的诗人都关注的一个问题。建安诗人追求"三不朽"的人生价值，太上立德，其次立功，其次立言。陶渊明不也是这样吗？陶渊明追求的是立德，所以他躬耕田园，不为那五斗米折腰。从魏晋南北朝到盛唐，很多诗人都会考虑生命的永恒价值在哪里，盛唐诗人在这方面想得更多。人人都想建功立业，这不仅仅是为了功名富贵，更是为了人生价值的实现。他们都相信，一个人的意义不仅在他生前，更在他的身后，也就是说他死了以后能在历史上留下什么，杜甫也是这样。

我觉得杜甫在这方面考虑得比他们更加深入。杜甫说自己是"乾坤一腐儒"，他是很悲哀的。一方面，腐儒在他那个时代根本一点用处也没有；另一方面，他内心其实也有一种自豪，因为他始终相信只有儒家才可以拯救天下，使天下太平。这里有一种对自己信念的坚持，对自己的定位。所以我觉得"乾坤一腐儒"虽然没有什么特别的美感，但是如果看到这个理念形成的过程，就会逐渐体会到这句诗里的深意，就能体会到杜甫晚年的时候，其实对于自己的生命到底能不能获得永恒，有过深入的同时又是很痛苦的思考。所以从这个角度可以对杜甫的思想了解得更加全面，对他一些名作的创作内涵也会有更清晰的理解。

杨阿敏：历来杜诗研究浩如烟海，您为什么要写《杜诗艺术与辨体》？您觉得这本书与一般杜诗研究著作有何不同之处，通过您的研究，能带给读者什么新的认识？

葛晓音：其实，我是不太敢写杜甫的，因为我的老师也是到了晚年，有了一生研究唐诗的心得，才来写杜甫。杜甫是不容易写的，因为他的博大精深。如果你不懂杜甫之前那些诗，你根本就读不懂杜甫。那我为什么还要写呢？因为我前面写了一本《先秦汉魏六朝诗歌体式研究》，还有一本《诗国高潮与盛唐文化》，主要是从内因和外因两方面去研究初唐到盛唐诗的演变，以及唐诗繁荣的原因。后来我就想，初唐、盛唐做得差不多了，我应该去做中晚唐，所以我一开始写了几篇关于大历诗人的论文，如《唐诗流变论要》里的《刘长卿七律的诗史定位及其诗学依据》，其他还有两篇，我没收进去。后来我做着做着，觉得不行，想绕开杜甫无论如何是不行的，之前我写过一本《杜甫诗选评》，选了80多首诗，多少做了点准备，所以就想试一试。

　　从什么角度来写呢？因为前面刚写完先秦到六朝的诗歌体式研究，我在重读杜甫的时候，就会不由自主地关注他怎么处理诗歌体式的问题。古人评杜甫的诗很多都是从分体的角度来谈的，比如他七律怎么样，五古怎么样。我们今天的研究，即使是专论他的五古、七律或歌行，也都是大同小异，语言艺术讲得最多了，怎么用词，怎么提炼字句，怎么讲究声律对仗；再就是风格，不管什么诗体，都是沉郁顿挫之类的，不注意不同的诗体有不同的表现原理。我前面对各种诗体已经研究很长时间了，有了一些积累，在这种情况下，我很容易看出杜甫对前人继承了什么，发展了什么，创造了什么。所以我想从这个角度去讲，或许能够讲出一些新意来。杜甫其实是对诗歌体式非常自觉的一个诗人，盛唐很多诗人的诗体意识都没有杜甫明确。他对各种诗体区分得非常清楚，而且有意识地探索创新，拓展各种诗体的表现功能。历代诗论中很多关于杜诗的争议，也是与他们对杜甫在体式上的创新意义理解不够有关的。这就是我写这本书的最初的动机，也是和一般著作不太一样的地方。我先发了8

篇系列性论文，得到了学术界比较好的反响。书是在论文基础上改写的，增加了不少诗例，希望能说得更充分些。至于能够带给读者什么新的认识，我想主要就是希望大家能够从诗体的角度进一步读懂杜甫。实际上杜甫所有的艺术创新都是跟各种诗体的表现原理结合在一起的。另外，对于古人评论杜甫的分歧也可以有一个新的认识。

杨阿敏：您之前做过杜诗的选评，现在又出版了研究专著，在杜诗研究领域深造自得，请您评价一下当今的杜诗研究现状，以及进一步开拓的空间在哪里。

葛晓音：我觉得现在的杜诗研究还是比较繁荣的。两部杜诗全注都出来了，一部是山东大学萧涤非先生主编的《杜甫全集校注》，一部是清华大学谢思炜教授的《杜甫集校注》。最近陈尚君教授写了一篇文章《近期三种杜诗全注本的评价》，比较三种全注本，讲得很到位，我觉得非常好。这是杜诗的注解方面。还有就是对杜甫整个生平思想的研究，像陈先生的《杜甫评传》可以说是集大成的。还有莫砺锋的《杜甫评传》，写法跟从前不一样，他是按照生平、思想、艺术等方面，条理清晰地对杜甫做了一个比较全面的研究。总的来说，我觉得这些年来杜甫研究的总体成果还是挺辉煌的。成都杜甫草堂的《杜甫研究学刊》也一直在办，刊登了大量杜诗研究论文，我有时候也看看那个刊物。应该说杜甫的研究确实是非常细致的，哪个角落几乎都研究到了。一个大作家，这么多年研究下来，再想出新很不容易了。我恰好就钻了一个自己做体式研究的空子，这个角度我是有所创新的。从杜甫出发，我们再看中晚唐以后诗歌体式的变化，就可以看得比较清楚了。

杜诗研究今后到底要怎么样开创新局面？这一点我现在还真是预见不到，最近我参加了一个青年教师的杜甫研讨会，他们提交了八九篇论文，其中有一半是做杜诗注释的研究，特别是宋本的杜注研究，做得非常细。但是他们也有一种感觉，因为材料有限，好像有点做不下去。所以目前一方面是成果是极大丰富，另一方面是可能大家都对怎样进一步开拓心中无数。

开拓的空间有多大，我现在也不好说。我这个人是从来不去预测将来的。因为我是一个实践派，我总觉得什么事情能不能往下做，最好是先做着看，能做下去了，那就说明这方面还有发展的空间。我以前的很多论文题目都是后面一篇从前面一篇中扯出来的，做的过程中发现问题了，一篇论文解决不了，就引出了后来的课题，事先没有安排。所以我现在无法去预测将来还有哪些方面是可以开拓的。就拿杜甫对后人的影响来说，这好像是一个还可以做的方向。前人说，韩愈专门从杜甫的奇险这一路去开掘，形成了自己的奇险风格，这是一个大感觉和印象，可是你如何去讲清楚这一点，到底他怎么受杜甫影响的？他哪些方面学的杜甫？如果不细读文本，真的是讲不出来的。我最近在细读孟郊，我已经读了三遍了，孟郊这么一个复古的人，肯定对杜甫有所吸收的，但是怎么讲，有多大论证价值，我暂时也不能判断。当然也可以从一些很小的方面去说，比如说古诗的学习这类，但是我觉得光讲这类东西意思不是很大。这算不算开拓的空间呢？就不好说了。所以我的意思还是要做着看，能做到什么地步再说。

杨阿敏：古代文学研究中，文化研究受到普遍关注，而从文学本位出发探索文学自身的审美价值和艺术规律的研究却不够重视，您的《杜诗艺术与辨体》可说是这方面的力作。您如何看待研究中的这种现象？

葛晓音：目前的研究主要是三大块：文献、文化、文学。文献做得热火朝天，容易拿到项目，因为有很多资源，要做很多调查，出成果比较实在，容易受人关注。做文化、文学，只要深思就行了，没有什么理由要去花钱。文化研究也很热闹，有的能把文化背景与文学的关系讲得很切实，比如复旦大学查屏球的《唐诗与唐学》，把唐代当时的学术究竟如何具体地影响唐代诗文的内容、精神等等，讲得很透彻。我觉得就很好。

其实从文学本位出发，最近呼声挺高的，很多人都在提倡，就是你说的这句话，"探索文学自身的审美价值和艺术规律"。但是理想的成果还不是太多。以前在很多场合我都讲过，几年前我和学生的一篇谈话《读懂文本为一切学问之关键——关于回归文学本体研究的若干思考》在朋友圈也转发过，主要的意思我都说了。人们对文学本体研究的理解一般偏重于文学作品的艺术性研究，以及文学内部发展规律的研究。但我认为其实范围可以放得很宽，只要是从文学作品中读出来的问题，我觉得都可以算是文学本体的研究，小到作者在文学作品中表现的思想、情绪、感悟，大到一个历史时段的文化现象，等等，并不限于艺术分析。

今人对于古代诗歌的理解是越来越有隔膜，缺乏古人的那种感悟。如果你对作品能够比较透彻地理解，体会到作者的用心，看懂了他到底写些什么，然后分析他是怎么表达的，再归纳出一些规律性的特点来，这就是文学自身的审美价值和艺术规律的研究了。但是对很多人来说，这一点是很不容易做到的。我带研究生，感到最困难的也是这一点。

所以这个东西看起来好像很容易，其实不容易，一是要求研究者有良好的文学感悟力；二是你看了一些作品，可能有一些感觉了，但能不能用科学的逻辑、又比较漂亮的文学性语言把它表达出来，这又是一种能力，这些都是需要训练培养的。现在我们的研究生在这方面都相对比较薄弱，所以觉得做历史文化的研究容易。历史文化方面，一是史料很多，二是现在历史学界、哲学界都很热闹，很多东西可以借鉴，和文学对接一下，选题空间比较大。

但是做文学性研究，所有的东西都得自己在诗里一首一首读出来的，这要有很大的耐心。直到现在，我读所有的作家，每一首诗都是做卡片的，不是抄资料，主要是记读诗的直觉印象，有类似的现象就把它归纳成一个小观点，再从这一个个小观点里提炼出一个大观点，这才能说出什么审美价值、艺术规律来。这些都是我们做文学本位研究的困难所在。当然现在大家都在提倡，究竟能够发展到什么样的程度，我也不好说，要看学生自己的天赋，当然还要看老师是不是有意去培养，是否重视这方面的研究。所以，我现在只能说文学研究相比文献和文化的研究，有它自己独特的难处。其实做这方面研究的人也还是不少的，有一部分研究生，尤其是女生，往往都是有点感悟的，有时候看她们的读书报告、小论文之类的，能说出一些东西来。可是能不能在这个基础上提炼成一篇大论文，确实有相当大的难度。不管怎么样，大家都已经意识到文学研究的重要性，就一起努力吧。

杨阿敏：怎样才能真正做好文学本位研究，而不是为其他学科做嫁衣裳？

葛晓音：这个关键是要真正理解作品，而且要下得了决心去一首一首地读诗。首先要避免依赖电子检索，因为电子检索很容易让你忽略很多重要的东西。我觉得要回归文学本位，就得先回去读书。还有一个，现在有很多研究生，特别是博士生，特别喜欢从外部因素入手研究文学，像我们唐代凡是可以和文学扯得上关系的文化背景，几乎都写到了，像政治制度、哲学思想、教育、仕途、乐舞、园林、寺庙、生活方式，还有科举制度等等。我觉得各种各样的角度都可以去挖掘，但要注意从解决文学的问题出发，就是由里到外，而不是由外到里。你说的不为其他学科做嫁衣裳，关键就在这里。别人的东西，史学的也好，文化学的研究也好，要看你是拿他的东西来为你所用，还是你自己弄出了一堆东西，最后去证明了他的论点。如果你去解释他的问题，那就是为他人作嫁衣裳了。这倒没什么，真能做好嫁衣裳，能解决其他学科的问题，也是很好的。最怕的是什么问题也没解决，只是把两张皮贴在一起。所以关键是要了解文学和外部因素的内在联系在哪里。

比如我那个《唐诗流变论要》里有一篇《"独往"和"虚舟"——盛唐山水诗的玄趣和道境》，我讲到"独往"与"虚舟"的问题，这是一个哲学概念。其实我做的时候不是先去看老庄思想里有没有这两个概念，而是先注意到山水诗里有很多"独往"的提法，而且有的诗里没有"独往"这个概念，但有这种理趣。比如孟浩然的《夜归鹿门歌》，诗里没有"独往"两个字，但是写的就是"独往"的意境，而且我还用杜甫和李白的诗来给他做注解，说明它寄寓的确实就是这个意思。盛唐诗歌里还经常出现"虚舟"、扁舟的意象，这是什么意思？从哪里来的？这个时候我再去看《庄子》，搞清楚唐代诗人在什么情况下写到"扁舟"。这就是从文本存在的问题出发寻找外部的解释，可以帮助我们对诗本身有更深的理解。比如说韦应物的《滁州西涧》大家都很熟，"上有黄鹂深树鸣"，宋人说黄鹂是比喻小人，这是穿凿附会。这首诗其实写的是一种"独往"的境界，同时又把"独往"和"虚舟"联系在一起，"野渡无人舟自横"，它不就是个"虚舟"吗？"虚舟"的大自在的意态中包含着很深的哲学含蕴，这是山水诗内在的精神。这样的话，你就用老庄思想解释了文学的意趣。

杨阿敏：诗话是学习和研究古代诗学的重要资源，您在著作中也广泛引述历代诗话材料，但诗话数量众多，良莠不齐，我们应该如何阅读和利用诗话呢？

葛晓音：这个问题是很难回答的，也是需要长时间积累的。现在诗话还是容易找的，资料比较现成，量虽然多，你只要下功夫去读就行了。除了诗话以外，还有很多的评点本、选本之类的，都要适当地关注。

我引用诗话，其实经历过三个阶段。第一个阶段就是最早写《八代诗史》的时候，专门找能说明自己感觉的资料，用它作为旁证。后来写《山水田园诗派研究》，发现我有很多感觉找不到可以引证的东西，索性就只写自己的感受，几乎不大用诗话了。但后来我逐渐又注意引用了，特别是做诗歌体式研究的时候，这是第三个阶段，这时候我是带着一种研究的眼光来看诗话了。

我首先关注的，是历代诗话对某个问题的看法有哪些，前人经常有不一致的看法。比如我在研究山水诗的时候，注意到历代诗话中对于王、孟诗歌地位的评价有变化，这在《汉唐文学的嬗变》里我写过两篇论文。明清时期有一个唐宋诗之争，大家审美标准不太一样，所以会有争论。在做诗歌体式研究的时候，我特别注意哪一种看法，能触及体式的原理，而不是仅仅在说一些表面的规则。

发现争议之后，我就分析产生这种争议的原因是什么。后来做杜诗的辨体研究的时候，我就先归纳他们的争议，以此作为我提出问题的一个出发点。杜甫的五言古诗，大家评价比较一致，但也有少数不一样的看法。七律就不同了，杜甫的七律是不是唐人第一，后期七律的变化怎么看，这个就有争议，而且这还是宗唐派自己内部的争论，这些争论可以促使我从不同的角度去看杜甫的诗。各人讲的都有他自己的道理，那么他的审美标准是什么？你把这点搞清楚，再提出自己的判断，就可以比较深入了。经历过这三个阶段以后，现在我主要是从研究诗歌创作实践出发，联系相关的诗学评论，努力搞清楚古人说的那些含糊的理论究竟是指什么样的创作现象。

古人的诗话有很多是出于感觉，古人读诗要比我们懂得多，他的感悟要比我们敏锐得多。因此，首先必须尊重他的感觉，然后在这个基础上，再分析比较各家说法。看多了以后，你会发现，其实有些理论是这个人抄那个人的，有的人是很有眼光的，但也有人是有偏见的，眼光高的人也会有偏见。比如说，王夫之的眼光真的很高，但是他有偏见，有些话说得太过头。那你就要学会分辨，当你的感悟力有所提高以后，这种分辨也能体现你本人眼光的高低。这时你就可以比较有把握地使用这些诗话了。

杨阿敏：中国诗学史上充斥着唐宋诗之争、盛唐与中晚唐之争、诗体的正变之争等大量争论，您怎么理解这一现象，当今的学术研究应该如何面对这些不同的理论观点？

葛晓音：唐宋诗之争和盛唐、中晚唐之争是相互包容的，唐宋诗之争下面一个层次就是盛唐、中晚唐之争。因为唐宋诗之争争了半天，焦点还是在盛唐诗与中晚唐诗。大家认为宋诗的很多毛病在中晚唐的时候就已经出来了，所以，往往把中晚唐看作宋诗的源头。再极端一点的观点，索性就把杜甫也看作中晚唐诗的源头。齐治平先生写过一本小册子《唐宋诗之争》，20世纪80年代出版，是最早关注这个问题的。

80年代初，我做王维研究的时候，读到钱锺书先生的一篇论文《中国诗与中国画》。他提出一个问题：王维画在中国画中的地位很高，杜甫诗在中国诗歌地位中很高，这说明诗画并不一律。他的这个问题引起了我很大的兴趣，所以当时我就写了一篇论文《王维·神韵说·南宗画》，提出王维的诗与画在批评史上的地位有一个发展变化的过程，真正把王维的诗和画提到特别高的位置是在明代，特别是晚明，其实就是在山水画的南北宗这个说法提出来的时候，由董其昌、陈继儒他们这批人提出来的。这个时候他们把王维的诗和画完全并提了，诗画标准也趋于一致了。这种状况大约持续到清代前期，清初四家南宗山水画的出现可以说达到顶峰。就在王维地位特别高的时候，批评杜甫的声音也开始出现了，主要是认为杜甫缺乏王维诗的流丽清空和冷然独往之趣。翁方纲就说过王渔洋其实是不太喜欢杜甫的，他最推崇的是王、孟一派。到了乾嘉以后，杜甫的地位逐渐提高，同时也把学者之诗抬出来了，到晚清同光体时，更推崇的是韩愈。王维和杜甫在中国诗史上的地位大体上有过这样一种变化，我主要是想说明这个问题。所以诗画一律还是不一律，恐怕不能完全从王维和杜甫的历史地位来看。

后来我又写了一篇《从历代诗话看唐诗研究的天分学力之争》，认为天分和学力其实是两种审美标准的争论，这个问题我一直在关注。所以后来做杜诗辨体研究的时候，注意到历史上批评杜甫的颇有一些声音。至于正变的问题，也与此有关，主要体现在对杜诗体式的看法上，因为明代格调派特别强调正和变的问题，七言律到底是王维第一还是杜甫第一的争论，其实也跟格调派的正变观念有关系。

我觉得，当前的学术研究对古代不同的理论观点都应该关注。从文学研究的角度来说，我们关注诗话，可以从两个不同的方向，一个是做文学批评史研究的，他们是从理论的角度去关注，他们会把很多诗论的概念、内涵解释得非常详细，各家诗论之间有什么相同与不同，他们在理论上会分辨得很清楚。这是一种做法，这也是文学批评史学科建立以来的一个主流的方向。另一个就是我这种做法，是比较不主流的。我不是专门去研究诗话之中的各种争论，我是从创作实践的角度去了解这些诗话。因为古人的很多批评都是直接从诗歌来，从作品中来的。前辈学者中，罗宗强先生的文学思想史把理论和创作结合得最好，他开辟了文学思想史这个研究领域。而我的目的又不同，我只是想知道，当我看到一个创作现象的时候，前人究竟是什么说法，对于我读诗到底有什么参考价值。同时反过头来，我也可以从我自己对作品本身的理解出发，看看古人那些印象式的理论表述到底指的是什么具体现象。

现在很多学生读诗论的时候，往往对古人的概念不是很理解，因为中国古代的诗论还是比较架空，它是印象式的，很笼统的，那些比喻容易把学生弄得云里雾里，不明白到底是什么意思。所以我就想搞清楚，古人讲的各种各样的概念，体现在作品中究竟是什么样的创作现象？这个是我的出发点。也算是一种把理论和创作实践结合起来的做法，比如说我们经常讲神韵，像"水中之月，镜中之花""羚羊挂角，无迹可求"，这说的是什么你能懂吗？我在研究山水诗的过程中，着重就解决这个问题。比如"独往"和"虚舟"的理趣，诗里未必把这个概念说出来，但是这种理趣包含在意境里，这就像盐化在水里，你体会到了咸味，但是你看不到盐在哪里。这就是一种味外之味，使山水诗在优美的意境之外别有神韵。

还有就是你怎么去解释所谓的"羚羊挂角，无迹可求""不着一字，尽得风流"这类好像很虚的东西？据说羚羊晚上睡觉时喜欢把角挂在树枝间，角和树枝浑然一体，分辨不出来，这是比喻诗歌天然浑成，没有刻画的痕迹。至于"不着一字，尽得风流"，我们就拿孟浩然的诗《晚泊浔阳望庐山》来看，全篇只是写行程几千里都没遇到过名山，早年如何向往庐山和慧远的东林寺，最后到了庐山脚下，听到暮色中钟声远远地传来，还没见到庐山的模样。虽然没有一个字正面形容庐山，但是庐山清空悠远的神韵都出来了。慧远在庐山隐居尘外的踪迹自然令人联想到庐山的深幽清静和远离世俗，又借东林寺的钟声引起对庐山的无限神往，余韵悠然，意味无穷。这就叫"不着一字，尽得风流"。文学理论当中很多概念的实际所指，古人都懂的，不需要解释，可我们现在不懂了，所以你就必须要把它讲清楚，这就是我从解释创作实践出发研究理论的目的。

在 2018 年第三届全球华人国学大典上发言
《先秦汉魏六朝诗歌体式研究》获得全球华人国学成果奖

杨阿敏：《唐诗流变论要》上编是探讨南朝到盛唐诗歌体式的生成发展原理，可以看出您在 20 世纪 90 年代即有相关研究成果问世。那么，诗歌体式研究的目的和意义是什么？您是如何展开具体研究的？

葛晓音：20 世纪 90 年代的时候，我出过一本系列论文集《诗国高潮与盛唐文化》，主要目的是想讲清楚，从初唐到盛唐这 150 年间诗歌是如何发展的，大家认为初唐是诗歌的低谷，那它怎么样走向高潮，盛唐诗歌的高潮到底是哪些因素促成的？当时想从外部因素和内部规律两个方面去探讨。外部因素方面，开拓了士人教育、干谒方式、江左文化影响、民族关系等等不同的视角。内部规律方面，当时写了两篇论文，一篇是关于绝句的，《初盛唐绝句的发展——兼论绝句的起源和形成》，还有《初盛唐七言歌行的发展——兼论歌行的形成及其与七古的分野》。这两篇论文都偏重于体式形成和发展的原理性的探讨，还分别获得了《文学遗产》和《文学评论》的优秀论文奖。这让我感到方向是对的。到21世纪初的时候，就决心沿着这个方向再做下去，而且要从各体诗歌的源头上做起。

先是做四言《诗经》体，后来又做了《楚辞》，发表以后反响都不错。接下去感到要解决的问题越来越多，就越做越有兴趣了，不知不觉一直做到了六朝结束，基本上把六朝以前出现的各种诗体都研究了一遍。只有律诗怎么形成的问题，我没怎么做，只是研究了新体诗的表现原理与古体诗的差别，因为格律问题的研究太多了。我的做法主要是从节奏结构、诗行形成的原理着眼，研究各种诗体的整篇节律是怎么形成的，当时还没有人这样做过。当然做起来其实挺枯燥的，要有大量的统计，特别是在做四言诗的时候，很多人都是从句式着眼，研究二二节奏的形成，但我觉得二二节奏还没有抓到根本，因为在《尚书》《易经》里面好多四言句都是二二节奏，但是，它们不能称为诗，诗还有更本质的一些东西。我就从篇体节奏着手。《诗经》里有好多不是四言，也不是二二节奏，那么，它怎么形成诗歌的节奏呢？另外就是要研究当时语言的发展，看同时代其他韵文的节奏是否同步。一种新诗歌的产生，和语言的变化关系密切。我对先秦语言不太熟悉，所以当时还看了大量研究先秦的语言学家的文章，大体上把握了那个时代各类韵文音节的特点、语言的变迁等等。我把这些东西都结合起来，从节奏、韵律，还有篇体结构、句式组合和语言音节的关系等等，去研究诗歌体式的生成途径和原理。

五言诗以前研究成果挺多的，很多人的焦点放在到底哪一首诗标志着五言成熟的问题上。我就不再去跟他们争论了，我想能不能换一个角度，考虑五言到底是怎么形成的。《诗经》里面已经有很多五言了，但是后面接着出现的，不是五言，而是楚辞，这是为什么呢？五言诗为什么到汉代后期才形成，五言之前还有三言体，七言也比五言早。所以我就开始琢磨，五言诗的标准节奏是二三，前面两个字，后面三个字，三二就不行，像散文。那么二三节奏逐渐增多的过程，就是五言诗逐渐形成的过程。但是光研究句式不行，还要研究整齐的五言诗怎么构成的。我发现最早是在民谣里，四句、六句的五言标准节奏逐渐增多。然后再研究这些五言句互相组合的一些规则，我在研究四言时发明了一个词——句序，指句子有规律地排列顺序，从排列规则中可以看出整篇的节律是怎么形成的。这时候你就无需再去争论到底哪一篇是五言成熟的标志了，你自然而然地就可以看到，五言怎样从一篇里只有两三句的五言，慢慢变成整篇五言。

还有一个方面，也是古代诗话中反复讲的一个问题，某一种诗体的艺术表现规范是什么，比如绝句应该是怎样的风格，歌行应该是怎样的风格，可为什么是这样？古人没有讲清楚，那我就可以从诗歌体式的形成原理去解释这个问题，比如说绝句是怎么形成的。如果按《玉台新咏》，那汉代就已经有了绝句，但那个时候是没有绝句这个概念的。真正形成绝句的基本表现特点，其实是在南朝乐府民歌。南朝乐府五言四句的最多，这些四句体有一个特别明显的共同特点，就是一共四句，体式特别短小，一篇只关注一个点，每首诗往往就写一个小动作、一个小画面、女人的一个情态，或者一个小小的比兴，就是说这首诗要集中到这个点上。由于篇幅太短，刚一开头就结尾。所以结尾的两句非常重要。因为结尾两句收不住的话，这首诗后面还可以再往下加句子。但如果结尾干巴巴的没意思也不行，因为绝句要求以小见大，给读者留下一些联想。那么最后两句怎么收尾，这就很重要。我注意到，从齐梁以后，文人学习南方民歌的这种五言绝句，越来越注意第三、第四句怎么写。我统计过齐梁到初唐时期五绝的句法，有时候是问答，有时是递进等等，有很多语法关系，总之让你最后既收了尾，同时又留有余味，这是绝句的一个最基本的特点。

每一种诗歌艺术表现的特点，都是跟它的体式有关系的。再比如说歌行就和绝句不一样了，"行"的本意是一个曲子反复唱好几遍，这就形成歌行的体式要求重叠反复的特点，所以歌行可以很铺张，将感情抒发得淋漓尽致。这种特点到了陈、隋和初唐的歌行，可以说是发挥到了极致，这就是初唐歌行吸引人的地方。像刘希夷的《白头吟》、张若虚的《春江花月夜》都是这样的，反反复复，重重叠叠。表达非常尽情，而不像绝句要求有不尽之意。所以这两种诗体是完全不一样的，这样的风格差别就是它最早的体式形成的。

说了半天，主要就是两方面的问题，一是讲清体式形成和发展的原理，二是要讲清楚艺术表现的规范和体式的关系。当然后面还会延伸出很多问题，尤其是到了杜甫的时候，对诗体的考虑越来越细，每一种体式的表现原理是什么，怎样开拓它的表现功能，杜甫都有自觉的认识和创新。比如五律最适合表现意境，因为意境要有一个空间，空间里的意象布局要繁简得当，才会有象外之趣、言外之意。五律四联五言的体制恰好能够提供这样的一种空间，五绝当然因为短小，更容易留出想象余地，所以盛唐诗清空的意境多数在五绝和五律里。而盛唐的七律基本都是抒情的送别诗，写意境的很少，因为七律每句比五律多两个字，意象相对繁富，不容易留出较大的空间。一直到杜甫和刘长卿手里，才开始把五律写意境的原理应用到七律中来。这就是对七律表现功能的开拓。

　　了解到体式的一些基本道理以后，讲诗歌的艺术特点，就会懂得去看作家是不是善于利用体式的表现原理，把这种体式的长处发挥好。比如关于杜甫绝句有很多争论，讲他不好的多，讲他好的少。但是替他辩护的人，说来说去也承认批评他的那些人所说的缺点，说他的绝句又粗又拙，没有风韵。可是杜甫为什么要这样写呢？就拿他的五绝来说，不过30多首，其实内容风格是多样的。比如他用绝句发议论，讲时事，这其实是对绝句表现功能的一种开拓。比如《复愁》其七："贞观铜牙弩，开元锦兽张。花门小箭好，此物弃沙场。"说贞观年间用的铜牙弩、开元年间用的箭靶，如今都被唐朝军队抛弃不用，只用回纥的小箭。他抓住这个细节，概括了唐朝过度依赖回纥平叛所带来的重大后患。仅用不同年代的弓箭做一个对比，就能看出这150年国运的变化了，这就是以小见大，而且发人深思。你能说他不符合绝句的表现原理吗？从这个角度来说的话，别人就不能说杜甫不懂绝句。所以，不管说好也罢，坏也罢，你得说出一个道理来。这就是我研究体式的一个动机。

杨阿敏：盛唐文人热衷干谒，不以为耻，还理直气壮，是什么给了他们勇气？这一行为又对唐代文学产生了什么影响？

葛晓音：干谒是历朝历代都有的一个文化现象，而且历来都被认为是一种可耻的行为，"自炫自媒"，求别人去引荐，汉代人就认为这不是什么好事。盛唐人其实也懂得这一点，但是盛唐人干谒的书信和诗歌特别多，写得也和别的时代不一样。一方面，表现自己不齿于干谒，另一方面，又显得自己干谒是理直气壮的，这个现象确实是很特别的。我觉得这很可以反映盛唐人的精神面貌，这个时代的人确实是比较狂放的，充满自信的，那为什么会这样？

狂放自信，这是一个总体上的感觉，你得解释形成这种状态的原因，这就需要具体地论证。我先是去寻找所有的干谒诗，看看是在什么情况下需要干谒，都干谒过哪些人，知道当时干谒几乎是必不可少的，就是说，只要想做官，从"释褐"开始，就要干谒，有了做官的资格，再去参加吏部考试授官，也要干谒，做完了三年官，下次再被选的时候，还要干谒。总之，一生就要不停地干谒，请有力的人替你吹嘘。

唐代科举考试录取人数很少，除科举以外，还有一些进取的途径，其中举荐制度非常重要。我把初盛唐从唐太宗、唐高宗、武则天一直到唐玄宗时期举荐的所有资料都分析了一番，大体上看出一个趋势。唐太宗并不鼓励举荐，有的人曾因为举荐失当而受到惩罚，所以很多大臣不敢举荐人。干谒真正开始形成一个热潮，是在武则天时期。由于撤换了很多老臣，武则天要起用大量的新人，那时候连九品官员都可以举荐。但是武则天提拔得快，撤换得也快，所以大体上可以保持一个平衡。因为鼓励干谒，武则天的确提拔了一批人才，这批人经过几次政变的考验，为唐玄宗打下了良好的政治基础。

盛唐时举荐制度得到规范，形成一种全社会的共识：只要举荐是出于公心，可以举贤不避亲。也就是说，举荐应该是利国利民的至公之道。这就给干谒提供了一个理直气壮的理由，地位低的人可以凭自己的道德才能请求地位高或者有力量的人推荐自己。在上位的人和干谒的人虽然有贵贱的区别，但在人格上是平等的，这就消解了干谒者的屈辱感，而且形成了在干谒中凭着文章道义去"平交王侯"的一种心理。

林庚先生讲到李白布衣感的问题，其实抓住了一个很重要的问题，不过他没有充分展开论证。从干谒这个角度也可以看出，在盛唐不仅是李白，所有的下层文人都有布衣感，他们有一种布衣的自尊自傲。就像当时的一个狂人王泠然所说，权贵对布衣"不可以富贵骄人，不可以礼义见隔"，而当时在高位的人也确实很看重识贤礼贤的名声。这就形成了一代知识分子的自信，虽然这种自信里带着很多幻想，但好歹当时曾经有过这样一种时代氛围。我研究这个问题，主要还是为了解释这代人的精神面貌是怎么形成的，这对理解盛唐诗歌乐观开朗的特征有直接帮助。

杨阿敏：您曾参与了《中国文学史参考资料简编》的选编工作，但是目前的高校中文系却少有专门讲授作品选的课程，您如何看待作品与文学史之间的关系？

葛晓音：你在市面上看到的是我和周先慎先生合编的《中国古

代文学作品选注》，其实是从我编的《先秦两汉魏晋南北朝隋唐五代文学史参考资料简编》，还有他编的《宋元明清文学史参考资料简编》这两部比较厚的简编本里选出来的，又合成了一本。这是给电视大学选的课堂用的教材。

那么，我跟周先生为什么编《中国文学史参考资料简编》呢？因为我们北大中文系古代文学教研室以前编过《中国文学史参考资料》，中华书局出版的。但可惜的是"文化大革命"以前只编到了魏晋南北朝，唐以后就没有了。那一套书质量很高，到现在学者们都说非常好用。后来也多次讨论想要再编下去，唐代部分都已经开始动了，是倪其心先生负责的，后来不了了之了。当初吴小如先生亲自注释《先秦文学史参考资料》，做得多好。我们这些后人一是没有那种功底，二是没有那种条件再做。编资料简编的目的就是给学生上课时使用，省得抄黑板。教研室指定由我负责上编的注释，下编是由周先慎先生负责。上编的全部选目从头到尾都是由林先生划定的，然后由我选注，再编选一些古人评论资料，陈贻焮先生作为顾问，负责给我审定。周先生那本，是赵齐平先生给他审定的。

我们编的这个上编和下编，出了几版以后就没有再出。在90年代我们用得比较多，上文学史课的同学基本是人手一册。后来我们考虑到本专业和外专业的区别，因为我们那时候给不同专业教文学史，有不同的层次。比如本专业要求读的作品多一点，外专业像文献、语言专业，他们课时少，就少读一点。还有我们也给外语系、历史系上文学史，所以本专业读的作品和外专业读的作品中间用星号隔开，即便是这样，这些作品也是不够的，只是上课用着方便而已。21世纪以来，文学史的基础课教学越来越个性化了，每个老师自己讲自己的文学史，大家觉得这个选本不一定适用于每个老师，所以后来资料简编基本上就搁置了。我跟周先生的《中国古代文学作品选注》是给电大上课用的教材，反而一直用到现在，而我们自己编的《中国文学史参考资料简编》已经不再印了。

你的问题主要是作品与文学史的关系，倒是问得比较到位。作品和文学史之间的关系，事实上是我们教研室 20 世纪八九十年代一直在讨论的一个问题，每次开会讨论来讨论去，始终拿不出一个理想的方案来。那时有所谓的一条龙和两条龙。一条龙就是把作品和文学史编在一起讲，两条龙就是作品一条龙，文学史一条龙，文学史课上作品讲得少一点或者简单一点，另外专开一门课讲作品选。这个问题从 80 年代一直争论到 90 年代，始终没有解决。我们在 80 年代初的时候，曾经实行过两条龙，用什么办法解决呢？学校规定的课时里主要讲文学史，然后晚上加两节课讲作品选。老先生都是晚上走夜路过来上课，当时老师基本都是住在校内。我记得有一次下着雪，陈先生来给我们讲唐诗，还在雪地里摔了一跤，那天正好讲到岑参的《白雪歌》，我印象特别深。这样古代文学史实际上就是一个礼拜上六节课，但是我觉得效果是真好。而且那个时候 77 级同学都非常用功，好多同学宿舍里贴满了写有诗歌的纸条，以便随时看着纸条背诗。

后来因为学时不停地改革，越来越淡化专业之间的差距，大概本专业改到一周四节课。我很久没有上基础课，不知道他们现在几节课时，可能是三节课时了，我觉得挺可惜的。我自己上基础课的时候，是尽可能把作品编织到文学史当中去讲的，讲法和专门讲作品也不一样，争取紧密配合文学史的观点，尽可能用比较简明的几句话把作品的好处说出来。我主要是讲魏晋南北朝和隋唐五代，但是我刚毕业的时候，给语言专业和文献专业讲过宋元明清文学史，也写过一套讲义。这就是我后来可以给林庚先生做助手的一个基础。当时的讲义都是靠自己一笔一笔写出来的，好大一摞，写得非常详细，我是把要讲的每句话都写出来。北大是很重视上课的，所以我们都是很认真的。

杨阿敏：您为什么会想到做一本《中国历代女子诗选》，女性作品的总体风貌同男性作者相比较，有何独特之处？如何评价其在文学史上的地位？

葛晓音：这本书其实是奉命之作。因为北京举办世界妇女大会，那时候学校里有民间的妇女学术组织，动员女学者为"世妇会"准备论文，又要求我编一本《历代女子诗选》。别小看这一本小书，编起来着实费工夫。因为我比较熟悉的是唐以前的诗歌，宋也还凑合，但是元明清就不熟了。那时候也没有《全明诗》这类总集，你得自己到图书馆里去海选，还要求有作家的小传。选明诗用得比较多的是钱谦益的《历朝诗集》，清代的集子要一本本去翻。那时也没有电子检索，所以很费时间。后来这本书也没什么影响。

从个人研究兴趣来说，我对女性的作品关注不是太多，除了这本小书以外，也是为了这次"世妇会"，写过一篇文章论唐代女性专权及其对诗歌的作用（《论初唐的女性专权及其对文学的影响》），讲武则天和上官婉儿女性专权时对初唐的诗歌有什么影响。女性作者和男性作者相比，数量太少了，到清代才比较多一点，总体说来

葛晓音教授

基本就是闺阁诗。像关注天下大事的，反映现实问题的作品，在女性诗里是很少看到的。到了清代，有的女子还真能写出一些有丈夫气概的东西，不过我不做清代的研究，所以这方面我关注不多。

从我大量翻阅的印象来看，女性的作品总体上比较温婉细腻，写自己的感情，角度跟男性不一样，从这方面来说，是有自己的独特之处。像蔡琰的《悲愤诗》当时没有人能写得出来，李清照也可以说是达到宋词的最高水平了，但这毕竟还是极少数。所以总体成就是不能和男性作家相比的，因为中国诗歌史基本上是男性主体构成的。正是因为这样，我不太关注所谓女性文学的研究，格局比较小，而且也比较单调，加上作品少，你很难评价她们在文学史上的地位。

杨阿敏：您曾写过一篇《漫谈中国古典文学的价值》，那是1992年对大学生说的，二十多年过去了，您如今对这个问题有新的思考和看法吗？

葛晓音：说句老实话，我都忘了这篇文章里写的是什么内容。只记得90年代的时候，回答最多的一个问题就是，读中文系有什么用？研究古典文学有什么用？当时的回答无非是"无用之用"。古典文学到底有什么价值，现在我觉得大家对这个问题已经是非常清楚了。我的认识其实没有什么变化。一是古典文学是中国古代文化遗产当中最重要的一部分，古代文学的遗产积累也是最丰厚的。从对人的影响来说，文学是感性的东西，它是潜移默化，直接影响到人的精神面貌、人的素质和心灵的，所以我觉得古代文学实际上可以说是构成我们民族的血脉和民族灵魂的基因。你如果是中国人，但凡读过书，有点知识文化，你说你能离开古典文学吗？即使出国，外国人看你像不像个中国人，也要看你懂不懂一点自己民族的传统文化。

　　我以前在几篇文章里谈过，我印象最深的是1990年到美国去给海外华人讲唐诗的经历。我在西海岸讲了14场，其中有两场是听众自发邀请我到他们家里去讲的。那个时候国内留学生在美国扎根的还很少，华人基本就是台湾地区的移民，听众都是一些成功人士，最起码是中产阶级了。记得有一次，伯克利加州大学东亚图书馆的馆长汤乃文邀请我到他家里去开沙龙，大概召集了十几个家庭60多个人，请我过去讲唐诗，从下午3点一直讲到晚上11点。我先讲一个题目，一两个小时讲完了，后面全是他们提问题，要我回答，气氛非常热烈，到夜里11点钟还不肯散。因为我坐车回去还有很远的路，需要将近两个小时，他们这才放我走。有一个美国高级工程师，可能是搞电气的，临别的时候，跟我说："你今天的讲课让我感觉到我是个中国人了。我到美国已经好多年了，我都不知道自己是什么人了。"他的这句话特别打动我，到现在还记得很清楚，这不就是古典文学的价值吗？它可以把所有的华人，不管你是在国内的还是国外的，所有天下的中华儿女联系在一起，因为大家都是从传统文化的根上生长出来的。所以我觉得有什么价值这个问题其实是不需要回答的。

二是可以从海外对待文化遗产的态度来反观国内。我在日本看到的现象有一点最触动我，就是日本人对自己学术文化的重视和崇拜。我觉得这种信仰确实值得我们当代的中国人学习。比如他们认为日本的著名诗人松尾芭蕉，相当于杜甫在中国的地位，凡是松尾芭蕉的出生地、住处，甚至于他走过的小路，附近都立着各种纪念的牌子，而且还有研讨会。最让我动心的是，民间自发组织的学术研讨会很常见。我曾见到松尾芭蕉小路附近有一座小房子，门口挂着研讨会的牌子，走进去看了看，有一群人在里面很认真地讨论，门口还有一块小黑板，从礼拜一到礼拜天，每天讨论什么题目都写得清清楚楚。我当时真是特别感动，这显然不是学者，而是家庭妇女或退休人士，或是有兴趣的各种读者，可见学术讨论在日本民间的普及程度。

1997年到1999年，我在日本东京大学当教授，住在公务员宿舍，地点在东京最边上的东久留米市。刚搬过去的时候，厨房里缺一个排风扇，我跑到市镇上找到一家小公司，一位水暖工开着一辆装满工具的破车过来帮我安装。在路上他问我到东京来干嘛，我跟他说我在东大教唐诗。他一听兴趣就来了，说他们镇子里每个星期六下午都有唐诗吟诵会，大家轮流表演，按照日本假名的注音来读唐诗，他还随口念了两首杨巨源的诗。我当时吃惊不小，你看我们中文系的学生有几个知道杨巨源的？杨巨源是中唐诗人，文学史里一般不提他。这件事让我太受震动了。

我记得还有一次访问韩国南部的朝鲜大学校，他们的校董接待我，跟我说，你是教唐诗的，我们这里有谁谁都是会读唐诗的，一一介绍给我。他们接待室墙上挂了好多书法作品，写的也都是唐诗。可见人家是以能读唐诗为荣的。那我们自己还有什么理由说古代文学没有价值呢?

日本人历史也很悠久,文化遗产也很多。拿我现在研究的日本雅乐和日本隋唐乐舞的关系来说,这是一个难度特别大的题目,如果没有日本人这么保护隋唐乐舞传过去的那些东西,那我们今天怎么有条件研究? 这是全世界汉学研究的一个热点,大家都说日本雅乐是"化石文化",就因为古代日本人对隋唐乐舞的原样是一点都不敢动的,就这么一招一式地传承下来,保护了上千年。乐谱、假面、道具、服装、乐器,包括每次演出的记录都特别完整地保存下来了,都当宝贝一样地藏着。我现在就靠着这些资料来研究隋唐乐舞。如果仅凭唐代史书上的那点零零碎碎的文字记载,你根本就不知道它原来的真面貌是什么样子的。所以关于古代文化遗产的价值问题,我觉得不需要讲太多的大道理,你看看人家是如何尊重我们的文化,我们自己还有什么可说的呢!

回看射雕处　千里暮云平

——陈洪教授访谈录

陈洪，南开大学"南开讲席教授"，国家级教学名师；原南开大学常务副校长，现任校学术委员会副主任、南开大学跨文化交流研究院院长；著作主要有《中国小说理论史》《金圣叹传》《四大名著导读》《亦侠亦盗说水浒》《西游新说十三讲》《红楼内外看稗田》《结缘：文学与宗教》《中国小说通史》《中国文学发展史》《中国文化导论》等。

杨阿敏：请谈谈您小时候的家庭生活情况，以及中小学的学习经历。

陈　洪：我 1948 年出生于天津，说句开玩笑的话，算是从旧社会过来的人。父母都是中学教师，小时候家里孩子多，我们兄弟姐妹五个，我父亲还特仗义，把他哥哥的一个孩子和姐姐的一个孩子都从山东接来上学，家里一共七个孩子。父母都很忙，其实没管过我的学业。要说影响总是有的，家里还是有一点文化气氛的，记得寒暑假父母拿报纸抄了诗词——买不起宣纸呀，贴在墙上。此外，家里还有两个书架，现在想想放的也就是些普通的文化读物，但对我的读书习惯还是影响不小的。

我上的小学和中学都是天津最好的学校，不是一般的好，是最好。小学现在不是特别出名，那时候很厉害，叫直隶第一模范小学，后来叫中营小学。新建的中营小学，校门纪念碑的碑文就是我写的。而且我又特别有幸碰到两个很厉害的老师。从小学一年级到四年级，我的班主任叫董玉华，教我班的数学，她后来做过这个小学的校长，又做过天津市教育局小教处的处长，可见她在这行里是 No.1。记得当时经常有观摩课，听课的人比学生还多，只好到礼堂去上。到了五、六年级，语文老师叫张淑英，是参加过全国劳模"群英会"的。张老师孤身一人，一到周末就把我们几个人叫到家里去，她自己出钱买作文纸，让我们在她家写作文，写完当场就改，中午就在她家随便弄点饭吃。

中营小学的图书馆比一般小学的要大一些，而且里面不完全是学生读物。管理的老师姓孙，可惜现在忘记他名字了，只记得是一位五十多岁的老师，矮矮的，胖胖的。好像是二年级，他到我们班代课，所谓代课就是替没来的老师看着学生。他抱来一大堆书，让大家随便拿着看去。我一会儿换一本，换到第三本时，他跟我急了，说："人家都老老实实在看书，你这孩子怎么回事？"我说："我看完了。""撒谎，你怎么看完了？""我真看完了。""你都看哪本了？"我说我看哪本哪本。"你讲给我听听。"我一讲，他说："你这小家伙看书这么快！"从那以后，学校图书馆的书我可以随便去拿回家看。

在小学实在很有幸，遇到这些优秀的老师，以至于我小学升初中考了双百分——连作文都是满分。毕业之后好多年，中营小学对学生进行教育，还总是举我做例子说："当年有个陈某人，他连作文都没丢一分，考了双百分。"为什么搞"百年纪念碑"要找我来写碑文呢？这也是一个原因。

后来我上了南开中学，当然这也是天津最好的学校。但是，初中阶段我们人生遇到一个很大的挫折。当时是所谓"困难时期"，而我父亲是过于方正的一个人，否则他不会去世。他当年在山东念书的时候考过会考第三名，而且身体特别好，练武术，打篮球。可是，那个时候越是身体好的人，饭量大，情况越坏。那时候要求国家干部不能上自由市场——自由市场叫"黑市"，不能去。他律己甚严，响应号召，绝对不去，吃不饱就浮肿了，挺厉害的。1961年，我祖父在山东去世了。父亲是个大孝子，寒暑假一年跑两趟，看望祖母。后来他得风寒感冒了，当地没有药，转院到烟台吧，汽车没汽油开不走。眼看着感冒转肺炎，彻底陷入了绝望。当时我是在场的，凄惨景象至今历历在目。

1964年我在南开继续读高中，到"文化大革命"前读到高二。说句夸口的话，各门课大考小考几乎没考过第二名。其实这挺奇怪的，因为我不是死读书的人。我写过一篇挺长的文章，发在《天津日报》，回忆当时南开中学的教育，后来在某一教育类杂志转载过。当时南开中学的教育观念真是超前。记得我们的数学老师基本不留课后作业，你能想象吗？现在小孩子都要"刷题"，期末就能刷上百套题。那时候教我班代数的是安同需老师，他强调预习，上课时针对预习时的困惑讲，十几分钟就讲完了，弄两三道例题让学生上去做，完了再给你点拨一下，这类问题注意什么，然后照样再做一两道题，下课。这个老师很有名的，赵启正、温家宝他都教过。他本身是学校的教导主任，就担负我们一个班的课。

我们班当时是天津市的一个试点，天津市的教育工委书记叫王金鼎就在我们班蹲点。当时提出要试验缩短学制，找了四个人，让我们一边跟着班读，一边自己提前去自学高三的课程，争取两年考大学。当时学校组织学生搞讲座，讲运筹学，就是我们四个联名去讲。

下午4点以后，教室里不准有人，全到操场进行体育活动或参加兴趣社团。当时学校有60多个社团。你说一个中学能有什么社团？你都想不到，航海多项队、摩托车队、摄影社、波波夫电讯社、话剧队、京剧社，等等。上这两年高中，晚上没有超过九点睡觉的。所以基础教育能不能搞好，绝对不是靠量，靠刷题，靠压出来的，关键是师资要好，要讲授得法。

你说这样学，效果怎么样？我说一个夸口的事情。我1968年下乡到1978年，在农村10年。1977年恢复高考时，我一个内侄、一个内侄女都没正经上过高中，数理化全是我从头给讲的，结果俩人全考上了。我是跨过本科，直接考取的研究生。我同年级的，后来出了两个院士，一个化学，一个数学。

很有幸，当时也是赶上了一批好老师。我说的安同需很厉害，他是最突出的。那时南开中学特强调教师的业务水准，作为学生都知道学校安排"老带新"，某某是学校培养的业务尖子什么的。记得还有一个孙养林老师，业务也很厉害。到后来我干教师这行，好多东西都跟当初他的影响有关。他是教生物的。当时有个"七三指示"，说"学生负担太重，建议从总量中砍掉三分之一"，于是所有副科全不考试了。学校排课，就把这些副科都排到上午第四节或者下午第一节——学生正犯困，爱听不听。高中的生物课很枯燥，讲什么摩尔根、孟德尔、魏斯曼这些理论性比较强的东西。人家老先生讲这课，竟然能讲得一个打盹的学生都没有，还绝对不是哗众取宠。他有很多授课方法，非常讲究。我现在还能想到他当年上课的那种风度。

不能一一列举，当时的南开中学有一大批这样的优秀教师，他们的言传身教，对学生一生的成长都是有很大好处的。

我刚才说自己有点夸口，但实情真的是这样。现在想想，考试成绩高点低点其实没多大关系。考试成绩好，其实是方法、效率的关系。但是方法和效率你很难说出是哪几条，而且说出几条来给别人，可能就不太灵了。"运用之妙，存乎一心"，真正有用的，是要有方法意识、效率意识，再加上问题意识。

记得那位安老师，他留假期作业，与众不同："你们去到天津'五大道'地区（即过去租界地）溜达两天，观察、总结不同租界地建筑的风格、样式的特点。"这是数学老师留的假期作业，多厉害！说实在的，搁到现在，这种教育观念和全世界比都不逊色。然后，他还提倡多读书。那次"运筹学"讲座，就是他指导我们几个人课外读了一点东西。所以读书能力、求知欲望，很多是当时南开中学培养的。记得上高一的时候，有一阵迷上哲学书了，那时候课程根本没有这东西。开始是读艾思奇的《辩证唯物主义纲要》，看不进去，就硬着头皮看，非得看懂它。等全看完了，好像感觉自己比周围人聪明了一大块，那种感觉特别好。我们几个要好的同学跑到水上公园后面，现在动物园那边，躺在山坡上晒着太阳，思考宇宙和人生的大道理。这种读书、思考的习惯，一辈子受益。袁枚讲："双眼曾经秋水洗，一生不受古人欺。"自觉"学而思"的习惯，是南开中学对我最大的恩惠。

杨阿敏：下乡十年，您是如何度过的？请谈谈这段经历。

陈　洪：我下乡在农村整十年，很有趣，从出发到回天津读研究生报到，整整十年，一天都不差。下乡走的时候，是 1968 年 10 月，"文化大革命"还正热闹。走的时候想带些书，可当时有价值的书几乎没地儿找去。十年中，这方面总碰见贵人。第一个贵人是谁呢？所谓"胡风集团"的一个骨干叫鲁藜，他是前几年去世的王海容的亲姑父。他的一个儿子王为群比我低一年级，但我们关系很铁。鲁藜的书当年还在，我就到他家去借，借一批，都给人家包上皮儿，然后还给人家后再去借。后来，我在当地认识了一个管图书馆的老太太。图书馆早封了，书架上全都是蜘蛛网。老太太说："你想看书还不好办吗？反正谁都不来，你随便看吧。"十年，每天晚上一灯如豆，很认真地看，连《政治经济学批判》之类的，看了都是有笔记的。当时，像南开这样的学校，还是有几个肯读书的。有人不下乡，自己跑到上海，住在郊区，用两年功夫啃《资本论》，还写信给我谈心得，你能想象吗？还有两位，办一小报，叫《这一代》，大家互相交流读书的心得体会——但是绝对没有跟风的玩意儿，油印出来寄给几个说得来的同学。当时可能也算个有点危险的事了。坚持了多长时间，记不清了。

当时读书挺杂，能找到又觉得有益的各种各样的书都想翻翻，自己在心里很夸张地说"一事不知，儒者之耻""于书渐有无所不窥之势"。现在看，真是太狂妄了。记得到了夏天农闲的时候，拿着普及天文学的书，用电筒照着对比天上去看星图，大熊星座、小熊星座，或是天狼星、织女星，都在哪儿。还有实用性、功利性的书籍，

"急用先学"。村里缺一个剪苹果树的技师，到外村去请太贵，我就找两本书看看，在别人剪的时候偷着瞄两眼，然后就自己去剪，剪完了比他也差不到哪儿去，给村里省了钱。村里医疗所一个土大夫，品行不好，最主要是贪，民愤太大，不让他干了。让我来干。那个人技术不错，我要干不能比他差。接了这个活，我通过各种渠道找书，背几百味中药的药理药性，自己编汤头歌诀。自己编的，跟现成的不一样，编过忘不了。我找来一套《医宗金鉴》，线装的，很厚一函。还有针灸大全、电针学等各种书。我自己还弄了一台电脉冲的仪器，自己能够得着的地方全针一针找感觉。两三个月以后，这个村里就数不着那个人了。记得有一件特别好玩的事，农活不太忙的时候，大伙在场边晒太阳，不知怎么就说起药方子来了。当时就说到生地和熟地，说熟地补血，妇科常用，当归、熟地嘛；又说起生地的药性，一个人说生地凉血，我说凉血兼有补血的作用。他当时就哈哈地笑："你看，老弟你还是不行吧。你没经验，这是凉血，那是补血。"我说："大伙都别走，我拿书来看。"一看，他傻了，确实凉血为主，兼有补血功能。从那以后，他再不跟我较真儿了。

当时刚刚有电针这东西，我请哥哥帮着装了一台脉冲电针仪，疗效立刻提高许多倍。对农村常见的胳膊疼、腿疼、头疼、胃疼，甚至所谓的"吊线风"，就是面神经麻痹，确实都有非常好的效果。我也就成了当地一个小名医，有十里八村的人来找我治病。有过很成功的时候，现在想起来还是很得意。我们旁边那村一个叫王镇恒的老头，被他儿子拿车推着来了。其实就是原发性坐骨神经疼，估计是受凉所致。我给他扎了 11 次，好了。老头挑着担来给我送礼，我说："你拿走，你能挑着担来，这就是最好的礼物！"当然没治好的也有不少，最遗憾的一个事就是我们后村有一个婴儿瘫，他家里穷，孩子又多，根本就不管他，是别人跟我说起来了，说："你试一试，你这个电针刺激性那么强，说不定有效。"我就给这个小孩扎，十来岁的小男孩，扎了大概十次八次，他能扶着墙站起来了。可惜后来我选调到县城工作去了，县城离我那儿60里，他的家人也不拿这当事儿，就不可能再给他扎了。听说后来他又坐那儿起不来了，想想非常遗憾。

杨阿敏：您好像没有上过大学，直接就考上了南开大学的研究生，这是为什么？

陈　洪：等到恢复高考，我一开始的时候也没想考研究生。因为念中学时，我是理科更好。所以一开始恢复高考，我报名的时候就填了清华。我觉得我要是考不上，谁都考不上。当时我已经在县一中教书了。等到发准考证的时候发现没有我的，原来是教育局局长说："以前对这人重视不够，既然有这么个人物，是骨干教师，不能让他走了。"就把我名字抹掉了。我当时怒火三千丈，差点去跟他拼了这条小老命了。但是走在路上一想，不行，让他知道我不好惹就行了。所以到那儿先跟他吵了一通，然后再说"你瞧得起我，我也很感谢"。过了三个月，研究生开始招生。我一看，这个也可以考。当时觉得有四个专业都可以试试，一点不夸大。第一个，我觉得我可以考中国史，因为中国历史我看了好多。第二，我觉得可以考中医，因为我系统读过当时广州中医学院的教材，再加上自己看过《医宗金鉴》《濒湖脉学》等。第三个，我觉得可以考佛学。其实，我那时候佛学书看得并不多，但是我想别人看得更少。记得当时是任继愈招佛学。为什么最后考的这个？因为我想回天津。南开大学当时招中国文学批评史。其实要是有中国古代文学，我就会报古代文学的。文学批评算是友邻学科。报了文学批评史，有些东西就得突击了，比如《文心雕龙》，你原来顶多看过一两篇，你要报这个你就得从头再来。我一报名，县教育局有一姓刘的老师，跟我们关系挺好，告诉说："你这一报，局长说'这家伙疯了。上次他报的理工科，这会儿怎么报这么一个东西？他想批评谁啊？怎么回事？'"当时我正教着县一中高一两个班的数学。局长说："让他考一把，考不上他就死心了。"就这样，他没拦我。

当时初试是在当地，我们县里一共有七个人考，最后考上俩。有一个是考吉大的中国史，叫李横眉，已经去世了。他当初是烟台师院毕业的，是我那个中学的教导主任。结果等初试一考完了，他们就告诉局长说："坏了，姓陈这家伙这回能走。""怎么能？"他们虽然不明白，但是我每次都交卷特别快，三个小时的考试时间，我一个多小时就答完了。监考老师一看满满当当，还挺整齐的。局长就把我找去了："真不知道弄半天你不光能教数学，你这个批评人也还挺好。咱们在山坡上正盖教师宿舍，你别走了，给你两间房子。"我说："局长，上次我就说了，你瞧得起我，我特谢你。这次如果你再拦我，咱们可就撕破脸了。"我就从教育局往回走，我们中学在一个小半山坡上，刚走到山脚，校长在那里等着了："老陈，以前不知道你还能教语文。正好毕业班缺一个语文把关教师，再给你加个活儿吧。"这就是那个局长让我没时间念书参加复试。

好吧，加就加。白天我全都对付学校里的事，不能把学生高考给耽误了。早晨天不亮，四点多钟起来干自己的。那时候我租了一间民房，早晨起来坐在窗台上看书，脚底下是人家老乡的猪圈，两头猪在那儿哼哼叫。当时就是年轻，一天就睡三四个小时。三个月以后，到天津复试。复试在主楼，结束后从屋里一出来，立刻感觉脑子空了，觉得整个大脑贴到头盖骨上去了，这是很奇怪的感觉，这一辈子只有那么一次。我立刻坐到主楼前面的台阶上，坐了好一会。有一个推着自行车卖冰棍的，叫"奶油冰棍儿！"，把我这魂叫回来了。其实就是前面这三四个月疲劳加紧张弄的。结果，我又以学号78001号被录取了（我在高中就是一号）。

我爱人孙老师那时候刚从内蒙古调到县城文化馆。文化馆里有一个姓李的，看我录取了跟我说："当初我问你，你说过要取一个就是你。我们都觉得你太狂妄了，你怎么敢说这话？"我说："很简单。前面'文化大革命'这十年，我不相信有人能像我这样坚持认真地读书，一直坚持十年。我相信我又不比别人更傻，所以我说'取一个就是我'。"

现在的研究生教育，包括博士生教育，很多人知识面太窄——"坐不读书耳"。有些人常说海外的学者如何如何，港台的学者如何如何。其实不是他们多厉害，是你自己读书太少。有一回去名古屋大学，日本同行开始很傲慢，聊一会儿态度就变了，"行家伸伸手，就知有没有"。还有一回去水原大学，一个姓朴的教授，开始一段一段地给我背《论语》，感觉他见过的中国同行都不行似的。过不一会儿，就前倨后恭了。说这些，就是强调学者一定要多读书，千万不能画地为牢。

与导师王达津先生

叶嘉莹先生特别欢迎我去聊天，说："陈先生要来，哪一方面的事我都可以问他。"保持读书的兴趣是个很好的习惯、触类旁通。当然你自己得有你的专业，专业一定要做到专精，否则你就是游谈无根。但是你要想做到专精，跟学问地基的宽和厚是有很大关系的，眼界会不一样。

杨阿敏：研究生阶段，您师从王达津先生攻读"中国文学批评史"专业，王先生是如何指导您读书治学的？请谈谈您对王先生的认识。

陈　洪：王先生是一个很特殊的人。跟王先生读书没挨过他骂的人很少，他经常把人骂到痛不欲生。我毕业留校后，有一天晚上师弟到我这来，说不行了，被老师骂得太惨了，坚持不下来了。我就抚慰他们说："放心吧，王先生有一个好处，到最后的关头，他会爱护你，肯定会让你们顺利毕业，现在骂点你们就受住吧。"没挨过他骂的，罗宗强先生我不知道——罗先生是我大师兄，后来的没挨过骂的就是我和肖占鹏。

王先生是个比较有个性、有脾气的人。他极聪明，从不做卡片，也不写笔记，当时在学者里绝对是个另类。他就是脑子好，加上家学渊源。你要问哪个典故哪段事，"在哪儿，我找你看看"，他都能八九不离十。我们当时一块儿录取了4个人，那哥仨原来都是南开大学中文系的老学生，只有我是土豹子，岁数也最小。可是课上只有我能够和王先生讨论或者争辩几句，而最后他就留下了我。所以我很感念他，这是老一辈学人的境界。除了博闻强记之外，王先生很诙谐，很幽默，这都是王先生的好处。

当时初试的时候，报了89个，说招两个。复试来了6个。其中一个说是北大林庚的学生，大我六岁。剩下那几个都是本校的。原来说取俩，后来成绩排在最后的一位政治条件比较好，是党员，而且当时已经是本校党总支的文书。结果取了四个，有三个是原来南开本校毕业的，只有我不是。但王先生最后就把我留下了。

当时带研究生，不像现在一门课一门课地上。记得有一位张先生，跟我们王先生都是老西南联大的。张先生教文艺学，某个学期就是通读《马克思全集》《列宁全集》，这一学期课就算上完了。王先生有一次布置作业，这学期通读《全唐文》。《全唐文》那时候只有线装书，在图书馆书架上得有一面墙大。我整读了三个月，开门就进去，闭馆才出来，记了很厚一摞笔记。我们那几个师兄弟读了几天都不想读了，看我还在坚持，就把我那笔记借去，从这儿抄抄，从那儿抄抄。这样教学当然不很好，但是它有另一面，就是逼你养成一种学古典的习惯：穷尽文献。等我把《全唐文》全读完了，我的感觉就是谁再跟我说唐代的文学和文化，你别唬我，你肯定没像我下这么大功夫。而且，我发现了不少可以做的题目。

其实，研一的时候，我想做《文镜秘府论》的研究，就是与通读《全唐文》有关。但是那时候不像现在，当时关于《文镜秘府论》的研究成果主要就是日本学者小西甚一的。正好我认识一个日本朋友，我说你给我打听打听能不能买到小西甚一的这本书。后来他告诉我说当初印得很少，现在好不容易在一旧书店发现了一本，折合人民币得好几百块钱。我当时一个月才挣不到40块钱。我只好说算了，这《文镜秘府论》研究不了了。后来我就想研究皎然的《诗式》，还有权德舆，都动过心思，都是因为看《全唐文》。再后来由于其他的原因才转到搞明清了。

王老先生很聪明，很机敏。我初试时在古代文学卷子上专门写了两行字："吾有利锥，未得其囊。"是用冯谖的那段典故，说我其实是一把很锐利的锥子，只是一直没被装到口袋里，否则早出来了！这件事，后来老先生说他很有印象，丝毫没有责怪我的狂妄。

王先生在南开也不是很得意。因为"文化大革命"前南开的学术风格相对是比较保守的——我说这话要得罪人了，当时的系主任是一位大名人，特别强调教学，这当然是好事。但强调到什么程度呢？据说，课前他会检查教师风纪扣系没系。王先生有科研能力，爱写文章发表，在《光明日报》或者在哪儿，那时候被认为不务正业。所以你去看看南开"文化大革命"前的这些教授，有几个人有论文、有著作的？很少。到后来换了茬儿了，学术风格才不一样。王先生就是这样一个人，很聪明，读书很多，思想很活跃，旧学有功底。

　　杨阿敏：您的硕士论文题目是《金圣叹小说理论研究》，后来还写作了《金圣叹传》，当初为什么选择研究金圣叹，您是如何理解与评价金圣叹的？

　　陈　洪：导师并不做小说研究。当时鲁德才先生是教研室主任，他是做小说的。国内对小说理论批评的系统研究是从 70 年代末才逐渐有人做。鲁先生去开了一个这方面的会，回来到我们宿舍聊天，说起南方谁谁开始做这方面，你们要现在开始做，至少跟他是同步的，建议你们做这个。我们征求了导师意见，我就跟师兄黄菊仲一起做小说理论史，一人做一半，将来合起来就是一本书。后来收缩战线，毕业论文就缩到金圣叹一个人了。

　　当然，金圣叹本身确实很值得做。学界对金圣叹的估价现在仍然不足。80 年代初，金圣叹问题曾经一度争议很大，是一个大学术热点。当时湖北大学有一位学者张国光，写了一系列的文章鼓吹金圣叹，招来了更多的文章贬低。张国光非常有个性，当时感觉他就像是金圣叹的代理人一样，但他主要兴奋点是"两种《水浒》，两个宋江"，对金圣叹的思想理论关注反而不太多。

　　金圣叹其实是非常有特点的一个人，他的理论观点中，相当多的内容是超出他那个年代的，和现代的很多文艺学的命题有相通的地方。比如说西方的"接受美学"，其实金圣叹在《西厢记》评点中已经把这方面道理说得相当透彻了；又如限制性叙事，金圣叹之前没有人说过；还有文本的开放性——文本在传播过程中是一种开放的东西，会不断层累地增加，金圣叹也独具慧眼，看到并指出了。张国光在这些方面没有进行很好的理论性研究，但是他的基本主张，认为在中国文学批评史上最了不起的，前面是刘勰，后面是金圣叹，我觉得还是很正确的。正统的诗文理论方面，刘勰成就最高；通俗性的小说戏剧批评，金圣叹成就最高。而且金圣叹的实际影响力也很大，在文化史上的意义其实也很大。

杨阿敏：这么多年来，您也指导了不少硕、博士研究生，在这方面您是怎么做的，有什么心得和方法？

陈　洪：首先说说中国的博士生培养制度本身的问题。第一，咱们国家规定的学制太短。在国外，想拿一个文科的博士，没有说三年就行的，除非你是个超级天才。不是都可以延长吗？问题是国家不拨款，延长了连住宿都没法保证。而且一延长，超出标准学制，将来找工作又是问题。实际上，应该把研究生的课程作为论文写作的资格，和论文的写作适当地分离，可能会比较好。课程全通过了，有了资格了，你自己去写，两年写出来也行，五年写出来也可以，在这期间你去工作也可以。我觉得这样可能会更好一些，既可以保证质量，又减轻国家负担。

第二，就是强调研究生在校期间必须要发表论文，这个事误国误民，害人匪浅。这事是从哪来的？在20世纪90年代，开始注重学校和学科排名的时候，南方某大学先玩了这么一手，强调自己的学生必须要在刊物上发表两篇文章。干吗呢？一统计学校的论文数量，它就排到前面去了。别的学校也不傻，你会玩，我也会玩，这就蔓延开了。当时，南开抵制最厉害的是我和历史系主任朱凤瀚，朱凤瀚现在在北大，原来曾到中国国家博物馆做馆长。每次开有关的会，就我们俩坚决抵制这件事。我们举好多例子，指出学制本来就短，学生需要大量读书、思考、讨论。急着发东西，过去认为是当学生的大忌，太急功近利了！其实教育法、学位法，哪儿有这一条啊？蔓延开之后，想一想全国一共才有多少刊物，每一个学生就要发两篇以上，再加上教师、研究人员的量化考核，怎么能发得过来——且不论发出来有多大意义！可是不发的话，这人生就有问题了，饭碗就没了，这不是"逼良为娼"吗？你上网看看，有多少干这行的：你交给我多少钱，我保证给你发一个什么论文。然后，刊物本身也腐败了，寻租啊。这种大量的论文制造、堆积，也造成学术的泡沫和腐败。过去那些老教授，多数一辈子可能就是三两篇文章，一辈子可能只有一本书，也可能还没有一本书。但是他教课很认真，他述而不作，把文化认真传递下来，我觉得比堆积数量好得多。

　　现在这种做法，很大程度上是受国外影响。其实，国外的学校和学科排名当初是怎么来的？那是美国一个刊物办不下去，弄这个试试，一弄就成了风气。成了风气最大的问题在哪？一个就是重量化，轻质量，然后成为一种价值的导向。轻教学，轻视人的培养，对人文学科戕害最深，把教师所有的工作都跟生产队记工分一样，使你整个精神世界扭曲得不得了。又加上社会上不良的学术风气，在哪个级别的刊物上发过几篇东西，成了大学教师、学生的生命线，于是这些刊物就成了一个寻租的对象。大家心里都明白，你给它定成什么级了？顶尖还是核心？好了，它就有相应的价码了。从编辑到责编，我也不说具体哪个刊物了，我还是那刊物的编委。我有个学生论文确实写得挺好，我就推荐给他了。这个主编一看说挺好，就答应给发，但是就拖着不给发，谁也不知道是什么原因。到最后我都跟他翻脸了，我说："你不能发，你早说话，没关系，刊物都有可发可不发的权力。"唉，大家都是朋友，具体的我也不往下说了。

现在高校普遍的一个问题，就是教师在教学上投入严重不足。为什么严重不足？因为我们的聘任制度问题。我聘你到我这儿来，我看什么？看你哪级刊物有几篇文章。你有五篇文章，好了，特殊人才，我年薪给你40万。你到这儿来上不上课，是否好好上课，上哪几门课，没多大关系。这个得从根上扭过来。怎么能扭过来？很简单。我是学校，聘你来，是因为这两门课没有人上。根据你的经历，我认为你可能能上，你给我试讲，我认为行了，你就来上这两门课。两门课上好了，同行认可，学生评价认可，我去续聘你。当然，审定你的资格和续聘你的时候，我会看你的学术水平。学术水平肯定和你有没有什么研究成果是有关系。但是我聘你，你来给我干这个活儿，是要来从事教学工作，这是个基础。上级部门衡量一个学校，学校衡量一个学院，学院衡量一个教师，不再以那些数量为基础，而在于他在教学中间所承担的东西。这首先是对学生负责，其次是对家长负责，再其次是对社会负责，而不是对那些评估的数据负责。

现在研究生的课都要确定课时、确定教室，一次讲三个小时，这符合不符合这个层面教育的内在规律？尤其博士生，书院那种师弟切磋，喝着茶，广泛地讨论，是不是更好一些？或者，多种形式，灵活安排，会不会更好一点？完全把工科思维，类似工匠、车间管理的方式引到高级人才培养中，可能有些简单化了。

汉武帝时，抗击匈奴有两个名将，一个李广，一个程不识。程不识治军严正，纪律性特别强，规矩特别多，军队到哪儿安营扎寨，得分多少个区，帐篷怎么扎，得几道绳子，门朝哪头，哨兵派多少个，口令怎么弄，等等，非常严谨。李广就比较松散：我就相信我手下这八个部将，这八个部将各有所长，他们又相信底下的十六个分队长。行了，我提一个最基本要求，你们哥几个自己干起来。匈奴看到程不识的军队不敢犯，因为他非常严格；看见李广"亦不敢犯"，为什么？看着好像很松散，但它内里的战斗力和潜在的创造性是很厉害的。我想培养研究生应该介乎二者之间，有基本的规矩，还要有自由的空间。

陈洪教授

杨阿敏：您如何看待古代文学的价值和现实意义？

陈　洪：首先说文学是什么？人们为什么会需要文学？为什么各个民族不约而同地都会有文学？若干年前，我到中国佛教协会给和尚、居士讲《法华经》。讲完之后互动，站起来的第一个人就质疑："我对佛教了解得很多，接触很多，我认为释迦牟尼是有人类以来最大的骗子，最大的大忽悠。"我怎么回答啊？底下和尚都怒发冲冠（虽然和尚没头发），我讲完了和尚们满意了，他也同意，但我不是和稀泥，我说了这么一套，和你今天的问题也相关：

人来到这个世界上，最大的一个局限就是向死而生。于是就来了一个问题：你基本价值的支撑点在哪儿？我从哪里来，我到哪里去，忙忙碌碌，最后一闭眼，往那炉子里一躺，化成一缕青烟了。那现在，我辛苦忙碌，为谁辛苦为谁甜？我现在的各种喜怒哀乐，那么当真干嘛？这些困惑心理，需要有个支撑点。这个支撑点是经验不能给你的，任何人的经验都给不了你。因为它是彼岸，彼岸就是你永远达不到的地方。可是这个问题如果不解决，傻人没关系，稍微有点聪明的人，他的心就在半空里悬着了。他需要一个支撑点，最基本的支撑点是个假设都没关系，他就踏实了。所以佛教最基本的一句话叫"了生死大事"，就是把这件事给你一种说法，这个说法让你心安。禅宗很有名的一个典故："请老师为我安心""将心来，与汝安"，安心是什么？求得安心法，就是给你悬在半空的这个东西一个支点，让你相对比较踏实地生存着，这是第一点。

第二点，宗教主要就是彼岸的东西，彼岸的东西就是我们达不到的东西，是带有神秘感的东西。这些东西，我们怎么知道它是或者不是呢？有一点很重要，叫"说有易说无难"。你要说有很容易，看到这个茶杯就知道这是个啥。说无很难。"这世界上没有一只五条腿的兔子"，你要说这句话，实际你要想证伪太难了，你得把全世界所有有可能有兔子的地方都去找一遍，看到了，才能说。所以否定一件事不要太轻易，更何况今天我们知道我们的知识所能达到的，在宇宙范围内不过百分之四多一点而已。我们过去说物质不灭，我们说能量守恒，现在我们知道宇宙里有暗物质，有反物质。能量也是同样，能量在很多最高级的实验里出现不守恒。这说明什么？说明我们有很多不知道的东西，不要轻易地下结论。

第三点，文化是多元的。人类的生存条件不一样，人的精神世界也不一样，相互之间要有一种理解的尊重。你可以不同意他，但是不要轻易地恶语相向，这样是不对的。

那个质疑的人是干嘛的？专门做佛像的。他从庙里头挣了大量的钱，但是他觉得你们这些傻乎乎在那儿磕头，可是佛像都是他捏出来的。听了我这一番话，他没话说了，和尚们也觉得我说得很对。

为什么提这一段？因为道理是一样的。我们要从根本的地方，从更高的层面来考虑这些问题。为什么都会有文学呢？我想至少是有两个方面的原因。一方面，人类有比较丰富、复杂的情感，它需要有一种很好的艺术而又便捷的方式表达出来。另一方面，人类有别于动物的重要方面，是他有一套复杂的话语体系。这个话语体系可以很质朴地体现出来，就是纯应用的，也可以把它很巧妙地体现出来。但要体现出你的个性，体现出你的睿智，所以就有了一种对语言进行艺术加工的内驱力。人类这两方面的基本需求合起来，就产生了文学。古代有文学，现代也有，这个基本道理是一样的。古代的文学它不同于古代的政治、古代的经济。古代政治，汉朝过去了，唐朝过去了，就是过去了，除了几本历史书的白纸黑字，那些事"如春梦了无痕"。但李白的诗、曹雪芹的小说，今天读起来，它还是诗，还是小说，鲜活的生命力依然存在。

同时，古代文学还以活生生的方式承载着我们这个民族的精神气质、思想情感，承载着历史上很多了不起的人当时心灵的微妙感受。我们今天读了，就好像面对面认识了这些人。很可能我们心里早就有类似的感受、冲动，我们说不出来，一看他说了，说得这么巧妙，一下子就"量子纠缠"了，"于我心有戚戚焉"。那种感觉就像遇到了一个知己一样美妙。

所以，就像说我们今天需要现当代文学一样，同样需要古代文学，在这点上丝毫没有问题。更何况，古代文学本身经过了几千年的淘洗、锤炼，留下来的比我们几十年攒下来的东西，它的内涵更丰富、更耐读一些。

人是需要有精神生活的，人是需要有人格有气质的，这些东西都跟文化修养分不开。所谓"腹有诗书气自华"，文化修养的一个很重要的方面，就是古代文学。如果一个民族，只考虑当下的功利，甚至就是认钱，那这个民族离最后的衰亡也就不远了。

求学之路漫谈

——邓小军教授访谈录

邓小军，1951 年生，首都师范大学文学院教授、博士生导师。著有《唐代文学的文化精神》《儒家思想与民主思想的逻辑结合》《诗史释证》《古诗考释》《古宫词一百二十首集唐笺证》《董小宛入清宫与顺治出家考》等。

杨阿敏：请谈谈您小时候的家庭生活情况。

邓小军：我父亲魏尧西，是 1917 年出生的，四川邛崃人。父亲是农家子弟。祖父是农村人，后来有点钱，就在邛崃县城开了家餐馆。我老家，就是祖父的老家，在邛崃县城，现在作为古迹保护，其实不大，就一个小半院，也就一排房子、一个天井。但它是古迹，关键就是梁上、窗户上有文字。祖父以魏了翁为祖师，为宗主，崇拜宋明理学，他经常做善事，被称为魏善人。我没有见过祖父和外祖父一代人。我从小跟我父亲分散。

父亲从小就很聪明，从小写诗，20 多岁的时候，认识了当时因为抗战避居邛崃附近夹江、青神、眉山的商衍鎏。商衍鎏《同尧西晓发眉山并和其原韵》云："乘兴高吟上驿程，才华喜见马长卿。推敲一字诗心细，扫荡千军笔力横。"父亲立志做学者，他不满足于做一个诗人，旧时代，诗人多，学者少。他觉得学者宝贵，结交了很多学者，像任二北、缪钺。他 29 岁在当时威望很高的《东方》杂志上发表了《邛窑》这篇考古论文，至今仍是中国陶瓷研究史上有地位的一篇论文。邛窑是著名的瓷器生产地。杜甫称赞大邑的瓷碗"大邑烧瓷轻且坚，叩如哀玉锦城传"，就像叩击玉器那样的声音悦耳，那样的薄，那样的轻，而又坚固。唐代大邑县属于邛州（今邛崃），大邑瓷多白色，邛窑则以青、绿、紫、黄釉和彩绘瓷为主。

1949 年，父亲在商务印书馆——我都看到过校样，商务印书馆已经排出来了——将要出版《李清照年谱》，后来中断了，因为解放，这个事情停止了。1954 年 11 月 7 日，他在《光明日报》发表半版的《宋代的鼓子词》。50 年代前期，他在《舞蹈学习资料》《舞蹈丛刊》上面发表了一系列关于宋代音乐舞蹈的论文。

后来北京的刊物不再发他的文章，说："你们学校党支部来信，不要发。"他跑去找党支部书记，说："我的历史问题和学术问题是两码事。"因而得罪了人。1958 年，父亲出事，主要是因为他自己的历史问题，在《光明日报》《舞蹈丛刊》等发表论文也遭忌。1981 年平反的时候，发现档案材料说不予戴上历史反革命帽子，不够戴帽子，照戴帽子办。

我母亲邓佐平，是 1919 年出生的，四川安岳人。母亲家成分是贫民，外祖父是个裁缝，家里非常贫苦，安岳那个地方也很穷困。母亲读的是教会学校，是免费的，从小学到中学，读一段，教一段教会学校的书，比如说教会小学等等，然后再读书。后来她大学念的国立女子师范学院，是公费的。她读完书年龄也比较大，结婚时已 30 岁出头。在国立女师院念书，她的一位同学是后来我的博士导师霍松林老师的夫人——师母胡主佑老师。我的硕士导师宛敏灏老师，那时也在国立女师院任教。

国立女子师范学院在重庆黄桷坪（1946 年以后）。解放以后，它和重庆的四川省立教育学院、相辉学院（卢作孚创办、于右任任董事长）、勉仁文学院（梁漱溟创办）合并，改为西南师范学院（1950年），也就是后来的西南师范大学（1985 年）、今天的西南大学（与西南农业大学合并，2005 年），在重庆北碚。

我出生于 1951 年 1 月 30 日，当时父母在成都教中学，我出生不久他们就到了大邑县文彩中学教书，后来又到了新都县师范学校。

我是在 1958 年上小学，就是在新都师范附小。1959 年，父亲因为历史问题，回到了他的原籍邛崃乡下。我母亲为了我们两兄弟（我还有一个弟弟）的前途将来不受影响，就和父亲离婚了。从 1959 年父母离婚到 1981 年父母复婚前，22 年，母亲一个人抚养我们两弟兄长大。1963 年，母亲从新都师范调到了新都县的新繁中学（新都二中）教书，我们一家就到了新繁。我的初小是在新都上的，高小是在新繁上的。1964 年，我高小毕业以后，因为家庭问题，尽管父母离婚了，还是没能够考上中学。

1959 年父母离婚以后，我就从母亲姓改姓邓。1981 年父母破镜重圆之后，我已经上大学了，因为年龄已经大了，也就没有再改回来姓魏。

杨阿敏：您作为知青下乡插队多久，当时念完了中学吗？

邓小军：我在小学毕业第二年，即 1965 年考上了新繁民办中学。我是初中六八届的学生，本来应该是六七届，但是没被录取，耽误一年。读了一年的书，就遇上"文化大革命"。"文化大革命"过了一段的时候，全国各届毕业生响应毛主席的号召，到农村去，下乡安家落户。我和我弟弟是1969年1月下乡到四川新都县新农公社——也就是新农乡——八大队五队，我在那里待了七个年头，从1969年1月到1975年夏天。1975年，我被招工调到城里当工人，因为当时有一个政策，就是照顾父母身边无人。我弟弟那个时候已经在彭州当工人了，我母亲就身边无人，适合这个政策。所以我在当了知青六年半以后，就被调到新都县新繁镇的运输社（新都第二运输社）当工人，在那里干了三年，直到1978年考上大学。我不是做装卸工，是柴油机三轮车驾驶员，跑运输。我的知青和工人的生涯一共是整整十年，也就是"文化大革命"十年。

1969年下乡，我所在的生产队离新繁镇有四里地。我下乡的时候还没满18岁，当时非常艰苦。刚下乡的时候，干的是给油菜苗浇粪水的工作，挑一担粪桶，那是百十斤重的，肩膀肿成一个馒头。后来除了技术含量最高的育苗这类活，所有的农活我都能轻松胜任，毫无问题。比如栽秧、打谷子，甚至挑箩筐，担一百好几十斤的谷子上晒坝、碾子，这些我都没问题。还有割麦子、打麦子，担麦子那也是很沉的。

生产队有100多亩田地，100多号人，二三十户人家，平均一人有一亩多田，绝大部分是水田，都是良田，没有冬水田。有极少数小块的台地，叫作旱地，那是分给这些各家各户的自留地，用来种菜。这些田地是一年两季，冬春大面积是小麦和油菜，其余是苕菜，作饲料和肥料。在五月小麦和油菜收起来之后，同时在五月之内，就要把全部一百多亩田插上稻秧，旱地已种上玉米、红苕。所以到了秋收的时候，普遍是收稻谷。田是非常肥沃的，黑土，都江堰自流灌溉。

　　尽管如此，那时候还是比较困难的，到二三月间青黄不接的时候，多数的家庭基本上没有粮食，要靠返贷粮食来煮粥，就盼着四五月早熟的青稞——其实不好吃——来救济。到五月，小麦收了就很好。到八九月，把种的早稻收了救饥。那时候人民公社学大寨，实际上还是有问题的。像我们那个地方，天府之国，一年两熟，自流灌溉，从古到今都是鱼米之乡。但是实际上到了二三月间青黄不接的时候，多数人粮食还是短缺。这就是当时存在的问题，当然比起食堂化完全是两回事，已经相当好了。1962、1963年就取消食堂了。1969年到1975年我下乡，是在食堂化扭转之后，已经很好了，但是还是存在一定问题，比如说粮食不足，但不是严重匮乏。一个生产队，只有极少数几户人家是比较殷实的。一般就是干部，以及个别特别能干的人家，他们粮食一年四季可以毫无问题。

　　我下乡以后适应了所有的农活，学会了开拖拉机，在公社学了开丰收–27型方向盘轮式拖拉机，除了到青白江四川化工厂和新都氮肥厂拉氨水，还能够用拖拉机犁田、打田。打田就是把田里的土坯耙得很细，比如秋耕种油菜或播种小麦的时候，土地打得粉细，农民都喜欢得不得了。因为用锄头费很大劲也很难达到那么细，而且它的深土都很松软，细土会达到很深的层面。

　　1977年恢复高考，我本来想参加，但是当时的规定是只许老三届的高中毕业生，也就是六六、六七、六八届参加高考。这个规定在1978年得到了改变，老三届和初中三届都可以参加高考。我就参加了。我当时在运输社，备考两周。之前，我曾经想报考工农兵学员，那个时候肯定是不行的，但是我母亲已经请中学的其他老师来教我。我学完了初中的数学、地理、历史。语文和其他方面，比如哲学，我已经有了相当的基础。英语没有学，所以我的高考分数当时是靠语文、历史、地理、政治提起来的，数学只有很少的分，英语没有分。我这个分数，如果属于应届的话，就可以上重点大学，比如四川大学等。但是我不是应届生，年龄已经27岁，按当时规定能上的最好的学校就是西南师范学院。所以我就上了西南师院，也就是后来的西南师范大学。

杨阿敏：在上大学之前，您主要读些什么书？有没有对您影响比较大的著作？

邓小军：父亲离开我们以后，留下了很多书，很大的书架。后来在1960—1962年困难时期，我母亲为了补贴生活，经常在星期天——新都县离成都十几公里，有火车——用油布裹了大约一立方米的书运到成都收购旧书的小店去卖，那个地点就在成都人民公园，就是辛亥烈士纪念碑对面一个很小的门面，换一点钱。但是留下了一小箱书，对我来说是非常宝贵的。其中最重要的就是30年代上海大达图书社出版的《陶渊明全集》，实际上就是陶澍的注本，还有一部就是商务印书馆的《杜少陵集详注》。这些书留下来了，对我而言是非常宝贵的教科书。我现在还记得这两部书都是用白报纸印的，大字正文大概是五号字，小字注文是小五号字，排得很密，密密麻麻的。

我印象很深刻的是，当我读到排满密密麻麻正文和注文的陶渊明《归园田居》，尤其是第三首《种豆南山下》时，一看就完全明白。现在想起来这首诗在东晋后期完全是一首白话诗，明白如话，在用字遣词造句上并不存在语言难关。实际上它又是文言的，具体说它不是后来或者我们今天所说的大白话。但是它完全是白话诗文，没有难字难词难句。这说明白话和文言之间肯定也有交集，也有重叠的地方。这两部书对我的古典文学研究实际上是起了奠基的作用。

还有一本书我也早已读熟，是在初小、高小阶段。20世纪50年代曾短暂地把中学或中师语文分为两门课程——就是语言和文学。那时家里曾有一本比较厚的文学教科书，我记得里边选了很多杜诗，至少几十首，我读得最熟，因为它是横排，大半是简化字，在文字阅读上困难很小。从初小开始阅读，到高小的时候，我就已经开始手抄《魏晋南北朝诗选》之类的诗选。

初小、高小阶段，新都师范图书馆和新繁中学图书馆，我是常客，当时我在里面几乎把书看了个遍。在初小阶段，新都师范图书馆的规模就是一整间教室那么大，我就自己跑进去，和管理员陈老师很熟。新繁中学图书馆管理员是金老师，当时去借书，用我妈妈的名义借回家。初小阶段，新都师范图书馆里我读得最多的是苏联小说，像《旅顺口》，尤其是苏联的侦探小说，那一大串书名我现在都能背得出来，还有抗美援朝志愿军的这些作品，像《志愿军一日》这些。在高小阶段，我开始对古典文学感兴趣，就读了些古典小说，像《水浒传》《三国演义》。到知青时代，"文化大革命"后期，《红楼梦》已经重新出版了，中学图书馆已经可以借到。在我们下乡之前，也就是最乱的1967年、1968年，中学图书馆里的图书已荡然无存，全部被学生拿走了，这些图书馆"文化大革命"后期又重建。

我的古典文学基础其实是受我父亲留下的这些陶诗、杜诗，还有其他一些古典文学作品的影响。还有一本王瑶的《李白》，它里面引用了很多李白诗歌的原文，我也非常喜欢。那个时候我就看里面引的作品，看到他里面引用陈寅恪，我是觉得有点肃穆的感觉，但不会念那个字。

杨阿敏：您师从赖高翔、周重能先生学诗是在什么时候？

邓小军：我在农村的时候就非常喜欢阅读古诗。陶渊明写的"孟夏草木长""夕露沾我衣"，和我在农村看到的情形完全是一样的。夏天薅秧子的时候，成都平原上是一望无际的稻秧，秧尖秧叶上全是水珠，水珠非常浓厚，所以秧田就像一大床水做的被子。从田埂中间走过的时候，两边秧苗上的露水能把你裤子大腿以下全部打湿，就像从河里趟了一趟再走上来那个样子。所以读到陶诗"夕露沾我衣"，非常亲切。这个时候就开始学写诗，陶诗，杜诗，都非常喜欢。为什么？感同身受。

70年代的时候——我说个插曲，再回头说这些诗。那个时候当然也对生活有思考，而且那个时候也只有马克思、列宁的书取阅比较方便，所以我就对马克思列宁主义下了很大功夫。通过购买、借阅，我阅读了《马克思恩格斯全集》《列宁全集》的很多卷，选集、全集我都非常熟。尤其精读了《资本论》《哲学笔记》。也非常熟悉相关的著作，像《克鲁普斯卡娅回忆录》、《马克思传》、赫鲁晓夫苏共二十大以后报告、苏联《政治经济学教科书》第三版。对马克思主义的政治经济学，尤其是哲学、辩证法，下了非常大的功夫。我在知青时代写了一篇论文,叫《论辩证逻辑》,后来上大学给我们的政治课老师看,她喜欢得不得了。据我所知,这在我们国内的马列哲学界,至少在当时还是稀有的。她拿去,说是她上马列课的收获。那篇文章我没有收回来,因为后来我已经完全转向。

知青时代学习,主要就是学写诗,写了很多,后来没有保存,主要写眼前的农村生活。我记得有一句"天涯七见菜花黄",就是在乡下,七次看见遍野的菜花黄了,七个春天了。后来通过朋友,我认识了新都中学早就退休的周重能老师。退休之后,他住在新都县谕亭巷。我让我朋友——叫张学渊,因为他写诗,所以经人介绍认识了他——带我去拜访周老师。周老师给我们看他的诗,我们也给他看我们写的诗。经常这样,耳濡目染,是一种身教,也是言教。我有一句回忆当年和张学渊请教周重能老师的诗——"绿野苍烟两少年,斜阳绚映谒师还"。写诗成为我当时一个主要的爱好,写了很多。这是 70 年代的事情。

我是 1978 年上大学,1981 年母亲、父亲复婚。同年,周老师去世。他一辈子的至交好友是赖高翔先生。周老师去世后,我们认赖老师为老师。还记得我跟张学渊到成都东郊沙河边农家院子去拜访赖老师,第一次看到他,我就感到震惊和惊喜,因为他完全就是当代的陶渊明。他和周老师都是 30 年代成都高等师范学校(成都高师,也就是川大前身)的学生,他们最亲近的老师是林山腴(林思进,字山腴)先生。除赵尧生(赵熙,字尧生,1948 年去世)先生外,林山腴先生是四川本地头号老前辈,在解放前后是四川古典文学的耆宿,学术和诗歌创作都有很高的成就。他可以说是王闿运学术和诗歌的传人。

　　晚清王闿运主持成都尊经书院，他作诗提倡的路子称为湖湘派，和当时中国诗歌主流的同光体不一样。同光体是学宋诗，黄庭坚的路子，然后形成自己的风格，代表是陈三立、郑孝胥、沈曾植、陈衍等诗人。不同于同光体，湖湘派的路子是，古体学六朝、魏晋南北朝诗，比如曹植、阮籍、陶渊明，近体诗学唐诗。它和同光体面貌是很不一样的。从文学史角度看，这个路子实际上是很正大的，它是六朝诗，是唐诗路子。在这个路子上取得了很高成就的，除了王闿运，后面还有不少人，晚近一点的像瞿蜕园，注《李白集校注》，他的诗成就也很大。林山腴先生就是这个路子，所以赖高翔老师也是这个路子。

　　赖高翔先生是林山腴先生的高弟，以前在成都有很高的声望，几个大学都请他去教书。当时成都树德中学不景气，他接手后办得很好。他做中学校长，解放初就退下来了。他不是地主，也不是国民党员。退下来后，他就到成都近郊沙河边的农村当农民去了。50年代，成都纺校请他去教书，大概合不拢，没几个月又辞职还乡了。他跟我讲，他当天就回家，那时候还算年轻，背了一个拌桶——收获稻谷时两个人抬到田里打谷子的大型木制农具——到院坝里去，造了一张床。除了这一次短暂地出来教书，从此再没有出来，一直当农民30多年。改革开放以后，他才被聘为四川省文史馆的馆员。当时已经80多岁了，生活难以自理，文史馆在成都市区内文殊院旁边给他一间小房，他在那里住下。他的学问非常精深，人品非常高洁，诗也作得非常好。

　　赖先生的性格非常特立独行，他啥都不干，当了几十年农民。我从他那里受到的教诲最多。我也有怀念他的诗："古来几人学渊明，谁得其粗与其精？唯有东坡差相似，东坡而后见先生。先生归田谁能解，耕种丘山云霭霭。"其实当时写诗完全是朦朦胧胧的，不假思索就写出来。他看了很高兴，他也写了两首诗送给我和张学渊、胡晓明。他送给我的诗中写道："由来才士成亏梦，尽在英年锲舍心。"意思是自古以来，人才能不能够成功，完全取决于他自己在青壮年时期是努力还是松懈。我每次看到这句诗，都感到很警醒，很受鞭策，要用功，要努力。

我从小父母离异，只有母亲抚养我，考中学头一年也没考上。后来我听说，我当年的成绩在我们县里是最前面的，在文科里是头一二名。然后下乡、当工人又十年，非常不容易，所以自然要努力。上大学以后就非常拼命地念书。那时西师有个长明灯教室，七七、七八级的学生往往都在那个教室，学校很开放，教室不灭灯的，一般刻苦用功的学生都在里头读书到过半夜。我是那里的常客，也占了位置，很用功。打倒"四人帮"以后，改革开放初，有一句话"要把失去的时间夺回来"，这是当时中国人的集体思维。拼命读书就不用说了。从那个时候到现在，我几十年都是每天工作到两三点，虽然这不好。

杨阿敏：中文系有哪些老师对您的影响比较大，本科毕业论文写的是什么题目呢？

邓小军：我在西师期间，是非常急迫、非常用功的。刚才已经讲到，我师从新都的周重能老师、成都郊区的赖高翔老师学习。实际上从解放后到90年代以前，全国各地都有遗留下来的读书人，优秀的有那么几位。我知道这个情况，也知道向老辈请教的重要性。1981 年我去见父亲，那时我已经上了西南师大，到大邑去见他，他就领我在大邑拜访了好几位老前辈，都是读书人，能写诗的。我知道这个情况，在学校就想了解，想拜西师旧学好的老师，后来知道了曹慕樊老师。曹慕樊老师实际上是我大学阶段乃至一生中，继赖高翔老师之后对我影响最大的一位老师。

曹慕樊老师是四川泸州人，中央大学毕业。他以目录学见长，古典文学非常好，《庄子》、佛学功夫非常深。他曾经在 1949 年和梁漱溟一起到重庆北碚缙云山闭关修行藏传佛教的功法。梁漱溟日记里多次记载：慕樊最单纯，最勇猛精进，最有成绩，最有见地！解放前，他被梁漱溟聘请到勉仁文学院教书。他其实是外围地下党。他家庭非常苦，父母长期重病，他长期侍候，自己身心都快要垮了，在这种情况下，他就向往佛学，就向当时在四川的熊十力求教。熊十力就把他叫去了。他先在五通桥熊十力办的中国哲学研究所学习佛学，后来熊十力又应梁漱溟之请，到重庆北碚勉仁文学院，曹慕樊也就到了勉仁文学院。梁漱溟后来聘曹慕樊为勉仁文学院副教授，合校后他就成了西南师院的教师，后来做图书馆副馆长，做中文系教师。1957 年他被打成右派，非常艰苦，很惨。他从牛棚解放之后就开课。他开杜诗选修课。他的课很不容易选上，要轮到我们那一届才能选，之前我们都不能选。

我选了他的课，当时已经去拜访他了。杜诗选修课的成绩，他给我打了 100 分。我文学概论课 98 分，是年级最高分。后来我在四川师范大学教书的时候，有一个非常优秀的学生易晓——后来她是重点中学川师附中的特级教师，现在调到省教育厅去了，做指导性的巡回的工作——这个学生当时的作业也是写文章，我非常满意，唯一一次，我给她打了 100 分。当时川师中文系管教学的副主任曾永成老师说："哎，邓老师，我们这里从来没打 100 分的。"我说我在本科就有一次得了 100 分。

我向曹老师请教，曹老师的杜诗、佛学、《庄子》研究都非常精深，外国文学、外国哲学也是十分熟悉的。他对我的影响很大。他当时就跟我说，"你将来要读宋明唯心论哲学"。我听了大吃一惊，因为那个时候虽然改革开放，但是说到唯心论这些还是负面的。"你将来读宋明理学，宋明唯心论哲学"，等等，他就是这样教诲我的。

大学阶段，还有对我影响很大的一位老师，是中文系的谭优学老师。他著有《唐诗人行年考》《唐诗人行年考续编》，是一位唐诗专家。解放前读中央大学，50 年代在南京大学（前身为中央大学）读胡小石的研究生，和周勋初是同学，当时叫作副博士研究生。在唐诗的历史考证方面，他是我的前辈。谭老师给我们 78 级上古代文学课，让 200 多名同学轮流去他家背诵古文，几次背诵，一共背诵了几十篇，每次他听了背诵打分，作为考试的一部分计分。背诵古文，让所有同学获益非常大。

我毕业以后，一直到 90 年代曹老师去世，每年寒暑假我都要到西师去与他谈话。获益往往就在座谈之间。有一次去，他就跟我讲相宗要义——就是佛教唯识宗的基本哲学理论——我记笔记。一次一次去受教，我就住在招待所。

杨阿敏：大学四年，您是如何安排自己的学习和生活的，有哪些让您印象深刻的人和事？

邓小军：在西师的时候，我的兴趣完全转到了古代文学。因为曹老师的提示，我开始留意儒家思想、儒家哲学，尤其是经学方面。1982年我考上安徽师大以后，这些就开始发生作用。

本科所有的课，除了公共课我都去听，都做笔记，以便将来考试。当时我全力读古典文学，对周邦彦的诗词做了一个长编，两大本。后来我写了一篇论文作为我的本科论文，就是《周邦彦及其词》，有10万字，油印本。寄给了一个高级刊物。我父亲说我："未必你一辈子就搞词吗？"我长期在重庆、芜湖、西安读书和工作，每年寒暑假回去跟父亲谈话，实际上也是向父亲请教，但是并没有能够真正地了解父亲，比如他解放前的经历我都没有问过，没有谈过。他经常给我很重要的指点。

上大学以后，我读《左传》《论语》，读研究生以后，我读儒家的《十三经注疏》。当时我已经30出头了，父亲跟我说："现在背书不算晚，那些重要的章节，你可以一小段一小段地背。"那个时候老辈的话我都听，所以我背了很多段落，其他的也熟读。

我因为只念了一年初中，没学过外语，在考研的时候遇到极大的困难，因为要考外语。在西南师大时，我除了睡觉，都是在看外语，背诵课文、背诵单词、默写，每天无数遍。考研前一年，时间主要是用于这个事。外语毕竟不是一下子能够突击上去的，所以考的分很低，大概二三十分。我当时就认定必须报考一个很有名望的学术权威，在当地学校能够说上话，能够促使那个学校破例招收我。

杨阿敏：本科毕业后，为什么选择报考安徽师范大学中文系唐宋文学阶段的硕士研究生，研究生时期听说您学习刻苦出了名？

邓小军：我在读大学的时候，有一次霍松林老师来到西师讲学，他的唐诗艺术鉴赏水平是非常高的。他当时讲贾岛"松下问童子"，还有杜甫的《石壕吏》，我去听了。我非常佩服，就给他写信，写了一首诗："先生讲学下渝州，满座清风暑意收。远影孤帆碧空尽，高山常在水长流。"我把我的信和我的诗集、论文寄给他，他说："我很想收你这么个研究生，得天下之英才而教育之，一乐也。但是我们这里是轮流招生，今年我招了，明年我就不招。我以后可能会招博士生，你以后来考我的博士吧。"

后来我选择了宛敏灏老师。因为宛老是词学家，30年代就在商务印书馆出版了《二晏及其词》，又长期在安徽师大当教务长。我就决定报他的研究生。他和刘学锴老师、余恕诚老师是一个指导组，当时已年近85岁。我想他可能能说上话。后来我报考安徽师大，果然就把我录了。我当时就说我必须要考上研究生，我不管什么学校，必须要考上，我才能够不中断我已经开始的求学生涯，就是这样一个想法。

我在安徽师大的时候，三天两头轮流跑图书馆和资料室，就像我在小时候跑中学、师范图书馆一样，大量地阅读古今中外各种书籍。与此同时我还提前一年完成了我的硕士论文《盛唐诗史述论稿》，这样我就赢得了一年的时间。那个时候还没有想到考博。

这个时候发生了一个情况。在安徽师大图书馆，有一天我先是看到了80年代、90年代影印的一批解放前的杂志，如徐复观办的《学原》，这是 40 年代后期一个学术刊物，质量很高。在上面看到熊十力的一篇谈新唯识论的论文。主要就讲中国哲学的本体论，"万物并育而不相害"（《中庸》），他解释得非常深透。由于我早就有哲学的训练、马列辩证法的训练，所以我对本体论哲学是非常敏感的。一看就把我吸引住了，原来我们中国哲学是这样，中国哲学本体论是这样。辩证法认为这个世界的本质和发展的核心是矛盾、冲突、斗争，中国哲学认为世界的本质是"万物并育而不相害"。

后来我又读到了生态平衡的理论，它认为所有的生物种群有一个相互平衡的关系，如果一些种群消失的话，整个生态链就会失衡，就会导致灾难。它实际上是说必须万物并育，保持一种平衡，所有的生命，所有的种群，所有的个体生命，所有的群体生命，它都应该得到各自的、共同的生存和发展。中国哲学认为这是世界的本质、本体，我对此感到非常新鲜。

本科时我已经读了《左传》《论语》，但实际上是表面的，没有深入到哲学层面。一读熊十力的文章就我被震撼了，震撼之后我就到安徽师大图书馆找到解放前出版的熊十力的《新唯识论》（后来才出了新版），我把它抄了一遍。然后这个假期（第一个寒假），我从芜湖坐轮船一直坐到重庆，坐了十几天，见到了曹慕樊老师。曹老师抱出了四大本八开本的梁漱溟《人心与人生》艮庸抄本，是梁漱溟 60 年代写的，当时还没有出版。他说："你拿回去读。"我就去读。

读梁漱溟的书对我震动也很大。如果说读熊十力的书，使我了解中国本体论和辩证法不一样，是可以多元呈现的，《人心与人生》则在历史观上给我同样的震动。因为按照唯物史观，决定人类社会发展的主要因素是生产力。梁漱溟讲，推动社会发展，除了生产力还有文化，比如中华民族的发展，它是"远人不服，则修文德以来之"，通过文化的同化融合来使中华民族和平地发展壮大，包括人口和空间。文化也是社会历史发展的因素之一。我觉得很在理，这个就是事实。当然还有其他因素，比如说人的个体的自由发展等等。这个历史观对我震动很大。然后我就开始进入儒家。我当时毕竟已经30出头了，我知道应该怎么做，我就以《十三经注疏》，以经学为第一，以宋明理学为第二来读书。

在读硕赢得的这一年时间里边，我逐字逐句读了中华书局影印世界书局的《十三经注疏》中的九经——《易》《诗》《书》《礼记》《左传》《论语》《孟子》《孝经》《尔雅》，或者说除了《穀梁》《公羊》和《仪礼》《周礼》之外的几部经典。我是逐字逐句读经文和注疏，还通读了《史记》。其他的那些经，因为我已经熟悉了注疏的体例，所以以后阅读和查阅的时候也都非常方便。

如果说我这几十年求学和治学的生涯里受益最大的是什么的话，那就是经学训练。因为它是中国文化的核心和源头，它提供了中国文化的哲学思想，这是思想哲学层面。从学术层面来讲，它提供了中国学术的原始典范。就是说从文字训诂到历史考据，再到经典解释，它提供了一整套典范。这些学术典范是中国文学和史学非常重要的来源之一。

读《十三经注疏》完全改变了我的整个人生。在知青时代，想做一个真正的马列主义者。这时已完全认同做一个儒者，所以才有《儒家思想与民主思想的逻辑结合》这本书。这本书是90年代前期写的，这个按下不表。我读先秦儒家经典之余，也读宋明理学，如《二程集》《朱熹集》《朱子语类》《陆九渊集》《王阳明集》。这些我都非常喜欢，而且熟习他们的一些经典著作，如《西铭》《大学问》《象山语录》等。里面确实有非常精彩的地方，教我怎样做人。我一生受惠最大的另外一个学术源头是现代学术，首先是陈寅恪，其次像新儒家熊十力、梁漱溟等，曹老师的指引，当然也十分重要。他们的下一代唐君毅、牟宗三、徐复观，我也非常喜欢，当时也非常用功地去读他们的书。

杨阿敏： 在安徽师大，您师从宛敏灏、刘学锴、余恕诚先生，他们是如何指导您读书治学的？硕士论文研究的是什么课题？

邓小军： 宛老、刘老师、余老师都是非常好的人，学问也都非常好。刘、余两位当时正值中年，在治学路上猛进，他们的《李商隐诗歌集解》就是那段时间做的。我考到安徽师大，具体指导我的是刘、余两位老师。

刘学锴老师是 50 年代前期北大的研究生，林庚先生的弟子，他是林庚的路数。林庚讲盛唐之音，讲艺术体会鉴赏。但实际上刘学锴老师还不太一样，他当时大概也学文献学——他和傅璇琮差不多是一届——所以他主要是作校注、做集注，不过他也非常喜欢艺术这个路子，有很高的鉴赏力。

他按照他当时在北大读书学习的模式来带研究生。第一届周啸天、汤华泉，第二届就是我、丁放。他要求学生在读研期间，在选择做什么毕业论文题目之前要先读完一批唐宋文学主要作家的别集。我读了几十种，每一种都写了笔记。有一篇笔记我写了几大本，他们对我还是满意的。

杨阿敏：在西南师范学院读书时，假期返回成都，您常请益于缪钺先生，请谈谈缪先生给您的印象和教诲。

邓小军：1981年我和父亲重逢之后，父亲跟我说拜访请益老辈是非常重要的。在大邑他带我去拜访各位老辈，那些人真是非常了不起。我知道那时好多地方老辈都还在。父亲认识缪钺先生，机缘是什么呢？父亲在解放前做过很多工作，主要在建国中学当老师，同时是当时成都一家报纸的《文史》副刊——的编辑，因此认识了缪先生，向他组稿。

任二北先生是父亲50年代最熟悉、最亲近、最友好的学者，应该算忘年之交。任二北做唐代音乐文学，我父亲就做宋代音乐文学，所以我父亲在50年代发表了很多这方面的文章。90年代我到平安大街支路上的中国舞蹈研究所去，居然就在资料室已经打捆准备搬家的书里，找到一本50年代的《舞蹈学习资料》。我从中复印父亲当时发表的论文《宋代队舞》。父亲晚年著有两部书稿——《宋杂剧金院本新证》《姚淑诗集笺证》，待出。

我上大学时，父亲带我去川大拜访缪先生。缪先生看我的诗，说我的诗有清气。缪先生非常称赞王国维和陈寅恪，他的意思很明确，最重要的是要学习、要读陈寅恪的书，对于中国现代学术、文史之学这是最重要的。好，我就读陈寅恪。1980年上海古籍出版社刚刚出版陈寅恪的文集，我就都买了，在重庆解放碑古籍书店买的。先读他的编年事辑和诗集，一读非常喜欢。读陈寅恪的书几十年，对我影响很大。1996年至2000年我还属于新儒家，几次到台湾，参加新儒学的会。后来发生一些情况使我转向，我就放下新儒学，放下熊十力、梁漱溟的路子，而回到了陈寅恪的路子。这就是我 90 年代后期到现在的主要路子，也就是文史这个路子。《儒家思想与民主思想的逻辑结合》那本书出来以后，我放下了新儒学，但后来也写过这方面论文。比如 2010 年北外召开罗哲海（德国汉学家，著有《轴心时期的儒家伦理》，在中国出版）国际学术会议，罗哲海通过他的学生，北外西方中国学研究所负责人，邀请我去参会，我写了一篇长篇论文《儒家、道家思想与人权观念》。所以新儒学的研究，后来也没断，但是我的主要精力放到了陈寅恪这条路上。

安徽师大硕士毕业后，缪先生就提出要我到他那里去做助手，我就到四川大学历史系教授古代汉语（以王力《古代汉语》作教材），同时做他的文学助手。一年后，因为当时我妻子是在重庆，我要到重庆去，就调到了西南师大，到曹慕樊老师所在的西南师大文献研究所又干了一年。我到西南师大，帮他们制定古籍整理计划，得到了批准，我的《韩偓年谱》就是这一时期做的，我开始感觉可能还是要读个博士。

1986 年冬，我接到了上海辞书出版社汤高才先生的电报："《唐宋词鉴赏辞典》亟待出版，请你来协助解决疑难问题。可乘飞机来，越快越好，费用全部由我社承担。"我就到了上海。我当时只不过是一个讲师，或者连讲师也不是，他们就把我请去了。

当时很流行写诗词鉴赏，我跟宛敏灏老师合作写了几篇，在袁行霈先生《古诗文鉴赏集成》上发表，所以上海辞书出版社就注意到我，来电报把我请去了。我住在龙华的一个宾馆里，一待就是 20 多天，替上海辞书出版社修订鉴赏辞典，其实主要就是那些要不得的部分章节，由我来重写。我写了 10 万字，60 多篇。我 20 多年给本科生和研究生讲古典文学，最主要的时间和精力是用在解释和鉴赏上。这上面我下的功夫是最大的。我的古典文学第一擅长的是在这上面，你从我的文章就可以知道。

2015 年在成都杜甫草堂博物馆观看古籍善本

杨阿敏：请您谈谈如何阅读和理解古诗词？

邓小军：第一，养成诗的语感和鉴赏力，能够一见便知诗中的好句，尤其是神韵之句，能够贴切地、有条理地说出为什么好。一首歌曲有最优美的乐句，同样地，一首诗也有最好的诗句。

李白《西岳云台歌》："黄河如丝天际来。"一见便知是诗中的好句。为什么好？因为写出了远望中黄河如丝的纤细、飘逸和奔流而来的气势磅礴，神来之笔，韵味不尽。杜甫《望岳》："齐鲁青未了。"一见便知是诗中的好句。为什么好？因为写出了远望中泰山那一抹青绿的颜色——空灵淡宕，以及泰山绵延齐鲁两国大地无尽的雄姿——大气磅礴，神来之笔，韵味不尽。

有的好句，隐藏的意思更深，需要更加仔细地体会和分析。陶渊明《归园田居》："种豆南山下，草盛豆苗稀。晨兴理荒秽，带月荷锄归。道狭草木长，夕露沾我衣。衣沾不足惜，但使愿无违。""带月荷锄归"的"带"，有两个意思：1.带领、带路；2.携带。"但使愿无违"的"愿"是指躬耕自养，保全自己独立自由人格的大愿。按照带领的意思讲，"带月荷锄归"就是我走月亮也走，月亮跟我走，我把月亮从田野上带回家，好像是把好友带回家。这是拟人化的写法，亲切。按照携带的意思讲，"带月荷锄归"就是把月光从田野上携带回家，象喻把"但使愿无违"的希望和光明带回家，风趣。两个意思都通、都好。"带月荷锄归"，神来之笔，画面生动传神，言有尽而韵味无穷，言有尽而意义无穷。

张若虚《春江花月夜》："昨夜闲潭梦落花。""闲"在此训为悠闲自在，没有牵挂，没有忧愁。陶渊明《归园田居》："户庭无尘杂，虚室有馀闲。""昨夜闲潭梦落花"，诗言昨夜梦中，思妇本不知愁，闲步江畔，忽见一片飞花，却撩起"可怜春半不还家"的悲伤。王昌龄《闺怨》："闺中少妇不知愁，春日凝妆上翠楼。忽见陌头杨柳色，悔教夫婿觅封侯。"出自"昨夜闲潭梦落花，可怜春半不还家"。《闺怨》是写实，《春江花月夜》是写梦，更为空灵。"昨夜闲潭梦落花"，画面生动传神，而相思无处可逃，意在言外，韵味空灵荡漾。

王维《鸟鸣涧》："人闲桂花落，夜静春山空。月出惊山鸟，时鸣春涧中。""人闲桂花落"中"闲",训为静。《文选》卷十一孙绰《游天台山赋》李善注:"王逸《楚辞》注曰:闲,静也。""桂花落",是听见的,不是看见的,因为此刻是月出前的黑夜,什么也看不见。桂花细小,落地无声无息,可是诗人却谛听到了桂花落地的声息。刘长卿《别严士元》"闲花落地听无声",出自此。"人闲桂花落",画面生动传神,而夜万籁俱寂,心静如止水,意在言外,无迹可求,韵味不尽。

神来之笔,画面生动传神,意在言外,韵味不尽,这就是神韵。神韵是中国诗的高境界。能够直觉地认出一首诗中的好句,尤其是神韵之句,并能够贴切地、有条理地说出来为什么好,是诗歌鉴赏力的高标准。

每读一诗,就训练自己当下直觉判断好句,并训练自己贴切地、有条理地说出来为什么好。如有不够贴切、不够条理,便加以修订,不厌其烦,千锤百炼,直至臻于贴切,臻于条理,臻于完善。次次如此自我训练,久而久之,就培养起了不假思索、直凑单微(就是直至精微)的诗歌审美判断能力。好像贾宝玉一见林黛玉,是什么样的人,不需要思考,一见便知。

第二,联系上下文,了解诗的言外之意。陶渊明《归园田居》:"种豆南山下,草盛豆苗稀。晨兴理荒秽,带月荷锄归。"看了下文的"晨兴理荒秽,带月荷锄归",从清早锄草到月出,便知道现在不再是上文的"草盛豆苗稀",而是草尽豆苗出了。虽然诗中没有直接写出这层意思,却是实实在在的言外之意。其实也不需要写出来,因为那是画蛇添足。

第三,学会解释诗歌的历史进路和语言进路。历史的进路,就是诗史互证；语言的进路，就是词语训诂。

中国诗气象万千，千门万户。神韵与诗史，是中国诗两臻绝顶的巅峰。没有诗歌的艺术鉴赏力，诗史互证就无从说起；没有诗史互证的功夫，单纯地使用艺术鉴赏力，有时就会是隔靴搔痒。诗史互证的前提，是熟悉相关历史时代的史部书籍目录，学会使用史部文献相关材料，并熟悉和学会使用相关历史地理文献、历史地图。

词语训诂，是阅读诗歌最基本的功夫。除必须阅读诗集注释外，更必须学会使用字书如《说文解字》《玉篇》《康熙字典》《汉语大字典》等，韵书如《广韵》《集韵》等，辞书如《尔雅》《辞源》《汉语大词典》等，类书如《佩文韵府》等，学会使用其中词语的适用训诂。当某一词语没有现成训诂时，还必须学会自己搜集同一词语例证，自己根据多个例证立训。具体说，根据每个例证的上下文语境立训，根据多个例证的相同训诂立训。

李白《永王东巡歌十一首》其一："永王正月东出师，天子遥分龙虎旗。"李白这两句诗，非常有气派，盛唐气派；又非常有讲究，细节贴切历史实际，从而蕴藏着后来被掩盖了的历史真相。

先说语言的进路。

"遥"，远也。汉杨雄《方言》卷六云："遥，远也。""分"，付也，授与也。梁顾野王《玉篇》卷十三"分"曰："赋也，与也。"

再说历史的进路。

《旧唐书》卷一百七《永王璘传》载："天宝十四载十一月，安禄山反范阳（今北京）。十五载六月，玄宗幸蜀，至汉中郡（今陕西汉中），下诏以璘为山南东路及岭南、黔中、江南西路四道节度采访等使、江陵郡大都督，馀如故。璘七月至襄阳（今湖北襄阳），九月至江陵（今湖北荆州）。"《旧唐书》卷一百九十下《文苑列传下·李白传》载："禄山之乱，玄宗幸蜀，在途以永王璘为江淮兵马都督、扬州节度大使。白在宣州谒见，遂辟从事。"《册府元龟》卷七百三十《幕府部·连累》曰："李白，天宝末为永王璘江淮兵马都督从事。"《旧唐书》卷九《玄宗本纪下》天宝十五载云："秋七月……庚辰（二十八日），车驾至蜀郡（今四川成都）。"

根据《旧唐书·永王璘传》记载，天宝十五载（756年）六月玄宗入蜀至汉中郡时，任命永王璘为山南东路等四道节度采访等使、江陵郡大都督。这是玄宗入蜀途中对永王璘的第一次任命。根据《旧唐书·李白传》《册府元龟·幕府部·连累》记载，天宝十五载七月玄宗入蜀途中到成都之前，又任命永王璘为江淮兵马都督、扬州节度大使。这是玄宗入蜀途中对永王璘的第二次任命。这时，永王璘正在自汉中奔赴江陵途中后半段的荆襄道的路上。

"天子遥分龙虎旗"，诗言玄宗远隔蜀道与荆襄道之间千山万水，授予永王璘以江淮兵马都督之旗号，不是指玄宗授予永王璘以江陵郡大都督之旗号，因为那是在汉中当面授予，不得曰"遥分龙虎旗"。

永王璘奉玄宗之命并获得肃宗同意率领水军东下扬州，是为了渡海取幽州。唐肃宗后来宣布永王璘擅自出兵东下是为了谋反，而加以镇压。唐肃宗为了掩盖真相，就在《玄宗实录》中完全删去了玄宗在入蜀途中对永王璘的第二次任命，即任命永王璘为江淮兵马都督之记载。从而在两《唐书·玄宗本纪》以及《资治通鉴》中，这事连个影儿都没有了。两《唐书·玄宗本纪》以及《资治通鉴》玄宗部分的主要史源是《玄宗实录》。

李白《永王东巡歌》"天子遥分龙虎旗"，与《旧唐书·李白传》《册府元龟》所记载玄宗入蜀途中任命永王璘为江淮兵马都督，相互印证一致，可见解释清楚"天子遥分龙虎旗"，这个"遥"字，对于揭示这一段历史真相多么重要。反过来，了解了这一段历史真相，就会体会到"天子遥分龙虎旗"之句又是多么地有分量，多么地馀味不尽。

解释诗歌历史进路和语言进路的原始典范，是《毛诗正义》，包括序传笺疏，最佳篇章是《燕燕》。

微言诗和一般诗在表现手法、理解方法上都有所不同，另当别论。曹植《赠白马王彪》、阮籍《咏怀诗》、向秀《思旧赋》、陶渊明《述酒》《饮酒》、杜甫《北征》《洗兵马》、李白《上皇西巡南京歌》《经乱离后天恩流夜郎忆旧游书怀》、元结《大唐中兴颂》等，都是微言诗或包含微言的诗，我都有论文加以讨论，或可参看。

杨阿敏：博士阶段，您跟随陕西师范大学霍松林先生读书，请讲述一下读博生活。

邓小军：上海辞书出版社邀请我去的时候，霍老师已经开始招博士了，我就去报考。当然报他有一个考虑，就是我的外语问题。他在陕西师大是很有地位的，我外语不行，只有他能帮我。1987年我就考上了霍老师的博士，就到霍老师那里去了。没有宛老师、霍老师，就没有我的硕士和博士，我现在可能不知道在干什么，可能是在中学教书。

霍老师是甘肃天水人，是西北山沟里出来的读书人，还是一个才子。他小时候放牛，家里相当贫苦，但靠他父亲的家学渊源，考

上了中央大学，得到陈匪石、汪辟疆的赏识。他的抗战诗篇，当时
歆动人心。他在大学阶段就在《中央日报》副刊、周刊，还有很多
刊物上发了很多古典文学方面的文章，都是很好的，功力很深。那
时他很年轻。解放的时候他不到 30 岁，他有很好的才华和基础，受
到于右任的赏识。于右任是大诗人，中国早期的大记者，国民政府
的立法院长。于右任看他穷苦，就让他到立法院去，给他个差事干，
让他领一份薪水救济他。解放前夕，他曾跟着于右任坐飞机到广州，
又返回了，没跟着去。

　　返回之后，霍老师在重庆南林学院教书，系主任是陈匪石。1951 年，
霍老师夫妇应侯外庐之聘，到西安陕西师大（当时为西北大学师范
学院，1954 年改为西安师范学院，1960 年改为陕西师范大学）教文
艺学。他是第一本中国人自己编写的系统完整的《文艺学概论》（属
于文学理论、文艺理论）的作者。他这本《文艺学概论》是 50 年
代出版的。当时压倒性的绝对权威是苏联季摩菲耶夫《文学概论》
三大部。

　　霍老师的文学理论特色或者他的贡献是在于：第一，著录了很多
中国古典文学作品，使文学理论中国化了；第二，也是最重要的，是
他有自己的独创见解和对苏联学说的反驳。关于季摩菲耶夫学说的问
题，前两年霍老师去世，我发在《光明日报》上的纪念文章讲了这
个事。按照季摩菲耶夫、按照苏联文学理论——苏联文学理论来自
西方文学理论、欧洲文学理论，它们是一以贯之——文学包括抒情
诗的本质特征是想象，是虚构，这跟中国诗基本上是牛头不对马嘴，
跟中国史传文学完全不符合。霍老师反对将苏联文艺理论套用在中
国文学研究上。

以前批判、打倒霍松林就是因为他的形象思维学说。他把文学和诗歌本质特征的学说修改了,他不说文学包括诗歌的本质特征是不是虚构,他明白说文学包括诗歌的本质特征是形象思维,他用形象思维——形象思维可以是虚构的,但也可以是写实的——代替了苏联文学理论的虚构特征,也代替了西方文学理论的虚构特征。(我在《古代文学理论研究》上发表的论文《中国诗歌的基本特征:写实还是虚构》里交代得很清楚。)霍老师把苏联和西方文学理论中的文学本质特征学说修改了,这是他非常大的一个贡献,体现了对真理的追求,也体现了民族自尊和民族意识。他后来就是因为主张文学理论维护文学本身的特点,维护形象思维——红卫兵认为形象思维是坏的,是修正主义——被批被整,发到泾河北岸的农村去劳改。

他后来恢复教书,就开始招研究生,我到他那里去读博,是1987年,我都36岁了。霍老师给了我充分的学术自由。他早年有就读中央大学、从于右任游这些经历,政治抱负很高,有一种很大的气度,他给了我充分支持。我后来写博士论文,要到山西去做实地考察。那时很穷,研究所也没啥钱,我也拿不出钱。到山西河津很近的,火车票大概十几或者几十块钱,到韩城,然后坐汽车过去。我没有钱,就提出来,他就支持我去。我去了第一次,回来之后,没解决完问题还想去。第二次去,他又同意我,一口就答应。所以霍老师对我实地考察支持、帮助是非常大的。

他也给了我充分的学术自由,没有按照当时流行的学术风气的要求来要求我。我在安徽师大的时候,一位同学后来是一家学术刊物的主编,说:"陈寅恪的写法就是一条一条的原始材料列下来,然后自己下结论。已经过时了，你这样写，没有杂志会给你发表的。"又讲现在格式是如何。但是我这几十年，论文写法主要就是陈寅恪这种格式，也发表了。当然这个原因不一，不去说。霍老师对我帮助很大，给我充分独立和自由。

杨阿敏：您博士论文为什么选择《唐代文学的文化精神》这个题目？主要内容是什么？请您谈谈当时写作博士论文的过程。

邓小军：我当时有长时期的古典文学训练，又受新儒家影响，有扎实的经学训练，所以选题我就想把唐代文学和儒家思想结合起来，看看唐代文学、唐代历史的文化精神是什么。我当时野心还是很大的。Ethos 是文化人类学的一个观点，任何一个民族的文化都有个核心精神，叫作文化精神，实际上就是它的哲学本体论和核心价值观念。我就要了解儒家文化精神在唐代主要历史现象、主要文学现象中的体现。文化精神是文化人类学的术语——我看的是影印的台湾文化人类学著作，当时大陆还没有恢复这方面的研究，里边讲到的——我觉得这个还不错，所以就选了这个题。

隋唐文化连起来有四个文化主峰，一个是河汾之学，一个是贞观之治，一个是杜诗，一个是韩愈的古文和儒学复兴运动。这四个主峰，都体现了当时人运用儒家思想对现实重大挑战作出的回应，从而提升儒家思想到新的高峰。这就是《唐代文学的文化精神》的主要内容。

20 世纪 50 年代，陈寅恪在《论韩愈》中写道："世传隋末王通讲学河汾，卒开唐代贞观之治，此固未必可信。"我没有管这个说法。我最后的结论，是我通过文献和实地考察得出来的。文献方面，我穷尽了所有相关的第一手的隋唐史料，《隋书》、两《唐书》、《唐会要》、《文苑英华》、《全唐文》、《金石萃编》，以及台湾出版的《石刻史料新编》，还有地方志，其中一些新的材料是首次使用，从传世文献上确认了王通是真实的，这是第一点。第二点，王通的弟子和他的思想，参与了贞观之治，塑造了贞观之治。武德九年（626 年），唐太宗刚刚即位，朝臣讨论将来唐朝走什么方向，是走法家刑政、高压统治，还是走儒家仁政。在这一点上，魏徵和封德彝针锋相对，争论的核心就是人性恶还是性善。魏徵主张性善论和仁政，这个思想来自王通。贞观时期朝廷就采用、实行了这个观点。我已经从史料上证明，王通的弟子薛收、杜淹、魏徵等都对唐初开国创业和贞观之治作出了重要贡献。这是王通学说也就是儒家思想几百年来第一次成为治国的指导方针，决定一个朝代的政治方向。性善还是性恶论，因为性善，所以仁治；因为性恶，所以刑治。儒家思想在这个核心问题上参与落实到现实重大政治、治国方向上，这是非常罕见的。秦是法家政治，汉是霸王道杂之，唐才是大体上行儒家。

　　这些问题我已经从史料、文献上解决了，但是我看到元明清历代地方志上记载，河津县（就是隋唐的龙门县）黄颊山（吕梁山脉南端）山上，有文中子隐居的讲学洞，洞前有很多碑刻，有的断了，有的倒了。我心里打鼓，我觉得必须要去看这些东西，因为地方志不记录这些碑文、摩崖石刻铭文。这些石刻铭文对王通及其河汾之学与贞观之治关系的真实性，到底是反面还是正面证据？不管是反面还是正面证据，我没看到这个，心里面是打鼓的，是不实在的，所以我要去。我去了之后，这些石刻非常有力地印证了我通过史料、文献考证得出的结论。

　　通过实地考察，我发现文中子讲学洞最早的石刻文献是明代万历年间的，但是联系到隋唐之际至明代，比如王绩、吕才的相关史料，表明对文中子黄颊山上隐居讲学以及通化乡王通故居，这些记载都完全一致。也就是说，从隋唐之际吕才、王绩的文献记载到宋元明清的方志记载，到当地万历三年（1575 年）以来的石刻文献，都一致证明此事的真实性。而在王通的家乡通化有几家王通后人，有家藏的明代敬忍居所刻的全套《中说》木制版片。1989 年我第一次去，看见《中说》印版堆了一屋子。2011 年，我带了 11 个研究生重上黄颊山，我又去了通化，重睹印版。

　　我就是要证明传统文化精神的价值和作用，因为 80 年代我写这篇论文时候，中国主流思潮是全盘西化，认为中国一切罪恶、落后都来自于儒家、传统文化，儒家思想反动。那个时候就是要走向未来，走向西方。所以我当时就是要通过对唐代历史文化的考察，证明儒家思想在政治、历史和文化上起到重大的正面作用。

　　杨阿敏：您是怎么关注到王通的？请您再详细谈谈考察王通遗迹的经历。

　　邓小军：陈寅恪说："世传隋末王通讲学河汾，卒开唐代贞观之治，此固未必可信。"我一看陈寅恪此言，知道王通不能不注意。唐代文学的第一家是王绩，王绩是王通的弟弟，初唐四杰之首王勃，是王通的孙子，你能不注意到吗？陈寅恪《赠蒋秉南序》是我们时代最好的古文之一，里面讲他的梦想就是想学习王通讲学河汾，"幽居疏属之南，汾水之曲"，以现在这个世道，我的梦想岂是能实现的？陈寅恪尽管在论文里说王通这个传说未必可信，但是在诗里他多次表达以王通为自己的梦想，为理想，为典范，为学习榜样。我能不注意到王通吗？实际上我的《唐代文学的文化精神》，王通、河汾之学、贞观之治这个部分有 10 万字，占全文 48 万字的 1/5。其他还有杜甫、韩愈、柳宗元，我都有自己的也许是非常重要的讨论或发现，咱们不去说它。

到河汾之地去考察王通遗迹，刚才讲到起因是因为看到元明清历代地方志里记载，在河津县，也就是隋唐龙门县以北黄颊山高山之上的文中子讲学洞，隋末王通曾隐居在此。这个洞前有很多摩崖石刻和石碑，有的已经倒掉，有的已经断掉，这引起了我极大的注意。这些石刻的铭文是什么年代，什么内容，对我的考证有什么作用，我必须去看。再有就是我已经从元明清历代方志看到在河津县南、汾河南岸的通化乡——这个地方在解放以后属于万荣县，在隋唐属于龙门县，也就是今天的河津县，通化乡即王通所教化的意思——有几家王通后人，当地有文中子祠和文中子墓。当时我的直觉就是我必须去看。这一去就连续两次。我以后做学术考察要做实地考察，其中重要内容就是石刻文献。（我到河汾一共四次，1989 年 4 月第一次去，到了黄颊山下、通化；第二次去，上了黄颊山到了文中子洞；1992 年第三次去，再到通化；2011 年第四次去，再上黄颊山文中子洞，并第三度到通化。）

1989 年 4 月我第一次到河津，先到县城找到了县志办。县志办的人给了我一张三十二开的彩印河津地图。他让我去黄颊山下张吴乡，那里离文中子洞最近，就在山脚。我从县城坐汽车北行，然后坐一段拖拉机右行往东去，然后再步行大约五六十里地到达山脚史家窑村。村西半头属于河津县，东半头属于稷山县。我找到村长，说我要上文中子洞去看，请帮我找一个向导。村长说地县两级领导来，要上去看，上不去，上面没有人烟，当天下不来。我就又走路又坐拖拉机又坐汽车返回河津。

返回河津之后我就马上到了通化，到达时已经是黄昏了，我住进一家鸡毛店旅馆，硬板床，很多臭虫。然后我马上走到通化街上，一脚跨进了一个糖果铺，说文中子后人家怎么走。这样真的找到了文中子后人家。

通化有王通后人几家。老大王西恩家保存了明代雕刻的《中说》全套印版，"文化大革命"时被没收了，后来退还，损失了几片，全套基本完整。老大家有女无子。我到通化的第二天，在王通后人王有全家看到了印版，摆在山西农村青砖的高大房子里。走进他家房子里，满地层层叠叠堆满印版。（后据王西恩女儿王英说，1972年她是村团支部副书记、妇女主任，看到雕版被运到通化革委会，当作生炉火的柴烧毁，很心痛，就将雕版藏在大衣里，陆续偷回。以后一直讳莫如深。）

那天傍晚，我首先到的是王有全弟弟家。他在40年代参加了共产党八路军，退休之前是西安音乐学院老干部，当时他在老家。他的毛根儿朋友（就是说从小的好朋友）有两个，一个姓庞，庞印泉，一个姓王，王世芳，都是村民。他立即带我去拜访村里一些老辈。第二天早上，他带我到原野上走了七八里。那个地方看似平原，实际上就是高原，没走到断崖的时候就忘了这是黄土高原。一望无际的麦苗里，有文中子墓的遗迹，有明代墓碑。村里有文中子祠的遗迹，圊、碑都还有一些遗存。印版是明代的，墓碑也是明代的。王世芳老人告诉我，通化王家很怪，从隋代到现在，不灭也不多，就是三五家。而别的姓从明代自山东到通化已经发展到几十户，他这家不多也不少，就这么几家。

我在通化待了几天，和当地的父老乡亲以及乡政府（他们也保存一些匾）做了相当充分的交流。临行前的晚上，旅馆老板来找我："你愿不愿意见我们当地最有威望、道德最高的一位老人？"我说要啊。他就用自行车驮着我，在村里他家、他子女家几个地点找。他不在，说是守林人，在守林。月黑风高，自行车驮着我在高原上走了好远，到了一个守林人的小屋里，我见到了庞印泉先生，他须发洁白，精神奕奕。他给我的印象有三点：第一，他完全是村民，但非常信仰儒家，熟悉《中说》，这非常罕见。第二，他出身贫苦，本来是文盲，全靠自学，连数学、几何都很好。村里修水利工程、大礼堂、剧院、设计、画图都是由他来完成。第三，他对儒家、对中国现代史很了解，非常了不起。

王世芳老人也是普通村民，我去他家里，他一边谈话一边写字，以卖点香蜡纸钱为生。他在40年代和王印全一起去投奔八路军，王印全最后就成了高级干部，王世芳没有参军。他说，他到的那天就看到一个年轻的八路军营长，腰里扎个皮带，皮带里别一把手枪，投井自杀。他当时就撤了，当农民几十年。他送我一本1957年的《学术月刊》，上面有一篇关于王通的文章。乡村要收藏这种学术刊物，可不容易，可见他们热爱王通、熟悉王通。

回到西安以后我不死心，因为我没有到文中子洞，虽然到通化已经有很大收获，看到了明刻《中说》印版，见了文中子后人。没过几天我跟霍老师提出我想再去一趟，霍老师一口答应。我又坐火车到韩城，再从韩城坐汽车到河津，中间越过黄河天险龙门口，就是传说鲤鱼跳龙门这个地方，巨大的落差，黄河的咆哮声在几里以外，就已经把破旧汽车挣扎轰鸣的发动机声音完全压住了。有了第一次的铺垫，我找到了河津中医院院长，他是王通后人家的女婿。他借了我一辆自行车，这样我就不用坐拖拉机、走路，骑到五六十里外的史家窑村。见了村长，我马上掏出十块钱（那个时候博士生的一个月是30块钱）交给他。他马上在院子里叫了一个老人，叫史安安，"你带着他上山"，我就跟着向导上山去了。

到了文中子洞，没有相机，我自己带了全套拓片工具，没有用上，我就笔录石刻铭文。现场有大量的石碑，有的碑还立着，有的碑已经倒了，有的断了，有的碑重叠压在一起。洞左右两边有很多摩崖石刻。这些石碑和摩崖石刻最早是明万历三年的，一直延续到民国。这些都写进了我的博士论文，1993年在台湾出版。文中子洞在吕梁山脉南端，海拔1300多米，上去很难走，有的路段（很短），需要攀崖，四肢并用才能上去。有一段是鲤鱼背，就是山脊、山梁，路就只有一二尺宽，像平衡木一样，十几米或者二十几米长，两边是万丈悬崖。向导跟我说，他们进山打柴背柴下山，回去经过这个地方，如果起风，不能走过去，必须爬过去，要不然会被风刮下去。

文中子洞、文中子故里的收获正面印证了传世文献。考察的结论进一步证明了文中子及河汾之学的真实性。

2011年，有人跑到中文系来找我。他以前是山西省委宣传部的干部，后来经商。"我们在文中子洞，在黄颊山发现有新的石刻，请你去。"当时院里正好发给博导一笔钱，2万块，只能报销差旅费。我就带了11个学生，还有毕业在山西高校教书的，一共是13人，第二次上黄颊山。后来我才发现由于炸山取石，山体改变了。我当年上山那条路大部分都是缓坡，少数路段是攀崖和平衡木、山脊鲤鱼背。山顶是从山脊上去，相当平缓。可是因为炸得比较多，山形改变了。这一次他带我们上去，前呼后拥地，叫了很多向导。有一两个小时，一二十里完全是攀崖，没有路，没有草木，有一棵草，我一抓，土是松的，全程只能这样爬。回过头去一看，全是万丈悬崖。我生气了，因为我带这个团队，我要为他们的生命负责，哪料到这个情况。我出发前就说，要死盯住每个人，然后编组，每个人的行动不能处于这个组的视线之外，不能出事，必须随时向我报告。如果有任何情况，要提早告诉我。半路上休息的时候，有个女生坐下去就流泪了，怕起不来。有个女生是农家来的，一直扶着她慢慢走。到后来这个女生恢复过来，站起来走，我松了口气：天啊！幸好下山不走这条路，不然不堪设想！下山走山背后，山背后是山坡，中间是个平缓的洞槽。洞槽很安全，有茂密的草木可以抓。这是第二次上山。

第二次上山因为带了十几台照相机、手机，所有的景观、石刻全部都拍了下来，我最近发表了《释文中子讲学洞摩崖题字石刻"裴（垂）长庚在"》这篇文章。

1989 年两次山西河汾考察，包括吕梁山脉南端黄颊山文中子洞的考察以及万荣通化文中子后人家、文中子祠墓、家藏明刻《中说》印版的考察，促使我在以后的学术研究里非常注重实地考察。当然我的文学和历史研究是以传世文献为主，但凡是有相关的实地遗迹，尤其是通过搜索知道当地可能会有早期文献、口述历史或石刻文献存在的情况下，我是一定要去的。所以后来就有了江西南昌市新建县望城镇青山村陈宝箴崝庐遗迹的考察，有了南昌县板湖村永木黎村与永王璘墓的考察。

　　根据《黎氏族谱》宋代程大昌的序，"唐肃宗朝，黎昕领左军尉，受命讨东南逆藩永王璘"，黎昕是一个军官，左军尉，追杀永王璘到江西。可是黎昕"兄子干"，"其子度，为虔化令，即今宁都州，卒于官，子孙因家于此"，自从唐代黎度以后就世世代代居住在永木黎村，为永王璘守墓，一千多年直到今天，而且黎村全部姓黎。这个事情你说奇不奇怪？我到了永木黎村之后，下午见了黎村的祠堂保管人黎医生，我把《文学遗产》翻到《永王璘案真相》送给他。我说我现在想看族谱，他将族谱拿给我，说相传永王璘是冤枉的，我们黎村世世代代，为他守墓。族谱清清楚楚记载了几十代。所以，这个事情也从一个侧面显现出永王璘冤案的真相。周围的村子都是坐北朝南的方位，黎村家家户户却是坐西朝东，在卫星地图上一目了然，永王璘墓也是坐西朝东。唐代韩偓的墓在福建泉州南安县丰州镇，那个墓朝西北，朝向长安。死后心向长安，他和闽政权王审知是不合作的，他忠于唐朝，是唐遗民。可是永王璘的墓，却是背向长安，所以我认

2017 年 9 月 9 日山东鄄城郭水坑村郭家祠堂拓印玉明族祖碑，与拓工刘学鹏师傅合影

为他冤枉，他死后背向长安，背向唐朝。可见这些实地考察都是非常重要的，它会提供实地遗迹、文献遗存，包括传世文献、口述历史，尤其是早期原始石刻文献，对研究非常有作用。

做原始石刻文献考察的例子还有《顺治出家考》，考察河南民权白云寺的康熙御匾五道、已见铭文八面，以及山东鄄城郭水坑村的、河南民权白云寺的众多相关原始石刻铭文。在顺治出家研究里，这些原始石刻铭文起到了决定性的作用。除此之外，我还有其他与重大学术研究有关的实地考察，这些实地考察的足迹上至东北，下到华南（广东），工作量和规模不下于我上述对文中子、对陈宝箴、对于永王璘、对顺治出家的历史遗迹和石刻文献的考察，不过我还没有发表。所以实地考察原始文献，在我的学术研究工作中有前后三十年的历史。我在《顺治出家考》所作的众多原始石刻文献考察不是临时来的，有三十年的实践经验和历史背景，不是突然而来的。

杨阿敏：您曾根据农村生活经验来解读陶渊明田园诗，一般读者印象中，"草盛豆苗稀"的陶渊明是不熟习农事的。据您的研究，陶渊明到底是不是一个合格的农民？

邓小军：三四月间一时"草盛豆苗稀"，五黄六月一时间秧田杂草、稗子长起来，都是农田常事，用不着大惊小怪。1969—1975 年，我在成都平原农村种田经历七个春夏，知道这种情况。

大豆行距宽，豆苗本来就稀，春夏之交，青草长得很快，没几天就会"草盛豆苗稀"。另外，陶渊明不是只有一块地，今天在西田插秧，明天就来南亩锄草，今天南亩暂时"草盛豆苗稀"，明天就"草尽豆苗出"了，一块地暂时"草盛豆苗稀"，是农田的正常情况。

类似的情况，五黄六月，秧田扯草，拔起的杂草、稗子甩满了长长的田埂，秧田里为什么这么"草盛"？就像陶渊明不是只有一块地，一个生产队不会只有一片田，盛夏时秧田杂草、稗子长得很快，没几天就长得和秧子"品起"（并排），今天这一片田扯完草，那一片田暂时还是"草盛"，不要紧，明天就把那一片田的草扯光了。能说今天那一片田暂时"草盛"，就是农民"不熟习农事"？

陶渊明是一位优秀的农民。他躬耕，极其勤奋。他种植的农林副作物，据其诗歌自述，不仅包括水稻、大豆、桑、麻、蔬菜、花卉、药材、果木，还有大面积的冬小麦。他种植水稻，见《庚戌岁九月于西田获早（旱）稻》《丙辰岁八月中于下潠田舍获》；种植果木，见《戊申岁六月中遇火》"果菜始复生"，《归园田居五首》其一"桃李罗堂前"。从《归园田居五首》其一"开荒南野际"，其二"桑麻日已长，我土日已广"，《癸卯岁始春怀古田舍》其二"平畴交远风，良苗亦怀新"，可见他大面积垦荒种田。《癸卯岁始春怀古田舍》其一："在昔闻南亩，当年竟未践。屡空既有人，春兴岂自免。夙晨装吾驾，启涂情已缅。……寒竹被荒蹊，地为罕人远。"可见他甚至深入僻远之处垦荒。《丙辰岁八月中于下潠田舍获》："贫居依稼穑，戮力东林隈。不言春作苦，常恐负所怀。司田眷有秋，寄声与我谐。饥者欢初饱，束带候鸣鸡。扬楫越平湖，泛随清壑回。郁郁荒山里，猿声闲且哀。""饥者欢初饱，束带候鸣鸡"，言秋收之初，已经能吃饱，非常开心，天没亮时就已经束带——挂上镰刀等收获用的农具，坐待鸡鸣报晓就出发。这一细节非常新鲜，非常感人。可见他有时要早起乘船渡过漾洄曲折的山间湖泊，才能到达自己开垦种植的田野。陶渊明之所以要大面积垦荒种田，是因为不如此就不能养活一大家人。《宋书》卷九三《隐逸列传·陶渊明传》载："为彭泽令，公田悉令吏种秫稻，妻子固请种粳，乃使二顷五十亩种秫，五十亩种粳。"陶渊明《归去来兮辞》曰："僮仆欢迎，稚子候门。"《与子俨等疏》云："告俨、俟、份、佚、佟。"

晋代实行占田制，鼓励农民垦荒。《晋书》卷二六《食货志》记载："及平吴之后……又制户调之式：……男子一人占田七十亩，女子三十亩。其外丁男课田五十亩，丁女二十亩，次丁男半之，女则不课。"占田制鼓励农民垦荒占田，有利于扩大耕地面积，发展农业生产。占田制虽然是西晋制定和实行的制度，但是从陶渊明诗所自述垦荒的实际情况来看，东晋仍然允许垦荒，可见东晋仍然实行占田制。

陶渊明是种植蔬菜的好手。从《戊申岁六月中遇火》"果菜始复生""且遂灌我园"，《和郭主簿二首》其一"园蔬有馀滋"，《答庞参军》"朝为灌园，夕偃蓬庐"，《读山海经》十三首其一"欢言酌春酒，摘我园中蔬"，《和胡西曹示顾贼曹》"流目视西园，晔晔荣紫葵"，可见渊明经营了一片菜园，而且菜园面积不小。如果菜园面积小，只消挑水浇菜就可以了，用不着"灌我园""灌园"。他种菜不仅用以自养，而且还能销售蔬菜以贴补家用。

陶渊明也是种植各类经济作物的好手。《归园田居五首》其一："开荒南野际，守拙归园田。方宅十馀亩，草屋八九间。榆柳荫后檐，桃李罗堂前。"可见陶家宅园地亩不算小，这也是他辛勤开拓的业绩。从《停云》序"樽湛新醪，园列初荣"，《九日闲居》序"余闲居，爱重九之名，秋菊盈园"，《时运》其四"斯晨斯夕，言息其庐。花药分列，林竹翳如"，《戊申岁六月中遇火》"果菜始复生"，《和郭主簿二首》其一"蔼蔼堂前林，中夏贮清阴""园蔬有馀滋，旧谷犹储今"，《读山海经》十三首其一"孟夏草木长，绕屋树扶疏。众鸟欣有托，吾亦爱吾庐""欢言酌春酒，摘我园中蔬"，可见渊明家宅园地种植有满园的蔬菜、花卉、药材和果木，经济作物品种繁多，并且实行花卉、药材等类作物间种（"花药分列"），种植技术高明。可见他深知花、药分行列间隔种植的好处，可以充分利用阳光、密植、高产，甚至避免虫害。他的菜园、花圃，就在自家草庐的旁边。

　　颜延之《陶征士诔并序》云："灌畦鬻蔬，为供鱼菽之祭；织绚纬萧，以充粮粒之费。"上二句与下二句互文，"灌畦鬻蔬"，写陶渊明种菜和卖菜；"织绚纬萧，以充粮粒之费"，写其编织鞋屦（"织绚"）帘席（"纬萧"）和出售；"为供鱼菽之祭""以充粮粒之费"，则写他卖菜、卖编织品以换回鱼肉和粮食，以弥补肉类和粮食消费之不足。种菜和卖菜，生产和卖出编织品，此两方面正是陶渊明在其田园诗中语焉未详的生产劳动内容。千百年来，中国农民除种植稻菽桑麻等农作物外，还需生产和销售其它农副产品、手工艺品，以换购粮食之外的其它生活必需用品，当粮食不足时，则换购粮食。"织绚纬萧"是编织工艺，技术性强，需要专门学习，心灵手巧，也需要辛苦劳作。我曾在川西农村生活过七年，常见川西农民做草编、竹编（类似"织绚纬萧"），但并不是所有的农民都会做这样的手艺，会做手艺的农民一定是特别勤奋、聪明的农民，而且往往家境贫寒，希望通过做手艺增加收入、改善生活。颜《诔》告诉读者，陶渊明也是这样谋生的。如颜所述，陶渊明是从一位"井臼弗任"的读书人，到归田后胜任"灌畦鬻蔬""织絇纬萧"，学会了耕种和编织的本领。可见，为了坚守"但使愿无违"的做人理想，陶渊明是付出了多么艰苦卓绝的努力。即使是以农民的标准来衡量，归田后的陶渊明也是一位特别能干的优秀农民。以士人的标准来衡量，陶渊明真是一位能坚守住自己独立自由人格的士人。

颜延之是陶渊明善于务农的见证人。

颜《诔》云："自尔介居，及我多暇。伊好之洽，接阎邻舍。宵盘昼憩，非舟非驾。念昔宴私，举觞相诲：'独正者危，至方则阂。哲人卷舒，布在前载。取鉴不远，吾规子佩。'尔实愀然，中言而发：'违众速尤，迕风先蹶。身才非实，荣声有歇。'"

根据《宋书》及《晋中兴书》的记载，陶渊明、颜延之的交往，前后有两度，皆是在晋安帝义熙元年（405年）渊明弃官归隐寻阳（今江西九江）之后。

陶颜第一度交往，是在义熙十一年（415年）至十二年（416年），如《宋书·陶潜传》所述"颜延之为刘柳后军功曹，在寻阳，与潜情款"。此度交往时间较长，因为颜延之供职寻阳约一年左右，故可与陶渊明从容来往，甚至比邻而居，聚谈甚多。

第二度交往，是在宋武帝永初三年（422年）颜延之被贬出为始安（今广西桂林）太守道经寻阳时，与陶渊明盘桓流连。此度交往时间较短，因为颜延之是赴任路过寻阳，但也不至于太仓促，至少有几天时间与陶渊明天天聚谈，如《宋书·陶潜传》所述，颜延之"为始安郡，经过，日日造潜，每往必酣饮致醉"。

颜延之在陶渊明家，当亲眼看见过士人陶渊明像普通农民一样做这些农家活和编织手艺。

杨阿敏："诗史互证"是中国古代文史研究的重要方法，也是您学术研究的鲜明特色，您是如何理解这一方法的？使用这一方法展开研究时有什么需要注意的地方吗？

邓小军：中国诗的基本特征是写实，"知人论世"是中国诗学的大传统。

中国诗气象万千，有纯美感、抒情单纯的诗，如"春眠不觉晓"，用不着"诗史互证"；有包含历史地理内容的诗，如《峨眉山月歌》《卖炭翁》，应该了解其中的历史地理内容；还有包含重大历史内容的诗，如陶渊明《述酒》《饮酒》，李白《永王东巡歌》《南奔书怀》，杜甫《北征》《洗兵马》就必须考察其中的重大历史内容。具体情况，千变万化，不备举。

美学包含悲剧美，悲剧往往有社会历史背景之原因，悲剧审美往往需要认识其社会历史背景，便不同于一般纯审美。

有些诗歌包含历史内容，如果不了解诗歌的历史内容，对诗歌的文学鉴赏又从何说起？那是自欺欺人。

使用诗史互证方法，除了需要够水准的诗歌鉴赏能力，还需要够水准的诗史互证的训练，需要够水准的史学、历史地理学、训诂学、目录学、版本学、金石学等训练。这些学科中的多数在过去几代人的中文系课程设置里是没有的。再说，诗史互证的典范《钱注杜诗》的被认可，也只是最近20年的事。如果没有课程可以学，就得靠自己学。只有学会运用史学、训诂学、历史地理学、目录学、版本学、金石学等知识（运用一种或多种，看个案需要），能够解决相关问题，从而有效解释相关诗歌，在诗史互证方面才有真正的发言权。

　　学习诗史互证方法最好的路子，是熟习诗史互证的经典著作：汤汉注《陶靖节先生诗》、钱谦益《钱注杜诗》、瞿蜕园等《李白集校注》、陈寅恪《柳如是别传》等。这些著作即或有所不足，并不影响其作为典范而足资学习的学术价值。

　　诗史互证工作应有的目标，是解决重要和重大的诗史问题。"临渊羡鱼，不如退而结网"，要有旺盛的企图心（借用军事常语），学会一门又一门必不可少的学问。在文史领域，只要肯学，就能学会。

　　使用诗史互证方法有什么需要注意的地方？举其大端如下：

　　第一，对诗中词语之训诂、古典、今典，逐一搜证，无一遗漏，一追到底，直至水落石出。

　　第二，紧扣相关诗与史。例如前述李白《永王东巡歌十一首》其一："天子遥分龙虎旗。"结合《旧唐书》相关记载可知"天子遥分龙虎旗"，不是指玄宗任命永王璘为山南东路等四道节度使，因为那是在汉中当面任命，不得曰"遥分龙虎旗"，而只能是指玄宗任命永王璘为江淮兵马都督、扬州节度大使，此为玄宗远隔蜀道与荆襄道之间千山万水对永王璘之任命，正是"遥分龙虎旗"。诗与史吻合。

　　永王璘奉唐玄宗之命和唐肃宗之认可，率水军从江陵沿长江下扬州，执行渡海进攻安史叛军巢穴幽州（今北京）的战略任务，被唐肃宗突然诬陷为"叛逆"，横加镇压于丹阳（今江苏镇江）。在唐朝官方历修史书中，有关永王璘案真相的文献材料已被删除殆尽，而代之以污蔑不实之词。因此，李白《永王东巡歌》"天子遥分龙虎旗"，与《旧唐书》的记载作为共同证实唐玄宗任命永王璘为江淮兵马都督、扬州节度大使的原始证据文献，对于揭露历史真相，彻底推翻永王璘冤案，起到了重大作用（详见《永王璘案真相——并论李白〈永王东巡歌十一首〉》）。

　　第三，诗人或改变古典以确指今典，亦应注意。例如陶渊明《述酒》："山阳归下国，成名犹不勤。""下国"指诸侯国。"成名"指加谥，代指君主之死。《谥法》曰"不勤成名曰灵"，君主死于非命，谥号例曰灵，故"成名犹不勤"指君主死于非命。诗字面言汉献帝被贬为山阳公以后，遂死于非命。按《后汉书·孝献帝纪》："（建安）二十五年（220年）……逊位，魏王不称天子，奉帝为山阳公。……魏青龙二年（234年）……山阳公薨。自逊位至薨，十有四年，年五十四。"可知汉献帝被贬为山阳公以后，并未死于非命，是死于十四年后。复按《宋书·武帝本纪下》永初元年（420年）六月："封晋帝为零陵王，全食一郡，载天子旍（旌）旗，乘五时副车，行晋正朔，郊祀天地礼乐制度，皆用晋典。上书不为表，答表勿称诏。"《宋书·武帝本纪下》永初二年（421年）："九月己丑，零陵王薨。车驾三朝率百僚举哀于朝堂，一依魏明帝服山阳公故事。太尉持节监护，葬以晋礼。"《晋书·张祎传》："刘裕以祎帝之故吏，封药酒一罂付祎，密令鸩帝。祎既受命而叹曰：'鸩君而求生，何面目视息世间，不如死也！'因自饮之而死。"《宋书·褚淡之传》："兵人乃逾垣而入，进药于恭帝。帝不肯饮，曰：'佛教自杀者不得复人身。'乃以被掩杀之。"可知刘裕篡晋以后，对晋恭帝假装友好，封为零陵王，给予诸侯国待遇，然后派人杀死晋恭帝，并制造谎言称晋恭帝是自然死亡（"薨"）；又制造骗局，接连三天率百官为晋恭帝举哀于朝堂。可见，陶诗言汉献帝被贬为山阳公以后死于非命，乃是暗示读者本诗改变了汉献帝故事，并不是在讲汉献帝故事，而是在讲时事。以本无其事的山阳公（汉献帝）之死于非命，隐喻零陵王（晋恭帝）之死于非命，陶渊明创造性地使用改变古典的关键情节的手法，来确指被政治谎言所掩盖的重大时事的真相。

第四，有时需注意版本异文，择善而从。例如陶渊明《述酒》："诸梁董师旅，芈胜丧其身。"陶集苏写本作"芈胜丧其身"，校语："一作羊，非。"曾纮本、曾集本、汤汉注本、宋残本作"羊胜丧其身"，校语："一作芈。"

"诸梁"，春秋楚大夫沈诸梁，即叶公子高。《左传》定公五年"叶公诸梁"晋杜预注："诸梁，司马沈尹戌之子，叶公子高也。""芈胜"，春秋楚公子白公胜，芈，楚国君族姓。《左传》哀公十六年云："楚大子建……其子曰胜。"《史记·楚世家》曰："楚之先祖出自帝颛顼高阳，芈姓，楚其后也。"

"诸梁董师旅，芈胜丧其身"，古典事见《史记·楚世家》："（惠王）八年（前481年）……白公胜……袭杀令尹子西、子綦于朝，因劫惠王，置之高府，欲弒之，惠王从者屈固负王亡走昭王夫人宫。白公自立为王。月馀，会叶公来救楚，楚惠王之徒与共攻白公，杀之。惠王乃复位。"

今典事见《宋书》卷一《武帝本纪上》："元兴元年（402年）正月，骠骑将军司马元显西伐荆州刺史桓玄，玄亦率荆楚大众下讨元显……十二月，桓玄篡帝位，迁天子于寻阳……三年二月……众推高祖为盟主……玄败，玄经寻阳……挟天子走江陵……因西走……益州督护冯迁斩玄首，传京师……义熙元年（405年）正月……江陵平，天子反正。"

诗言春秋楚国芈胜发动政变，扣留楚惠王，沈诸梁统率各路军队镇压了芈胜，惠王复位，隐喻桓玄篡晋，劫持晋安帝，刘裕统率各路军队镇压了桓玄，安帝反正。可见，今存陶集宋刻本五种，苏写本作"芈",是唯一正确之文字。诸本作"羊"或"芊",皆形近之误,使陶诗不得其解。

第五,诗史互证可能会遇到各种情况,但只要吃透文献材料,就能切实掌握情况,作出准确处理。

第六,诗史互证的最佳选择,当然是解释重大诗史作品。

杨阿敏:您不仅研究中国古典诗歌,对现当代旧体诗词诸大家之作亦多阐幽发微,现代旧体诗词与古典诗歌相比有何独特之处?旧体诗词能否表现现代生活?现代旧体诗词成就如何?

邓小军:现当代是二千年所未有之变局的时代,现当代旧体诗词势必要反映此时代,这就注定了诗史成为现当代旧体诗词的标志性组成部分。现当代旧体诗词的最独特之处,就是成功地反映了此二千年所未有之变局的时代和在此时代中人的生活、命运与悲欢。现当代诗词无论在时代内容、艺术造诣、人文境界、诗歌理论各方面,都有古典诗歌从未有过之开创、发展和改变。当然,现当代旧体诗词可能亦有其不足或局限。

"五四"以后的中国,新旧文化兼容并存。一方面胡适主张新文化、白话文,反传统、反文言,另一方面传统文化、文言文、旧体诗词仍然具有深厚的生命力。例如抗日战争时期,国军所有作战电文、详报、简报,都是使用文言文。1944年衡阳保卫战,第10军浴血奋战47天,弹尽援绝,8月8日衡阳失守前,守军致电重庆军委会,电末云"来生再见"。时沈祖棻感赋《一萼红》词,序云:"甲申八月,倭寇陷衡阳。守土将士誓以身殉,有来生再见之语。"词云:

"乱笳鸣。叹衡阳去雁，惊认晚烽明。伊洛愁新，潇湘泪满，孤戍还失严城。忍凝想，残旗折戟，践巷陌、胡骑自纵横。浴血雄心，断肠芳字，相见来生。"电文与词，交相辉映。

再举一例。民国年间，江西广丰县有一民间诗社曰吾社，吾社诗人的诗，有韵致，有雅致，亦有诗史，够水准。吾社诗人萧梦霞，卖酱油为生，萧梦霞《送远征军入缅甸因有所感》云："铁骑千群辞上国，西风残照动悲歌。云连八莫城关险，路近胡康瘴疠多。土地已归英版籍，衣冠长忆汉山河。雄师纵使摧强敌，破碎金瓯竟若何。"诗写抗日战争1942年初中国远征军第一次入缅作战、1944年底中国驻印军第二次入缅作战，气韵沉雄，意境遥深，无愧诗史。其实全国很多地方都有这样优秀的诗人、诗人群体，为中国诗续命。

改革开放以来，发掘、出版、研究现当代旧体诗词及诗话，取得了可观的成绩。对现当代旧体诗词的发掘是否达到全面的程度？研究是否达到深入的程度？可能尚待时间检验。

杨阿敏：国内高校中文系师生多不能写作旧体诗词，这对于欣赏和研究古典文学而言终是隔了一层。您曾开设诗词写作课程，指导学生入门。对初学诗词写作者，您有什么建议？几十年来，您也吟咏不辍，请谈谈自己作诗的经验和体会。

邓小军：以《全唐诗》为例，一般诗人距离李白、杜甫相去十万八千里，但中间有许多的层级、境地。作诗的人能达到什么境地，除了个人天赋、能力之外，取决于自己愿意达到什么境地，取决于自己的志向和努力。求仁得仁，各得其所。

有兴发感动的诗，也有逞才斗智的诗。兴发感动的诗，好比四时花开；逞才斗智的诗，譬如剪纸作花。有关怀者大的诗，也有小情趣的诗。有人文境界的诗，也有无所谓人文境界的诗。可以兼而有之，也可以一枝独秀。唯决定诗人品第之高下者，在于诗中境界之高低。

杨阿敏：您曾潜心于儒家思想，撰有《儒家思想与民主思想的逻辑结合》一书。在您看来，什么是西方近代民主思想的核心逻辑，什么是儒家思想的核心逻辑，为什么儒家思想与民主思想可能而且应当合逻辑地相结合，儒家思想与民主思想如何结合？

邓小军：西方近代民主思想的核心逻辑是，天赋人性来源于并同质于自然法，天赋人性是道德理性，天赋人性本善，天赋人性人人平等（斯多亚学派），因为人具有道德理性，因此应当享有根据其道德理性而具有的正当做人的权利亦即天赋人权（格劳秀斯）；因为天赋人性人人平等，天赋人权人人平等，因此政治权利人人平等，最高政治权力属于政治权利人人平等的全体人民（洛克）。

可以表示为：自然法→天赋人性本善→天赋人性人人平等→天赋人权人人平等→政治权利人人平等→主权在民

儒家实际政治思想的核心逻辑可以表示为：天道→天赋人性本善→天赋人性人人平等→民本民贵、君权有限合法性、君臣关系相对性

儒家政治理想的核心逻辑可以表示为：天道→天赋人性本善→天赋人性人人平等→天下为公（《礼记·礼运》孔颖达《疏》："天位灼然与天下〔人〕共之。"）

儒家思想与民主思想如何结合：这一结合，是以儒家的天赋人性本善、天赋人性平等为逻辑前提，正当地接上民主思想的天赋人权、人人平等。然后以此为逻辑前提，正当地接上儒家的天下为公思想，亦即民主思想的主权在民。然后把天下为公落实，民主思想的最高权力立法权属于全体人民、立法受人性和人权的限制、民主社会是法治社会、法律面前人人平等。

可以补充说，民主政治哲学，包括两部分或两阶段：一是民主政治何以必要、何以可能，二是民主政治之权力何以需要限制、如何限制。

人性本善（人本来是有理性的），是民主何以必要、何以可能的逻辑前提。如果没有性善论，则民主学说无从成立。人性有可能变而为恶（人的理性是有可能被私欲、偏见所蒙蔽的），是权力何以需要限制、如何限制的逻辑前提。如果没有人性可能变而为恶的思想，则限制权力无从说起。

杨阿敏：您曾开设先秦经典导读课，选读《五经正义》等书籍，逐字逐句读经传注疏全文。于初学者而言，应如何阅读《十三经注疏》？

邓小军：初学者阅读《十三经注疏》，先不必存有先见，比如否定《毛诗正义》，而是先看了再说。全部通读《十三经注疏》不容易，可以根据自己的时间多少、兴趣所在，确定通读其中一种或几种经典。《易》《书》《诗》《礼记》《左传》《孝经》《论语》《孟子》，多具儒学之通义，可以选择其中一种或几种通读。通读是指逐字逐句阅读一种经典的全部经传注疏。个别不懂之处，或不以为然之处，可以暂时放下，继续读下去。

一经之传注疏，包含此经从先秦到汉唐之学术史，是读经必由之路。如《毛诗正义》包含研究诗歌的历史语言之学和文学之方法，体现在字词之训诂、史事之考证、比兴之解释、感发之领会、句章之解释，是中国诗学的原始典范。其中史事之考证方法，与《三国志》南朝宋裴松之注所开创的中国史学考证方法，是完全一致的。《毛诗正义》以《燕燕》一篇为代表作，不妨先读。其馀经典，可以选读一些篇章，包括这些篇章的全部经传注疏，如《周礼》《仪礼》《公羊》《穀梁》，将来需要阅读或查阅时知道路子。最后，记录史学家陈寅恪、思想家唐君毅对儒家经典的几段看法，供大家参考。

俞大维《怀念陈寅恪先生》云："他说：无论你的爱憎好恶如何，《诗经》《尚书》是我们先民智慧的结晶，乃人人必读之书。关于《尚书》今古文之辨，他认为古文《尚书》，绝非一人可杜撰，大致是根据秦火之后，所传零星断简的典籍，采取有关《尚书》部分所编纂而成。所以我们要探索伪书的来源，研究其所用资料的可靠性，方能慎下结论，不可武断地说它是全部杜撰的。"[①]

该文又云："寅恪先生对于《礼记》的看法：他说《礼记》是儒家杂凑之书，但包含儒家最精辟的理论。除了解释《仪礼》及杂论部分以外，其他所谓通论者，如《大学》《中庸》《礼运》《经解》《乐记》《坊记》等，不但在中国，就是在世界上，也是最精彩的作品。我们

---

① 俞大维：《怀念陈寅恪先生》，陈流求等《也同欢乐也同愁：忆父亲陈寅恪母亲唐筼》附录，北京：生活·读书·新知三联书店，2010 年，第 279 页。

不但须看书，且须要背诵。"①

唐君毅《人生之体验》云："我喜欢中国之六经，希伯来之《新旧约》，印度之《吠陀》，希腊哲学家如 Pythagoras 及 Heraclitus 等之零碎的箴言。我喜欢那些著作，不是它们已全道尽人生的真理。我喜欢留下那些语言文字的人的心境与精神、气象与胸襟。那些人，生于混沌凿破未久的时代，洪荒太古之气息，还保留于他们之精神中。他们在天苍苍、野茫茫之世界中，忽然灵光闪动，放出智慧之火花，留下千古名言。他们在才凿破的混沌中，建立精神的根基；他们开始面对宇宙人生，发出声音……他们以智慧之光，去开始照耀混沌。"②

杨阿敏：您对义宁陈氏一家三代之学术思想特别关注，除专文论述外，其思想精神多融入您的学术生命之中。您是何时开始关注并研究义宁陈氏的，这对您有什么影响，您如何看待当今出现的"陈寅恪热"？

邓小军：关注义宁陈氏，始于 1980 年川大历史系教授缪钺先生对我的嘱咐。我当时读西南师院中文系七八级，父亲带我去拜访和请教缪钺先生。缪先生说陈寅恪先生是当代最重要的学者，是司马迁以后最杰出的史学家，嘱咐我一定要好好读寅恪先生的著述。缪先生的话，我铭记不忘。1980 年在重庆古籍书店，随后在成都古籍书店，陆续买齐了刚出版的陈寅恪文集。四十年来，读陈寅恪著作，

---

① 《也同欢乐也同愁：忆父亲陈寅恪母亲唐篔》，第 280 页。
② 《唐君毅全集》第 3 卷《人生之体验》，北京：九州出版社，2016 年，第 4 页。

从逐渐地懂到逐渐地明白，这个进程持续到近年。每一次读从不懂到懂，体会越来越深。加深了对陈寅恪先生的尊敬、信服和信任。陈寅恪宝贵的学术经验，陈寅恪的思想和人格是历史的可靠坐标。

陈寅恪是对我影响最大的学者，这毋庸讳言。但这不等于盲从，"先生之学说，或有时而可商"。我喜欢当今的"陈寅恪热"，年轻人对陈寅恪的热爱和崇敬、对中国文化的认同，我自己四十年来也是怀着这样的心情。从某种意义上说，了解陈寅恪，是在现代了解中国文化最好的一座桥梁，也是了解中国历史最好的一座瞭望台。

杨阿敏：现代新儒家熊十力、梁漱溟、马一浮等人的著作曾给您以极大的震撼，现代新儒家"新"在何处？如何评价其在思想学术史上的价值与意义？

邓小军：我读儒家的书，始于 1980 年代初西南师院中文系教授曹慕樊老师对我的嘱咐，曹老师是熊十力先生、梁漱溟先生亲弟子。

熊十力的著作给我极大的震撼，是在黑格尔以斗争为世界本质的辩证法哲学之外，原来还有中国哲学"万物并育而不相害"的本体论。梁漱溟著作给我以极大的震撼，是衡量历史发展的尺度除了生产力发展的尺度以外，原来还有社会单位以文化同化融合邻邦外族的尺度，以及个人"必尽其头脑心思之用乃不负其所以为人"，即思想自由的尺度。

20 世纪现代新儒学，可以称为中国儒学自先秦儒学、宋明理学之后的第三阶段、第三高峰。

现代新儒家之"新"，主要在于揭示儒家思想的现代价值，以儒家思想回应现代世界文化对中国文化的挑战，沟通儒家思想与现代价值观念。我个人认为，现代新儒家熊十力、梁漱溟、马一浮，以及第二代新儒家唐君毅、牟宗三、徐复观，在思想学术史上杰出的贡献，主要还是在揭示儒家思想的现代价值——即其恒久价值，也就是人类基本价值。两代新儒家学人在回应现代世界文化对中国文化的挑战方面，以及沟通儒家思想与现代价值观念方面，则较为逊色。

如陈寅恪所指出，"中国至秦以后，迄于今日，其思想演变之历程，至繁至久，要之，只为一大事因缘，即新儒学之产生及其传衍而已"（《冯友兰中国哲学史下册审查报告》），新儒学仍当是中国思想未来最重要的发展方向。

杨阿敏：您为什么要笺证李天馥《古宫词》，这 120 首集唐诗传递出什么历史信息，有什么文学价值？

邓小军：清康熙四年（1665 年），翰林院检讨李天馥《古宫词一百二十首集唐》刊印。《古宫词·小引》表明本书是为顺治帝董皇后作。

1965 年，邓之诚《清诗纪事初编》出版，其中引用了《古宫词·小引》数语及两首诗，进入台湾，引起高阳的高度重视。高阳发表著述说，《古宫词》是"细考此案（董小宛入清宫案）最珍贵的材料"，并"馨香祷祝"以求之，但其生前始终未能寓目。2001 年我到中国科学院文献情报中心，见到了李天馥《古宫词一百二十首集唐》康熙原刻孤本。

《古宫词》之一百十九：一世生离恨有馀，晨妆独捧紫泥书。岂知为雨为云意，玉案傍边立起居。"一世生离恨有馀"，言女主人公董皇后与夫君一辈子生离死别，抱恨终身。这夫君不可能是指皇帝，因为下三句皆言董皇后受到皇帝诏封之恩宠，及与皇帝之欢合，故不得曰与皇帝"一世生离恨有馀"。"一世生离恨有馀"，表明董皇后在皇帝之先本有夫君，却与本夫一辈子生离死别，抱恨终身。读到此句诗时，为之震动。

《古宫词一百二十首集唐》从不同角度隐秘地记叙董小宛入清宫之事，大约有20处。李天馥将《古宫词一百二十首集唐》付梓，可见他对此书之重视（后来为了避祸，没有收入诗集），因此应该加以笺证，以期完整地揭示其意蕴。

董小宛入清宫被清廷所刻意掩盖，而成为一桩历史公案。与《古宫词一百二十首集唐》同时，顺治、康熙时的大量原始文献，从不同层面、不同角度反映出董小宛被掳后归多尔衮、硕塞、顺治之经历之片段，这些原始文献包括冒辟疆《影梅庵忆语》，《同人集》吴绮、陈维崧、徐泰时、周士章、吴梅村、杜浚等人的诗，《同人集》之外丘石常、陈维崧、李天馥、吴梅村、钱谦益、龚鼎孳、查慎行、李孚青等人的诗词，《清世祖实录》，朝鲜使节李渲《燕途纪行》，朝鲜使节尹绛等《燕中闻见》，《爱新觉罗宗谱·硕塞谱》，洪昇《长生殿》院本，毛奇龄《长生殿院本序》，骨岩行峰《侍香纪略》，《芇溪森禅师语录》等，此外，顺治《御制（端敬皇后）行状》、金之俊《端敬皇后传》亦颇有可资印证之处。这些原始文献均为有关董小宛入清宫案的单篇或片段，并非专书，《古宫词》是专书，虽小却好，《古宫词笺证》正好可以作为依据这些原始文献考察董小宛入清宫案的一个独立成书的引子。（完整的研究参阅邓小军《董小宛入清宫与顺治出家考》，华东师范大学出版社，2018年。）

李天馥《古宫词》之文学价值：第一，清辞丽句，词藻警人，馀香满口，足资鉴赏；第二，组织工巧，融会贯通，如出一手，足资观摩；第三，妙处传神，言有尽而意无穷，足资探骊得珠。

杨阿敏：您认为中国古代文学研究者的研究目的和意义是什么？请谈谈您的治学理念与方法。

邓小军：陈寅恪说得对："吾民族所承受文化之内容，为一种人文主义教育，虽有贤者，势不能不以创造文学为旨归。"（《吾国学术之现状及清华之职责》）

陈寅恪的话表示，中国文学既是文学，但又往往并非是单纯文学，而是一种全副人文文化之载体，包含文史哲之内容（"为一种人文主义教育"）。《诗经》就是这种人文主义作品之典范，作为五经之一，绝非偶然。南朝齐孔稚圭《北山移文》曰："既文既博，亦玄亦史。"现代马一浮《蠲戏斋诗自序》云："诗以道志，志之所至者，感也。自感为体，感人为用。""言乎其感，有史有玄。得失之迹为史，感之所由兴也；情性之本为玄，感之所由正也。"既文亦玄亦史，诗中有史有玄，是中国文化一大传统。

可见，作为一种人文主义、人文文化之文学，中国文学既是作者的人文创造之载体，亦是读者的人文接受之载体，不只是纯粹文学创作、欣赏之对象。揭示中国文学的文学价值和人文价值，这就是古代文学研究的意义。

陈寅恪的话还表示，创造文学在中国文化中居于非常重要之地位（"以创造文学为旨归"）。举两组数据、一个事实。

第一组数据：台湾商务印书馆景印本《文渊阁四库全书》共计1500 册，其中经部 236 册，史部 453 册，子部 367 册，集部 435 册。

第二组数据:《中国古籍总目》共26 册，其中经部 2 册，史部 8 册，子部 7 册，集部 7 册，丛部 2 册。由此大致可见，文学在中国文化中所占比重仅次于并接近于史学。

一个事实：在中国历代地方志（主要是明清州府县志）中，艺文是中国历代地方志的血脉和灵魂。从宋代《太平寰宇记》起，艺文也是很多中国历代地理总志的血脉和灵魂。在中国历代地方志中，各种文体的文学作品不仅集中记录在艺文志之中，而且分散记录在山川志、古迹志等之中，成为自然山川之美的画龙点睛之笔、地方历史文化的精神灵魂。

由这些数据和事实可见，文学创作与文学接受，在中国文化中居于非常重要的地位。

我的治学理念与方法，见于我的著作和论文之中，也多少见于本访谈录了。

从农民到博士

——赵敏俐教授访谈录

赵敏俐，1954年生，内蒙古赤峰市人，文学博士，现为首都师范大学燕京人文讲席教授，主要从事中国古代文学和文化研究，出版过《两汉诗歌研究》《先秦君子风范》《中国诗歌通史》(与吴思敬共同主编)等多部学术著作，获得过教育部人文社科优秀成果一等奖等多项奖励。

杨阿敏：请您先介绍一下您小时候的家庭生活情况？

赵敏俐：我的老家是内蒙古赤峰市喀喇沁旗西桥乡西桥村，是一个比较偏僻的地方。我家有七口人，我的父亲、母亲，一个哥哥，两个弟弟，一个妹妹。小时候家庭生活困难。我1954年出生，最早的朦胧记忆是1958年"大跃进"。那时成立了人民公社，我家对面就是生产队部，大墙上写着"鼓足干劲，力争上游，多快好省地建设社会主义"(当时未必认得这些字，但是这个标语以后好多年一直写在墙上，所以记得)的大标语，还有举着三面红旗等等的大幅宣传画，印象特别深。我们村旁还建了一个国营农场，记得有一天村里开进了一台拖拉机，我们这些小孩子满街跟着拖拉机跑，觉得特别新奇。还有一个印象就是大炼钢铁，在我们村南头一个大院里修了小高炉，我记得一群人在那里炼铁、翻砂，把红红的铁水往铁犁铧的模具里倒，院子里好热闹，好像过节一样，我们一群孩子远远地围着看。那时我年龄还很小，其他事也记不得，接下来我印象最深的就是挨饿了。人民公社成立了大食堂，生产队的食堂就在我家对面。最初是父母领着我们到食堂去吃饭，后来就把饭打回来在家里吃。饭越来越稀，越来越吃不饱，到了春天以后变成野菜加米糠的窝窝头了，到后来连窝窝头也不够吃了。记得有一次生产队说是要改善生活吃饸饹（一种粗粮细作的北方食品，类似面条，但是面条很短），我大哥小小的年纪也去生产队和妇女们一起拔苗，晚上收工回来去打饭，打回来一盆菜汤，里面连一根饸饹条都没有，我大哥端着面盆吧嗒吧嗒掉眼泪。记得那一年我跟我大哥说，真盼望着快点过年，盼望过年那天母亲能给我们做一顿小米饭吃，这就是那一年最美好的愿望了。

　　大概到了1962年以后，情况逐渐好转，生产队的食堂早已经关闭（具体何时关闭已经记不清），我们又可以在家里自己做饭吃了。而且从那时起农民又分了一点自留地，可以自己种点粮食蔬菜补充家里的不足。我们家住的地方是乡政府和人民公社所在地，过去曾经有过自由市场，"大跃进"时取缔，到1962年以后又恢复了，五天有两个集，农民们就上集交换一些日常生活用品。我们家自留地种的蔬菜除了自己吃之外，还会到集市卖一点，换点钱买点日常生活用品。从那以后生活总算一天比一天好转。但是直到我上大学，我家的生活还是比较困难的，一年总有半年的时间粮食不够吃，靠自留地种的土豆、红薯和各类蔬菜来接济。

杨阿敏：请谈谈您中小学的学习情况？

赵敏俐：我 1960 年入小学。因为农村普遍没有文化，儿童入学都比较晚，一般农村的孩子都是八九岁甚至十岁才上学。我母亲比较重视教育，我从小受我叔叔、哥哥的影响，喜欢看书，所以 6 周岁就上学了，在农村算是特别早的。上小学的时候有一个要求，就是数数，会数到 10 就够了上学的资格。一般的小孩到六七岁了连 10 个数都不会数，我很流畅地能数到一百，还会背小九九，老师说这小孩挺聪明啊，所以我 6 岁就上学了。我 1966 年小学毕业，准备考初中，体检都做过，但是由于从 1966 年春天"文化大革命"就开始了，最后升学考试取消了，我的小学生活就这样结束了。

我家乡那时的小学师资水平都不高，教我小学一二年级的老师是小学毕业生，然后又去念了几天初级师范。还有几个不错的老师是初中毕业之后念的中级师范，就算是高水平的老师了。学校不大，1 个年级一般有 2 个班，6 个年级差不多 300 人。我在学校里学习成绩一直很优秀，听话，老师很喜欢，经常受表扬。印象比较深的一件事，就是三年级时开始上作文课，老师让我们每人给福建前线的解放军叔叔写封信。那时候大陆和台湾关系紧张，福建号称"前线"，跟台湾金门那边每天都要放大炮。我写了一封信，通过邮局寄了出去，没想到福建前线的解放军叔叔还真的给我回信了，信里还讲了他们在福建前线的战斗故事。这成了我们小学的一个新闻，老师拿着那封解放军叔叔的信满校宣传，这是我小学阶段记忆特别深的一件事。我特别爱学习，在家里，我大哥比我大三岁，读书也比我高三个年级，学习也很好，我把他当作榜样，像一个小跟屁虫一样每天跟着他，看他的书，听他讲故事，深受他的影响。我小时候数学特别好，他们都说我是小数学家，我那时候的志向就是长大后当华罗庚一样的数学家。

我基本上算没念过初中。1966 年本来应该上初中，因为"文化大革命"开始了，升初中不再考试，改成推荐选拔，我家成分是地主，那时讲阶级斗争很厉害，我属于地富子女，处处受到政治上的歧视，自然不会选拔我。当时农村落后，初中生很少，能上初中就很不容易了，一般家庭的孩子小学念完就回家了。我们两个班 60 多人，最后推荐选拔，也只选了 5 个人上初中。

所以 1966 年小学毕业之后，我自然就回家了。我那时长得又瘦又小，记得那年小学升初中体检，我的身高是 1.36 米，体重只有 50 多斤。小学毕业之后，回家什么都干不了。当时在我家乡流行着一个顺口溜："高小毕业生（一二三四年级叫初小，五六年级叫高小，高小就算有点文化了），白搭六年功。初中没考上，师范不招生。回家去生产，不顶半拉工。"又瘦又小的我，那时连个铁锹都扛不动。

不能上中学了怎么办？农村还有和我一起毕业的一帮小学生，正好当时兴起了贫下中农办学之风，我们生产大队又办了一个农业中学。听说农中开学了，我兴冲冲地去上学。哪知道到了学校就把我赶回来了，说我家庭出身不好，农中也不能上，我就含着眼泪回家了。我回来之后挺委屈的，就不想在家里待，怕母亲发现我哭过，就想躲出去。记得我那天回家之后背着一个小粪筐去拾粪，没想到出门时还是让我母亲看见了，她就问我为什么不上学，我说是人家学校不要我。母亲看着我那么可怜的样子，她当时就哭了。

就这样从 1966 年秋天到冬天，我就在家里帮着母亲干点家务活，主要是帮助母亲烧火做饭，喂猪喂鸡，带一带弟弟妹妹。后来因为我实在太小，我母亲说这样也不行啊，就去找了生产大队的主任和书记，跟他们说，你们看我家的孩子这么小，啥都干不了，他还爱学习，求求你们让我家孩子上农中吧，他学习还挺好的。我家成分虽然不好，但是我母亲的人缘好，大队长很同情，最后总算破例让我上了生产大队的农中。在农中也学一点儿文化课，更主要是学习一些农业实用知识，学习如何记账，学着打算盘，我的珠算打得特别好，就是那时候学的。但是只上了半年多，到了1967年秋天之后，农中也解散了。

从1967年秋到1969年秋两年左右的时间，我一直辍学在家，因为年龄小、身体弱，还没有到生产队劳动的能力，最多也就是每年夏天跟着妇女们到生产队干点拔苗薅草之类的轻活儿。主要是帮助父母做家务活，比如帮助父亲收拾菜园子，帮助母亲照顾弟弟妹妹，春天到地里挖野菜，秋天到山上拾柴。那时我家生活很困难，烧煤没钱买，烧柴没处弄，树也不让砍，秸秆归生产队，就只能夏天拔蒿草，秋天去扫树叶子，还有秋收之后到地里刨玉米茬，作为烧柴用。当然，这样我也帮助家里基本解决了烧柴的问题，邻居家很羡慕我们，父母亲也经常表扬我。但是在我母亲的心中，孩子在家无书可读，一直是她的心病。在我的一生中，母亲对我的影响最大。即便是在"文化大革命"那样的环境中，在我辍学在家、无书可读的环境中，母亲也一直鼓励我学习。她看见我那么爱学习，特别喜欢我。无论我在什么时候看书，她总是那么高兴。我在农村劳动多年而没有把书本放下，母亲的支持起到了极大的作用。母亲聪慧超群，见识过人，她给我了生命，并且给了我良好的家教，她是我一生最敬仰的人，也是我一生报答不尽、永远怀念的人。

到了 1969 年秋天，我重新得到了一个读书的机会。因为从 1966 年开始"文化大革命"，到 1968 年，原来的中学生都毕业了，城里的中学生下了乡，农村的中学生也都回乡了，学校就空下来了。1969 年之后，中学又开始重新招生，我家所在的西桥公社原来有一所初中，就变成了高中，面向全旗（县）招生，生源就是我们这批 1966 年的小学毕业生。虽然这三年我们基本没读书，可是从时间上算却应该初中毕业了，所以允许我们报名。报名之后也没有经过考试，当时生源比较少，没有特别的限制，就这样我又上了"高中"。想起来我真是幸运啊，因为过了那年之后，上高中又要政审，等到我弟弟上高中的时候，又因为我家成分不好不让他上了。

高中学什么呢？因为我们实际上等于没有上过初中，所以上高中就从初一的课程开始，数学从正负数学起，语文课大都是当时的政治文章，物理化学等课程叫工农业基础知识。化学课上，我们学习如何配置农药；生物课上，学习如何给果树剪枝；物理课上，学习柴油机工作原理。就这样经过两年半，到 1971 年底，我们就算高中毕业了。高中毕业后干什么呢？自然还是回家去种地。好在高中毕业之后我长得稍微高了一点，但那时身高也就只有一米六，也还是比较矮的，我是 22 周岁的时候才长到我现在这个身高。我家农村有个说法叫"二十三，窜一窜"，说人的身高到 23 虚岁（22 周岁）还能再往上"窜"一下，我就是到那个时候才长高的。

杨阿敏：高中毕业之后，您又回到农村务农，是怎么做起民办教师的呢？

赵敏俐：高中回去之后，从年龄上我就是成人了，已经快到18周岁了嘛。虽然我比同龄人还是瘦小了一点，但是到生产队劳动，再当半拉工，人家笑话，我自己也不干了。虽然我身体瘦小，却是一个争强好胜的人，就和同龄人一起比着力气来干活。春夏秋冬各种各样的农活，那时候都学会了，满手的老茧，穿着一身破衣服。那时我们基本上一年就两身衣服，夏天一身单衣，冬天一身棉衣，年纪不大，就像一个地地道道的老农民。记得后来我刚结婚不久，有一次在城里看到一些农民工正在挖地沟，衣服很脏，全身泥土，我就跟我夫人说："你看到了吗？我在家时就是那个样子，还不如他们呢。"因为当时在农民眼里，能进城打工是让人羡慕的，并不是每个人都能出来打工的。从1967年以后，我就一直在家里干活，念高中两年多，其实也一直在劳动。在学校里学的都是工农业基础知识，每年春天种地、秋天秋收的时候，学校都要放农忙假。此外，我们还要到生产队里劳动实习。那时候每周上学五天半，只放一天半的假，这一天半的时间，春秋两季农忙时节一般来说还要到生产队当个半拉工去劳动，挣点工分补贴家用。我们家那时有我父亲和我大哥两个劳动力，挣的工分还不能养家糊口，工分分值很低，到秋收时连口粮都买不回来，所以我一定要回家干活。念高中两年其实也没读多少书，基本上每年劳动要占一半的时间。

高中毕业之后，我并没有马上当民办教师。当时缺教师，我虽然念的书不多，但是在同龄人当中却是学习成绩最好的。按我当时的学习成绩和农村的实际情况，高中毕业时我就有资格当教师了。但是因为我的家庭出身不好，地富子女，是被改造的对象，不能让我当教师。就这样一直到了1976年秋天，村里实在缺教师，选来选去，再也选不出合适的人来，又想到我。那几年我在生产队的劳动表现一直很好，他们觉得我各方面表现都不错，是个老实本分的小伙子，虽然家庭出身不好，还算是可以教育好的地富子女，所以1976年我就正式当上民办教师了。

高中毕业后我在农村劳动，除了干农活可以和别人相比之外，另外一个方面就是我比别人爱学习。小时候家乡没有电，连煤油灯也点不起，用的是麻油灯，像萤火虫一样的光亮，古书里说"青灯如豆"，说的就是麻油灯。因为麻油灯的灯捻容易结碳，结了碳灯光就会越来越暗，还会爆花，就叫灯花，灯花多了就要用针把它拨掉。有句古诗说"闲敲棋子落灯花"，写的就是诗人晚上等人，久候不到，闲敲着棋子，把灯花震掉的情景。我少年时，晚上就是在这样的灯光下坚持读书的。后来条件好了些，才有了煤油灯。

到了1969年，高压线通到了我们村，才有了电灯。有了电之后，生产队要配置一些新的农业机械，如电动机、抽水机、玉米脱粒机等，就要有人来管理这些机器，多少得懂点技术。开始的时候这些农业机械是交给贫下中农子弟的，因为这在农村是俏活，还有一定的责任，所以要选他们信得过的人。在我之前选了几个人，可是他们管不好，老出问题，大家都不满意。后来觉得我还有点文化，就让我来管，当然我管理得也很好，我在高中学的那点工农业基础知识还真的有了点用处。小时候农村每一家都有一项重要的劳动必须干，那就是推碾子磨面。有了电，生产队又买了碾米机、磨面机，开了一个米面加工坊，也由我来负责。我的服务态度很好，附近几个村子的农民都到我们这里来碾米磨面，还给生产队带来一点经济收益，大家都很高兴，外村的老乡们都亲切地叫我"赵师傅"。可能主要是因为这两个原因吧，他们觉得我人品不错。所以到了1976年，我就正式成为民办教师了，教初中六、七年级的数学。民办教师当时在农村算是比较好的工作，我当时想，我这一辈子能当上民办教师也就满足了。

杨阿敏：1977年恢复高考，您是如何备考的，当时考试的过程您还有印象吗？

赵敏俐：我能考上大学更是幸运。1976年秋天开始当民办教师，1977年冬天恢复了高考。当时农村很闭塞，考试的消息此前一点也不知道。我记得大概是在1977年10月份左右，报纸上已经公开登出来了，说那年要恢复高考，接着就下达了报考通知，我们才知道。这段经历我2007年曾经写过一篇文章发表过，叫《我的1977》，是为纪念恢复高考30周年而写。得到通知后，我就想去报考，但是犹豫不定，不敢报名。因为此前都是推荐选拔工农兵学员上大学，首先要进行政治审查，第一就要看家庭出身。我家庭出身是地主，怎么能过政审这一关呀！但是文件说，高考政审，既要看家庭出身，又要看个人表现。用当时的话说是："有成分论，不唯成分论，重在个人表现。"我想，既然有这样的政策，是不是真的有一点希望呢？

我一直矛盾、犹豫、斗争。因为在此之前有一件事情给我很大的打击。大概是在1973年左右，我家附近有个国营农场在招工，我的大姨父当时是医院的大夫，就跟他们介绍，说有个小孩不错，能不能到农场来干活，农场就答应让我去。哪想到去了一个星期，我就被人家辞退了，说我家庭出身不好，不能用我。这样我就有过两次被人家撵回来的经历，第一次是上农中，第二次是到农场去劳动。现在要高考了，还要政审，我真是心有余悸。但是我又觉得，参加高考是我过去连做梦都不敢想的事情，现在国家有了新政策，既然允许我们报考，为什么不敢呢？如果政审没通过，那是我的命运。如果自己放弃了，岂不太可惜了，所以最后还是下定决心报了名。

　　报名之后，没有时间备考，我当时还是民办教师，报名的时间是十月底，考试时间是 12 月 1 号，只有一个月的时间。当时我们一个学校有十几个民办教师都报考了，如果都去复习考试，就会严重影响学校教学，所以校领导说，同意报考就是对你们的最大支持，但是所有报考的教师一律不许停课。这样我们只能白天上课，晚上看书。那时消息闭塞，我们根本不知道考什么，也没有任何辅导材料。我的邻居发小张连庆的伯父在 50 年代曾经念过高中，还有高中课本保留下来，我就借来看一下，发现里面有好多知识我都不会。就这样像无头苍蝇一样每晚上乱撞，根本不知道准备什么。一直到考试头一天，教研室负责人对我说：明天你要考试了，今天下午下课后早点回去准备一下吧。就这样第二天我就上了考场，其实就靠平时的基础去撞大运。

　　那年高考四张卷，语文、政治、数学各一张卷，理科再加一张物理化学卷，文科再加一张历史地理卷。虽然我很喜欢理科，但我还是报考了文科。因为历史、地理我虽然也没有学过，但是我看过一些相关的书，我想也许还能应付。那年报考文科的人比报考理科的人多，大家都和我一样的心理，所以那一年文科的录取分数也高出理科不少。当时我们全公社报考文科的考生共有 150 人，最后考上本科的就我一个，还有几人考上了中专。

填报志愿的时候，我也不知道怎么填。我不知道大学本科和大专有什么区别，不知道中文系到底学什么。于是就去请教我的一个中学老师，他说："你应该先把最保底的、最容易考上的学校填到第一志愿，把稍微难一点的学校填到第二志愿，把你理想的、最难考的学校填到第三志愿，第四志愿再填服从分配。这样你考得差一点，也可能被第一志愿录取；考得好的话，你报的那个好学校也会提前录取你。"因为我当了一年多的民办教师，招生简章里说民办教师考师范类院校会有适当照顾。我家乡当时归属辽宁，我第一志愿就填了辽宁第　师范学院中义系，在我的主观猜测中，辽宁大学要比辽宁第一师范学院好一些，第二志愿就填了辽宁大学汉语言文学系，我也不知道汉语言文学系和中文系有什么区别。因为地处东北，听说吉林大学很好，第三志愿就填了吉林大学考古系，最后第四志愿填的服从分配。现在想来有些荒唐，但是我很幸运，结果竟被沈阳师范学院（当时还叫辽宁第一师范学院）录取了。

赵敏俐教授

杨阿敏：上大学之前您读过什么书，从什么渠道获得这些书，读书给您带来什么影响？

赵敏俐：我从小爱读书，小学毕业之后回到家里，还是喜欢"看闲书"。在我家乡农村，把和劳动无关的看书叫作"看闲书"，有不务正业之意。农村的书很少，我的获取渠道，第一是我大哥学过的课本，我大哥比我上学高三个年级，他的课本就是我最先看的书，他学过的所有课本我都看过。第二就是到处去借农村比较流行的故事书。因为书很少，见到什么就看什么，大都是农村人比较喜欢看的，像《三侠五义》《三侠剑》《小五义》《大八义》《小八义》《隋唐演义》，还有写才子佳人的《金镯玉环记》等等，当然也包括《三国演义》《西游记》《水浒传》《红楼梦》等四大名著，还有《聊斋志异》。还有像《林海雪原》《青春之歌》《创业史》《金光大道》《艳阳天》《青春似火》《烈火金刚》《吕梁英雄传》这类小说。还看过当时苏联的一些小说，如《青年近卫军》《危险的道路》等。鲁迅的著作也读了一些，我曾经买过一本《鲁迅杂文选》，还读过《呐喊》《彷徨》。"文化大革命"后期我还订过几本杂志，《解放军文艺》，上海的《朝霞》，还订过刚刚复刊的《诗刊》。农民订刊物，这在当时当地也是少见的。

除此之外，我还看了一些古代文学方面的书。举两个例子，"文化大革命"初期时，要破四旧，我家原来有几本旧书，很害怕被人发现，就要烧掉。在烧书的时候，我发现有一套《唐诗合解》，一个清代人编的唐诗选本。我拿出来一翻，发现里面第一首就是王勃的《送杜少府之任蜀州》，什么"城阙辅三秦，风烟望五津"呀，我当时也看不懂，但是"海内存知己，天涯若比邻"这两句话吸引了我，因为当时的报纸老是宣传我们和很多社会主义国家都很友好，比如说古巴、阿尔巴尼亚都是我们的好朋友。古巴在美洲，阿尔巴尼亚在欧洲，离我们很远，这不是"海内存知己，天涯若比邻"吗？报纸老是引用这两句话。我觉得这两句话说得特别好，一直就想，谁这么有才啊，能写出这么好的话来，一看这本书才知道，原来这是古人说的，我就觉得这本书肯定不错，就把书偷偷地藏起来了慢慢看。

还有一件事。我念博士的导师是杨公骥教授，他在"文化大革命"前出版了一本文学史名著《中国文学》（第一分册）。我上高中时，有个同学叫黄金友，他的哥哥在赤峰市的中学读书，"文化大革命"时从学校拿回家一些书，其中就有一本杨公骥的这本书。黄金友把它拿到学校给我们看，我们都看不懂。可是那本书有一个好处，就是在引用古诗文时都把它们翻译成现代汉语。原文看不懂，我看翻译，觉得这本书真不错，我就把它借来认真地读。当时不知道杨公骥是个什么人，觉得应该是个大学者，要不怎么能写出如此高深的书呢？没想到后来成了他的博士生，冥冥之中这可能也有点缘分。

还有，我家邻居有一个语文老师姓韩，在"文化大革命"之前念过中等师范。他曾经买过中华书局出版的《中华活页文选》，家里还有一本《中国古代散文选》，我上他家借书，看了这两本书之后觉得挺好的，里面的一些文章写得挺不错，就把这些书借来看。总之那个时候的书很少，我是碰到什么看什么。除了这些书之外，我还看了些有关天文、地理方面的普及读物，农业技术方面的书也看了不少，那是为了有用。这就是我当时看过的书。

看这些书除了获得许多知识之外，现在想起来，还培养了我很强的自学能力。等到我上高中的时候，古代文学的一些书看起来就不会有太大的问题了。虽然知识不牢靠，但不至于说看不懂，我基本能看得差不多。像《红楼梦》虽然是名著，但是在农村一般的人不是很喜欢，它的语言很文雅，在农民眼里书中的故事也没趣，这正像鲁迅所说，"贾府的焦大，也是不爱林妹妹的"。《三国演义》《水浒传》看起来很通俗，但也不是特别的通俗，想看下去也不是很容易的。像这些书，我在十几岁的时候基本上就没有什么大的阅读障碍，都能看下来，虽然不一定能完全理解。到"文化大革命"后期，年龄逐渐大了之后，看的书也逐渐深入了。在那个特殊的文化环境里，还学了很多马恩列斯的著作，很认真地读过《毛选》四卷，特别是《矛盾论》《实践论》，还有恩格斯的《反杜林论》、列宁的《论帝国主义是资本主义的最高阶段》，我还读过苏联人列昂节夫的《政治经济学》等等。"文化大革命"后期评《水浒》、批宋江，《红楼梦》在当时也很热，我都仔细认真地读过好几遍。为了把《红楼梦》里面复杂的人物关系弄清楚，不记得从哪里找到了一张《红楼梦》人物关系表，我就把它背了下来。还有《三国演义》里所写的汉末复杂的历史人物，我也记不清，后来发现在书的最后有一首长诗作为对全书的概括，对于理清书里的头绪很有用处，我也把它背了下来，到现在我还能背，这也算是那个特殊年代打下的"学术基础"吧。

杨阿敏：在沈阳师范大学四年您的生活和学习是如何度过的？哪些老师给您的印象比较深刻？

赵敏俐：我1978年3月上大学，当时我们学校还不叫沈阳师范学院，叫辽宁第一师范学院，地址在辽宁省朝阳市郊区的一座山里。入学的时候，我到学校一看，大学原来这么大呀！我的同学很多是从城市来的，他们却说这个学校太荒凉了。原来这个学校是在1964年、1965年左右从沈阳（当时叫沈阳师范学院）迁到辽宁朝阳的，据说是为了备战。那个时候我国跟苏联闹矛盾，据说一旦战争打起来的话，这里就是城市疏散地（当然这是我听说，没有去做过调查考证）。学校很大，山底下是中文系，山里面是数学系，从中文系走到数学系要跨四个山头，号称十里校园。

因为我在农村长大，从来没见过大学，我还是觉得很震撼，很兴奋，在我眼里，已经觉得这个大学好得不得了。学校有宽敞的教室，有图书馆，图书馆里有那么多书，有那么多大学老师，个个都是让我们仰慕的学者。再看看我的同学，来自辽宁全省各地，个个都才华横溢，我有点自惭形秽。和同学们交谈，更发现自己见识浅陋。

记得我到大学之后，第一次给家里写信，就把大学校园用诗一样的语言美化了一遍。我说大学生活如何好，我刚接触的老师、同学都是来自哪里，他们多么有学问。还告诉家里，现在我每天都可以吃饱饭，而且每天中午还能吃一顿大米饭或是馒头，菜里有时还会有几片肉。现在想起来当时的生活还是很苦的，学校每天中午一顿细粮，大米饭或馒头，早晨一般是玉米饼和小米粥加一点咸菜，晚上一般是高粱米饭。但是对我来说这已经和农村的生活不可同日而语了。另外每星期还可以洗一次澡，我家乡农村那时哪有洗澡的地方啊。学校还有一个露天电影场，每星期还固定地要放一场电影。所以我写信对家里说，大学生活真是太幸福了。

因为农村的生活特别艰苦，到了大学之后生活环境改善，就有一种一步登天的感觉。入学半年多我甚至还有一种不真实的感觉，觉得我怎么能考上大学，真是太幸运了。我没有理由不好好读书，我要珍惜每一天。经过十年浩劫之后，我们又考上了大学，大家都很兴奋，都说我们是不幸当中的幸运者。当时的口号就是："把'四人帮'造成的损失夺回来。"而我又认为我是这些幸运者当中的幸运者，所以学习特别勤奋。当时一些从城里来的同学也说我们特别能吃苦。可是我觉得，我现在的生活，比起过去每天面朝黄土背朝天的劳动强多了，何苦之有？可能与我在农村的劳动有关，上学后我每天生活也很有规律。早晨起来读书，看外语，活动一段时间再吃早饭，吃完早饭就上课，上完课后别人都出去玩去了，我还在教室看书，晚上还去看书，一天都是这样看书，我的眼睛就是那个时候近视的。

大学几年基本上都过得非常紧张。大学一年级时，受同学们的影响，特别对外国文学感兴趣。想起我在农村读书的时候，除了看过几本苏联的书之外，对欧美等外国文学根本不了解。像巴尔扎克、托尔斯泰这些人我们哪知道啊，莎士比亚、《荷马史诗》就更不知道了。在农村我自己看过一些书，和老乡们相比，有时还觉得自己是个文化人，到城里之后，和同学们谈话才发现自己是土老帽。人家谈的都是莎士比亚、托尔斯泰，我根本插不上嘴，觉得自己真落后，就拼命地补知识，看外国文学的书。我记得当时我们几个同学比赛谁看的书多。一般来说每个星期到图书馆一次借五本书，拼命地看，看完之后再去借。第一个学期我看了至少三十多部小说，第二个学期看了五十多部小说。到了大三之后，才逐渐进入到研究问题、讨论问题的阶段，我的兴趣也逐渐转到了古代文学。后来我就一直在想，这是不是和我农村出身有关，与小时候接受古典文化的熏陶有关，也许这就是一种心灵的归依吧。

　　我喜欢古代文学是从小说开始的，这也和我过去受的影响有关系。喜欢小说有一个从武侠小说到四大名著的过程。在农村有一段时间我幻想当一个作家，当时受浩然的影响非常深。因为浩然是农民作家，我也是农民，我要向他学习。年轻人都浪漫，想写诗，当时学了一些古典诗，读过几首李白和杜甫的诗，也想当诗人。郭沫若的《李白与杜甫》在当时的影响非常大，我就把《李白与杜甫》很认真地读了两遍，他说李白是平民诗人，杜甫不是"诗圣"，满脑子的封建思想。当时就觉得郭沫若说得非常好，后来上了大学之后才知道郭沫若那本书原来有那么多的问题，可是在当时我没有辨别能力，相信他，还挺崇拜他。受他的影响把李白的诗还背了一些，我现在都记得非常清楚，郭沫若在《李白与杜甫》里是怎么歌颂李白的，怎么批判杜甫的。

到了大学学习古典文学，深受老师的影响。我们当时的系主任是田泽长老师，他上课时向我们推荐《文选》，说这是一套经典著作，我记得我就买了一部中华书局影印的《文选》。因为我喜欢李白，在大学时就把清人王琦注的《李太白全集》非常认真地读过一遍，做了比较详细的笔记。学先秦两汉文学，我非常喜欢《左传》，非常认真地读《左传》的杜预注。这是大学时给我留下印象特别深的几部书。像《论语》《孟子》也都看过，但看得不是特别细，我比较喜欢《史记》，因为由《左传》而喜欢《史记》，《史记》当时没有看全，但是王伯祥的《史记选》我认真地读过。还看过余冠英的《诗经选》和马茂元的《楚辞选》，我特别喜欢马茂元的《楚辞选》，认为他那本书写得好，适合初学者。

上大学的时候，我对我的大学老师个个都很崇拜，像教古代汉语的王秉一老师，教现代文学的王忠舜、王太顺老师，教逻辑学的蒋春堂老师，教外国文学的谢廷飞老师，教文艺学的王文越老师，教古代文学的朱大成、徐祖勋、朱俊芒、赵喜范、房聚绵、韩镇琪老师等，给我留下的印象都很深。印象最深的，一个是田泽长教授给我们上《聊斋志异》研究，一个是马国权老师的《红楼梦》专题课，还有我的硕士导师伍心镇开设的古代文论课。伍心镇老师上课特别有激情，而且他的课和别人的课不太一样，带有一些研究的性质，讲古代文论有比较强的理性特色，我就被他的课吸引住了。因为这个原因，毕业时我就报考了他的研究生。

杨阿敏：1982年本科毕业后，您考取了本校的研究生，当时为什么选择读研，研究生期间的学习您是如何安排的？

赵敏俐：还是因为求知的欲望比较强。其实一开始也想毕业之后就工作。但是我们入学后不久，研究生制度恢复了。那时的研究生大都是"文化大革命"前的老五届，像我们这个年龄的人报考研究生的很少，觉得研究生很了不起。我从小就有很强的求知欲望，这时候就下决心要考研究生。我当时对学校之间的差别没有很深的印象，比如说我们沈阳师范学院（后来又从朝阳迁回沈阳，恢复了原校名）是个普通的学校，我知道它和北京大学有很大差距，但是具体到一个学科，它们的差距在哪里，我也不知道，以为都是研究生也差不多。我挺崇拜伍心镇老师的，当时他刚好招生，我自然而然地就报考了本校。

其实当时考研究生的人很少，大家都想赶快毕业工作，因为1977级学生的年龄大多数都很大。我们一个班40个学生，报考研究生的不过五六个人，考上研究生的也就我自己。他们都很吃惊：看赵敏俐平时不声不响的，人家说考就考上研究生了。

我研究生的专业方向是先秦文学，先秦文学课有《诗经》《楚辞》研究，老庄研究、孔孟研究、史传文学研究等。我特别喜欢《庄子》，曾经想做《庄子》的毕业论文，最后还是选了《诗经》，这和我在《诗经》方面下的功夫有关系。我大学本科毕业论文写的就是《诗经》方面的，是关于《毛诗序》的问题，这是受伍老师的影响。伍老师给我们讲古代文论的时候讲到《毛诗序》，他说《毛诗序》到底是谁作的，到现在还说不清楚，有的人说是子夏作的，有的人说是子夏、毛公合作的，还有的人说是卫宏作的。我当时听了就想，怎么两千多年了，《毛诗序》谁作的还不清楚呢？我就下决心要搞清楚这个问题。有这样一个想法，就去找材料写文章，每天去辽宁省图书馆。省图的古籍书原来还不许我们这些本科生借阅，是我软磨硬泡，他们才同意我去古籍阅览室看书，在那里还认识了几个好朋友，图书馆古籍部的几个人也很喜欢我这个爱古典文化的年轻人，与他们建立了很好的关系。后来发现这原来是《诗经》研究中的一大公案，谁都搞不清，我自然也不可能搞清楚。但是我因此看了很多有关《诗经》研究的书，写了一篇《〈毛诗序〉作者问题辨说》，提出了自己的想法，还得到了伍老师的表扬。到现在为止，我对我在本科阶段能写出这样的文章还是感到很满意。所以念研究生阶段，自然而然就把《诗经》当作一个研究重点。

杨阿敏：研究生期间您师从伍心镇教授，请谈谈伍心镇教授的学术与人生，他是如何指导您读书治学的？

赵敏俐：伍老师一生的经历很坎坷，他的出身详细情况我不是很清楚，但是听他女儿说，他过去的家境很贫寒，也是农家子弟。他是四川蓬安人，生于 1908 年，1990 年去世。1927 年至 1930 年就读于国立成都师范大学国文系，后来这个学校合并到现在的四川大学了。伍老师毕业后曾在蓬安中学、嘉陵女师、南充女中执教，新中国成立后支援东北的经济文化建设，先到大连当老师，后来调到沈阳师范学院。他是个学问功底很扎实的人，他教我们治学的方法就是老老实实地读原著。他一生没有特别有影响的学术著作，是个述而不作的人，但是教学还是很有威望的，水平也很高。他指导我们读书，从文字、训诂入手，老老实实地读原著。为了把我们培养好，他还专门请了辽宁大学的张震泽教授给我们开设训诂学的课程，每周一上午，一开就是一年，这对我们的帮助特别大。伍老师告诉我们无论做学问还是做人都要老老实实，一步一个脚印。

当时入学时有我们师兄弟二人，我的师兄是鲁洪生，比我大三岁，也是我们大学同年级同学，人特别聪明，有思想，有学问，下过乡，能吃苦，助人为乐，给我很多的帮助，后来我们也一直是同事。伍老师对我们俩都很喜欢。我们俩性格不同，他能因材施教。我的本科毕业论文就是他指导的，他发现我的思维逻辑比较清晰，有比较强的理论分析能力，就对我说："你好好努力吧，你的思维类型和你个人的性格特征都比较适合搞科研，是个做学问的料，希望你将来能有点成绩。"他的话对我有很大的影响，我觉得他看得还比较准。我不能说我自己科研搞得怎么好，起码说我喜欢做这个事情，一直到现在我还很喜欢。

杨阿敏：您的硕士论文研究《诗经》，为什么选择这个领域？请介绍一下论文的写作过程和主要内容。

赵敏俐：我的硕士论文写的是《诗经》，这个和我的本科论文有直接关系，也跟我的老师有关系。硕士阶段，我对《诗经》感兴趣，就把《诗经》作为一个研究对象，用功最多的就是《诗经》，把《诗经》的主要注本集中在一起进行比较研读，打下了比较好的基础。

我硕士论文的题目是《论〈诗经·郑风〉的作者、时代及其评价问题》，我为什么选这个题目呢？现代人看《诗经》，往往不太喜欢《雅》《颂》，因为《雅》《颂》的内容很难理解，都喜欢《国风》，尤其喜欢那些"爱情诗"。这些诗在当时的教材中一般被称为"民歌"。但是《诗经》是"民歌"吗？我从小生活在农村，了解农村的文化水平，当时我就想，民间哪有什么文化呀？就是到现在农村也没有那么好的民歌呀（也许这和我生长在内蒙古地区农村有关，我不了解江南一带农村的情况）。在周代社会，只有贵族子弟才有读书受教育的资格，当时的民间会有这样好的"民歌"产生吗？我是抱着一种朴素的怀疑态度来考虑这个问题的，从此入手对这个问题进行研究。我发现《诗经》中的《国风》被称为"民歌"，是从"五四"以后才开始的，是胡适等人把《诗经》称为"民歌"，再往前追溯，宋朝的朱熹也曾经把《国风》看作"里巷歌谣之作"，但是朱熹所说的"里巷歌谣之作"和现代的"民歌"概念也是不一样的。现代的"民歌"是个有着特殊政治意义的概念，特指"劳动人民的口头创作"，有两个关键词，一是"劳动人民"，二是"口头创作"。"五四"以来强调人民群众的创造力，看到《国风》里以男女情爱为主题的那些短小精炼的诗篇，和现在少数民族民歌中的爱情诗相类似，而且"风"这个概念本来也有"风土""风情"等意义，于是就把它们当成是"民歌"。但是这个说法不符合历史记载和周代社会实际，是以今例古。这些年来，学术界对此进行过深刻反思。

20世纪30年代朱东润先生写过一篇文章叫《国风出于民间论质疑》，50年代末胡念贻发表论文《关于〈诗经〉大部分是否民歌的问题》，对这个问题有详细的讨论。我深受他们的影响，认为"五四"以来对这个问题的看法是有问题的。既然朱东润、胡念贻他们已经有过比较深入的探讨，我想在此基础上从作品入手，一首一首来仔细考察它们到底是不是民歌，所以就以《郑风》为代表，觉得如果能把《郑风》的问题说清楚，其他《国风》就好说了。我对《诗经·郑风》做了非常详细的考证，我找了些历史材料，借鉴了朱东润、胡念贻的研究方法，先从名物、典章、制度入手，看《郑风》里每一首诗所涉及的名物典章制度与诗歌的关系，来判断它们是不是"民歌"。另外又从其他方面进行论证，我认为这些诗所以统称为《国风》，说明它们和各地的风俗、风土、风情有关系，从这一点来讲它和《雅》《颂》是不一样的，《风》诗写的就是世俗风情。但是这种世俗风情所代表的是一个地区或诸侯国的情况，并不局限于民间。比如男女爱情诗中说到婚礼，古人结婚特别讲究婚礼，这个婚礼不单单在民间流行，上层社会的婚礼更隆重，下层民众举行婚礼还有意模仿上层的做法，所以说世俗风情是全民族的，是不分阶级的。那么这些《风》诗是从哪来的呢？我认为是以民俗为基础，是经过当时的艺术家创作之后才成为经典的。即便是有些诗最初可能出自下层，也是经过艺术家的修改升华，然后才成为最优秀的作品。当代社会也有这种现象，如《康定情歌》《乌苏里船歌》，都是在原来民歌基础上经过当代艺术家的加工和再创作才定型的。更何况，《国风》里好多诗本来写的就是上层社会的生活，其中真正可以确定最初出自下层的作品并不多见，因此我们把它们当成"民歌"是不合适的。它的题材内容来自各地的风土风情，它们是在此基础上的专门艺术创作，它们所反映的是那个时代的世俗生活。

　　然后我还考察了《郑风》的产生时代和郑国的文化。郑国受封较晚，是在西周晚期。郑国本是殷商故地，经济富足，文化比较发达，这是《郑风》产生的时代背景。做这样一篇论文，和我的农村生活经验有关。我从小长在农村，觉得农村有下层文化，下层文化和上层文化是不一样的。在古代社会，影响社会发展和进步的，往往是上层文化。就是到现在，也是这种情况。如现在乡村的人学习城镇，城镇的人学习省城，省城的人模仿京城，京城的人模仿国外，向"先进"文化看齐。作为硕士论文，我自认为写的还是很不错的，我的导师也很支持我写这样的文章。他认为做学问就应该扎扎实实地从文物典章制度考证入手，同时做学问一定要有问题意识，尤其是做硕士论文，最好能提出一个问题，解决一个问题，留给别人一些思考，这是作为一个学者应该做的。

杨阿敏：1984 年硕士毕业，您又考取了东北师范大学的博士研究生，师从著名学者杨公骥先生，请您讲述一下三年的读博生活。为什么选择杨公骥先生，杨教授是如何指导您的？

赵敏俐：我国从 1982 年以后开始招收博士，我念硕士时就有继续读博的想法，一定要把书念到头。那个时候硕士毕业生也很少，工作很好找，干吗念博士，当时社会上对博士还不太认可，招生导师很少，考博士也比较难。杨公骥教授在长春的东北师大，我读书也在东北，对东北师大了解比较多。杨先生的招生方向是先秦两汉文学，我硕士的方向是先秦文学，正好对路，所以下决心考杨公骥先生的博士。杨公骥先生是一位著名的学者，在我眼里是一个天才，新中国成立后 50 年代教育部评定教授等级的时候，他是最年轻的古典文学二级教授，非常了不起。我在"文化大革命"时期，无意中看过杨公骥先生写的《中国文学》，就很崇拜他。硕士阶段，杨公骥先生还到沈阳讲过学，我去听过。那时候觉得他是可望而不可即的大人物，没敢当面向他请教。我下决心去考他的博士，也得到了家里的支持，最后如愿以偿。

考上杨公骥先生的博士之后，在治学上受他影响特别大，这个影响和受伍心镇先生影响不同。伍心镇先生教我们如何老老实实做学问，扎扎实实做功课。但是杨公骥先生告诉我们有要远大的人生理想，他让我们重新思考人生的价值是什么，你一生想要做什么。从小到大，不同阶段，我们对人生有不同的理解。我上小学喜欢看书，求知欲比较强，后来上大学也有很强的求知欲，我就念硕士。当然念书的想法中也包含着一些世俗的考虑，希望通过读书改善生活，比如我考上大学，就像是鲤鱼跳龙门。农村的孩子，怎么样才能跳出农村，到城市里生活，我们国家户口制度限制得这么严，读书就是农家孩子的唯一出路。按道理说，实现了考大学的愿望，我已经很高兴了，这本来就是我在农村连想都不敢想的事情，大学毕业之后有一份很好的工作，还求什么？我的很多同学都是这种想法。我想继续念书，求知欲就起了很重要的作用。硕士念完之后，已经确定让我留校，我就要成为大学老师了，这是多么好的职业呀。可是我还不满足，我还想求知，希望念博士，将来能在大学当一个教授。

到了杨先生门下，入学第一次与导师见面，就给我一次深刻的教育。杨先生问我们："你们来跟我念书，想要做什么？你们这一生，到底在追求什么？"他的话戳到我们内心深处。他说："你们已经硕士毕业，也有了比较好的工作。你们已经具备了研究能力，自己可以独立地读书写论文，这些都不需要我，但是你们为什么还要来念博士？你们来读书就是为了一个博士文凭吗？如果只是这样的话，你们这一生也不会有多大出息。"他说："博士是干什么的？意味着一生都要从事高水平的研究。你们要有一个远大的理想，要为这个社会创造精神财富，要做一个精神生产者，要有社会责任。他说，你们这一生做学问做到什么程度不好说，你的身体、你的家庭，还有社会给你提供的条件，这都是不能自主的，但是你们应该有自己的志向，努力不努力，这些是你们自己可以决定的。我希望你们都有一个远大的人生理想：要立志，立大志。"这是我们第一次师生见面时杨老师对我们说的话，像醍醐灌顶一样，说得我热血沸腾，至今难忘。

在我一生不断成长的过程中，杨公骥先生对我的影响最大，我这一生跟着杨公骥先生学习是值得的，他也是我的人生导师。跟杨先生读书，和我硕士生阶段读书大不一样，杨先生基本不给我们上课。他说："书你们都会读，我的著作、别人的著作就在那里，你们可以自己去看。但是我要给你们作指导，我要把我的经验告诉你们。"所以我们的授课方式是先自己读书，读书之后做笔记，准备问题，然后两个星期上他家去一次，向他汇报我的读书情况，提问题，或者是他向我提问题。我们两个人一起面对面交谈，个别指导。逐渐熟悉之后，当然我们也会谈一些生活方面的事情，他对我们的生活还是非常关心的。

读博士三年的时光十分宝贵。我从小养成了很好的生活与读书习惯，也一直坚持下来，读书很勤奋。我和我夫人在沈阳念本科的时候认识，念硕士的时候就结婚了，有了小孩。我念博士，我夫人也很支持。因为我念博士就意味着两地分居，她在家带孩子挺苦的，没有她的支持是不行的。我一个人在外面读书，养成了良好的习惯，每天按时起床，锻炼，吃早饭，上午读书，下午读书，吃完晚饭后锻炼锻炼身体，还是继续看书，生活就是这样，非常枯燥，也非常有规律。沈阳离长春很近，现在高铁一个小时，过去坐火车也就是两三个小时，很近了，但是我半年最多回家一次，三两天就返校。就在这样的环境下坚持读书。我和我师兄杨树增同住一屋，我们都有很好的生活习惯，床铺从来都是叠得整整齐齐的，屋里收拾得干干净净。两个人生活上互相帮助，学习上互相支持。杨树增比我大八岁，学问比我好，生活有经验，读博三年他给了我很多帮助和照顾。

杨阿敏：您了解的杨公骥先生是什么形象？

赵敏俐：杨公骥（原名杨正午）先生的老家是河北正定，出生的时候，他的母亲就因为难产去世了，他的父亲是一名军人，常年在外。他的祖父就买了一只山羊，挤羊奶，把他养大。他的祖父（杨世荣）是前清秀才，在当地是很有文化的，从小就对杨先生进行启蒙教育。杨世荣国学功底深厚，教孙子读书选材很杂，有的是选自常见的经史子集，如四书五经、《左传》、《史记》，有的是选自野史笔记，这样读书使杨先生饶有兴趣。他越读越觉得自己读的书太少太少，越读越觉得自己应该读的书太多太多。到上学校读书前，他已经具有了远远超出同龄孩子的知识储备，显出与自己年龄不相称的成熟。杨先生特别聪明，到了12岁的时候，他祖父去世了，他才跟着父亲到外面学习。他的父亲杨冲汉毕业于保定军校，后在北洋军阀孙传芳部下任职，到处换防，杨先生的学习生活很不安定。因为他特别聪明，学习不但没有受影响，有时还跳级，在十六岁的时候考上了武汉中华大学。他接受了当时的进步思想文化教育，特别崇拜鲁迅。1938 年和他父亲断绝了关系，自己跑到了延安。

　　杨先生从小受到了祖父很好的传统文化启蒙教育，有很高的天分，在学术上取得了很高的成就。解放之后到东北师范大学当教授，有非常强烈的社会责任心，是一个想在学术方面作出杰出贡献、有远大志向的优秀学者。不幸的是他身体不好，50 年代末得过一次脑血栓，"文化大革命"中红卫兵造反派又把他以前抄写的 10 多万张卡片全部弄丢，几部书稿也给毁了，人生历尽坎坷。他和伍先生不一样。伍心镇先生是个忠厚长者，跟伍先生在一起如沐春风。杨公骥先生很有威严，一直到毕业我都很怕他，他对我们要求很严格。每次和他谈话，都得认真准备，他一看到你提的问题是没有认真读书提出的，就会批评你：你读书了吗？思考了吗？你回去好好看书去，提问题一定要提出深度来。记得我第一次写完论文交给他之后，他就把我狠狠地批评一顿。他说："你是一个博士，现在写的文章还有些句子不通顺，还有错别字，这说明你不认真，以后给我拿来的文章不允许有标点符号的错误，不允许有错别字。"他真是一个严师。

　　但杨先生在我眼中更是一个有着非常强烈的人文关怀的人。他的思维开阔，思想开放，关注现实。他不单是一位古典文学的学者，还对历史学、哲学都有非常深入的研究，他的论文涉及文学、历史、哲学、考古、民俗等各个方面，都有独到的建树。他 1946 年刚到东北的时候，兼任中文和历史两系教授，曾经主持过吉林西团山的考古文化发掘，发表了考古发掘报告，西团山文化因此而知名。他不是一个书呆子，他对现实社会有自己独到的认识和思考。受他的影响，我的读书涉猎也比较广。记得有一次我刚读了哥伦比亚作家加西亚·马尔克斯的《百年孤独》，深受感动，兴冲冲地去找他，说我想向他汇报一下我读《百年孤独》的体会。杨老师就说："好吧，你就谈谈吧。"我谈过之后，杨老师就说："你的看法很好，但是有些地方我和你的看法不一样。"接着他就跟我讲起，他认为《百年孤独》这本书哪个地方写得好，哪里有什么问题。我很吃惊，老师怎么对这本书这么了解，我以为只有我们年轻人读，他这个搞古典文学的老先生怎么比我还先读过？这还是国外刚刚翻译过来的书。

杨先生一生论文不是很多，一方面是他积累的材料在"文化大革命"时被烧毁，以后身体也一直不太好，写的文章不多。另外他从来不写应酬性的文字，有很强的理论意识、现实意识。好多文章，都和当时的现实有关，都是比较重要的大问题。比如他写过《西藏古史考》。我们老说西藏自古以来就是中华民族的一部分，根据在哪里？有个英国学者叫查理·伯尔，写过一部《西藏史》和一本《西藏之生活》，他不认可西藏是中华民族的一部分，讲了好多理由，说西藏从文化上就不属于中国，这一观点在世界上有一定影响。那我们为什么说西藏是中国的一部分？这要让事实说话，要研究历史。过去中国的学者没有认真做过这件事，杨先生就写了一篇长文，驳斥英国人。他详细考察了西藏人与古羌人的关系，考证西藏人的民俗生活习惯是从哪来的，征引了大量的文献材料，用历史事实证明西藏是中国的一部分。由此可见他的民族责任感。杨先生不惧权威，郭沫若有本书叫《奴隶制时代》，杨先生认为郭沫若在这本书中对马克思理论的理解有误，西周不是奴隶制时代，所以他就写了长篇文章《评郭沫若先生的〈奴隶制时代〉》，对郭沫若的观点进行了详细

的评析。还有他考证东北亚的历史民俗，著有《考论古代黄河流域
和东北亚地区居民"冬窟夏庐"的生活方式及民俗》长文，运用了
大量的历史文献和考古材料，证明东北亚民俗和中原文化同源的关系，
很有影响。他有一篇论文叫《漫谈桢幹》，是从文化哲学角度进行语
言学的探源性研究，当时姜亮夫先生看了之后就写信表示对他的佩服。
他具有非常开阔的学术视野，有非常强的理论意识，思想非常深刻。
我们读博士时有一门政治课，读《德意志意识形态》，这个课就是由
杨先生来指导的。

　　杨公骥先生学问做得非常好，他的《中国文学》（第一分册）是
新中国成立以来独具一格的文学史著作，在当时产生了广泛的影响，
如里面关于艺术起源、关于神话的论述，对《商颂》的考证等，在
今天看来仍然有重要的参考价值。为什么当时他会成为全国古典文
学最年轻的二级教授？因为他的水平的确高于一般人。但是我觉得
在他面前更让我们感到惭愧的是他的人生境界，是他求真求实的理
想追求。杨先生早年是一个热血青年，有他的革命理想，后来则成
长为一个有着强烈的人文关怀精神的深刻的思想家。这是最值得我
们学习的，也是在交流中他对我们的最大期许。关于杨公骥先生的
治学思想，我曾经写过一篇文章《独具个性，执着求真——杨公骥
先生的中国古代文学研究》，发表于《文学遗产》2006 年第 6 期，
可以参看。

杨阿敏：您的博士论文是《汉诗综论》，2011 年更名为《两汉诗歌研究》，由商务印书馆出版。当时为什么选择研究看似比较冷门的汉代诗歌，论文主要内容是什么？

赵敏俐：其实我更喜欢《诗经》。杨先生在当时是国务院学位委员会聘任的第一批博导之一，在我之前，已经招了两届三个博士生，两个师兄，一个师姐，他们做的都是先秦文学。我们这一届也是三个人，杨先生希望我们都做汉代文学，把先秦两汉贯通起来，所以我就选择了汉代诗歌。我在硕士阶段做《诗经》，现在接着做汉代诗歌，也能连起来。我的另外两个师兄，曲德来选择做汉赋，杨树增选择做《史记》。我的博士论文名叫《汉诗综论》，出版时更名为《两汉诗歌研究》。

为什么叫《汉诗综论》？这与导师指导我们做论文有很大关系。我原先写论文基本是按照我的硕士导师指导的治学路径来做的，我想从文献入手，作品一篇篇解读，再把它们整合在一起，做成博士论文。我的工作也是按这个顺序入手的，先对汉代诗歌分类研究，《安世房中歌》研究、《郊祀歌十九章》研究、《汉鼓吹铙歌十八曲》研究、汉代文人五言诗研究、汉代乐府诗研究，就这样一个一个专题写下去。我写好了之后，交给导师看，杨先生说不行，他说："不是说你现在这样做的工作不对，这个工作很好，这是写博士论文的基础。但是你跟着我做博士，我就要提出更高的要求，你要在这个基础上对汉代诗歌有更系统的理论分析，要建立自己的研究模式，分析汉代诗歌在中国文学史上是一个什么样的地位，要有理论上的建树。"所以我就按杨先生的意见，在这个基础上重新确立研究框架，最终定名为《汉诗综论》。

　　杨先生的这一指导，在我的论文结构上显示得特别清楚。绪论部分写两汉诗歌研究状况，以及论文的指导思想、方法与研究范围。第一章写两汉诗歌与两汉社会的关系，我要从这里入手进入汉代诗歌。接下来第二章研究作为诗歌创作主体的人、汉代人的思想、观念，讨论汉代人对诗歌是如何认识的，怎样来写诗的。第三章再讨论两汉诗歌与先秦诗歌在艺术特点上有什么不同，它的发展道路如何。第四章再由人的主体性与诗歌创作特点两方面引入，对两汉诗歌创作方法和艺术风格进行分析。第五章研究两汉诗歌和前代诗歌在语言形式有什么区别，特别是将《古诗十九首》与《诗经·二南》从语言结构上做了细致的比较。最后是全书结论，我要从历史发展的角度对两汉诗歌做一个定位。这里面包含了我在诗歌史理论上的探索，和此前的汉代诗歌研究路径不一样。这是杨先生指导的结果。

　　为什么改成《两汉诗歌研究》呢？因为我毕业以后那段时间，大陆学术著作出版困难，当时台北文津出版社正好要出版一套大陆博士论文丛书，主编征求我的意见，他说你做的是有关汉代诗歌的综合理论研究，改成《两汉诗歌研究》可能更容易让读者接受，我就根据他的意见改成这个名字。以后大陆重新出版，我想既然已经改名了，就不要再变了，所以大陆出版时还用这个名字。

　　杨阿敏：您的研究，使我们对汉诗有了什么不一样的认识和理解？

　　赵敏俐：我和别人研究汉代诗歌不一样的地方，就是我对它做了一个史的评价，我要把它放在历史当中。具体来说，不是孤立地来看两汉诗歌，而是把两汉诗歌和前代诗歌《诗经》《楚辞》，和后代诗歌做了一个比较，特别是和前代的做比较。这不是一个简单的比较，而是从两汉社会与先秦社会、两汉时代的人和先秦时代的人、汉代的文学观念和先秦时的文学观念、两汉诗歌的内容和先秦诗歌的内容、两汉诗歌语言和先秦诗歌语言等方面的不同，做全方位的比较，然后得出一个总体认识，也是最后的结论：我认为汉代诗歌是中国上古诗歌的结束，是中国中古诗歌的开端。这样就对汉代诗歌有了一个完全不同的认识。

　　我的研究是从历史的角度开始的，首先讨论汉代社会的性质。按社会政治制度来划分，根据杨先生的观点，周代社会是封建领主制社会，这也是范文澜一派历史学家的观点，秦汉以后，中国变成了封建专制社会，战国时期基本上算是过渡期，所以说，汉代和先秦是两种不同的社会制度。不同的社会制度下就会有不同的社会生活，不同的社会制度下人的身份也有很大变化。周代社会的人是在封建礼教、宗法制社会体制下成长起来的人，而汉代人则是在封建专制社会下成长起来的人。人生活的环境不一样，思想也是不一样的。与之相对应的，中国诗歌也从汉代开始走上了一条新的发展道路。再从诗体形式看，先秦时期的诗歌以《诗经》《楚辞》为主，《诗经》的诗体形式以四言诗为主，《楚辞》则以《离骚》《九歌》的形式为主。汉代以后呢？变成以五言诗和乐府诗为主的形式。所以无论从社会制度还是从人的主体性，无论是从诗歌的内容特点还是从诗歌的形式来讲，汉代诗歌和前代诗歌都有了一个大的不同，而和六朝以后的诗歌有更多的共性。所以说汉代诗歌是中国上古诗歌的结束，是中国中古诗歌的开端,这是我对汉代诗歌一个新的认识和历史定位。我对这个结论很自负,自认为有理有据,所以一直到现在我还是坚持这个观点。当时答辩委员会也给了很高的评价:"本书从汉代政治变革与社会生活变迁入手,结合诗人的思想变化与诗歌发展道路的向新,从创作方法、艺术风格与语言形式诸方面,对两汉诗歌的发展、时代特色、独特艺术成就,以及它在中国诗歌史上承前启后的地位等,进行了深入阐发和详细论证,是一部史论结合、观点新颖、自成体系、富有创见和开拓精神的汉代诗史。"这个话不是我说的,是答辩委员会的评语。

一般人认为汉代诗歌没什么研究的了,但在我看来还有很大的研究空间,所以我这些年一直坚持在做。博士论文出版之后,我首先把我在写作博士论文之前对汉代诗歌的作品研究整理出来。正巧吉林大学公木先生主持编写《中国诗歌史论》丛书,他要我写汉代卷,我就在此基础上写了《汉代诗歌史论》。所以从实际收获看,我在博士期间的成果是这样两本书。如果放在一起,应该写成上下卷的。

杨阿敏:自写作博士论文始,30年来,您一直坚持对汉代诗歌的研究,请概述一下您的两汉诗歌研究的基本过程和主要内容。

赵敏俐:汉代诗歌看起来少,但是研究起来难度大,对它进行解说,如果仅仅从文学鉴赏的角度来讲,好像没有什么更多的东西好谈。但是如果探讨中国的诗歌为什么从先秦到了汉代,突然间就发生了这么大的变化? 要对它作出解释,就不那么容易了。你读《诗经》、《楚辞》、乐府诗、《古诗十九首》,会发现它们之间的差异很大。

到底是什么原因造成的呢？要把这个问题弄清楚，就不仅仅是对作品的一般艺术解读，更要对这些作品从历史和文化的角度，有一个全方位的解释，然后才能对这些东西有深入的了解，这要做很多工作，一辈子也不一定能做好。一直到现在我都做了30多年，博士论文写完后一直在做。现在除了我在做，还有很多人在研究，每年都有大量的文章发表，就说明里面开拓的空间还是很大的。

我研究汉代诗歌有这样几个过程。第一个过程，是我的博士论文《汉诗综论》的写作，还有后来我写的《汉代诗歌史论》。这期间我还写了几篇论文，更加细致地讨论具体作品，因为这是在书里不能充分展开的。如对《安世房中歌》《郊祀歌》《汉鼓吹铙歌》的更细致的研究，都是先后通过论文的形式发表的。另外一方面，我一直在思考，为什么在汉代诗歌中，乐府诗和《古诗十九首》不一样？为什么先秦的诗和汉魏六朝的诗不一样？对这个问题应该如何解释呢？后来发现人们都忽略了一个明显的事实，即中国早期的诗歌基本上都是可唱的，到了魏晋南北朝以后，文人案头写的诗才逐步繁荣起来。那么文人案头写的诗和用于歌唱写的诗一样吗？应该不一样吧。你可能也会喜欢现代诗，比如艾青的诗、北岛的诗、海子的诗，那都是文人案头的诗，它和现在歌曲的歌词一样吗？歌词不也是诗吗？但二者是大不一样的。这个问题一说大家都明白，可是并没人认真地研究过。所以我要对这个问题做出一个解答，我要问它们的不一样具体表现在哪里。虽然我们过去也知道《诗经》和汉乐府是可以配乐歌唱的诗，但是我们却把它们和那些文人案头的诗用一个模式来解读，这是有问题的。可以歌唱的诗从创作的缘起，就和文人诗不同，大多数并非是文人用以抒情写志的，它首先可能是用于宗教祭祀的，用于宴飨娱乐的。那么这些诗是怎么产生的呢？这就和当时的歌唱艺术、国家的乐府制度相关联，所以我就写了《汉代乐府制度与歌诗研究》，专门谈在乐府制度下如何生成了这样一些文本，解释这些文本和文人的案头诗为什么不一样。

要进行这样的研究，同时需要新的理论阐释方法，用过去解释文人案头作品的那一套方法理论也不行。这就像我们干活一样，表面上都在农田里干活，但插秧和除草还不一样呢，插秧用的是插秧的工具，除草用的是除草的工具，你不能在插秧时用除草的工具吧，对不对？既然乐府诗和文人案头写的诗不一样，我们用的研究方法也应该不一样。干什么活用什么工具，什么钥匙开什么锁。那我就要探索一种新的方法，我尝试用艺术生产的理论和方法来研究乐府诗歌。所以在1998年我申报了一个国家项目，题目是"中国古代歌诗研究——从《诗经》到元曲的艺术生产史"，又申报了一个教育部人文社会科学重点研究基地重大项目"汉魏六朝乐府制度与歌诗研究"。这两个项目先后到2007左右才完成。后来我主编《中国诗歌通史》，我要重写汉代诗歌史，就将汉代诗歌分成了两大部分来阐释，第一部分研究歌诗，第二部分研究不歌而诵的诗，由此完成了《中国诗歌通史》的汉代卷，这也成为我研究汉代诗歌的最后总结性成果。以上大体就是我30多年来研究汉诗的过程。

　　杨阿敏：1987 年底博士毕业后，您为什么选择去山东的青岛大学工作，请谈谈在青大近 10 年的工作经历。

　　赵敏俐：我到青岛工作，有这样几个原因。第一个原因，是我比较喜欢青岛，我性格里面还带有年轻人的浪漫，青岛的山海风光特别美丽，这深深地吸引了我。第二个原因，青岛大学是一个刚刚成立的大学，我认为这个大学一定会有蓬勃的朝气，没有那么多的束缚，可能更适合我去那里发展。第三个原因，我的导师给我很大影响。在我毕业之前，就我的工作问题我曾专门找杨先生，因为我一心想做学问，当时想留到东北师大，但是杨先生不同意。他说："我不留你，你是一个从农村出来的书呆子，傻里傻气、呆头呆脑的，除了读书，你啥也不懂。"他说你就去青岛吧，那个地方比较好，是个新学校，没有那么多的矛盾。我当时不太理解我的导师，后来慢慢地理解了。他觉得母校里有各种各样的人际矛盾，我这个书呆子处理不了。这三点合起来，都带有理想化。第一，喜欢青岛的山海风光，是理想化；第二，我认为新的学校朝气蓬勃，也是理想化；第三，新学校里各种关系比较单纯，这也是理想化。

去了青岛之后，觉得和我的理想是有差距的。首先是有人的地方就有矛盾，青岛大学也不是世外桃源；其次是在新学校里，你光看它朝气蓬勃了，但是其他方面，生活设施、图书资料等各方面都不完备；第三是山海风光虽然很美，时间一长就有了审美疲劳，再说它又不能当饭吃。不过，在青岛那十年，现在想起来还是很留恋的。青岛地处山海一隅，毕竟还是比较安静。我去时那里没有我认识的同学，也没有亲属，我们三口一个小家，学校很快就给我们安置好了住房，我就在那儿安安静静地读书，也没有承担什么行政职务，除了教书就是看书，感觉还是蛮不错的。所以在青岛那十年读了好多书，收获不小。读书累了到海边走一走，看一眼山海风光，马上就有神清气爽之感，大海给了我很多浪漫和灵气。不过从做学问的角度来说，受到青岛地理条件的影响，图书资料的局限和与外界交往的不便，有的时候也有苦闷。那时候走到海边，就会生出一种宇宙无穷、人生渺小的无端孤独之感，所以我就来到了北京，来到了首都师范大学。

杨阿敏：1997年，您调到首都师范大学工作至今，是如何培养学生，指导他们读书治学的？

赵敏俐：我来到首都师范大学也是一个机缘。首都师范大学原来叫北京师范学院，1992年将北京市的另外几所学校合并后改成这个新校名，为了学校的发展正在招聘人才。我当时在青岛也出了一点成果，在年轻人当中，人家觉得我还不错，就把我当作人才引进过来了，给我的家属也做了很好的安排，这样我在首都师范大学就有一个很好的学术环境。我是1997年来的，来了之后就作为学科方向带头人之一申报博士点，1998年申报成功。从那以后，我就开始带博士，继续搞科研。1999年由我牵头，成立了中国诗歌研究中心，到2001年又申报成功了教育部人文社会科学重点研究基地，这就有了一个更好的平台，就这样工作到现在。

硕士生和博士生一起带，也有20多年了，带了一帮学生。我对研究生的指导，基本上就是从我的硕士导师和博士导师处学来的方法。硕士生就扎扎实实地从基础的学术训练开始，比如我给学生开《楚辞》研究课，就领着他们读原著，读王逸的《楚辞章句》，从字词章句入手，一点一点读。给博士生上课，把杨先生教给我的东西教给学生，我说："将来你们做学问做到什么程度我不知道，但是我希望你们要有一个崇高的人生理想，有远大的人生抱负，这和做学问关系甚大。"我现在的年龄也逐渐大了，逐渐体会到了杨先生的人生情怀。读书人不能没有人生情怀和社会情怀。树立正确的人生观、价值观，对人的一生很重要，这不是冠冕堂皇的话，是我随着年龄的增长逐渐体会出来的。人生中有很多东西是超越世俗层面的，越是理想的东西越要超出世俗层面。每个人都生活在世俗层面，一天不吃饭都不行，谁也免不了世俗。凭自己的劳动挣钱养家糊口，这是我们生存的基本方式。但是除了世俗的生活之外，我们还有精神方面的追求，它反过来会指导我们的人生，使我们在世俗生活方面有更好的价值取向。有了这个取向以后，你就会有了一个崇高的生活理想，就要为这个理想一步一个脚印地去努力实践，这样你的心境就比较单纯。

人的精力是有限的，做学问要有单纯平和的心境，你的心地越单纯，做学问、做事情就会有更大的动力，就会充满了快乐。反正人心就是这么大的空间，你想着杂事，心里就长草，学问也做不好。你不想杂事，就有一片清澈的天地，就会把更多美好的东西装进去，这就是人生。这些感悟都是随着年龄的增长而逐渐体会出来的。

杨阿敏：您博士毕业后为什么去了青岛大学？为什么和杨树增教授共同完成了《20世纪中国古代文学研究史》，当时为什么要做这样一个宏大的学术选题？20世纪的古典文学研究有什么时代特色，在方法论层面有什么重大变革，这种变化对古典文学的研究产生了什么影响，对我们今天的研究有什么启示？

赵敏俐：这要从我毕业时的情况说起。1987年底博士毕业后，我去了青岛大学。1987年12月份报到，1997年3月调到首都师范大学，在青岛待了前后将近十年的时间。我毕业之后选择去青岛大学，是我人生道路上一个很重要的选择。

在我们毕业之际，有几种选择。以我这个从农村出来的人的家乡观念看，我读了这么多年的书，毕业之后应该选择一个行政职务，可是我却当了老师。有些人不理解，特别是我家乡的人是不太理解的。那时候博士毕业的人还很少，全国没有几个博士。当时和我们同一个古代文学专业前后毕业的其他高校的博士，有几个人走上了从政之路。比较典型的就是当时山东大学有个博士毕业生，当时就到了中宣部，还有中山大学的一个博士到了黑龙江省哈尔滨市委宣传部工作。因为当时的博士很少，他们的就业取向对我们很有影响。

可是我最后还是选择到高校当老师，因为我喜欢古代文学。那时正是改革开放初期，"脑体倒挂"比较严重，当时流行的一个说法是"卖导弹的不如卖茶叶蛋的"。还有一句话是"穷得像教授，傻得像博士"，教授本来很穷，可是我这个博士的人生目标就是奔着一个穷教授去的，那我更是傻，对不对？

我在博士毕业之后，有一段时间也对自己的人生选择做过一些思考。核心问题就是，我为什么要选择这个职业？一辈子研究古典文学值得不值得？实际这是我当时面临的一种人生困惑。我是七七级，恢复高考后的第一届本科生，我们那一届学生大多数年龄都很大，急着毕业参加工作，我念硕士的时候就有很多人不理解，那个时候硕士就非常少了。我每逢放假回家，乡亲们总爱问我，硕士是个什么级别，是不是相当于县长级了？在乡亲们眼里，真正衡量一个人是否成功的标志，基本上就是看他读书之后做了什么官，读书仕进的观念很深。我念了博士之后，他们更不明白了，就问我，你是不是相当于我们赤峰市委书记、市长这个级别了？我说哪有的事，我就是一个穷学生。我毕业后当了一个大学老师，让乡亲们大跌眼镜，他们说，你念了这么多年书，就当个老师，还是一个穷教书匠，你的书不是白念了吗？不值得。我自然无法对他们解释，只好一笑了之。我常用《老子》的思想给自己一些心理安慰，所谓"无用之用就是大用"，自认为我做的事情很有价值，这也是我喜欢的工作。青岛大学地处美丽的海滨城市青岛，气候宜人，环境安静，在我当时看来是理想的治学之地。那时候我已经结婚，有了孩子。青岛大学是个新学校，给我解决了两室的住房，半年之内就把我夫人的工作安排好了，孩子也上了小学，结束了几年的两地生活，总算有了一个安稳且温馨的家，我很高兴，觉得可以安心做学问了。

但是乡亲们对我的质疑在我心头总是挥之不去，静下心来我就想，乡亲们为什么会有那样的疑问？这里面固然有传统的封建官本位思想在起作用，说明他们对我所研究的学问不了解，可是我对自己所从事的学术研究的价值和意义就真正认识清楚了吗？难道我要献身一生的事业仅仅是出于个人兴趣？所以我就想探讨一下，我们这个学科在近百年的中国文化变革中到底做了什么？到底有什么价值？它的意义到底在哪里？于是我就申报了一个教育部青年项目"20世纪中国古典文学研究"，我想要探讨二十世纪究竟有多少人从事中国古典文学研究，这些人对社会作出了哪些贡献，在文化建设上有什么意义。因为他们做的事业，也就是我要接着做的工作，我要看它的价值和意义究竟在哪里，我将自己的一生投入其中值得不值得。申报这个题目是有感而发，并没有多少学术准备，也没有考虑这个项目的难度。没想到竟很快批了下来，这让我很兴奋。但是真正着手做这个项目，才发现这个题目太大了，而且这是一个学术史的题目，带有学术总结的性质，严格来说不是我这个初出茅庐的人能写好的。于是我又找到我的师兄杨树增，与他一起合作。他在大连，我在青岛。以后的几年时间里，我们两个人就在这两个海滨城市往返，讨论切磋，度过了一段难忘的美好时光。

我为写这本书，看了很多的书。当时在青岛没有的书，我就跑到北京的中国国家图书馆去看，住到图书馆对面国家气象局招待所的地下室里，那时候还是挺艰苦的。我觉得写这部书的收获特别大。

我的研究首先从资料入手，我查找了大量的资料，也阅读了大量的文章，特别是19世纪末到20世纪初学人们的论著。我发现，在那个中国社会正在发生剧变的时代，竟然还有一大批学者在书斋中做着传统的学问，既有像王闿运、俞樾、王先谦、丁福保、陈廷焯这样一批老式的学者，也有像康有为、梁启超、夏曾佑、严复这样的维新派，既有如刘师培、章太炎、罗振玉、王国维这样的国粹派，也有如胡适、陈独秀、鲁迅、郭沫若等一些年轻的新派人物。他们的治学方法、学术追求、文学观念及人生态度等虽然大不相同，但是却都参与了这一伟大变革时期的文化建设，以自己的学术成就为这个时代作出了贡献。而且，正是在这些不同学派的共同努力之下，中国古典文学在20世纪才逐渐成长为一门具有现代意义的新学科。它同时告诉我一个道理，无论社会如何变革，文化总是推动这一变革的基础，传统总是具有强大的力量，左右着文化发展的方向。因而，从事文化研究的人，表面上看他们的工作似乎与轰轰烈烈的社会变革无关，实际上他们是在为民族文化的建设做着扎扎实实的基础工作。明白了这些，我的心安定下来，不再对自己所从事工作的价值产生怀疑，而且逐渐对自己的职业产生了自豪感。

我做这个题目的第二目的，是想从这些人的研究入手，对20世纪古典文学研究做一个总结，看20世纪的古典文学研究到底取得了哪些成绩。首先要思考一个问题，就是这一个世纪的学者，他们治学的理念不一样，研究的方向不一样，都有自己的专门之学。但是他们之间有没有共同关心的话题呢？20世纪学者所面临的核心问题是什么？我问了很多同行，他们都说没考虑过这个问题。而我经过考虑之后得出的结论是，20世纪古典文学面临的核心问题是古典文学和现代化的关系问题，或者说传统文化和现代化的关系问题。不管是谁做学问，都离不开这个问题。哪怕他不直接回答，在他的学术理念中，这个东西也起着重要作用。实际上 20 世纪的学术大潮就是围绕着这个而发生转变的，是时代变革推动了学术的演进，是文化思潮引发了新的理论思考。把握住了这个核心，我们就可以理清20 世纪中国古典文学研究的特点、方法和它所取得的成绩。举例来讲，为什么"五四"前后的中国古典文学研究重心会从传统的古诗文研究转向民间文学、白话文学，转向戏曲和小说的研究？是因为"五四"的反封建运动和新文学运动，带来了这种转向发生的可能。为什么当时大家都坚持进化论的方法？因为那个时候的人坚信社会是在进化的。胡适就很典型，他认为社会是进化的，他说一部文学史就是白话文学的进化史。王国维说一时代有一时代之文学。这些人的研究又上承了清代学术传统。所以他们一方面坚信考据学的方法，实证的方法，另一方面又相信进化的理论，所以将进化的理论和实证的方法相结合，就是"五四"前后那批学人研究学术的一个主流。五四运动以后，受俄国十月革命的影响，马克思主义、阶级斗争的学说逐步引入中国，成为 20 世纪很长时间内古典文学研究的主流方法。在这个基础上，我们才能看到 20 世纪古典文学研究所取得的成就和出现的问题在哪里。

　　严格来说，我们现在所说的文学学科在中国古代是不存在的。到了"五四"以后，经过学术的探讨，文学、历史和哲学这些具有现代意义的学科才建立起来。中国古代没有和现代相对等的文学概念，一直到清末，章太炎在写《国学概论》时还说："什么是文学？据我看来，有文字著于竹帛叫作'文'，论彼的法式叫作'文学'。"以此而言，凡是写在竹帛的文字都叫"文"，而"文学"则是论述这些文的写作之法的学问。可见它是无所不包的。从这一角度来讲，现在我们所讲的"文学"概念比起传统的"文"的概念缩小了很多。但是，传统的"文学"所关注的对象又是侧重于"诗"和"文"，像戏曲、小说这些在现在看来在文学学科中占据半壁江山的部分是不受重视的。戏曲和小说在古代是不能登大雅之堂的，所以在中国文学史上，那些写小说的人名字很少能留下来。正史上可以记载杜甫的生平事迹，记载白居易、欧阳修、苏东坡等，但是正史从来不记载关汉卿这一类人的生平事迹，戏子在古代是没有地位的，写小说是被人瞧不起的。所以像《金瓶梅》这样的书，只留下一个兰陵笑笑生的化名，没有人知道兰陵笑笑生的真实姓名是什么，也不知道这个人的生平事迹，现在考证来考证去，争议仍然很大。《三国演义》《水浒传》的作者罗贯中、施耐庵的生平事迹，我们也所知甚少。《西游记》的作者一般认为是吴承恩，但到底是不是吴承恩，现在还有很多的争论。曹雪芹的生平事迹，我们也不是很清楚，虽然红学家搞了这么多年，《红楼梦》后40回到底是谁写的，现在还有争论。人民文学出版社出版的《红楼梦》，过去作者署名是曹雪芹、高鹗著，现在变了，说前80回曹雪芹著，后40回无名氏著，程伟元和高鹗整理。为什么会有这样的变化？因为这个问题一直在探讨，现在这个署名方式代表了当下的学术认识，也不能说是定论。

"五四"以来，戏曲和小说被纳入文学研究的大家庭里。民间歌谣、白话文学过去也是不登大雅之堂的，"五四"以后也被纳入文学史当中来，这是文学观念的大变。所以"五四"时期留下来的最重要的文学研究著作，如王国维的《宋元戏曲史》、鲁迅的《中国小说史略》、胡适的《白话文学史》、郑振铎的《中国俗文学史》，都是有关这个新的研究领域的成果。这就是由于社会文化的变革而出现的学术变化。

与此同时还引进了马克思主义、文化原型、结构主义等新的理论与方法。另外还出现了一个新生事物，即把中国古代文学按照史的方式梳理起来，编写中国文学史成为这一时代的学术潮流。所有这些，我们都只有通过时代变革的角度才能有比较好的认识。

撰写《20世纪中国古典文学研究史》，是我在青岛时期所做一项重要工作，对我个人来说很有价值，很有意义。除了对20世纪的中国文学研究做了一个初步的学术总结之外，还让我的认识有了提升，明确了文学研究和社会变革之间的关系，以及它在当代的价值和意义。它可以作为我安身立命的职业，这是我的一个实实在在的收获。另外也让我自己明白了一点：虽然我们做的是书斋的学问，但是要想把学问做好，也是脱离不了这个社会的，你的生活、思想、观念、人生价值都和社会息息相关。表面看来我们做的学问是在书斋里做的，需要安静身心，专心致志，皓首穷经，字斟句酌，所做的都是非常专门化的文学题目，但是要知道学术是和整个社会联系在一起的，是社会的一部分，要从大的方面思考把握文学研究的动向，明确在这个社会上存在的价值。我们做学问，既不能给人家提供吃的东西，也提供不了穿的东西，更不能给人家提供住的房屋。衣食住行都不能生产，那你能为这个社会提供什么，社会才需要你，才会给你回报呢？就是能为社会提供有价值的精神产品，满足人们的精神需要。所以我们要做一个精神生产者，要有求真求善求美的志向，只有这样你的学问才有价值，才能为社会作出实实在在的贡献来。

当然，学者要有对现实的关注和强烈的人文关怀精神，但是最终又必须把精力用在扎扎实实地研究上。在撰写这本书的时候我也发现，有很多学者在当时很红火，可是他没有扎扎实实地做学问，在学术史上就留不下他的名字。真正的大学者，总是那些既能立足于社会前沿，引领学术，同时又能做出扎扎实实、老老实实的学问的人，他们才是我们的榜样。

我撰写这部书的初衷是解决我个人的思想困惑，没想到无意中碰上了学术热点。历史走到了 20 世纪末，人们不约而同地意识到，经过了 100 年的历史时段，我们应该进行学术的总结和归纳了。所以那个时候有很多人开始思考这个问题，相关的学术论文和著作也开始陆续涌现。因为我思考这个问题是在 20 世纪 90 年代初期，算是起步比较早的。这个课题是 1990 年教育部的项目，1995 年完成了，1997 年正式出版，应该是同类著作中比较早的一本书，所以出版之后很有影响。此后有很多人继续做这一工作，像我们学校的张燕瑾先生、复旦大学的黄霖先生，他们的学术水平都比我高，而且组织多人合作，后来都出版了多卷本的大著。张先生的大作按研究对象的时段分卷，黄霖先生的按文体分卷，作为专业的学术总结性著作，他们的大著内容都比我的著作丰富得多。以我个人之能力，严格讲来在当时还不具备完成这个大课题的学术积累，写作起来感到特别困难。现在想来，当时颇有些初生牛犊不怕虎的样子。不过这本书里的确也倾注了我的不少心血，从宏观上对 20 世纪中国古代文学研究从几个方面作了总结，与上述几部著作可以互补，所以出版后颇有反响。

杨阿敏：您与人合编过《先秦大文学史》《两汉大文学史》，什么是大文学史，与其他文学史的写作有何不同？

赵敏俐：在青岛和我的同事赵明教授等人，合作编写《先秦大文学史》，后来又合作编写《两汉大文学史》。这也是我试图要在学术方面作出一些新的开拓，与我那些年所做的研究直接相关，起源于我对"文学"的思考。像我上面所说，在撰写《20世纪中国文学研究史》的时候，我曾重点考察过"文学"这一观念在20世纪的转变。严格来讲，我们现在所说的"文学"这个概念，在中国古代是不存在的。中国古代的文学观念和现在大不一样，《论语》说"文学子游、子夏"，这个"文学"指的就是文章和博学，在汉代也特指熟悉文献和文章的学者。我们现在所说的文学相当于古代的"文"或者"文章"，是指具有文采、情感、韵律等形式美特征的文字。刘勰的《文心雕龙》里边讲的文，还不是我们现在所说的文学，里边有文体论部分，讲了30种左右的文体，这些文体里面只有《辨骚》《明诗》《乐府》《诠赋》四篇所论的文体才属于我们现在所说的"文学"，剩下的传记、碑文、铭、诔、奏、章等在今天都不属于文学。所以刘勰的书名叫《文心雕龙》。在刘勰看来，"文"和"经"是直接相关的，"经"是圣人所作，是"道"的表现，所以要写好"文"，就要"原道""徵圣""宗经"。也就说古代的文和我们现在的文是不一样的。

尤其是在先秦两汉时期，我们现在所说的"文学"是和其它文体混在一起的。我们勉强说《诗经》是纯粹的文学，《楚辞》是纯粹的文学，那是我们用现在的观点来看。《诗经》和我们所熟知的后代诗歌一样吗？《诗三百》和《唐诗三百首》一样吗？表面看起来似乎一样，都是诗，但是《唐诗三百首》基本上是用于抒情写志的，而《诗经》则是用于祭祀的、用于宴飨的、用于礼仪的、用于教育的。《诗三百》是以诗的形式进行的文化创作，不同于我们后世所说的纯粹的诗歌。先秦文学里，像《尚书》《左传》《论语》《老子》《庄子》这些书，按现在的文学观来看，起码不是纯粹的文学作品。如果非要给它按照文史哲进行学科分类的话，现在人更倾向于把《左传》称之为史学著作，把《论语》和《老子》称之为哲学著作，因为它们都不是纯粹的文学著作。

现在的中国文学史在讲《论语》的时候，不是讲它的主要内容，而只是简单地说里面的部分章节具有文学性，这是真正的讲《论语》吗？不是，讲的都是一些皮毛的东西。《左传》这部书为什么好？它用生动的笔法把春秋时期丰富的历史展现在我们面前，是具有特殊写作方式的历史著作，《左传》的核心内容在史而不在文，文只是为表达史而采用的方式方法。可是我们的文学史里边怎么讲《左传》呢？说《左传》人物形象生动，最善于描写战争，这样讲也不是不对，但这只是对《左传》的皮毛讲述，没有涉及其本质，讲来讲去学生对《左传》并没有准确的把握。为什么会这样？是因为现在的文学观念与古代这些著作之间存在着本质的错位，本来无法将这些著作纳入现在的"文学"范畴，但是又无法回避其中所呈现的一些文学特点，于是只好抛弃这些著作的本质属性，在文学史中大谈特谈它们所谓的"文学性"，并将其称之为"历史散文"和"诸子散文"。

所以我们需要解决这种在文学史的表述中名实不符的问题。先秦两汉是我和赵明教授的主要研究领域。赵明教授比我年长 10 多岁，曾经在吉林大学做张松如（公木）教授的助手。张松如教授与我的导师杨公骥教授是多年志同道合的好友，学术理念相同。所以我与赵明教授早在长春时候就有交流，学术观念也接近，他与我是亦师亦友的关系。我们认为先秦文学不是纯粹的文学，应该把它称之为"大文学"。何谓"大文学"？它有两个特征：第一，它是文史哲融为一体的综合形态，是把认知、评价和审美三者融为一体的特殊表达。第二，它有纵深的历史文化继承，所以才会有那么丰富的内涵。举例来讲，《诗经》是春秋时期才最后编成的，但是这里有殷商时代的颂歌，也有周初的作品。有些诗篇的产生可能更早，像《豳风·七月》，反映了周民族古老的历史风俗，可能源于先民们的历史记忆，有久远的口头传承，是有了文字之后才记载下来的。因为有这两个特点，所以我们将其称之为"大文学"，我们试图用"大文学史"观来对这些经典进行新的阐释。

这个工作由赵明教授牵头，我们联系了国内一些志同道合的朋友来共同完成。为了写作《先秦大文学史》，我们先做了理论探讨，我和赵明教授还合作在《吉林大学学报》上发表过文章，共同起草了书的大纲。书稿完成之后，赵明教授撰写了全书的《导论》，我写了《结语》。在《导论》中他提出了先秦大文学史撰写的指导思想，在《结语》中我对全书进行总结，与他的《导论》整体呼应。《先秦大文学史》出版后，在学术界产生了很好的反响，获得了教育部首届人文社会科学优秀成果二等奖。我们很受鼓舞，再接再厉，又编写了《两汉大文学史》。这是我在青岛时期的又一重要工作。

　　杨阿敏：在青岛时期，您还出版了《文学传统与中国文化》一书，中国文化是如何影响文学发展的，有何具体表现？

　　赵敏俐：在撰写《20世纪中国古典文学研究史》和《先秦大文学史》的过程中，一直贯穿着我对中国文学这一学科一些基本问题的思考。我认为除了要对"文学"这一概念重新认识之外，还需要深入思考文学的价值和意义在何处。所以这个时候我写了另外一本书叫《文学传统与中国文化》，我可以把这本书的情况简单地说一说。

　　《文学传统与中国文化》动笔是比较早的，1993年就出版了。这与当时的文化热有关，也和我对文学本质问题的思考有关。我想从文化的角度对文学的本质有一个新的认识和界定，同时也想从文化的角度对文学的存在价值和意义有所阐释。

　　文学是什么？我认为可以从不同的角度给它定义。如果我们现在站在世界的角度来看中国文化与西方文化的不同，就会发现，这些不同实际在左右着中国文学的发展。所以有必要把文学放在中国文化的环境当中，从文化的角度来给它下个定义。我认为从这个角度来说，文学就是民族文化的语言艺术归结。什么叫语言艺术归结？就是说把一个民族的文化，用语言艺术的方式表现出来，这就叫文学。换言之，文学也可以称之为民族文化的语言艺术表达方式。

　　我写这部书的目的，就是想从两个方面阐述这个问题：一是文学贯穿始终的内容是民族文化，二是文化决定了一个民族文学的表达方式。站在文化比较的立场上来看中国文学，可以发现几千年的中国文学内容始终是围绕着中国文化来转的，文学离不开文化的土壤，这有助于我们从现代的立场和世界的眼光来反观几千年的中国文学。

就中国文学的整体情况来看，包括以下四个重要的方面。

一是中国文学和农业文化的关系。中国是个农业国度，中国文学体现了非常鲜明的农业文化精神。中国是一个封闭的内陆国家，农业是国家的命脉。可以说中国文学在骨子里就是农业文学。这不独表现为中国文学中对农业生产生活的直接叙述和描写，更重要的是农业文化所培养起来的生活风俗、习惯和思想情感以及思维取向。举例来讲，中国古代有强烈的安土重迁意识，这就是在农业文明下产生的观念。因为安土重迁，所以中国文学中有一个重要的题材就是思乡念亲，游子思妇、相思回归也就成为几千年不断的文学主题。中国诗歌惯用的抒情方式是比兴，是从自然物象中发现与人事之间的关联。这源于农业文化中人和大自然的亲和关系，是天人合一的文化体悟。古代中国社会理想是桃花源，这不是最典型的农业文明理想吗？所以说中国文学当中有一个最深沉的文化原型，那就是农业文明。

二是中国文学与政体结构的关系。在农业文明基础上建立起来的中国社会的政体结构，源自于家族血缘伦理亲情。小农经济就是典型的家族经济和家族社会，一个家族的人互相依靠。在家族型社会的基础上再扩大，就形成了君主制社会，从周代社会的那种贵族的君主、士大夫和农奴的君臣关系，到秦始皇以后，最终形成了以皇帝为中心的中央集权制的政体结构。这个政体结构在文学中同样存在，并形成了以圣君和贤臣为模式的人物理想，文学中所歌颂的政治人物就是尧、舜、禹、汤、文、武、伊尹、太公、周公、管仲这些形象。在中国文学当中，到处都能体现出这一政体结构的力量，包括后世的那些小说都离不开这个社会政体结构。我们看关汉卿的

《窦娥冤》，他不是呼唤着清官吗？《水浒传》主要是官逼民反，官逼民反因为有奸臣当道。《三国演义》里蜀汉刘备是圣君，诸葛亮是贤相，不就是要构建这样一个圣君贤相的模式吗？而篡位的人不管你如何英明，也是乱臣贼子，如曹操。包括《红楼梦》《金瓶梅》，后面的背景都离不开中国社会的这个政治模式。像《三侠五义》这样的书为什么会产生？为什么深受老百姓喜爱？就因为里面寄托了下层百姓的政治理想。老百姓在这种政体下，最希望能出现清官。皇帝圣明，但是他看不见也不管每一个老百姓具体的事情，具体治理百姓是靠各级官吏，所以他们希望出现清官。清官的代表就是包公。清官解决不了所有的问题，社会上还有很多坏人，百姓就希望以暴制暴，幻想有正义在身的侠客，就出现了像展昭这样的人。最佳的模式就是清官加侠客，这二者完美结合。

三是中国文学与道德伦理的关系。在农业文明和政体结构上，形成了中国古代特殊的伦理道德体系。中国古代伦理道德体系的核心是什么？是孝、忠、义。一个人的道德理想就是孝子、忠臣、义士。在家是孝子，在外是忠臣，对朋友是义士。这其中，孝又是最基础的，源自家庭血缘关系，也是维系家庭关系的基石。把对家里的孝推演到国家的层面就是忠。《论语》有子曰："其为人也孝弟，而好犯上者，鲜矣；不好犯上，而好作乱者，未之有也。君子务本，本立而道生。孝弟也者，其为仁之本与！"只有在家是个孝子，在对待国君的时候才能表现为忠。现代社会不讲君臣关系，但是仍然有个人与国家、上级对下级的关系，孝仍然是基础。一个人在外面工作，如果让别人信任他，首先看他在家是不是个孝子。他说某某是他的好领导、好哥们，他说他对领导忠诚，但是他在家里对他父亲都不好，领导能相信他吗？他和领导的关系还能比父亲和他的关系更近吗？如果对他的父亲都不能尽孝，能保证对领导忠诚吗？所以古人认为，在家里必须是孝子，然后在外边才能是忠臣。孝在中国古代道德伦理观中是排在第一位的，有了孝，然后才有忠和义。

文学中涉及中国古代的道德伦理，也是以孝子忠臣义士为基本，其它都是在这之上的推演。这三种道德规范，都有一个特定的对象，这些对象之间既有统一的一面，又有矛盾的一面。一个人在家里是孝子，在外边才能是忠臣。但是问题来了，当孝子和忠臣发生矛盾的时候怎么办？又出现了悖论，那叫忠孝不能两全。忠孝不能两全，怎么做？就看你所坚持的是正义还是非正义。孝子、忠臣背后有个正义和非正义。当孝子和忠臣这两者发生矛盾的时候，就会发生悲剧。无论是尽忠还是尽孝，都是对另一种道德伦理的背叛，都会被人批评。如果两者都想坚持，一定是悲剧结局。所以我们看中国文学中的这类故事，往往都是主人公为国为君尽忠之后而自杀。因为尽忠就意味着违背了孝道，他只有用自杀的方式来赎罪。这是中国文学常见的叙事模式，它是受中国的道德伦理观念所左右的。

忠臣孝子悲剧的背后追求的是一种道德理想，忠臣和义士的悲剧也是这样。《水浒传》的名称，原来叫《忠义水浒传》，其实所写的就是以宋江为代表的一群忠臣义士的悲剧。宋江为什么会是个悲剧人物？就因为他要坚守孝子忠臣义士的道德理想，但现实中却没有给他提供实现理想的条件，所以才会发生悲剧。宋江的生活本来是安稳的，在家里孝敬他的老父亲，在朝廷里做个小官也算是忠臣，为人又很讲义气，所以有"孝义黑三郎"的美名。但是因为讲义气，在他得知晁盖夺取了生辰纲这件事之后，出于江湖义气，他把晁盖放走了。但这个事情本身就是对朝廷的不忠，破坏了二者的和谐。他自以为这件事处理得很好，没有人知道，哪想到走漏了风声，阎婆惜把他告了，他就被官府抓了起来。这时候那帮讲义气的朋友想救他，让他到梁山当头领。但是他认为到梁山是做贼，他就由忠臣变成了叛贼，所以他不去，宁愿流放几年回家再过他尽孝尽忠的安稳日子，也算是一种赎罪。可是在流放江州时又不慎酒后生事，被黄文炳诬陷，判了死罪。这样他想流放几年回家继续过尽忠尽孝的安稳生活的好梦也就彻底破灭了。这时候梁山的人来劫法场，他被逼得走投无路，不想死就只好做贼，好歹也算对得起江湖兄弟，还有义气在，只好去了梁山再说。去了之后，家里的老父亲怎么办？尽不了孝了，于是天天哭，然后晁盖派人把他的老父亲接到山上去。

但是对于背叛朝廷这件事他一直耿耿于怀，他不甘心做叛贼，还想要做忠臣，于是一心一意想着盼着被招安。李逵这些人就烦他，招什么鸟安，但是他不听，他就要招安。他就想要带领这些弟兄们共同为朝廷效力，既讲了义气，又尽了忠。被招安之后，让他征方腊，忠是尽了，可他的弟兄们也一个一个都死了，朝廷还不待见他，最后用一碗毒药把他给药死了。结果他的忠也没成，义也没成，孝也没成，人生还是一个大悲剧。我们再仔细分析，宋江的道德理想为什么不能实现？是他的理想不崇高吗？不是，而是这个社会太黑暗了，坏人太多了，官逼民反，所以才会发生像宋江这样的人生悲剧，而《水浒传》一书因此也就具有巨大的社会批判力量。由此可见传统的道德伦理观念在中国古代文学里所呈现的巨大影响。

四是文化传统决定了中国文学中对人的书写。中国文化传统中有对人的特殊理解，"唯天地万物父母，唯人万物之灵"。中国文学体现出以人为中心的表现方式，无论是庄子隐居还是屈原投江，都包含着对于人的生命价值和意义的探寻。从女娲补天到宝玉出家，中国文学中人的历史，就是中国人成长的历史。叙述人生的各种苦难，抒写内心各种痛苦的感情，追寻理想的生活，这一切都和中国文化紧密相关。所以我说，从文化的角度来看，我们可以把文学定义为民族文化的语言艺术归结，是民族文化的语言艺术表现方式。可惜的是这个计划我只完成了一半，只写了中国文学中所表现的以上四个方面的主要文化内容，还有另一半想从文化的角度写中国文学的具体语言表现方式，我希望以后有机会把它写完。

杨阿敏：您在这时还写了一本《先秦君子风范》，您为什么写这本书，先秦君子文化人格于现代社会而言，具有何种作用？

赵敏俐：本书出版于1999年，最初撰写是在1996年，转眼就过去20年了。如果说到此书的构想，时间还要更早。它是我学习先秦文化的心得，也来自于心灵的感动。我们知道，中华文化的根基在先秦，无论是物质文明、制度文明和思想文明，都为中华文化的发展奠定了坚实的基础。对此，人们已经有了充分的研究和丰富的成果。而我认为，先秦文化对后世的影响，还应该包括当时的人在精神文明和行为文明方面为后人做出的表率。人生的意义究竟是什么？人究竟应该怎样活着？怎样做一个堂堂正正的人？先秦时代的人们就开始了探索与追求。阅读先秦文化典籍常常让我感动，不仅仅因为其丰富的文化思想内容，而且还因为这些文献中所记载的一个个生动活泼的人物，尤其是那些先秦君子，他们的故事让我感动，他们的行为堪称楷模，我对他们深深敬仰。我常常在想，虽然从那时到现在已经过去了两千多年，可是在个体人格的追求上，我们真的比那些先秦君子们更加完满了吗？对此我表示怀疑。因为在今天这个时代，发生在我们身边的各类故事里，仍然会看到人格的各种缺陷，也包括我们自己。

在物质文明高度发达的今天，如何做人的问题也许更值得我们重新思考。因此，我早就想写一本书，把先秦君子的故事整理出来，把他们的人格风范介绍给当代，以作为我们生活的参照。《中庸》曰："君子之道费而隐。夫妇之愚，可以与知焉；及其至也，虽圣人亦有所不知焉。夫妇之不肖，可以能行焉；及其至也，虽圣人亦有所不能焉。"可见，君子之道的践行是非常难的。正因为如此，更需要我们心中有个榜样，时时向其靠拢，此正所谓"高山仰止，景行行止，虽不能至，然心向往之"。1996年，适逢苏州大学王钟陵教授要主编一套《竹溪文丛》，意在介绍中国古代的文人群体和他们的精神生活，邀我撰写其中的一本。我向他提出建议，能不能让我以"先秦君子风范"为题来写，他们是后世文人的先导，也是中华民族人格的典范，值得我们介绍，向他们学习。王钟陵教授接受了我的建议，于是便有了这本书的诞生。

这本书的目的，就是要从这些典籍中钩稽出那些先贤哲人的言行事迹，对他们的文化人格进行一番历史的追怀。如果我们想对中华民族文化人格的产生有所了解，对汉魏唐宋以后的文人传统有更深刻的认识，就必须要有这种历史源头的追寻。尽管由于时代的久远，关于这一时期的历史著作远不如后世丰富，但是即便从我们目前所能掌握的材料来看，也足以对这些先贤哲人的文化人格进行初步的概括了。此书命名为《先秦君子风范》，其叙述时间范围大体上自周初到春秋时期结束，而不包括战国时期。相关的文献取材，以《尚书》《诗经》《左传》《国语》为主，再辅之以战国秦汉间其它著作中有关这一时期的传闻记载。之所以如此，是因为在我看来，自西周到春秋结束前的这段时期，正是中国现存文献记载比较详细的最早的一个时期，也是一个贵族文化规范尚未破坏的时期，因此大抵上我们可以把它称之为贵族时期。我们所说的"先秦君子风范"，也正是建构于这一贵族时代的人格理想。无论从他们在世俗生活中的风度举止、立身行事中的道德追求、处世交友中的人格展示，还是从他们在政治舞台上的各种表现、戎马生涯中的武士精神等各个方面来看，这些先秦君子的文化人格都与战国以后士阶层的文化人格有了时代上的不同。

此书出版之后，好友傅道彬教授特别赞赏，他认为研究先秦君子是一个特别有文化价值、有现实意义的课题。但是他同时又为我感到遗憾，认为我不应该将如此重要的论题写成这样一本通俗的小书，而应该写成一部厚重的学术专著。他的建议非常好，可是至今我却没有抽出时间来再写一部与之相关的学术著作，也不知道将来是否能够完成。但同时我也为这本小书感到欣慰，因为通俗，它受到了更多人的喜爱，也有了更多的读者。后来我据此书录制了视频，有些高校甚至将其确定为通识课程，很受欢迎。看来，通俗的讲故事的方式也自有其长处。这让我想起司马迁记载孔子何为而作《春秋》的话："我欲载之空言，不如见之于行事之深切著明也。"其实，关于君子文化的研究，本身就是一个大课题，也不是我本人所能研究得了的，我希望有更多的人关注和研究它。果然，进入新世纪以来，越来越多的学者认识到这个问题的重要性，纷纷投入到相关的研究与宣传中来。2016 年 2 月 27 日，《光明日报》第 9 版用了一整版的篇幅，专门介绍由浙江大学和光明日报社联合主办的首届君子文化论坛的盛况。可见，时代呼唤着人们对于君子文化的重新重视。

杨阿敏：用艺术生产理论研究中国古代歌诗是您的重要研究方向，这一研究方向的基本理论和方式是什么，研究的意义何在？

赵敏俐：1998 年我申报了一个国家社会科学基金的课题"中国古代歌诗研究"，这也是我这些年研究的一个很重要的方向。为什么我要做歌诗研究？其实在青岛的后期，我就一直在思考。研究汉代诗歌，当时遇到了一个问题，汉乐府和文人五言诗有着明显的区分，但这种明显的区分怎么来对待，它后面还包含了哪些东西？

后来我突然领悟了，在汉代诗歌创作当中，可以看到中国早期诗歌创作的两种主要情况。一种就是文人们用于书写诵读的诗，还有一种就是用于歌唱的诗。可以歌唱的诗在班固的《汉书·艺文志》里，称为"歌诗"，可以歌唱，甚至有的还配乐配舞。中国古代的这些歌诗，由于当时那些表演形态都没有记录下来，只留下了文字文本，这使它们和文人案头上书写的诗，从表面形式上看起来是一样的。所以从汉代开始，人们就把这些歌诗和文人案头所作的诗视为同类，统统纳入儒家的诗学理论当中。用现在的话说，就是从意识形态的角度，只对它们进行思想和内容方面的阐释，习以为常，一直到现在，从而忽视了它们的特殊性。我们很少关注像乐府这一类诗歌的原生形态。当然，按照儒家的阐释传统对它进行阐释，也是可以的。因为不管是歌诗，还是文人案头所写的诗，它们本身都包含着丰富的内容，也和社会直接相关联，自然可以做这样的阐释。但是我们如果仔细想一想，配乐演唱的诗和文人案头写的诗一样吗？它们的创作目的一样吗？它们的功能一样吗？它们的艺术表达方式一样吗？其实是有很大区别的。就拿现在的歌唱与诗歌创作来看，像郭兰英、李谷一、王菲的歌和艾青、徐志摩、海子的诗一样吗？不一样。但是如果把曲谱和演唱都拿走之后，就把郭兰英等人所唱的歌词留下来，和艾青等人的诗歌放在一起，后人研究起来好像是一样的东西，但两者的实际差别太大了。古代也是这样，有两种诗歌形态，第一种就是可以配乐演唱的歌诗，第二种是可以诵读的诗。这是两种不同的诗歌形态，它们之间可以有交叉，但是本质还是不一样。如果是从这个角度来看，做中国古代诗歌研究，就应该把这两种诗歌分开，它们属于两种不同类型。按照《汉书·艺文志》的说法，我把这些可以歌唱的诗称之为歌诗。既然是歌诗，它和文人案头所写用于诵读的诗相比，创作目的不一样，表现方式不一样，功能也不一样，那么我们对它的阐释研究和分析，怎么能也用一样的方法呢？我想应该不一样才对。

　　对于那些诵读的诗，我们已经有了比较成熟的研究方法。对于这些可以歌唱的诗，怎么才能找到一种比较好的分析方法？起码在我看来，在此之前还没有找到一种比较成熟的行之有效的阐释方式。为这个问题，我看了很多相关的书，也做了非常深入的思考。这样我就接触到了艺术生产理论，我认为是一种比较重要的理论，这也是当代西方人根据当下的艺术发展情况提出来的，对研究中国古代歌诗有重要的参考价值。

所谓艺术生产，就是把艺术当作一种生产来看待。以往我们的理解的生产，基本上指的是物质生产，工厂是进行物质生产的，农民也从事物质生产。现在我们应该把艺术也当作一种生产，即艺术生产。为什么这样看呢？因为现代艺术好多是离不开物质生产手段的，你不用生产的方式，就不能很好地研究它。最典型的是电影。电影是文学吗？不是。电影是一个人笔头写就能写出来的吗？不是。电影文学剧本是作家写出来的，但是电影文学剧本距离电影的最后拍成还远了去，是不是？你有了电影文学剧本，只能算是有了一个创意，想要拍电影，你得找一个制片人，需要投资、需要导演、需要拍摄，由谁来演，得找演员。还得有摄像、录音、化妆、布景，好多的事情，拍出来之后，还得要制作、发行。在哪上映呢？不是还得有电影院吗？这实际上已经成了一个很大的生产门类、一个生产系统、一个产业了，对不对？观众看完电影之后，他记住了谁？他能记住电影剧本的作者吗？很少。除非那些由名著改编的一些名剧作家。我们可能知道《红高粱》是根据莫言的作品改编的，知道《悲惨世界》是根据雨果名著改编的，改编者是谁？我们一般都不知道。我们可能会把名导演记住，制片人基本记不住，记住最多的就是演员。

要把一个电影研究透的话，就需要把它当成一个完整的生产过程来研究。还有一个问题，电影的生产目的是什么？是为了娱乐，为了给别人看的，这与中国古代文人的抒情诗也是大不一样的。古代文人所写的那些抒情诗，写出来有时候也给别人看，但是大多数可能不是。但是不管给不给别人看，它的目的就是为了寄托自己的情怀，而绝不是将它们当成商品用来赚钱。现在的电影投资很多，要把成本收回来，它是一种文化行为，更是一种商业行为。古代文人写诗从来不把它当作一种商业行为，对不对？如果把艺术当作一种生产，首先要考虑整个的生产过程。如果用这样的方式来看中国古代的这些歌诗，还真是对我有相当大的启发，它启发我认真考虑中国古代的歌诗生产问题。

中国古代歌诗虽然没有现在的电影那样的生产规模，但是同样包含着生产的要素。举例来讲，如《诗经·周颂》中的一些歌诗，它是为了祭祀表演才生产的。表演就需要有歌舞艺人。歌舞艺人到哪儿去找？如果在现在，最好的方式是花钱雇人来演出，可是在古代没有，那就只好由国家培养。要表演还要有服装道具，总而言之你要有经济上的付出，你得有物质上的投入，对不对？在朝会燕飨上的演出也是同样，对吧？它虽然和现在电影不一样，规模小得多，但是在本质上还是一种生产。所以我们从生产的角度来看，就会发现和文人创造不一样，这些歌诗的创作具有艺术生产的性质。

我们可以把这种艺术生产上升到更高的理论层面来认识，我们再追问一下，人类社会为什么需要这样艺术？艺术的目的是什么？我认为它是为了满足人类的精神需求的。人类社会的整个发展过程就是一个不断生产的过程，而且包括三种主要的生产：一是人的生产，结婚、生子，种的繁衍，代代相传；二是物质生产，满足我们的吃穿用等物质消费的需求；三是精神生产，满足我们的精神消费。艺术生产就是精神生产中的一大部类，是为了人类的精神需求而出现的一种特殊生产方式。所以我把中国古代的歌诗当作人类的一种精神生产来认识，从人类的精神需求角度来研究。这个问题，过去的学者没有做过相关的探讨，包括当代西方的一些文学理论家，他们关于艺术生产做过很多探讨，但是他们不会看中国古代的东西，他们所关注的都是西方现代的精神生产活动。

　　所以，为了更好地认识中国古代歌诗的艺术生产，我做了一些更为深入的理论探讨。我想要从精神需求的角度探讨艺术起源的问题，做一个纯粹的理论探讨。关于艺术起源这样的理论问题，在最近的二三十年来很少有人进行探讨，因为当下的学术研究，大家更关注形而下的具体问题，容易把握的技术性问题，所以文献学和考据学都很热门，而对那些形而上的纯粹的理论问题却不感兴趣。但是我认为这个问题如果不探索清楚，就没有办法把我的研究很好的进行下去。在这个过程当中，我看了很多关于艺术起源的书，谈到艺术起源，已经有了很多的理论和说法，有人说艺术起源于劳动，有人说艺术起源于模仿，有人说艺术起源于游戏，有人说艺术起源于宗教，有人说艺术起源于巫术，有人说艺术起源于符号。从生产的角度来看，我认为艺术生产是为了满足人的精神需求，所以我提出了艺术起源于人的精神需求的观点。

　　为什么大家不讨论这个问题？因为关于艺术起源的问题，可以称为一个先验性的问题，带有探索性质，没有一个明确的答案。我们找不到一个原点，就像探索宇宙的起源在哪里一样。宇宙起源于大爆炸，是现在流行的说法。按这个说法，宇宙最初只有一个很小的奇点，有一天突然就爆炸了，无限膨胀，就成了我们现在看到的这个无边无际的宇宙了。但是我们要问，奇点是如何形成的？这个奇点有多大？怎么就发生大爆炸了？大爆炸之前是个什么样子？物理学家就说不要问了，奇点就是奇点，不存在形成的问题。不要问奇点有多大，在大爆炸之前没有空间，自然也没有奇点有多大的问题。也不要问大爆炸之前是个什么样子，因为大爆炸之前没有时间，自然也没有大爆炸之前。没有时间和没有空间的时候却存在着一个奇点，你能理解吗？一般人都不能理解，也无法研究。所以除了少数的物理学家之外，当代一般人也不探讨宇宙生成的理论。关于艺术的起源问题，同样也是一个先验性的命题，我们实际上是找不到艺术究竟从哪一个原点出发的。你说人类的艺术究竟是从哪里从哪一刻发生的？

以往关于艺术起源的探讨，无论是起源于劳动也好，还是起源于宗教巫术也好，学者们都试图从历史文献当中找一个实证。以中国古代的文献来讲，如《淮南子》里说："今夫举大木者，前呼邪许，后亦应之，此举重劝力之歌也。"有人说这不是最早的艺术起源吗？这不可以证明艺术起源于劳动吗？但是这首歌究竟产生在什么时代，我们是搞不清的。还有人说艺术起源于宗教巫术，他们在很多的原始部落里，看到那里的人在举行巫术活动时就唱歌跳舞，就认为艺术起源于宗教巫术。可是我们再往前追溯，在没有宗教巫术产生之前，有没有歌舞艺术呢？其实谁也说不清楚。所以我认为艺术起源的问题，从本质上不是一个实证的问题，而是一个先验的问题。因为是一个先验的问题，所以我们也需要找到一个理论奇点。我认为，说艺术起源于人的精神需求，就是艺术起源说的理论奇点。这个奇点理论的生成，我也借鉴了大爆炸理论生成的方法。大爆炸理论之所以成为在当代被人们最为认可的一种宇宙起源说，最关键的一点，是因为物理学家们运用现代科学仪器发现了一个普遍现象，即他们所观察到的所有的宇宙形体都在向外膨胀扩展。而我提出的艺术起源于人类的精神需求说，是因为我发现无论是艺术起源于劳动说、巫术说、模仿说还是游戏说、符号说，它都满足了人类的一种精神需求。

我把它称之为艺术起源论的奇点，是因为我把这奇点归结为人之所以为人。人有了精神需求，就有了艺术生产的原初动力。而艺术之所以会形成千姿百态，则源自人本身所掌握的艺术表达能力。所以，我把艺术起源的问题既当成一个先验的命题，又当成一个实践的命题来认识。由此，不仅可以更好地认识艺术起源的问题，而且可以更好地认识艺术的多样化形态和它的发展过程，这两者相辅相成。这构成了我的艺术起源与发展观，它有两个前提条件。

　　第一，无论何时何地的艺术品，它的产生都满足了人类的一种精神需求，这是艺术起源的理论核心。第二，无论何种形式的艺术，它的形成都必须有与之相关的物质表现形态。哪种艺术都有物质表现形态，比如音乐和诗歌要有声音，把诗歌写到纸上的话需要有文字，绘画要有色彩、有线条，建筑得有造型。因此我就再进一步推论，不论我们坚持哪一种艺术起源说，都必须承认，艺术起源于人类的精神需求，艺术的发展和人类相关的物质表现能力有关。这两者达到什么样的程度，人类的艺术就相应地表现为什么样的方式。举例来讲，人类需要抒发情感，就有了歌唱的冲动，但是在没有语言的时候，最初的歌唱形态也许就是"前呼邪许，后亦应之"。当有了语言以后，才会有一句句的歌词。在没有文字之前，诗歌只停留在口头的歌唱。发明了文字之后，把它书写下来，才会留下我们现在所能看到的早期诗歌文本。掌握了五言诗和七言诗的技巧，才会有五言诗和七言诗的产生。同样，当人类掌握了线条，用线条来勾画出一个物质形状的时候，就有了绘画。对颜色有了分辨和掌控，才会有彩绘的产生。当人类发明了摄影和胶片的技术，才有了电影。所以我说，人类的物质生产水平达到了什么样的条件，艺术在当时就呈现一种什么样的形态。既然艺术需要一种相应的物质表现形态而得以展示，我们对物质表现形态的把握能力就至关重要。随着社会的发展，物质生产出现了分工，分工反过来又促进了人类社会物质生产的发展，同样也促进了艺术生产的发展。所以说，人类的艺术生产，也是在分工出现之后才有了大规模的进步和发展。绝大多数的优秀艺术产品，一定是专业艺术家生产出来的。人类最早的一批专业艺术家，就是早期从事巫术和歌舞表演的这群人。

讲艺术的生产，有一个生产和需求的关系，有什么样的精神需求，就有什么样的生产。如果和物质生产相比，我们把这种精神需求称之精神消费。生产和消费是一对关键概念，有生产就有消费。但反过来说有消费才有生产。人需要吃饭，吃饭是消费，是一种物质的消费，就需要去打鱼、狩猎、采摘、种植，从而发明了农业，有了专门的农民种庄稼。同样，人类社会的艺术生产方式，也和消费方式直接相关。但是，由于受多重因素的影响，不同时代的生产和消费方式也是不一样的，我们不能用今天的精神生产与消费方式来认识古代，而应该根据中国古代的实际进行考察。所以，我把中国古代的歌诗艺术生产和消费方式，概括为三种主要形态。

第一种表现形态，就是自娱式的生产和自娱式的消费。人类最早的艺术生产，就是为了满足自己的需要。我高兴了，我要唱歌，自己生产，自己消费，生产和消费是同一个人。后来因为社会的消费需求，物质生产和精神需求都在不断地扩大，人们对艺术消费的要求越来越高，于是出现了分工。这个时候就出现了艺术生产和消费的第二种方式：寄食式的生产和特权式的消费。一些统治者、有钱人想要追求一种特殊的消费，就要有一些专门的艺术家来满足他们的消费。这些专门的艺术家需要吃穿住，由谁来管？就由特权阶层把这些艺术生产的人才专门养起来。因为这些歌舞艺术人才靠特权阶层养起来，他们便只为这些特权阶层表演，这就叫寄食式生产；别人也没有权利看，这便是特权式消费。这种生产和消费方式一直到明清后期还存在，我们看《红楼梦》，贾府里还养着一个戏班子，那个戏班子不就给贾府唱戏吗？第三种生产消费方式，就是卖艺式的生产和平民式的消费。从生产者来说，他有专门的技艺，他想靠这个来吃饭，可是又进入不了宫廷和富贵之家，只能走街串巷，只能够出去卖艺。平常的普通老百姓有点空闲时间，也多少有点钱，也想进行艺术消费，可是又养不起个戏班子。怎么办？就去临时请那些卖艺的团体来演出一场两场，满足自己的消费需求。如果在宋代京城，就可以到勾栏瓦肆去消费。就像现在似的，我们也想看戏，但是我们养不起个剧团，怎么办？那就买票上剧院去看。这就是卖艺式生产和平民式消费。

这是我借鉴艺术生产的理论，对中国古代歌诗艺术的生产和消费方式所做的总结。这三种艺术生产和消费方式中，自娱式的生产和自娱式的消费，是最早产生的、也是基本的一种方式。人类在没有出现分工之前，所有艺术生产和消费都是自娱式的。有了分工之后，只要分工不能达到满足消费的实际需要，这种生产和消费方式就一直有存在的社会基础，到现在也有。我们自己唱歌自己听，到卡拉OK里自己花钱自己唱，就是具有现代意义的自娱式生产和自娱式消费。

寄食式的艺术生产与特权式消费，则是分工出现以来另一种生产消费方式，从先秦一直到唐代，它一直是中国古代社会歌诗艺术生产与消费的主流，而且到唐代达到最高峰。唐代的歌舞艺术，尤其是宫廷的歌舞艺术，代表作如《霓裳羽衣曲》。到了宋代之后，中国社会的平民化现象越来越突出，走街串巷的卖艺团体也就越来越多，卖艺式的歌诗艺术生产与平民式消费逐渐成为主流，其实我们现在的歌诗艺术生产和消费也大体上都属于此类。这三种歌诗艺术生产方式互相之间也会有影响。我的歌诗艺术生产与消费研究，就是在建构了这样一个理论框架之后，逐步走向深入的。

　　这是我这些年来在中国文学研究当中开辟出来的一个新的阵地，1998 年我申报了国家社会科学基金项目"中国古代歌诗研究——从《诗经》到《元曲》的艺术生产史"，和几个朋友一起来做。我的主要理论思考都写在这本书的《导论》里，同时我写了这本书的先秦两汉部分。此后，我又申请了教育部人文社会科学基地重大项目"汉代乐府制度与歌诗研究"，对汉代的歌诗艺术生产做专门研究。作为重要的研究成果，我把我的这部分后来又写进《中国诗歌通史·汉代卷》里。一直到现在，我还一直在不间断地做这个工作。我自己觉得这个理论，可以贯穿整个中国古代文学史。因为中国古代的诗歌，从汉代开始就明显地分成诵诗与歌诗两部分，而歌诗的传统一直贯穿古代社会始终，现在我们从艺术生产的角度对它的研究还远远不够。不仅如此，从艺术生产的角度，我们也可以重新认识中国古代的戏曲、小说等文体，它们也带有很鲜明的艺术生产与消费特征。

　　因为我倡导歌诗研究，提出了中国古代的歌诗生产理论，发表了一系列有影响的成果，所以引起了学界同行的关注，得到了很多人的支持和响应。从 1999 年开始，我在全国范围内召开了两次中国古代诗歌和音乐关系的学术研讨会。以后我们又成立乐府学会，将会议的名称定为"乐府与歌诗国际学术研讨会"，每两年举办一次，现在已经连续举办了七届。这也成为首都师范大学中国诗歌研究中心最有特色的一个研究方向。

杨阿敏：您主编并参与写作了《中国诗歌通史》，为什么要编写这部多卷本的巨著，请讲述一下缘起和经过。请介绍一下这部著作？并谈谈您在《中国诗歌通史》写作过程中的认识和思考。

赵敏俐：中国诗歌史的写作，是 2004 年我申报的国家社科基金的重点项目，2012 年出版，后来的《中国诗歌史通论》是 2013 年出版，这前后差不多将近 10 年的时间。我之所以要组织写中国诗歌史，有两个原因。

第一个原因是，我到了首都师范大学之后，1999 年由我牵头申报教育部的人文社会科学重点研究基地，成立了中国诗歌研究中心，这是首都师范大学唯一的一个教育部的研究基地。为什么要成立诗歌研究中心？是因为诗歌是中国古代文学最重要的文体，它有非常大的研究空间。这也是我们首都师范大学要建立特色学科的一个很重要的举措。

第二个原因是，从学术的角度，我觉得写一部通史性的著作非常有必要。在此之前，还没有一部系统的中国诗歌通史。近百年来，《中国散文史》《中国戏曲史》已经有了好几本，小说史也很早就有了鲁迅写的《中国小说史略》，后来也有很多种。可是中国诗歌史著作，只有 20 世纪三四十年代冯沅君和陆侃如合作的《中国诗史》，日本人吉川幸次郎的《中国诗史》，写得都很简单。20 世纪 90 年代，吉林大学公木先生组织人写了一套《中国诗歌史论》，对各时代的诗歌有一个论述，侧重于理论阐述，也不是诗歌史。

中国是一个诗歌大国，诗歌是中国文学史最有特色的一种文学样式。可是到现在没有一本中国诗歌史，这说不过去。中国诗歌研究中心成立之后，我就觉得有必要组织人写一部《中国诗歌通史》，这是我们的责任。我的这一想法也得到了同事们的赞同。所以我们就组织了一个团队，2004年申报了国家社会基金重点项目（当时还没有重大项目），团队成员都是国内这一领域当中比较有影响力的中青年学者。先秦卷，李炳海著；汉代卷，赵敏俐著；魏晋南北朝卷，钱志熙著；唐五代卷，吴相洲著；宋代卷，韩经太主编；辽金元卷，张晶主编；明代卷，左东岭主编；清代卷，王小舒著；现代卷，王光明主编。只有当代卷的主编吴思敬和少数民族卷的作者梁庭望年龄稍大，也都是这个领域里的著名专家。

但是要写一部中国诗歌通史又谈何容易。首先我们就要考虑建立一个什么样的中国诗歌史观的问题。为了写这部书，我们下了很大功夫，在2003年申报课题之前，我们就开了一个预备会。从那开始，一直到2011年，我们差不多召开了十次左右的《中国诗歌通史》的学术研讨会，一年一届，年年召开，专门讨论撰写中所遇到的各种问题。除了编写组成员之外，我们还邀请了很多专家与会为我们提出意见和建议。我认为这部书的完成是近年来中国文学研究中的一个重要收获，各卷都尽量吸收最新的研究成果，提出自己的新见，多有创获，此处我不细谈。

我想谈一下在这部书的写作过程中我们所树立的新的诗歌史观，和我们对中国诗歌的一些总体认识。我们得出三个共识：第一，在世界正在走向一体化的今天，我们不能局限于中国人自己的观念，需要站在世界的角度来看重新审视中国诗歌，了解中国诗歌在世界诗歌史上到底是个什么样的位置。第二，既然我们现在谈的是"中国"诗歌史，就要考虑中国历史的复杂性和民族的融合，我们不能把它写成一部纯粹的汉族文学史。虽然就目前的情况来说，我们最后的表述语言是汉语，但是我们要尽量包容中国各民族的诗歌，这不是汉民族的诗歌史，而是真正体现了中华多民族诗歌成就的诗歌史。第三，从时间的跨度来说，我们要把古代和现代打通，把古今打通。从先秦一直写到 20 世纪结束。总之，从整体的理论构想上，我们要建立一个全球化视野下的中国诗歌史观。在具体的写作当中，我们打通了古今的界限，打通了汉民族和少数民族诗歌的界限，这是我们在各卷的写作过程当中都尽量遵循的整体观念和总的指导思想。

正是站在这样的思想立场上观照中国诗歌，在全书的《绪论》中我把这些内容都写了进去，并由此从宏观的角度阐述了中国诗歌的一些重要特点。一是中国诗歌的基本特征和诗言志的传统。站在世界的立场上看，中国的诗歌和其它民族的诗歌有些不一样的地方，不一样的地方在哪里？我认为最主要的一点和中华民族的生存环境有关系，中国诗歌是在农业文明中形成的以抒情为主的诗歌传统。中华民族没有西方那种比较浓厚的宗教情结，其诗歌是直接面对自然，面对社会的，是以抒情为主的。这就是中国诗歌的诗言志传统。

二是中国人对诗歌的认识。他们认为诗歌不仅仅是用于娱乐抒情的，诗歌是关注现实的，诗歌是直接书写社会、书写人生的。中国的诗人有一种强烈的使命感。中国的诗人大部分都是文人士大夫，在中国古代历史中有特殊重要的地位。中国诗歌史不单是中国诗歌发展本身的历史，而且还是中国人的心灵史。"诗人"这个概念在先秦两汉特指《诗经》的作者，到了魏晋南北朝之后，这个概念逐渐宽泛。中国诗人里最典型的代表是杜甫。我们把杜甫作叫作"诗圣"，什么叫作"诗圣"？他有那种民胞物与的精神，有那种关怀民生疾苦的胸怀。他不是单纯地书写自我，中国的文人有特殊的社会责任。

三是中国诗歌的形式之美。汉字一字一音，中国诗歌充分利用汉字的特点，特别讲究形式的整齐。中国古代的诗歌是以齐言为主的，汉字又有平仄，有四声，声音有高低。字形和声音本身就非常美。中国诗歌特别讲究意境，讲究人和自然的融合，有时候写出了自然就写出了人，抒情往往和写景联系在一起。表面是写景，实际上写人，天人合一，这是中国诗歌的诗体特征。

中华民族是多元文化一体，先秦时代中华大地就有多部落多民族共同存在，先秦诗歌就体现了多民族的特征。《诗经》和《楚辞》的区别不仅是地域的，也有南方民族和北方民族文化的不同。汉代诗歌的民族交融范围更加扩大，还有西域的歌、北狄的歌，如横吹曲和鼓吹曲。魏晋南北朝就更不用说了，像《木兰辞》《敕勒歌》都是少数民族的。胡乐在唐代占有特别重要的位置，和它相关的歌曲很多。宋代有和它相对应的辽金诗歌，元代就更不用说了，到清代更是满族诗歌和汉族诗歌大融合，由于疆域广大，各民族的诗歌丰富多彩。所以说中国诗歌，不仅仅是汉民族的诗歌，还包括各少数民族的诗歌。即便是汉民族本身，也是多民族融合而成的。所以我们在诗歌史里贯穿这样一个观念，即中国诗歌史就是以汉民族为代表的多民族诗歌史。我们在撰写的过程中充分注意到了这一点，除了各卷都尽量把当时各民族的诗歌包容其中之外，我们还专门写了少数民族诗歌一卷。因为少数民族有很多诗歌，有好多纳入不到各历史时段中，就单独成一卷。

此书出版后获得了很高的荣誉。2013 年，获政府出版奖提名奖。2014 年 9 月 29 日，获 2014 首届全球华人国学大典国学成果奖。2014 年 12 月，获北京市人文社会科学优秀成果特等奖。2015 年 12 月，获教育部高等学校科学研究优秀成果（人文社会科学）一等奖。2018 年 11 月 13 日，入选"伟大的变革——庆祝改革开放 40 周年大型展览"，在"历史巨变"主题展区。该展览是经党中央批准，中共中央宣传部、中央改革办、中央党史和文献研究院、国家发展和改革委员会、商务部、中央军委政治工作部、新华社、北京市联合举办的大型展览，在中国国家博物馆开展。作为此书撰写的理论成果，在各卷序言基础上而成的《中国诗歌史通论》，2012 入选国家社会科学成果文库，2013 年该书的日文版和韩文版翻译被列为全国哲学社会科学规划办的中华外译项目，2019 年该书的日文版由日本白帝社出版。这也算是对我们整个课题组 8 年辛苦劳动的一个回报。

杨阿敏：您是国家社会科学基金重大项目"中华吟诵的抢救、整理与研究"的主持人、首席专家，您如何理解吟诵在当下文化传承与发展中的作用？吟诵在当今的生存发展状况如何？

赵敏俐：我到北京来，做的比较重要的一项工作，就是中华吟诵的抢救采录、整理和研究，这项工作从 2008 年就开始了。能够跟这个事情结缘，也和研究中国古代歌诗有关系。歌诗研究，就是诗歌和音乐的关系。在这个过程中，我接触到了一些歌唱家、搞音乐创作和做音乐史的一些人。我还带了一个博士后，他做的研究题目就是诗歌、语言和音乐这三者之间的关系。他跟这些音乐家接触，发现中国古代留下来的读书调子现在还有人在传承，但是已经越来越少了。他就把那些读书调子拿来，我听了以后，觉得很好，很有意思，这是一种非物质文化遗产。我就组织了一次学术研讨会。那时，还没有把这些东西称之为吟诵，叫吟诗调，就是古代吟诗的调子。原来我计划开一个四五十人的研讨会，结果邀请函发出去之后，没想到大家都特别积极，还有很多人闻风而来，最后有七八十人参加了这个会。会议在金龙潭饭店召开，很多老先生现场吟诗。

我觉得吟诗这种古代的读书法里包含着深刻的学理，与诗的本质有关，它是中国古代诗歌表达的一种重要方式，和语言学、音乐学、教育学等都有很大的关系。中国古诗为什么要押韵呢？因为诗在最初产生的时候就是用口头表达的，是唱出来的。即使后来有好多诗不唱了，也要读起来朗朗上口。就文体特征而言，诗是有节奏、有韵律的语言加强形式，它的节奏韵律必须读出来才行。不读出来，它的声律之美从哪儿体现？现在研究诗歌，不研究它的读法、不研究它的声音，这恐怕是有些问题的。现在的朗诵，也不是按照古代的那种读书的方式去朗诵。现代诗歌的朗诵，主要是揣摩文意，然后通过自己的理解，强化语调，用这样的方式来读。而古代的诗词吟诵是以字行腔的，按照汉语的平仄四声来读，和现在的朗读是不一样的。这说明声音在古代诗歌的创作过程中就起着重要作用。所以我就觉得应该做这个工作，首先要做抢救工作。

这样到了2010年，我牵头申报了一项国家社会科学基金的重大项目"中华吟诵的抢救、整理与研究"，很幸运地批下来了。我就组织团队在全国范围内采录，这些年我们走遍了全国除新疆和西藏之外的所有省份，包括香港、澳门和台湾，还去日本和韩国做了专门的采录。一直到2018年底才结项，也就是说从2010年立项到2018年，这个项目做了8年。搜集材料和采录的人员加起来有1000多人。采录了大概有四五千G左右的音像资料。每次出去采录都是录音、录像同时进行，还有一个笔头专访，回来之后把这些材料整理出来。现在整理出来一千多个G左右的材料。

我们抢救的这些材料，随着时间的推移，价值会越来越大。我们把吟诵的采录叫作"抢救"，是因为现在社会上会吟诵的都是老先生。在这些采录者中，有好多老先生如今都去世了。像周有光先生，我们采录时他105岁；山西的姚奠中，采录时他100岁；四川的杜道生，我们采录他的时候也是百岁老人；还有些90多岁的老先生，像霍松林、屠岸、南怀瑾等，现在他们都去世了。所以，采录的这些材料真是特别珍贵，现在再也采录不到了。我们用了8年的时间采录了这么多的珍贵文献，我觉得我们做的这个工作特别有意义。

在对吟诵的抢救整理过程中，对于吟诵的学理研究也在进行。我们把吟诵定义为中国古代的读书方式。从学术的角度，我认为它有如下价值：

语言学价值。吟诵作为古代的读书方式，有着很强的口传特征，它是一种活态的历史语言，里面包含了很多古音古韵，也带有很强的方言色彩。各地的读书声音既遵循着共同的语言规律，又呈现多姿多彩的面貌。语言是不断变化发展的，我们把这个时代有声的语言记录下来，以供将来的语言研究。因此，它首先有语言学方面的重要价值。

音乐学价值。中国古代的吟诵包括吟和诵这两种主要方式。吟其实接近于歌唱，所以有人把吟和唱结合在一起，叫吟唱。诵呢，现在称之为朗诵，但是朗诵和平常说话也不一样。平时说话叫说，而诵是有要求的。按古代的说法，以声节之叫诵。典型的诵，比如儿童读《三字经》《百家姓》："人之初，性本善。性相近，习相远……""赵钱孙李，周吴郑王……"它应是押韵、是有节奏的，这就叫诵。古人读书，吟就像唱一样，这源于汉字的声音特点。汉字是一个字一个音，而且音有四声、有高低。按照字的读音，把每个字的平仄读出来，字正腔圆，依字行腔，自然就会像唱一样。关于汉语四声的读法，古人有一套歌诀："平声平道莫低昂，上声高呼猛烈强，去声分明哀远道，入声短促急收藏。"四声的读法不一样，平声一直平下来，上声由低到高，去声由高到低，入声极其短促。上、去、入又称仄声，与平声有明显的不同。平声不变调，只有长读才能显示出它的平来，所以一般读得都会很长。仄声无论是从低到高还是从高到低，必须读短，否则你就不可能一直升上去或一直降下去，而入声本来就是一种极短的声音。比如平声"啊……"，你可以无限地拉长，不变调，但是仄声就不同了，比如"忘"，你怎么拉长它？发声稍长一点，你就低不下去了，所以仄声一定是短的。因为平声可以拉得很长，它的声音就不可能高，如果一直处在很高的音位上，时间一长就声嘶力竭了。但是仄声很短，要在很短的时长内把它的特征显示出来，音调就必须要高一些。所以说只要是以字行腔，按古代的平仄来读，就一定是平长仄短、平低仄高。我们在全国各地采录了很多吟诵调，从南到北，从东到西，方言差异极大，但是在平长仄短、平低仄高这一点上大体一致。声音有长短、有高低，你按照它原来的样子，把长短与高低都读出来，再加上自己的理解，自然就像唱一样。中国的音乐和诗歌是直接相关的。语言的四声与音乐的五音有天然的对应关系，在东汉末年就有人认识到这一现象，南朝的沈约有相关的论述。所以，研究吟诵具有重要的音乐学价值。

文学价值。文学是什么？文学不仅仅是表达情感，文学要有美的形式。这包括两点，一是文字本身所表达的丰富含义，二是声音带来的意义。理解一首诗，从文学的角度理解，必须加上声音。古人作诗，往往在创造当中就有声音的参与。《毛诗序》说："诗者，志之所之也。在心为志，发言为诗。情动于中而形于言，言之不足，故嗟叹之，嗟叹之不足，故永歌之，永歌之不足，不知手之舞之、足之蹈之也。"它是用声音参与创作的，屈原"行吟泽畔"，李白"吟诗作赋北窗里"，杜甫"新诗改罢自长吟"，贾岛说"两句三年得，一吟双泪流"，苏轼说"诵明月之诗，歌窈窕之章"。所以要了解文学创作，不了解吟诵不行，直到鲁迅在诗中还说"吟罢低眉无写处，月光如水照缁衣"。声音是诗歌表达意义的重要方面，不研究吟诵，有时候我们对于诗的理解也是大受影响的。

教育学价值。古人为什么把学习叫作读书？读书又叫念书？怎么不叫默书？读书首先要大声地朗诵。语文学习有四个重要环节：听、说、读、写，现在的语文教育之所以存在问题，就是在听、说、读这三个环节上做的不够。古诗文的吟诵是古人留下的读书方式，它强调了声音在学习过程中的参与。从生理学的角度讲，学习要调动尽可能多的身体器官，耳朵在其中起着重要作用。只靠心里的默念，只靠眼睛来看，没有声音的刺激，学习效果就要差很多。所以古代的童蒙教育强调吟诵，而且把识字课本都编成韵文，也是为了方便记诵。我们学习的经验是，散文难以背诵，而韵文就容易记住，歌词就更容易记住。一首歌学会之后，我们很容易就把歌词记住了。所以说，研究古代的吟诵教学有重要的教育学价值。现在我的学生领导的一个团队正在做中小学的古典诗文经典诵读和中小学语文教学的改革实验，在全国各地产生了很大影响，这也是非常有意义的事情。

杨阿敏："魏晋文学自觉说"在许多人看来已是古代文学的常识，影响很大，您对此提出反思，您认为这一观点的不妥之处在哪？

赵敏俐：对当下的中国文学研究，我认为有一些问题需要反省，必须要重新思考，所以我写了几篇文章。比如说，我写过关于《诗经》的文章，像《二十世纪〈诗经〉研究的几个问题》。现在人们喜欢说《诗经·国风》是民歌，我认为不是，这里面真正出自民间的作品很少很少。即便它最初可能出自民间，我们现在所看到的也不是一个原生态的民歌，而是经过艺术的加工和再创作。

我还写过一篇比较重要的文章，就是《魏晋文学自觉说反思》，我认为这个观点有问题。中国古代一直没有一个和现在相一致的文学观念，哪来的"文学自觉"呢？在刘勰《文心雕龙》里，他所说的"文"和现在的文学不一样。那时候的"文"，还是指泛文学。那么在"五四"以后怎么会出现一个"魏晋文学自觉说"呢？我查找了很多材料，知道所谓"魏晋文学自觉"这个观点是日本学者铃木虎雄首先提出来的，然后被鲁迅接受过来。鲁迅先生在《魏晋风度及文章与药及酒之关系》谈到了这个观点，后来又受到许多学者的推扬，它已经成为现在中国文学研究中经常被大家认可的一个观点，甚至成为一个定论。以至于很多著名的学者写文章时常以此作为立论的前提，所谓"因为魏晋时代是文学的自觉时代，所以如何如何"。我觉得这不利于中国文学的研究。于是我考察了从铃木虎雄以来作出这个论断的依据，即他们认为魏晋文学"自觉"的标志是什么？原来是曹丕在《典论·论文》里面区分了几种文体，并且有"盖文章，经国之大业，不朽之盛事"的论述。于是他们认为这标志着"文学"的独立，是对文学自身价值的重视。我认为这是对曹丕《典论·论文》的误读，从铃木虎雄开始就对古人的文献有了误读，而后继者相沿成习。

　　事实上曹丕在这里所说的是"文章"而不是"文学"，"文章"和"文学"不是一样的概念，因为在曹丕眼中的"文章"和现在所说的"文学"不是一回事儿。他在这篇文章中概括了奏、议、书、论、铭、诔、诗、赋八种文体，这就是他心中的"文章"。这其中，只有诗、赋两种文体在今天可以称之为文学，其他六种都不是。可见，曹丕眼中的"文章"远比我们今天所说的"文学"范围大。他还不具备我们今天所说的文学观，哪来的文学自觉？他说："奏议宜雅，书论宜理，铭诔尚实，诗赋欲丽。"可见，他只是认识到这八种文体各有自己的写作特点，并没有特别强调诗赋有高于其它文体的价值。如果按排列顺序来讲，在八种文体中他最重视的也不是诗、赋，而应该是奏、议、书、论之类的论说文。曹丕说"文章"是"经国之大业，不朽之盛事"，也不是指诗赋，而是指那些论说文。在曹丕看来，真正把文章作得好的，并不是王粲之类以写诗、赋而擅长的文人，而是文王和周公，所谓："是以古之作者，寄身于翰墨，见意于篇籍，不假良史之辞，不托飞驰之势，而声名自传于后。故西伯幽而演《易》，周旦显而制《礼》。"说得明明白白。至于建安七子诸人，在他眼里只是各擅胜场，又各有所短。相比较而言，只有徐幹著过《中论》可以"成一家言"，所以也只有他才能不朽。他的这一观点，在《与吴质书》中有更明确有表述："伟长独怀文抱质，恬淡寡欲，有箕山之志，可谓彬彬君子者矣。著《中论》十二篇，成一家之言，辞义典雅，足传后世，此子为不朽矣。"而对于我们今天在文学史上所盛称的王粲，曹丕却多有批评："仲宣独自善于辞赋，惜其体弱，不足起其文。"意思是说，王粲只善于作辞赋，却作不好"文"。所以我认为，"魏晋文学自觉说"的提出者以曹丕的《典论·论文》作为立论的依据，从铃木虎雄开始，就是望文生义，就建立在对曹丕文章误读的基础上，就是站不住脚的。

也许有人会说：曹丕所说的"文章"固然不等于后世的"文学"，但是他不是也做了文体的区分，把诗赋在文章中单列在一组，并且强调"诗赋欲丽"，这不也是重视文学的表现，不也可以称之为"自觉"吗？

如果按照这样一种观点来分析，那么中国文学的"自觉"就不应该从魏晋算起，在汉代的文学也可以说是自觉了。因为，将"诗赋"作为文之一类，汉人早已明白，《汉书·艺文志》早就把它们单列一类。至于说到"诗赋欲丽"，汉人也早就说过类似的话。如扬雄就说："诗人之赋丽以则，辞人之赋丽以淫。"汉人作赋，更是自觉的文学创作行为。司马相如说："合纂组以成文，列锦绣而为质，一经一纬，一宫一商，此赋之迹也。"（《西京杂记》引）。自20世纪80年代以来，就有学者提出中国文学的自觉阶段的起点应该从汉赋说起，典型的代表人物有山东大学的龚克昌、北京大学的张少康、中国国家图书馆的詹福瑞、中国人民大学的李炳海。他们都前后提出不同的观点，说汉赋已经是自觉的创作了。第一，赋是一种明确的文体；第二，汉人把汉赋看得很重要，很重视它的价值；第三，那时候的文人呕心沥血地创作汉赋。它怎么就不自觉？"魏晋文学自觉说"把对诗赋形式之美的看重当作是曹丕的首创，也是与事实不相符的。

　　根据上面的分析，我认为"魏晋文学自觉说"是站不住脚的。但是我在那篇文章中也并没有赞同"汉代文学自觉说"，而是在此基础上进行了更深一层的理论思考。因为除了这两种说法外，还有"齐梁时代文学自觉说"，为什么会有这样不同的看法？因为所谓"文学自觉"这个命题本身就存在着问题。首先，我们在谈到这个命题的时候，用的是古代的"文学"概念还是当代的"文学"概念？如果用的是古代的"文学"概念，那么古代的这个概念和现代的"文学"概念大不相同，这叫用词不当。如果用现代的"文学"概念，那更不适合古代，因为古代没有和现代相同的"文学"概念，所以连讨论"文学自觉"这一说法的学理基础都没有了。其次是什么叫"自觉"？在连"文学"这个概念在古代都和现代大不相同的情况下，我们能给"自觉"确立一个判断的标准吗？根本不可能。既然如此，"文学自觉"就是一个虚假的命题。所以我们探讨中国古代文学史的发展问题，应该抛弃这个概念，而寻找更为客观的判断标准。这就是我写这篇文章的目的，它不仅是对"魏晋文学自觉说"提出质疑，更是反思我们当下研究中国文学史的理论方法。

　　因为这篇文章涉及当下中国古代文学研究中最重要的一个理论问题，也是当下文学史研究的一个热点话题，所以这篇文章的下载率和引用率都特别高。这好像是在我写过的文章中影响最大的一篇。

杨阿敏：20世纪以来，出土文献给中国古代文学研究带来重大影响，您如何认识二者之间的关系，我们应该如何利用出土文献进行古代文学研究？

赵敏俐：这些年我也比较关注出土文献。因为文学研究要靠资料。中国古代有丰富的文学创作，应该有好多的相关材料，可是经过历朝历代的战争、瘟疫、火灾和人为的毁坏等等，留下来的历史文献材料实在是太有限了。现在从地下发掘出来的材料，对文学研究的影响真是太大了，所以这些年我一直关注出土文献。我觉得当下要把文学研究好，尤其是先秦两汉的文学研究，就要对出土文献有充分的关注。为这个事情，我曾经与中国传媒大学姚小鸥教授合作发起了"出土文献与中国文学研究学术研讨会"。从那以后，这个会就不断地开下来，一直坚持到现在，已经开到第7届了。我在会上也写了一些文章，包括对于出土文献的一些看法。我认为要重视中国的出土文献，这是因为出土文献本身确实有价值。

我有一篇文章《20世纪出土文献与中国文学研究》，在里面，我讲了三个方面的问题。第一，出土文献里包含了大量的文学文献，这些文学文献极大地补充了中国传统文献的不足，甚至改变了对于传世文学的一些看法。最典型的是敦煌曲子词的发现。过去对于词的起源一直争论不休，敦煌出土了许多曲子词，对于词的起源发展一下子又有了清晰的认识。而且像寒山、拾得这些诗人，经过敦煌文献又重新受到了重视。还有《唐勒赋》《神乌赋》的发现，让我们对赋这种文体也有了新的认识。也就是说，出土文献里有相当大的一部分是古代的文学文献，这些文学文献的出现弥补了传世文献的不足，甚至也改写了文学史。第二，出土文献里有大量相关的、能与文学发生联系的材料。这些材料虽然不是文学，但是有助于搞清楚文学当中的一些问题。一个最典型的例子，是关于乐府何时建立的。有人说汉初就已经有了，有人说到汉武帝时候才立乐府。在陕西发现的一组秦代编钟上刻着乐府两个字，那就证明在秦代就有了乐府，这个问题就解决了。第三，出土文献带给我们新的研究方法，也改变了我们的一些文学史观念。过去一些学者往往因为文献的不足而对古代的一些东西轻易地否定。20 世纪以来，随着甲骨文、敦煌文献等大量文献的出土，自王国维开始提出了"二重证据法"，把出土文献与传世文献结合起来进行研究，改变了过去对于文学研究的传统方法，这个影响也是比较大的。

杨阿敏：关于中国早期诗歌体式的生成原理，学者多有探究，您自 20 世纪 80 年代后期以来也一直关注诗体问题，对此问题您有什么新的思考？

赵敏俐：我这些年的研究重点在诗歌，研究诗歌自然离不开对诗体的研究。关于诗体研究的古今成果虽然不少，但是至今仍然缺少探源式研究。中国诗歌的文体是如何发生的？过去我自己做过一些探讨，也是就诗论诗。从诗体生成的角度进行研究，与我研究诗歌与音乐、研究吟诵有直接关系，对我的诗歌文体形式的研究有切切实实的推进。为什么《诗经》以四言为主？中国后世的诗歌为什么主要以五言、七言为主？三言诗、六言诗为什么就很少呢？从四言诗怎么就过渡到五言诗？骚体诗又是如何形成的？它们之间这个转变是怎么发生的？过去有很多语言学家做过这方面的研究，用的都是语言分析的方法。这种方法被古代文学的学者借鉴过来，取得了很好的成绩，如葛晓音教授的《先秦汉魏六朝诗歌体式研究》，做诗歌语言形式分析，用的是传统的语言学的方法、分析的方法，做的特别的细致，很有启发，是当下最有代表性的一部著作。但是我跟她的做法不一样。用语言分析的方法，在我的博士论文中就有过尝试。我的博士论文《两汉诗歌研究》中，有一章就是对汉代五言诗的形式研究，我用的是句法结构分析法，也发现了一些问题。但是后来我一直在想，语言学家把诗句按照主语、谓语、状语、宾语的方式进行语法结构分析，这样做固然有它的道理。但问题是诗的创作一定要遵循语法结构原则吗？我认为不是，诗的语言是特殊的语言，它的跳跃性特别大，想象力特别丰富，它要尽量突破说话语言的结构，只有这样才能成为好诗。所以我认为分析诗体形式的根本出发点不在语言，而在把握诗的本质。

诗是什么？如果从形式上给它下个定义，我们说诗是有节奏的、有韵律的语言的加强形式，节奏和韵律是诗的形式要素的两个核心方面。从艺术起源的角度来说，早期人类刚刚会发出有感情的声音的时候就有了歌，"前呼'邪许'后亦应之"的举重劝力之歌，还没有完整的词汇，诗的意义主要靠声音中的感情和节奏来实现。有了语言之后，最初的诗也很简单，如涂山氏之女歌"候人兮猗"。"候人"就是等着人，"兮猗"相当于"啊呀"，"啊呀"有意思吗？怎么分析它的语法结构？其实它就是唱歌的时候一种声音。这说明，在诗的生产过程当中，声音的节奏和韵律对诗的形式所起到的制约和规范作用要远远大于语法的作用。也就是说最早的诗歌，首先考虑的是声音的效果，好听不好听，是不是有节奏韵律，而不是合不合乎语法。既然如此，我们对于诗体形式的研究，更重要的不是从语言学的角度对其进行语法学分析，而应该从诗的节奏韵律这些诗之所以为诗的诗体本质入手进行分析。

关于中国诗歌早期体式研究，我连续写过几篇文章，发表在《文学评论》《北大学报》、香港的《岭南学报》《文史哲》等刊物上，比较典型的是《文学评论》上那篇《中国早期诗歌体式生成原理》，那就是我做的理论探讨。中国古代早期诗歌的形式是怎么生成的？我认为诗既然是有韵律的语言加强形式，我们就应该从声音入手回答这一问题。所以我就借助了一些音乐学的相关术语，我认为构成诗的要素主要是音组，即声音的组合。根据声音的组合方式，我把诗中的音组分成对称音组和非对称音组两类。我认为从音乐的角度来说，构成诗的语言的，首先是音组的对称和非对称。诗的语言，就是用对称音组和不对称音组组合成不同的形式。在这里，对称音组尤其重要，是构成中国古代诗歌节奏韵律的最核心要素。为什么呢？因为只有对称，才能形成有规律的声音重复。有规律的声音重复，才有了节奏，才有了韵律。什么叫作对称？两个音在一起才叫作对称，一个音只是一个音符，是没有对称的，两个音的组合叫对称音组，三个音的组合就是非对称音组。

最早的诗歌为什么形成四言？四言就是由两个对称音组组成的，如"关关""雎鸠"。这两个音组本身也构成对称，所以说四言诗是最早的用汉语语言创造的理想化的诗歌形式，节奏鲜明而又整齐。

我为什么在这里不把"关关""雎鸠"叫作双音词呢？从语法的角度看，"关关"是个双声词，"雎鸠"也是一个双音词，但是在四言诗句构成的过程中，这种双音的组合却有相当多的例证不是双音词而是双音组。如接下来的"在河之洲"，"在河"是词吗？不是。"之洲"是词吗？也不是词，甚至都不是词组。但是我们在诵读的时候却会很自然地把它们读成"在河／之洲"，把二者自然地分成两个双音组，这两个双音组的声音是对称的。我们仔细分析就会发现，在双音词不发达的情况下，以《诗经》为代表的四言诗，其诗句组合中的双音组，有相当大的部分并不是双音词，而是音组。所以我说，四言诗就是由两个对称的双音组组合在一起的诗。

而楚辞体则是在突破《诗经》的四言诗结构之后，探索一种新的语音组合形式。《诗经》体的典型模式是用两个对称音组组成四言诗句，但是世界上的所有事物都有对称和不对称两种形式。对称是理想的形式，不对称是普遍的形式。像数学，数学里有对称的图形，如正方形、圆形、长方形等等，都是对称的图形。但是更多的是不规则形、非对称形。声音也分为对称和非对称两种形式，而且非对称是一种普遍形式。如何将非对称音组运用到诗体形式当中？是诗歌创作当中的难题。而楚辞体就是将非对称的音组和对称的音组进行组合，由此而创造出来的一种新诗体。它的组合很有特点，它把非对称音组放在前面，对称音组放在后面。我们以《九歌》体为例，其典型句式前面都是一个典型的非对称音组，而且第一个音往往有相对的独立性，可以与后两个字从节奏上分开来读，如"操／吴戈兮／／被犀甲，车／错毂兮／／短兵接"，"若／有人兮／／山之阿，被／薜荔兮／／带女罗"。因为非对称音组的节奏性不强，所以为了强化节奏，楚辞体就会在第一个非对称音组的后面加一个特殊的音符"兮"来强化节奏。这个"兮"字，过去有很多人做过分析，他们都是从语法的角度来分析，认为它是一个语助词或感叹词。但是从诗歌形式看来，这个词就是中间的一个音符，没有什么实在意义，将它看作语助词、连接词、感叹词都不合适。这是《九歌》体的特点。《离骚》体则是在《九歌》体上的一种变化，从声音的组合方式上看没有大的差别。所以我说，楚辞体实际上探索了一种新的诗体声音组合方式，即如何将非对称音组和对称音组组合在一起的方式。它把非对称的三音组放在前面，这是它的常态，也是最典型的形态。在《楚辞》所有的句式里，这种形式占百分之八九十，它是一种新的形式。

而五言诗则是在楚辞体基础上的一种新的改造。它与楚辞体的最大区别，是把对称音组放在前面，把非对称音组放在后面。"青青河畔草"，前面"青青"两个字是对称音组，后面"河畔草"是一个非对称音组。"行行重行行"也是如此。非对称音组有两种情况，一种是二加一，如"河畔／草"；一种是一加二，如"重／行行"。不管是二加一，还是一加二，都是非对称音组。所以五言诗基本声音组合方式就是一个对称音组加一个非对称音组组成的诗句。因为在这样的诗句里，对称音组在前，强化了诗的节奏，所以五言诗不需要在这个对称音组的后边再加上"兮"字这样的音符。用声音组合的方式我们再去分析七言诗，发现它是由前面两个对称音组，加上后面一个非对称音组而组成的，如"风急／天高∥猿啸哀"。由此我认为，中国诗歌形式的变化，其实质就是声音组合方式的变化。这就是我对诗歌体式的一种探索。

我为什么要做这样的探索呢？因为我觉得古代诗人绝对不会在

他做诗的时候首先想到语法问题，而是首先要考虑情感表达和声音节奏问题。只有从声音节奏的入手，才能分析诗体结构的奥秘。按照语法学家、语言学家的角度去分析，虽然不是不可以，但是放弃了诗歌的本质。这样的工作属于语言学研究而不属于诗学研究，并没有破解诗体的奥秘，它并没有说明诗的形式为什么是这个样子。诗的语言是跳跃性的，它以语言为基础，但是并不恪守语法规律，故意要打破语序。"香稻啄馀鹦鹉粒，碧梧栖老凤凰枝"，什么叫"鹦鹉粒"？语法根本就不通。但是从节奏上读起来可以。"凤凰枝"根本就不是个词语。但是读诗的时候，感觉很合适。你解释"凤凰枝"是个什么样的语法结构啊？怎么说都不合适。它不是一个语法结构，它是诗的结构，所以诗从本质上就不能从语法的角度来解释。语法只是一个辅助的工具，诗的本质是以节奏和韵律为核心的。所以我的诗体探讨和别人是不一样的，我希望能找一个解释中国诗体形式形成奥秘的一把钥匙。这也是我今后在诗歌研究中继续深入探讨的一个方向。

杨阿敏：您主编了一套中等规模的古籍丛书《国学备览》，为什么要编这套书，您如何看待国学及现代社会的"国学热"现象？

赵敏俐：现在搞古典文学研究，要借助于电子文献。首都师范大学有个电子文献研究所，想通过电子文献的形式把中国传统文化向外面推广，所以我就和电子文献研究所主任尹小林合作编了一个《国学备览》。《国学备览》就是选择中国古代那些经典性的著作，选了 81 种。每一种给它做个提要，通过这样一种方式，向全国各地来推广、弘扬中国传统文化。我认为"国学"指的就是中国传统的学术，它研究的是中国传统文化，它的根基在先秦，即以六经和诸子为代表的中国文化经典。"国学热"是从世纪之交开始中国人对近百年文化思潮的一种反思，是对中国传统文化的重新认识。所谓"热"，其实是一种态度的转变，也就是从"五四"以来对传统文化的态度以批判为主，主要说传统文化的坏处，现在则重新转向了以继承为主，主要说传统文化的好处。这有它的时代合理性，是当代中国人的一种文化选择。但是"热"这个词也不完全是个褒义词，里面也包含着对这种现象的"质疑"。因为在我们重新认识传统文化好的方面的同时，也不要忽视传统文化中坏的一面仍然存在，这不可否认，而且传统文化中坏的东西现在还有些并没有克服，比如封建等级制。这个问题说到底就是如何看待古今关系的问题，很复杂。每个时代可能都有一定的倾向性，它会随着时代的变化而随时调整。

杨阿敏：您为什么想到开设文学研究方法论课程，《文学研究方法论讲义》的主体部分选录了十七篇论文，概述只占全书的很小篇幅，当初为什么这么设计？

赵敏俐：古代文学学科已经成为一个独立的二级学科，这个学科已经基本成熟了，100多年来已经形成了比较完善的研究方法。让学生了解它，是我们进行研究生培养的重要方面。所以首都师范大学中国古代文学学科从2001年就开始将这门课作为研究生的专业基础课，目的是让研究生学习和了解前人是怎样研究的，20世纪的古典文学研究是个什么样的过程，以及主要的研究方法有哪些，由我来开设。开课就要编教材。方法论本身很抽象，严格说来，每个人都有不同的研究方法，根据自己研究的对象、自己的性情、时代的环境、具体的研究目标，然后再设定研究方法。但是贯穿于20世纪的古代文学研究中也有一些基本的共同的东西，我编这个教材，就是要将这两方面的内容融进去。于是我就设定了这样一个体例，前面先讲20世纪古典文学研究的基本情况，然后留出更多的时间，让学生来学习前辈学者的经典研究论文。于是就编成了这样一本教材。我所选的17篇文章，都是在20世纪中期以前代表性学者的代表性论文。这样做有两个好处。第一，可以让学生了解前辈学者是如何做学问的，以及他们关注的是哪些热点问题。第二，通过对这个问题切切实实地研究，看前人是用什么方法，如何运用的，然后向前人学习，把前面所讲的纯粹的理论融入其中。这门课程已经开设了将近20年，应该说效果还是很好的。

杨阿敏：现存的先秦文献大都是经过汉代人整理才得以流传的，近现代以来的学者对这些典籍的可靠性多有质疑，我们应该如何认识先秦文献的汉代传承及其价值？它们与中华民族文化传统的建立有何关系？对于先秦文化又该进行怎样的研究？

赵敏俐：先秦两汉文学是中国文学的源头，也是中国文化的源头。怎么对它进行研究？这里面涉及的问题很多。我对这一段特别热爱，觉得这一段的文学与后代文学不同，文史哲融为一体的综合形态、纵深的历史继承，使它远比后世的文学更显苍莽宏阔。100多年来，学人们在其中投入的精力虽然不少，可是一直存在着比较严重的问题。这些年，考古学有了非常大的进展，从多方面证明了中华文明的历史源远流长。如过去认为中华文化以中原文化为核心，其他地方相对落后。但是通过考古发现，才知道中华文化是多元的统一。如内蒙古地区的红山文化、江南的河姆渡文化、四川的三星堆文化等，时间都很悠久，和仰韶文化差不太多。这进一步证明了中华文明的历史悠久，让我们感到自豪。但是在传世文献典籍研究方面却产生了严重的认识倒退，对先秦文化典籍产生了前所未有的怀疑，认为它们都是后人整理而成的，都不太可靠。在这些典籍里所记载的历史，按古史辨派的说法，那是用"层累的方式"造成的，自然更不可靠。于是就出现了一个怪现象，从考古学角度证明中华民族的文明史越来越长，从文献考辨的角度一些人却力图证明中华民族的历史越来越短。怎么来解释这个现象？如何将这两者有机地结合起来，重塑、重构或者说重建中国早期文化？是我们当前面临的一个重要任务。这是我多少年一直思考的问题，也是我未来一段时间学术研究的主要目标，这个目标是需要当下从事先秦两汉文史哲等各学科研究的学者共同来完成。我主要从事的是这一时期的文学研究，想从文学的角度切入。

从具体的学术研究来说，我对《诗经》一直怀有极大的热情，现在积累了很多材料。过去写了一些文章，主要是从礼和乐的角度，把《诗经》当成礼乐文化来看。我认为周代文化就是周人对中国早期文化有目的的建设，是在夏商文化基础上的继承与提升。从"六经"的形成到诸子蜂起，都体现了这样一个鲜明的特色。这个建构的过程主要体现在传世文献中，要充分认识到传世文献的重要性，从这些文献生成的过程入手，恢复对它的信任。具体来讲，我想要系统研究先秦经典生成过程中的"书写"问题，亦即"中国早期书写"研究。这和当下颇为流行的"文本研究"大不一样。"文本研究"者表现看起来是在客观地研究这些文本的产生时间问题，但是他们只关心这些文本最后形成于何时，并且误将这些文本的最后形成时间看作它的最初产生时间。而我所要研究的是这些文本最初是在什么时间开始进行书写的，它们为什么被书写，书写的目的是什么，又是谁对它进行书写的，书写的方式是什么，在书写的过程中文化是如何被建构起来的。总之，"中国早期书写"的核心内容不只是研究纯粹的文本，而是把文本的生成当成是人类早期的文化活动来认识。这是我近年来主要的研究方向。

　　到目前为止，我已经写过几篇文章。这几篇文章的核心是强调传世文献的重要性。本来这些传世文献都是在先秦生成的。可是从"五四"以后，对这些文献的可靠性有越来越多的质疑。随着近年来出土文献的大发现，很多人倾向于依赖出土文献进行研究，认为这才是最可靠的材料。甲骨文成为显学，铜器铭文也被人们广泛使用。还有近些年出土的简帛文献，比较典型的像郭店简、上博简、清华简、马王堆帛书、银雀山汉简等，被大家广泛地利用。出土文献所带来的冲击，和它在传统文化研究中所做的贡献是有目共睹的。在这种情况下，我们又该如何认识传统文献呢？

　　我在《殷商文学史的书写及其意义》中运用了"书写"这个概念，我的核心观点是，殷商时代的文学已经成为中国早期文学史书写的一个历史阶段，应该引起我们的重视。因为这个时期已经有了《诗经》的《商颂》，有了甲骨文，还有传世的《尚书》中的《盘庚》等篇目。三者可以互证，从而可以使我们对商代文学有一个新的认识。

其实，通过甲骨文、金文等出土文献和传世文献，现在历史学界已经建立起商代的历史模型，殷商史已经成为中国历史中一个独立的时段。但是文学研究有点落后，我觉得我们已经有充足的理由建构一个殷商文学史，而且是有文字记载以来的第一个文学史时段。我认为，以甲骨文、金文等出土文献为证，可以更好地说明传世文献的可靠性，重新认识它的价值。

于是在此基础上，我又写了《如何认识先秦文献的汉代传承及其价值》一文，发表于《中国高校社会科学》2017 年第 3 期。我们现在所看到的传世的先秦文献都是经过汉人的整理才传承下来的，毫无疑问，这使这些文献或多或少地带有汉人整理的痕迹，但是我们并不能由此否定它们仍然是先秦文献的本质属性，也不能由此否定它的价值。我从三个方面阐明了这一观点。

第一，不要对汉人整理先秦文献过程中所存在的诸多不足给予苛求。我举了很多例子，说明汉人在整理和传承先秦文献的过程中是特别认真的，一丝不苟的，他们不会轻易地造假，在这一点上我们要充分相信汉人，尊重汉人，这是认识先秦文献很重要的一个方面。

第二，不要夸大先秦文献中存在的诸多缺憾。现存的先秦文献只是历史幸存下来的小部分，缺失了很多可贵的信息。事实上汉人所了解的先秦文献信息已经极其有限，如老子其人到底存不存在，孔子的《春秋》是怎么编成的，《左传》的作者到底是谁，有些东西汉人已经不是很清楚。而且经过历代的传承，文字的文本就存在许多讹误。但是不能因为汉代文献传承过程中有许多空白，文献本身有许多讹误，就否定这些文献的价值。实际上，先秦文献幸存到汉代，每一字每一词都弥足珍贵，都是我们保存和研究的对象。

第三，先秦文献本身已经构成了一个相对完整的学术传统，这个传统是真实存在的，历史文献价值是无比珍贵的，是出土文献无法比拟的。《汉书·艺文志》著录先秦文献的方式，先是六艺，然后是诸子，之后才是诗赋等等。为什么是这样子？是根据这些文献在中国文化史上的重要性编排下来的。"经"，在战国时期就已经形成了，被大家认可了，所以到了汉代首先就把它记录下来。《汉书·艺文志》所记载的诸子的主要著作，是春秋战国时期那些最优秀的思想家的著作。有人说出土文献可能更可靠，汉代文献经过汉人的整理或有一定的偶然因素才得以流传，我认为不是那样。早期历史文献的传承，有一个自然的淘汰过程。那些出土文献之所以没有能传下来，很大的原因我认为不是偶然的遗失，可能是因为它的价值真的不如传世文献，就是说传下来的东西是经过历史淘汰的，汉代人所留下来的一定是最重要的。这是我的一个基本看法，把目前发现的所有出土文献拿来和传世文献比一比，我们就可以看出来。

杨阿敏：您认为中国早期书写有三种形态，甲骨文和金文相比于典册文献，受到广泛关注只是在近代以来。那么，如何评价这两者在早期中国历史研究中的作用和价值呢？

赵敏俐：现在要研究中国早期的文学，面临的材料，有甲骨文、金石文字、简帛，还有传世文献。这些文献表面看来对于研究先秦文化具有同样的重要性，但是还要知道这三者之间的区别。不同的书写方式留下的文本都有它的独特性，要把这三种书写文本的独特性弄清楚，不能因为你对某种文献有特别的偏好，就过分强调了它的价值。最典型的例子就是现在很多人认为甲骨文最可靠，凡是甲骨文中有记载的，就可靠；甲骨文中没有记载的，就不可靠。甲骨文是三千多年的文本，它记载下来的东西自己是可靠的。但是却不能由此反推，凡是甲骨文中没有记载的东西就不可靠。甲骨文是殷商时期的一种特殊书写，它只是占卜的记录。殷商时期人的日常活动也是丰富多彩的，这些甲骨文都不记，它只记载和占卜有关的事情，所以它的记载是极其有限的。

举个简单的例子，殷商时期出土了很多青铜器，可以说中国古代青铜器铸造的最高水平就是殷商末期。殷商末期的青铜器最精美，西周初年根本比不上。中原地区又不产铜，殷商时代那么多的青铜器，是怎么铸造起来的？可以想象，从采矿、冶炼到浇铸，得需要有多少人在从事与之相关的职业？而且它是当时最先进的工业技术，代表了殷商社会生产力的最高水平，多么重要啊！按道理说，甲骨文里总应该有点影子吧。可是，在至今已经发现的几十万片甲骨里根本找不到一点记载，只发现了一个带有金字旁的字，和青铜器制造也没有关系。你能用甲骨文没有记载就否认殷商时代青铜器的存在吗？显然不能。

这个例子说明，中国早期的书写就有了分工，有不同的书写方式、不同的书写工具、不同的书写目的，承担着不同的功能。甲骨文有甲骨文的书写功能、书写目的、书写内容；铜器铭文有铜器铭文的书写功能、书写目的、书写内容。所以我们要充分认识各种书写的特点，认识它们各自的价值所在，这非常重要。由此我们再做进一步的追问：人为什么要书写？人类发明文字的目的是什么？我想，人类发明文字的目的，首先是要记事。甲骨文记载人们的占卜活动，铜器铭文记载贵族们的功业，记事是发明文字的第一目的。但是人类发明文字不光是记事，还要记载人的思想、情感、智慧，记载人对宇宙、自然和人生的思考。这些东西记载在哪里？如果看历史上相关的记载，就知道这些东西一定是记在典册之中的，这些典册文就是现在传下来的历史文献、传世典籍。所以我认为在殷商时期或中国社会早期的三种书写方式中，从探寻人类文明思想文化根源的角度讲，典册文最为重要。因为甲骨文、铜器铭文，都是带有一定神圣色彩的特殊记事，只有典册文才更多地记载了人类文明的早期成果。所以，我们千万不要因为甲骨文是新发现的三千年前的真材料，铜器铭文也是铸在青铜器上的殷周时代的真材料，而传世文献是经过后人不断整理才保存下来的，仅仅靠它们的物质呈现形态不同而否定传世典籍的价值。实际上，在中华民族的文化传承和建设过程中，传世的这些典册文献所发挥的作用是甲骨文和铜器铭文所远不及的。

　　为什么这样说呢？这与甲骨文和铜器铭文这两种特殊书写的局限是有关系的。甲骨文作为殷商时代占卜的记录，在当时属于神秘的书写，要秘密保管，或集中到一起收藏或埋藏，一般人是看不到的。所以到了周代以后，殷商甲骨文已经很少有人知道。我们知道，甲骨文的发现完全是一种偶然，是王懿荣在中药的"龙骨"上首先发现了刻写文字，学人们又经过仔细的辨别之后，才将甲骨文认定为殷商时期的占卜文字。用董作宾的话说："甲骨学成为一种学问也是新近的事，五十年以前，不但世界上没有甲骨学，连甲骨两字也不曾放在一起过。"现存二十四史中也不见甲骨、甲骨文、甲骨刻辞等名词。也就是说，这种被我们视为至宝的殷商书写，从周代以后直到近代人发现之前，根本没有人见过，即便见过也无人认得无人知晓。因此，它对周代以后的中华民族的文化建设所发挥的作用也是极其有限的。

同样，作为一种特殊书写的铜器铭文，基本上限于殷周功臣贵族用以记载祖先功业，并没有承担王朝记史的功能，其造语用词和描写叙述带有很大的模拟成分。所以，从书写性质上讲，它的撰写基本上不属于国家行为，不算是王官职事，不能取代《春秋》之类的编年史著作，也不能等同于《国语》之类的以记言为主的国别史。到现在为止，历来传承下来与近代考古发现的青铜器，有铭文的超过了16000件以上。但是，这些青铜器上的铭文合在一起也构不成一部像《春秋》一样的史书，其纪事内容的丰富性更不能与《左传》这样的巨著相比，没有像《尚书》中那样具有重要思想史价值的"周诰殷盘"，自然更不可能像《诗经》那样全面展示中华民族多姿多彩的生活与感情以及无比丰富的民族心灵。实际上，铜器铭文被后人看重，应该是宋代以后的事情，对金文的成体系研究是近代以来的事情。这不是自汉代以后人们的有意忽略，而是因为它的书写功能不同、性质不同，不能与以"五经""诸子"等为代表的传世文献相提并论。

其实在我看来，我们看重甲骨文和金文的文献价值，并不是因为它们所提供的材料比传世文献更为珍贵，而是因为它们可以与传世文献形成互补。除了二者本身可以提供传世文献没有记载的内容之外，还因为二者均以实物传承的方式，向后人展示了中华民族早期书写技术和制度文化建设所能达到的高度。这使我们可以将其作为参照，同时参考中国早期物质考古的最新成果，重新思考传世文献的形成及其存在方式，进而对传世文献的巨大价值做出新的评估，而这正是我们至今做的不够的工作。

杨阿敏：您提出我们不仅要注重物质考古，还应该向文化考古、精神考古迈进，为什么您会有这样的想法？当代人文社会科学研究的总体趋向是推崇实证，精神考古的实现方式又是什么？

赵敏俐：为什么要特别重视这些典册文，这些传世的文献？是因为人类文明之所以发展，更重要的是有经验和智慧的代代相传，这个传承的过程就是人类的精神文明建设。当代人文社会科学研究的总体趋向是推崇实证。历史学，尤其是人类早期的历史研究，正在变成一个实证的学科，甲骨文和金文由此而受到空前的重视，这自然有其合理的一面。因为只有通过实证的研究，我们才能找到人类早期活动的踪迹，重建人类的物质文明史。但是，我们研究历史，就是为了弄清人类所从事的物质活动过程这样一种目的吗？显然不是，其实我们更关心的是人类自身的成长，精神的成长和灵魂的成长。但是，人类早期丰富的实践活动以及所形成的大量精神产品，并没有写在考古文物上。面对冷冰冰的不会说话的考古实物，渴望复原先民的生活，与他们进行精神的交流和灵魂的对话，难道不正是我们最迫切的愿望吗？ 所以，我们不满足于物质考古，还要通过物质考古进一步探索人类精神文明所能达到的高度。人类不仅需要物质考古，更需要精神考古。而这些，恰恰存在于人类早期的口头传说和神话中，存在于早期记载下来的文字里。中国早期的典册文献，正是中华民族早期精神成长的历史遗存，是我们进行精神考古最可宝贵的材料。我们要充分利用当下实物考古的丰富成果，结合传世文献进行精神考古，从而把中华民族早期文明的研究推向一个新的高度。

我从小生在农村，长大后做了农民，一个偶然的机会让我考上了大学，从农民变成了博士，后来又当了教授。我觉得我是非常幸运的。记得我博士毕业之后到青岛大学工作，中文系开设了一门"治学经验谈"的系列讲座，当时的系主任冯光廉教授给我定的讲座题目就是"从农民到博士"，这的确能很好地概括我的读书历程。其实从我上大学到做研究生，再从青岛到北京，回过头看一看我走过的学术之路，我的性情爱好，以及所研究的问题与研究方法，也和我最初的农民出身有很大的关系。首先是我对中国古典文学特别热爱，我沉浸在其中有无尽的乐趣。中国几千年的社会是一个农业社会，也许我从小生在农村的缘故，我对它有天然的亲近感，我愿意做与之有关的研究。人这一辈子能把对社会有意义的事情作为终生职业，同时又能和自己的兴趣爱好融合在一起是很不容易的，由此而言我更是幸运的。

二是有独立的思考精神。在研究的过程中，我所研究的内容和我承担的课题不是别人给我指定的，都是我自己在读书的过程中所发现的问题和思考的问题，不是刻意出新。比如我做中国古代歌诗研究，不是说没有题目了，别人说"诗歌"，你非要别出心裁，找出个"歌诗"的概念来，不是这样。中国古代的诗歌有可以歌唱的诗、可以诵读的诗两大类，可是由于历史的原因，长期以来人们对可以歌唱的诗的研究忽略了，这是个实实在在的问题，不是我故意想出来的。

三是有一定的文化情怀。文学的研究之所以有价值，是因为它对提升人的精神品质有重要作用，对民族的文化建设有意义。那么，我们选择什么题目，也要考虑它的价值和意义，要有一定的社会责任感。我所以做中华吟诵的抢救、整理与研究，是因为吟诵属于典型的非物质文化遗产，面临着断层的危险，需要我们马上进行抢救。

四是有坚持不懈的精神和老老实实的态度。我热爱文学研究，一旦把它确定为自己一生的职业，就不再心有旁骛，坚持做自己的事情，几十年的时间就这样做下来了。我认为坚持对于治学来说特别重要，学问是一点一滴积累起来的。老实人下笨功夫，只有如此，才可能在短暂的人生中取得一点点小的成绩。

读书问学四十年

——谢思炜教授访谈录

谢思炜，祖籍贵州习水，1954年生于北京。清华大学中文系教授，博士生导师。主要著作有《禅宗与中国文学》《白居易集综论》《唐宋诗学论集》《白居易诗集校注》《白居易文集校注》《唐代的文学精神》《杜甫集校注》《唐诗与唐史论集》等。

杨阿敏：请您讲述一下中小学的教育经历。

谢思炜：我小学到五年级赶上了"文化大革命"，那个时候都停课不上学了，后来到进入中学应该是在1967年，等于小学没毕业。进入中学之后又不能正常教学，文化课上得很少，经常搞运动和学工学农各种活动。到1970年我们应该初中毕业了，但实际上在中学的两年多真正用在学习上的时间是不多的。比如说我们的数学，学到哪里呢？就学到一元二次方程。外语呢，就是英语，是开过几次，大概就是学了最简单的一些问候语。

那时候也没有高中，我们这一届初中毕业后还没有恢复高中，一直到我们下面的一两届才开始恢复，有一部分学生可以升入高中。中学毕业以后，那个时候都是上山下乡，到农村插队，我哥哥当时就去的东北的建设兵团，他比我早一届，是1969届的。我们这一届有一点比较特殊，大部分没有上山下乡，因为当时北京市缺工人，前面的好多毕业生都到外地到农村去了，所以我们那一届基本上就都留在北京了，被分配到各个单位，其中大概有几百人都被分配到一个建筑公司。我做了将近八年的建筑工人，差几个月吧。我们是六月份毕业，直接就分配到工厂了，一直到恢复高考以后，这期间一直是在建筑公司。

我们那个工种叫抹灰工，跟瓦工差不多的，它可以归到瓦工里面，要细分的话叫抹灰工，相当于现在装修房子内装修外装修、处理墙体地面这些工作。这是建筑中的一个很重要的工种。后来恢复高考了，但是这之前，有一段我们这个年龄的人差不多都有的一个经历，就是没有一个完整的好好在学校接受教育的机会。但是另一方面，不能说是好处，就是当时没有后来应试教育的一些压力，完全是出于自己的兴趣找书来读。

杨阿敏：当时您看书的途径都有哪些呢？

谢思炜：书当时还是能够找到一些的，从图书馆也能借到，"文化大革命"刚开始的那一段时间可能借不了，后来也就慢慢恢复了。我父亲在中学，他从学校的图书馆能够借出一些书来，当时社会上也流传一些书，各种各样的书都会有一些的。那时候我们读得比较多的，提倡读的就是马列的原著，我们都读过一些，包括比较难懂的《反杜林论》《唯物主义和经验批判主义》。读这些书至少让你对马克思之前的整个西方思想的发展有一个比较全面的了解，这些书也训练你的思维。后来和我的研究生同学聊，他说他当时把马恩全集全读了一遍。我没有读那么多，但是我也看过一些，三卷《资本论》

都读下来了。

我也读过很多像历史、文学一类的书，《鲁迅全集》我基本上都看过。北京师范大学的郭预衡先生有一段时间是做现代文学，就是研究鲁迅，他对鲁迅是下过好大功夫的。现代文学中比较著名的像茅盾、巴金，能找到的当时都看过。外国的也看过不少，基本上是当时能够看到的五六十年代翻译的那些。另外，70年代以后有好多内部书，那时候是由高层组织的一些人专门去翻译的，那些书翻译的质量都很好。

当时一般就说供大家批判，有政治方面的书，甚至一些小说都是这样。当然这也是有阶段的，在1966年"文化大革命"刚开始的时候，除了《毛选》什么书都不能看，这都是我亲身经历的。我工作的单位，因为有年轻的职工，他看浩然的小说《艳阳天》，我们现在看那是很左的小说，当时看那个都不行，是要批判你的。但是这只是一个阶段，后来就慢慢恢复正常了，到70年代，那些文学名著像《红楼梦》就都慢慢发行了。

杨阿敏：您还记得当时参加高考的情况吗？

谢思炜：1977年恢复高考，我还算比较幸运，当时大概就几个月的时间准备，我这几个月主要就是学数学。因为以前只学过一点，我就把从初中到高中的数学包括解析几何全学下来了，基本上是自学。那年高考比较有意思，北京市出的题是各个年级水平的都有一部分，比如说你只会初一的，他可能有一道题就是初一的，你能够得十分，它照顾到不同层面。数学最难的题我都做出来了，但是中间也有两道题是做错了的，因为审题错误。当时没参加过什么考试，所以也没什么经验，所以就可能把∠ABC看成∠ACB了，就是这样的错误。

当时文科考语文、政治、数学、历史、地理，好像没有考外语。高考作文北京市出的题叫《我在这战斗的一年里》。后来有人当面跟郭先生求证过，这个题是北师大的郭预衡先生出的。另外还有一些阅读理解题，出的是鲁迅的一段话，让你谈怎么去分析它，大概就是这样。

当时是考前填志愿，但是那个时候只能填三个志愿，就是你只能报三个学校。

我第一志愿填的北大，第二志愿填的北师大，当时学校很少，当时三个学校报的都是中文专业。后来被北师大录取了。

杨阿敏：请讲一下您的大学生活。

谢思炜：当时是春季入学到春季毕业，1978年春季入学，我是1977级，所以我们后面那届78级只和我们差半年。大学还是很好的，当时上过很多老师的课。像韩兆琦先生、辛志贤老师、杨敏如老师，包括启功先生。启先生也给我们上过课。他是讲中间一段，给我们讲杜甫。还有聂石樵先生、邓魁英先生都给我们上过课。那时候北师大古代文学的老师力量很强，这一批老师人数不少，十几个人吧，基本上都排出来了，在本科阶段基本上都能听他们的课。

那时候我们还是有很多老先生教的。由此也接触到很多老先生，他们年龄已经比较大了，给我们开课、做讲座什么的。还有一批基本上是五六十年代主要是五十年代毕业的老师给我们讲课。当时不够开放，大家的视野还不够开阔，能够了解的学术、思想还是有一定局限。

杨阿敏：在大学期间，您是如何读书的，自己买书多吗？

谢思炜：这跟我们以前的经历有关。因为以前自己已经有读书的习惯，自学的能力还是比较强的，跟我经历差不多的这些人基本上都是这样。原来就是主动找书来读的，已经形成一个比较好的习惯。上课是一方面，另一方面主要还是靠自己找书来读。进了大学之后当然条件更好也更方便了，好多书都能看到，而且有比较完整的时间。我在本科的时候把《左传》和《史记》给读下来了，这样文献阅读的基础就比较好了。另外还读过古代文学比较重要的一些典籍。

我自己也买一些书，当时我不像有些同学非常执着，买得非常多。我们当时有些同学只要是出书他都要买，我没有这样。现在来看的话，大学买的书后来能够用上的不多。那个时候因为课比较多，自己的兴趣也比较广，所以各种书都会买一些。到以后你研究范围越来越窄，其他有些专业的书可能就用不到了。

杨阿敏：有人提倡读作家要读全集，您怎么看这个观点？

谢思炜：读全集也是要分阶段，本科刚开始的时候恐怕读全集是读不进去的，还是要有一个基础。像我们当时一般是跟着文学史的课读，它有一个作品选，首先要把这些先读下来，有余力，再选择一些作家来读。可以先读专业课要求你读的作品选，另外再读一些比较重要的作家的选本，像李白、杜甫你可以读一些选本，以后再进一步。我们是到研究生阶段老师才要求我们完整地读作家，要读全集。当然像李白、杜甫这种大家，他们的集子的体量非常大，你读一个差不多就要半年，你如果在本科阶段这样读的话时间也不够用，你读不下来。

杨阿敏：毕业之后为什么选择考研究生呢，研究生阶段导师是如何指导您学习的？

谢思炜：考研究生就是为了深造，也是学了这么多课程之后发现还是对这个专业比较感兴趣。以前也曾经考虑是不是考其他的专业，选择这个专业一是因为我们专业古代文学前后几位老师都是讲得非常好的，能吸引你喜欢这个学科。另外我也是在这上面投入了比较多的精力。还有一个很现实的原因是我们那年的研究生招生不是所有专业都招，有些专业不能保证每年都招生，有些专业是今年招，有些专业是明年招，招生是逐渐在恢复的过程，而我们那一年正好古代文学专业招生的计划名额是最多的，所以从考试的角度来讲，我觉得考这个更有把握一点。原来的计划是招 5 个，后来好像是录取了 7 个。没有保研，那时候都是统考，全国来考，竞争还是很激烈的。所以我们那时候考研录取的比例是很低的。

我们是春季入学，就是 1982 年初入学，按完整的学制应该到1985 年年初毕业，我们当时就稍微提前一点，到 1984 年的年底答辩就都进行完了，然后就入职了，按年来算的话其实也还是三年。

当时是启功先生、邓魁英先生指导我的。当时按段分，从先秦一直到魏晋南北朝是一段，从魏晋南北朝以后到唐宋是一段，然后元明清是一段。启先生和邓先生是负责指导唐宋这一段，启先生年龄比较大了，有些具体事情需要邓魁英先生帮着处理，所以他们两个人就合作指导。

研究生阶段老师的指导还是很具体的。我们当时是唐宋方向，所以邓先生大概给我们分配了一下，一年读唐代，一年读宋代。老师是有资深经验的，说你要选重要作家来读，要完整地读，一个学期读一个作家。我们第一学期读李白，第二学期读杜甫。李白就是读瞿蜕园、朱金城先生的《李白集校注》，杜甫当时是读仇注。到第二年读宋代，第一个学期读了苏轼，当然苏轼的量很大，读起来时间是很紧张的，诗词文都读，到后来读得就不那么细致了。到第二年第二学期有一点就是要考虑毕业论文这些事，再读一个很大的作家可能就读不下去了，所以当时我读了一些江西诗派，如黄庭坚的集子。

我们那个时候上课是不太多的，也不像后来规定必须要修多少学分、必须得开多少课。这种要求当时都不是很死。就是老师布置一些你这学期要读什么，当然到最后你每学期都要提交一些读书报告、小论文。那时候这种方式也不叫课，就是老师给你一个具体的指导，主要是通过这种方式来学。

启先生给我们上课，特别准备了一门他开玩笑称之为"猪跑学"的课，就是说你没吃过猪肉还没见过猪跑吗，他是从这个俗语来说的，就是讲有关古代文史的各个方面的一些知识性的内容，很多可能是在一般的课程或书本上不一定能查到的。

老师指导我们更主要的一个方式是和我们讨论问题，当然我们如果有什么问题随时都可以去问老师。像启先生，他有什么想法都会跟我们讲，比如对某件事情有什么看法，包括学术方面的，也包括其他方面，比如有关历史的一些看法等。这种方式对于学生是很有帮助的。你会经常接触老师，去讨论各种各样的问题，而且老师也经常会想要听听我们的看法，听听我们对问题的了解，也会让我们介绍一些学术上的新观点之类的，师生之间通过这种方式的交流是很多的。一般没有什么固定的讨论题目，都是一些日常性的很平常的交流，老师也没有要求你必须什么时间来参加讨论。而且这种交流也不限于读学位的这几年，后来我留校工作的十几年里还经常会去找老师。平常这种交流很随意，就是聊天，听老师谈一些各种各样的事情，这个过程对我们来讲是帮助很大的。

老师教你一些东西，给你解答一些问题，直接传授一些知识包括治学的方法等，这是一方面；另一方面，我觉得更重要的是跟启先生学习，见识了一种做人和做学问的境界，这是非常重要的。在比较年轻、刚刚开始的这个阶段，我就比较幸运地能够接触到这样的前辈学者，知道他做学问、做人是怎样，以及他平常怎样处理各种事情等等，那么自己也就知道将来应该怎么要求自己，从而向自己的方向努力。这是非常重要的。老师不一定是说要指引你什么，这是一种言传身教，也不是说一定要教你什么，但你能接触到这样一种老师的话，对你来讲是很幸运的。

杨阿敏：硕士毕业论文为什么选择研究宋代江西诗派的诗人吕本中？

谢思炜：因为当时唐宋诗读下来之后，前面读杜甫还是花了很大的精力，就想到和杜甫有很大关系、受杜甫影响比较大的就是江西诗派。我把江西诗派像黄庭坚、陈师道都看了一下，黄庭坚花的时间比较多，因为他的诗是不太好读的。具体到硕士论文选题的时候当然要和导师交流，导师说你要选黄庭坚这样的诗人可能难度比较大，不一定做得下来，硕士论文的时间也比较紧。那么我就选择了一个当时相对而言讨论还比较少，但还是有一定重要性的诗人吕本中。

论文内容包括从文献调查到作家的生平、创作、思想等。吕本

钱锺书先生的复信

中的集子是保存得比较完整的，作品数量也比较多，大概有1000多首诗。当时我调查的时候还发现了他的一个外集，叫《东莱外集》，是收藏在北京图书馆，以前其他的人调查都没有注意到这个事。钱锺书先生在《宋诗选注》里选了吕本中的一些作品，提到吕本中有一组诗只从《瀛奎律髓》里选了几首，这组诗现在见不到了。他很遗憾，他说这组诗应该是很重要的。那是靖康之变之后吕本

中写的一组诗，这组诗实际上是保存在《东莱外集》里。当时通过调查发现这个资料，是大家曾经知道，同时也很重要，但是都没有调查到的，也算是我的运气比较好。所以当时我还给钱锺书先生写过信，告诉他我这个发现，钱锺书先生后来也给我回信了，说他们所里也有一个学者发现了这些作品，告诉了他这个消息。

我当时做这个论文还给吕本中编了一个年谱，基本上把他家族的材料都搜集到了。从北宋后期到南宋的历史文献、各种文集我基本上都翻了一遍，有关的这些材料就都找出来了。论文答辩的时候是傅璇琮先生做答辩委员会的主席，因为傅先生编过《黄庭坚和江西诗派资料汇编》，所以他看论文的时候，说我里面有一个材料是他没有用过的，就是关于吕本中家族的材料。通过这些家族材料能够说明吕本中跟黄庭坚、江西诗派的一些关系。

吕本中在宋代文学中的地位，我觉得是过渡性的吧，他处于两宋之间，不是第一流的大诗人。我硕士论文有一部分讲他的创作，那个后来就作为论文发表了。他在两宋之交经历了一个很大的社会变动，即靖康之变。与他同时期的、也和江西诗派有一定关系的陈与义，他有的诗记录了事变之后他的逃难等等这些经历，吕本中也是，在这个阶段有很集中的一些作品记述这个时代。而且当时他就在东京的围城之内，还参与了当时的一些活动，这都在他诗里有记录。他这种集中的书写应该跟杜甫有关系，包括他写很长篇的类似杜甫《咏怀五百字》的作品。宋代诗人里只有少数人选用这种形式来创作。可能与他的创作经历有关系，所以他也写这样的长诗，写一些组诗。这些诗有一定的史料价值，钱锺书先生在《宋诗选注》里对他有些作品也是评价很高的。

　　杨阿敏：您硕士毕业以后留在北师大任教，为什么要考虑继续读博士呢，博士论文研究的是什么课题？

　　谢思炜：我读博士是在职的。在高校工作，学历上当时是没有什么要求，后来还是有要求的。另外读博的话收获会比较大，可以集中一段时间，必须要做一个专题。那个时候正处在一个学术的积累阶段，正是一个上升的阶段，有这样一个压力还是很有帮助的。我自己也是感觉在读硕士和博士阶段各方面的进步都比较明显。

　　我博士论文做的白居易，后来就题为《白居易集综论》出版了，这是启先生帮我定的题目。有一部分是讨论文献，就是白居易文集的中国刻本、日本抄本，还有其他一些文献的调查。另外一部分是有关白居易的生平、思想、文学创作的讨论，所以用了一个题目"白居易集综论"。

　　选白居易是考虑到他还有很多问题可以讨论，有这种开拓的空间。另外也受到启先生的影响，启先生非常喜欢和熟悉白居易的诗。他有时候讲其他诗人可能说还有一些批评，会挑一些毛病，但是讲起白居易的诗很少这样。这可能和有些人的看法不太一样，他们觉得白居易是那种俗的人。启先生的看法和他的诗学观念是有关联的。他书房里挂了一副对联，是他收藏的清代学者的，上联是"元白文章新乐府"，下联是"倪黄画法旧诗传"，可以看出启先生对白居易的诗是非常推崇的。

　　受启先生的影响，当时就想我得把白居易好好读一读。我们在读硕士的阶段其实没有读白居易，老师也说白居易确实不好读，因为那时候白居易是没有注的。到20世纪80年代后期，大概1988

年，朱金城先生的笺注出来了，但是他的笺注基本上不注典故和词语，主要注人物和事迹。所以那个时候老师没有推荐我们去读白居易，就先读李白、杜甫。我自己是到工作以后才开始花时间把白居易完整地读下来。

做博士论文就要考虑选择什么题目，我有一段时间还在考虑是不是应该选择杜甫，因为在这之前我读杜甫和做他的研究还是比较多的。但是后来又看到一篇文章讲在日本的白居易文集抄本研究的情况，这个也是一个因素，就是我了解到有关白居易的文献还有很多我们不太了解的日本学者在做的一些工作。

日本抄本的源头都是唐抄本，跟中国的刻本属于两个不同的系统，是当时由各种途径传入日本的。其中有一个是日本僧人惠鄂到苏州南禅院——苏州南禅院保留有一套白居易的集子——整个抄了一遍带回日本的。后来日本的抄本就是从这些抄本反复转抄流传下来的，跟中国的刻本的系统不太一样。

杨阿敏：您研究生阶段师从启功先生和邓魁英先生，启功先生可能大家比较了解，您刚刚也讲了一些，您可以谈谈邓魁英等其他先生吗？

谢思炜：邓魁英先生和聂石樵先生是夫妻，所以我们实际上跟两位先生都有接触，他们会跟我们谈各种问题。邓先生和聂先生他们做研究自己很有经验，所以他们对我们学习、做研究工作给的指导很具体，可以给你提一些很好的建议。比如说我选择一个研究题目，我自己觉得这个题目可以做一篇学位论文，那么邓先生、聂先生他们听一听你的想法，他们就能帮你判断这个题目做得成还是做不成。

这对学生来讲确实是很重要的，有的时候我们自己确实是没有经验。你可能觉得自己有一点想法，我就把它做下去，但是这时候如果有一位有经验的人帮你来把握一下，帮助你评价一下这个题目是不是有价值，另外就现有的研究、材料来看，你有没有必要继续做下去，这就非常重要。如果老师说这个题目是可以的，那基本上就能保证你能继续做下去。

这两位先生都是非常谦和、从来也不张扬的知识分子，对学生非常关心，有什么事情都会帮助你。

我当时从这些老师那都学了不少东西。比如像郭预衡先生，他也给我们上过课。当时有一次我调查杜甫的集子，我发现杜集原来有好多小注，这个小注我判断它应该是杜甫的自注，但是过去文人有一个说法，自己写的诗不能给它作注，自己作注它不成法。所以杜甫诗里这些注是不是自注，这个有好多怀疑。后来有一次在郭先生的课上，课间的时候我问了这个问题，我问中国古代的文人有没有给自己做自注的情况，什么时候开始有的？郭先生马上告诉我像谢灵运的《山居赋》里就有大段的自注。这就使我比较有底了，知道诗文自注，实际上是有这种习惯的。

在本科阶段，郭先生有给我们的讲座辅导，这个给我印象挺深的。他讲了怎么学习，他说学习要学三方面，一是要学一点记问之学，这个比较好理解，就是说你必须要记一些东西；二是要学一点章句之学，这个主要是指要理解篇章大意；三是要学一点通人之学。这个给我留下比较深的印象。

还有聂石樵先生，本科的时候要写毕业论文，大家都不知道怎么写论文，就请老师给我们辅导一下。我记得当时聂先生来给我们开一个讲座，就是讲怎么写论文。他讲"首先你的论文题目是从哪来的"，当时大家都觉得这个题目很重要，希望老师告诉我们一个秘诀，告诉我们怎么去找论文题目。聂先生怎么说的呢，他说论文题目是从长期的研究工作积累中得来的。这个大家听了就有点失望，觉得这个还用老师说吗，但是聂先生这个话我感觉都是甘苦之言。就是说你不要急于求成，想着有什么天上掉馅饼的事，忽然间你就发现一个什么题目了，这个是不太现实的，得靠你学习研究的积累。

聂先生当时还特别强调一点，就是做学问包括写论文，不要发怪论。聂先生这些讲法其实都是有针对性的，对这么多年来他自己做研究看到的一些现象有所感，所以他才告诫我们。比如他举了一个例子，说有人研究杜甫，讲杜甫是"农民诗人"，五六十年代是有人持这种观点的，应该说这个就是怪论。就是你故意找一个和别人不一样的说法，看起来好像很新颖，其实这种提法并不能说明问题，也不能站得住脚。聂先生的这些告诫对于当时还是学生的我们都是很有教育意义的。

杨阿敏：您在数十年的研究工作中取得了丰厚的成果，您应该有自己独特的读书经验和方法吧？

谢思炜：经验倒是谈不上。我自己读书后认为，一个是说你要有一个比较好的基础。刚才就说过本科的时候和我之前是有一个转变的。因为之前读过哲学、经济学之类的书，所以高考的时候我特别想选择这样的专业，但是我们那一年因为刚恢复高考，好多专业都没有，像经济学专业都没有，而家里又不太支持我选择哲学专业，后来我就选择了中文专业。而我一开始是对中文专业的文艺学比较感兴趣，后来逐渐地转到对古代的研究上，就想在这方面多花一点时间，所以去读《史记》、读《左传》。这些其实都不是老师要求的，就是自己觉得需要这么去做，把这些书读下来就使我有了比较好的阅读基础。做古代文史研究，小学的训练非常重要，像文字、训诂、音韵，我自己也确实读过一些，有些专业课也听过，但是我这些方面真是学得不好，就是我的记忆力比较差，像《说文》这些我也看，但是没有非常系统地把它学一遍。这可能是我读书的一个弱项。

另外一个是要读作家。像我做唐宋这一段就是从李白、杜甫这些大家开始读，毕业以后也是接着选这些作家继续读。宋代的作家也读了一些，词也在读。另外就是各种史料都要读，在读硕士的时候老师就跟我们说，你一边读作家（比如你读唐代作家），一边要把唐代历史总体读下来。

比如唐代这段，老师就说你一开始读《资治通鉴》就行，就是《资治通鉴》中唐代这一部分。这是帮你了解一下整个唐史的情况。而且《资治通鉴》相对比较好读，是叙事的，就像读小说似的，你看前面就很想了解接下来又发生什么事情。但是光读《资治通鉴》显然不行，其他的像新、旧《唐书》等唐代的史料，都要根据研究的需要进一步去了解。做我们这种研究的，恐怕谁都是这样。

一方面你要读文学作品，读这些作家；另一方面，你要尽量多读一些材料，多读一些史料。你大概要有一个计划，像有的学者说的，你要做哪一段的研究，一些基本材料你花五年十年应该把它都读下来，这是一种做法。但有时候因为材料太多、时间不够，所以就只能先读一部分。另外就是根据研究工作的需要，有目的地去调查。比如我后来做博士论文，研究白居易的时候，真的是必须把唐代的这些相关材料都读一下，所以我就花了一段时间把《全唐文》整个查了一下，并思考可能会有哪些是我研究白居易的时候会遇到的问题。我带着这些问题去查材料，用比较快的速度把《全唐文》整个看了一遍，看一遍之后里面可能会有一些对我很有用的材料，我就可以把它搜集出来。

唐以前的史书我读得不够，只是在调查的时候会看一些，因为后来魏晋南北朝这一段我也做过一些专题的研究，当然也会看一些，但是我自己知道看得很不够。

先秦两汉的典籍，是一些基础的知识，必须得读。像《诗经》《楚辞》这些当然得读，但是有一些确实是很不好读的，像十三经，尤其是像三礼（《仪礼》《周礼》《礼记》）这些。而且它们还有注疏，这些注疏量非常大，要花很多的时间去读。所以根据研究工作的需要有目的地去调查，可能会更好一点。这跟过去的读书人可能不太一样，过去的读书人比如说清代学者，他们好多都是能把十三经背下来的，我们现在可能做不到那样，而且现在好像你就算把十三经读下来你也记不住，到真的研究什么问题了可能也用不上。

杨阿敏：读研究生阶段，您认识到材料考证、版本校勘是研究的出发点，当时选做的一些课题大都与此相关，您如何看待这一阶段的朴学训练？

谢思炜：这个也不好说是朴学吧，因为朴学它有些东西实际上我也没有很好地掌握，这个实际上就是文献学。文献学是研究工作的基础。从治学的角度讲，应该尽量全面一点，有一些做研究的人，他对文献方面基本上不涉及，就用别人整理好的文献，那这就受到比较大的限制。我自己的体会就是只有从文献做起，才能心中有数。

比如说我做杜甫、做白居易，我觉得文献方面我掌握得相对比较充分一点，所以讨论杜甫、白居易的作品问题，我就心里有数，我知道是怎么一个情况。其他一些我没有直接做过文献调查，或者做得比较少，像其他一些唐代诗人，我也可以谈一谈，但是就不敢像讨论杜甫、白居易这样，不敢那么全面，只能限定在一定的范围里进行讨论。

因为从文献的调查里确实能发现好多问题，即便是做杜甫，前人不知道已经做过多少研究了，但是你从文献入手的话，你还是会发现它有一些问题，就是文献的基本理解上都有一些问题。那你就能够弥补前人的一些不足，纠正他的一些不准确的说法，才能够更深入地讨论一些问题。

杨阿敏：前人有一个说法叫读书先校书，您怎么看？

谢思炜：有时候是有必要的，但是不能说所有的书你读之前都要校，作为你的研究对象这是应该有的一个基础。

文献学其实是一个实践的过程，不是说上一个文献学的课、读两本文献学的书就能解决问题，得自己去做，去调查。比如说有一个文集，那就从校勘入手，启先生那时候教我们就说文献学里什么最重要，其实就是校勘，这是基础工作，只不过是愿不愿意做的问题。

因为校勘是很枯燥的事情，花很多时间，校得头昏眼花的，但是最后校出来的问题可能很少，所以好多人不愿意去做。但是，不采用这种方式，又没法进入文献的工作中，去研究它的版本等。如果没有经过校勘，你根本没法判断一个版本到底是好还是不好。

校勘确实是一个很辛苦的事情，但是至少应该尝试一下，尝试一下之后心里有数了，对于别人做的工作、发表的一些看法，就能够判断，就知道他做到一个什么程度了。

杨阿敏：毕业任教后，您开始接触80年代以后引入的各种哲学思潮、文艺学思想。为什么会有这个认识上的变化，这样做给您带来什么影响？

谢思炜：以前其实也知道一些，就不是特别关注。80年代是一个开放的时代，西方主要是20世纪的各种学术观点、学术流派包括一些研究方法介绍进来的比较多，一开始可能觉得有一点目不暇接，东西太多了，好像消化不了。但也是大势所趋，你必须得知道一点，眼界非常狭隘是不行的。

外文原著如果读不了很多的话，可以读一点，包括读原文。因为现在也有一些专门选给研究生，本科生也可以用的经典导读著作，它就是一个范例，原文不一定每一篇选很多，一些很重要的、至少是比较有代表性的，会选一些。这样的话就可以花相对比较少的时间，读的面广一点。

我自己的体会是，假如你做某一方面的研究，需要适当了解国际上的相关研究成果，你就必须得读它的原著。为什么呢？光看中文有时候确实是不够，现在很多学科的研究方法、基本理论都是从国外引进的，引进其实是有一个滞后的，人家出来之后，过了一段时间可能这边才有人去介绍。而这个介绍的过程中，肯定会丢失一些东西。最好是找原著来读，对你是有帮助的。你得有一定的针对性，比如说我现在正做的这个工作，特别需要了解相关的研究，那就找这方面比较有代表性的西方学者的著作来读一下，这个肯定是要花时间，但相对来讲见效比较快，马上就能用上。

现在翻译的问题也是比较多，粗制滥造的现象还是有。读原著其实对训练思考方法、对写作，我觉得都很有帮助。写作就是学术性、论述性的这种，现代汉语的表达方式、逻辑方法其实都是翻译过来的，所以你要看一些原文的东西，对你的帮助是很大的。

杨阿敏：您最初留在北师大工作，期间曾到日本名古屋大学讲学，之后怎么到了清华大学中文系工作呢？

谢思炜：我们这个专业就是在高校工作最合适，当时留在北师大就是最好的选择。我们那个时候硕士就可以留校工作了，因为我们毕业的时候还没有博士。我们之前的那一届研究生也是硕士就留校了，我们这一届这个专业就有 3 个人留校。那个时候机会比较好，现在可能博士也不一定能进高校工作了。

从 1984 年一直到 2000 年在北师大，有 16 年吧，主要是开文学史课程，唐代、宋代、元代还有魏晋南北朝这几段我好像都讲过，另外选修课讲过杜甫，禅宗和文学，给研究生也讲过一些唐宋文学研究这样的课。

到日本名古屋大学讲学是学校间的合作，当时北师大派我去那边当外国人讲师，在中文专业教一年的中文，教汉语，从零开始教。从一年级开始就有这样的课，各个年级的都有。这种课我其实在好多地方都上过，在韩国上过，在国内也上过，给留学生教汉语。这个课挺有意思的。

在这之前我跟日本的有些学者有过联系，因为做白居易研究，我给太田次男先生写信，他后来就让他的一个学生跟我联系，给我带一些资料过来。所以我和他们在这之前就有联系，后来利用这一年的时间，我在日本参加日本学术界的一些年会、读书会之类的，接触了更多学者，所以在他们那边查文献资料也更方便一些。后来我在2007、2011、2014年又去过几次日本，有一次到东京的各个书库去调查，当时时间很仓促，就像看展览似的要看一下日本这些抄卷保存的情况。他们邀请我过去参加他们的一些学术活动，做些讲座，然后就安排了到这些书库、图书馆调查的活动。

在日本生活还是挺好的。比较遗憾的是尽管在日本待了一年，我的日语也没有学好，没有好好利用这个机会，至少应该提高一下会话和口语的能力，但是我没有做到。我交流的那些学者他们大部分都会讲汉语，有一些通过翻译的帮助，也可以交流。除了到日本去，我在韩国待过一年，也是校际的交流，也是担任教中文的任务，是2006年在清华的时候。

到清华大学中文系工作没有什么特别原因，就是一个正常的工作调动，在北师大待了很长时间，清华这边正好有一个机会，他们想让我过来，我就调过来了。后来傅璇琮先生过来，成立了一个中国古典文献研究中心，傅先生是主任，就给我派了一个副主任。在傅先生领导下，我们做一些《续修四库全书总目提要》的工作。

　　这个提要工作主要是傅先生在做，由他策划组织。做这个提要是要很多学者参与的，难度很大。现在这种情况需要组织集体来做，不像过去。现在大家自己都很忙，做这个工作需要你有很大的投入。但这是一个集体项目，从效益上来讲，大家觉得不是那么划算。所以，组织起来是比较费劲的。约稿这些都是傅先生在做。集部傅先生让我做主编，就是做一下统稿的工作，大概有上百位学者的稿子，我要把它整个看一遍，做一下加工。

　　这个工作做了好几年，前前后后准确时间我说不好了，大概得有四五年吧。现在还有两卷没有出版，经部好像还没有出，整个要完成时间可能更长。最早出的是集部和史部，经部和子部后出。

　　杨阿敏：您在清华有一门《左传》课程，为什么会想开这门课呢？

　　谢思炜：这是给本科生开的，而且从一年级就开。我们设计了一个课叫经典研读，是一个系列的课程，要上四个学期，就是选一些最基本的典籍来研读。原来这个班是一个试验班，文史专业是不分的，所以这个课就是帮助他们打好文献阅读的基础，这是很重要的。除了学古代汉语这些专业课，另外要有文献阅读作保证，就是逼着学生读原著，通过读原著培养他们的文献阅读能力，同时也就了解了历史、文化的一些基本知识，就有一个积累，这些训练对他们还是有好处的。

　　我这个课就是读，给学生规定好每个星期读一百页，你自己回去读，上课的时候我们就在课上一块读，我让每个同学当场读当场翻译，那就是检查他们阅读的情况。学生翻译一遍然后再讲评，看看他们是不是读懂了，其实就是起这样一个作用。同时，读的过程中有什么问题可以在课上交流。一个学期基本上能读完。我上课用的是杨伯峻的《春秋左传注》，我对他们的要求就是把它通读下来，但是现在我们一个学期只有十六周的课，课时上紧一点，所以有时候后面留一点到课程结束后再去读。我对他们的要求是一周读一百页，那个书大概有一千多页不到两千页，所以一个学期把它读下来还是可以的。

刚才说的那个经典研读，叫中国经典研读，另外还有一个西方经典研读，正好是配合的。我主要是开这个课，中国经典研读。其他的课也开过文学批评史，有时候没有别的老师讲，我就临时担任一下。

杨阿敏：作为博士生导师，您是如何指导研究生的？

谢思炜：指导学生，这个谈不上有什么经验。因人而异或者因材施教吧，要看学生的具体情况。学生情况其实是千差万别的，中国学生和外国留学生肯定是不一样的，要求也不能一样。就是中国的学生，他原来的教育背景不一样，你也不能都一样地对待，还是得根据学生自己的情况，在他的能力范围之内，要尽量帮助他提高，让他有所收获。

主要还是给他们提一些建议，比如说你做什么样的研究题目，向什么样的方向发展。如果说给他规定必须得达到什么样、必须得达到一个什么水准、必须得读多少书，我觉得不一定非得有这种硬性的规定，因为每个学生情况都不一样。

　　杨阿敏：请您谈谈自己阅读和研究杜诗的经历。

　　谢思炜：我读研究生的时候是第一次完整地读杜诗，当时我自己就做了一个工作，因为那个时候跟老师学习，在文献方面进行训练，老师给我们一些指导，我自己也想去尝试，当时我就做了一下杜诗的校勘。那是在80年代前期，我们读杜诗基本上还是读清代的注本。清代注本的校勘受当时学术条件的限制，他们好多材料是没有见到的，比如看仇注的校勘、钱笺的校勘，还是很不够的。有些资料我们后来能够见到，像《续古逸丛书》影印的《宋本杜工部集》，它基本上能够反映北宋二王本的面貌，这些材料清代注家基本上没有利用。

　　当时我想可以自己做一个训练，也就是在前人的基础上，我可以做一个更好一点的杜诗的校勘工作。我就找当时比较容易找到的杜诗的宋代刊本，当然都是影印本，像《四部丛刊》里面的，还有像《九家注》的影印本，就是最有代表性、最重要的这些本子，我挑了这么几种，然后做了一下校勘。这个校勘工作对我就是一个学习、一个初步训练。当然，整个工作做下来之后，我觉得我对杜集版本的情况、文本的情况有了一个比较深入的把握：自己心里比较有数，它的本子基本是一个什么情况。这个事就是研究生时候做的。

　　硕士论文做宋代江西诗派，杜诗就放了一段时间。工作以后，那时候想研究选哪些课题，我就想还是回过头去再做杜甫，就开始写了一些有关杜甫的论文，后来就都收到《唐宋诗学论集》里了。当时我投的一篇关于杜诗自传性的论文，特别得到《文学遗产》陶文鹏老师的鼓励，他说这篇还是写得不错的，给我写了一封很长的回信。我得到鼓励，继续写了几篇，一共有五六篇吧，前前后后有十年的时间就是讨论杜甫，有关他思想、创作的各个方面我觉得比较重要的一些问题。

同时，那个时候我也在北师大本科开选修课，讲杜诗，讲了几次，主要是讲作品。课上也不可能讲很多，选了大概是三四十篇这样。后来人民文学出版社周绚隆先生约我做一个杜诗的选本，开选修课时的那些底稿就用在这个《杜甫诗选》里。这个选本出了以后反响还是比较好的。

再后来就是决定做《杜甫集校注》。我并不是很早就有这个计划。大概是2007—2008年，那个时候我的《白居易文集校注》已经交稿了，就有一点空闲，当时也在考虑接下来我做什么。有一次在出版社开一个讨论会，讨论古典文学的选题计划，就是说还可以再做哪些选题。当时大家就在议论，就讲到这一点。那个时候山大萧涤非先生主编的《杜甫全集校注》还没有出来，已经拖了很长时间了。大家就说有一些很重要的大作家作品的新的校注，从50年代到现在还没有人做。

那个时候我忽然有一个想法，就是说我是不是也能够做这个选题。当然我知道，萧涤非先生他们那个正在做，但是我觉得我们做的方式还是不太一样。当时我就有这么一个想法，一开始也没有联系出版社。我就试着做一做，看自己能不能做。因为之前我有版本调查、校勘的基础，我就在这个基础上做一个比较全面的校注工作。大概我就这样做了几卷。正好第二年，2009年，上海古籍出版社的赵昌平先生到北京来开会，当时我们和上海古籍出版社合作《续修四库全书总目提要》，赵先生就是来开这个工作会议。在底下聊天的时候，他问我现在在做什么，有什么工作计划。我就把我正在做的跟他说了，他说你这个很好，后来我就把自己完成的前五卷寄给他了。他还是比较满意的，认为比较好，也就接受了这个稿子。大概从2008年做到2012年，2012年5月我就给出版社交稿了。

杨阿敏：自宋代以来，各种杜诗注本层出不穷，流传至今的就有二百余种。您为何要以一己之力重新注杜？

谢思炜：这种工作有两种方式，一种是集体合作，一种是个人来做。个人来做无非就说可能工作量大一点，花的时间多一点；集体做就是合作，可以相对比较短的时间内完成，每个人承担的工作量相对少一点。但集体项目也不太好做，因为集体项目基本上就是负责人把自己的工作任务分包了，分给几个学生去做，有时候质量就不容易保证。但是这个不能一概而论，有的工作个人是做不了的，必须得集体做。像我们做《续修四库提要》，要一个人做，恐怕现在谁也做不了，只能是集体组织去做。这个得看工作的性质。一个人做有一个人做的好处，它可以成一家之言。注书也是这样，它能够比较充分体现你个人的学术把握、对文献的理解程度，以及学术的目标。

杜诗注本历代有很多，给我们的阅读提供了很多方便。但是，注本多的话，工作量和阅读量就太大了。你说你应该读哪些，我们现在都还会遇到这个问题，我们到底从哪一本开始读？刚才说到我们读书还是从清代注本开始读，像仇注还是很多老师推荐的，但我们现在去看它还是有很多不足的，有各种各样的失误和问题。后来也有人专门给仇注挑毛病，因为它影响大嘛。到现在的话，我觉得应该有反映当代学术成果、适合当代阅读需要的新注本，能够代替以前的清代注本，能够起这样的一个作用。所以我做这个工作的主要目的也是这样，就是能够满足当代的阅读需要。

　　杨阿敏：您的校注以《续古逸丛书》影印《宋本杜工部集》为底本，您认为该本正文中包含的大量小字夹注，除吴若本部分确实增加若干小注之外，二王本原有注文均应视为出自杜甫之手的诗人自注。这一判断对您的校注工作和杜诗研究有何价值？

　　谢思炜：这也是一个老问题。清代甚至清代以前就有好多注家注意到了，因为清代学者没有见到最早的二王本这些材料，所以有的时候确实不太好判断。过去像宋代的这些注本里说"原注"，所谓原注就是杜甫本人的注，他们会有这样的说法。但是经过辗转的介绍、转述，有时候后人就不好判断了，到底是不是杜甫的自注，会产生一些疑问。我们现在有这个影印的《宋本杜工部集》，基本上可以判断它就是最早的白文本，没有加上其他的注，而且它是最早的杜集祖本。我们就可以从形式上判断它应该是一个整体性的，原来杜诗的原文里就有这些注。

　　经过调查之后，我有一个总的判断，觉得它是整体上出于杜甫之手的自注。因为一看其中很多的注，除了作者本人，其他人是做不出来的，其他人是不了解的。它反映当时的一些背景的材料、一些人物啊等等，还有一些特殊情况的说明，像这些不可能是后代的注家注的。

注文的理解上曾经有一些问题，有人提出过怀疑，说这些注不可靠，否定了这些自注。后来我专门写过一篇文章讨论这个问题，对这些有疑问的注文一一进行分析，说明为什么会导致这样的怀疑，应该给它怎样的一个合理的解释。所以总体来看，我觉得可以判断，最早的二王本里的小注应该是出自杜甫本人的自注。

有这样一个判断之后，文本本身给我们提供了很多重要的信息，这些注本身是包含着很多重要的信息的，现在能够确认它是杜甫的自注，当然对我们理解文本的帮助是很大的。

杨阿敏：之前的研究者是不是不大敢用这个自注？确定之后对杜甫研究提供了一些什么新的信息呢？

谢思炜：对，有这样的情况。这个我举过一些具体的例子，比如一些词语典故，以前就有人怀疑注词语典故未必是杜甫自注，但是我判断杜甫本人在一些地方也注词语典故。注词语典故其实就说明他的根据，也说明他写作时的一些考虑，这对于处理一些文献问题还是有帮助的。

比如《兵车行》题下注里面引了《木兰诗》里的一句，说："古乐府云：不闻耶娘哭子声，但闻黄河流水鸣溅溅。"我看后来有一些学者研究《木兰诗》的流传，也注意到到这个注的重要性了。这个实际上是我们现在见到的有人引用《木兰诗》的最早资料，它就在杜甫的自注里保存着。我们见到的《木兰诗》实际上出自后来宋代的《乐府诗集》，时间更晚一些的。所以这个材料如果我们肯定确实是杜甫本人引用的，那当然对说明《木兰诗》的流传等等还是很有用的。

另外还有一些材料，它对理解杜甫诗的诗意本身是最权威的、最可靠的。比如有一个地方有一个小注，讲到里面所用的典故"萧相"。这个"萧相"到底是谁，过去就有不同的说法。但是杜甫有一首诗在用这个"萧相"典故时，底下有一个注"郭令公"。郭令公就是郭子仪，这就提供了一个信息，帮你来判断这个"萧相"到底指的是谁。

杨阿敏：您的注本为什么没有选择流行的编年体方式，而是选择维持原有编次呢？

谢思炜：这是为了保存文献的原貌。其实选择重新编年和保持文献原来的面貌，这两个方法都是可以的。比如说像萧涤非先生他们做的《杜甫全集校注》就选择重新编年，这也是一种选择，也是一种研究的方式。我想我没有选择编年考虑的就是保持杜集的祖本原貌，避免一些版本信息的丢失。这个是从文献存真的角度来讲，还是很重要的。如果重新编，其实是一个新的文本，是对原书的改编，这跟原书还是不一样的。

另外就是杜诗的编年，不是杜甫本人自己做的，明清时一些作者自己编诗集时就是编年的。但是杜甫那个时候，还没有这样自己去给它很完整详细地做一个编年。我们现在见到的二王本，是先分体，然后有一个大致的编年。这个大概也是唐代别集编纂的一个比较普遍的体例。

后人所做的编年，难免会加上一些后代注家的判断。杜甫诗的现实性很强，它与时代的关联确实是非常密切的，但还是有很多作品缺少明确的地点和时间的线索，所以它的编年是存在疑问的。有可能是早一年或者晚一年，也可能是差三四年、四五年。在编年的判断上，这种情况都是存在的。所以现在我们如果要把所有作品都勉强编年的话，其实只能选择其中的一种意见，而未必完全能够让大家信服。我们现在见到的各家的编年还是有很多出入的。

杨阿敏：历代杜诗注释浩如烟海，您在注释工作中是如何取舍的？您如何看待旧注的作用呢？

谢思炜：这个肯定是要充分吸收旧注的成就，吸取它的观点。旧注本身很多看法我们今天是可以接受的，那当然我们就可以采纳它了。有一些就是给我们提供进一步讨论的基础，里面有一些说法可能是不太妥当的，或者不太准确的，但是它先给你提供了一个已有的一种看法。我们可以在这个基础上来进一步探讨，修正它或者提出新的解释。我们在利用旧注时都是这样做的。

杜诗中某一首作品甚至某一句诗，常常会有一些不同的解释，旧注中这种不一样的解释是比较多的。有时一句简单的诗也会有三四种不同的解释，各家的说法不一样。像这种情况有时候是能够判断的，我们现在经过分析、对比更多的材料，能够判断有哪些是可取的、哪些是不可取的。但还是有一些不太好判断，几种说法可能各有各的道理。

我们现在要做一个总结前人的工作、总结前人注释的成就，那么这些不同的意见也要尽量地反映出来。以前旧注分析得很清晰的，我们当然要把它吸取进来；以前还存在各种不同解释的，我们也要把它反映出来。这个是做注释工作一般的要求，必须得做到。当然，还存在旧注大量重复的，这就没有必要都把它包括进来，只选择最有代表性的。

杨阿敏：除了利用旧注，您的注释工作在吸收现代学术成果方面有什么新的收获？

谢思炜：20世纪以来，杜甫研究有很大的推进，有很多学者做过相关的工作，包括做具体的解释。我想主要是两个方面：一个就是唐史的研究，比起前人的研究可以说深入很多。比如说有关杜甫经历的安史之乱，史实的当代研究就比前人深入很多。另外一个就是唐代各个具体的制度层面，比如说官制、科举制度等各方面的研究现在都是非常深入的，这些都会影响到对杜诗的理解。

旧注家因为受当时研究水平的限制，对一些问题是不清楚的。现在我们参考当代学者的研究成果，对这些问题当然就要比过去清楚。另外还有一个比较重要的方面就是有关唐代语言的研究，主要是唐代的一些口语、俗语，以及当时的一些流行的词汇。这个历代都有很多的研究，但是到了20世纪以来利用了敦煌文献，可以说这方面推进是很大的，成果非常多。也有很多材料涉及杜诗语言的运用，那么当然可以利用当代学者的学术研究成果来做出新的解释。

杨阿敏：通过全面细致的校注工作，您认为自己最大的收获是什么？有没有遗憾？

谢思炜：比较大的收获，我觉得对我自己来讲是一个学习的过程。

做这个工作需要对杜诗所有细节、各种问题整个地梳理一遍。这里面有些问题我是不熟悉的。尽管我以前读过杜诗，甚至还写过一些论文，但是要把它整个地读下来，将里面每篇作品，包括它的每句话、涉及的每个问题都梳理清楚，对我来说，难度还是很大的。里面涉及的有些问题过去忽略了，那就得重新学习。还有一些过去大家都没有解决的问题，没有涉及或者说是理解错的，现在还需要把它重新提出来讨论。这个对于我自己来讲就是一个很好的学习过程。

通过这一部书注下来之后，我对唐代历史、唐代制度，以及这个历史阶段很多事件的过程，有了更深入、更全面的了解。这对于我自己是一个比较大的收获。另外就是对杜诗的理解，我尽量地汲取当代学者、当代学术界的研究成果，我想对整个杜诗的理解也是有所推进、有所帮助的。

要说有没有什么遗憾，这个遗憾还是有的。遗憾就是吸收当代学术界研究成果还是有遗漏，尽管想尽可能多地搜集 2000 年以后学者研究的成果，但是后来还是发现有一些遗漏的。这个也算是一种遗憾吧。另外就是现在我也还在看这个书，里面个别的地方还是有错误，有一些是我注释本身不准确，有这种情况，包括引用材料等，后期出版过程中排版印刷等也还是有一些小的问题。

杨阿敏：您的《杜甫集校注》与萧涤非教授主编的《杜甫全集校注》有何区别？

谢思炜：萧先生的这个工作其实我们很早就听说了，我们还在读研究生的时候他们就已经开始了，所以大家就一直在等着这个书的出版。我想，如果当时没有这个计划的话，好多学者可能就自己开始做这个工作了，但是那时候大家都在等着萧先生的这个工作。中间停了20年，他们也是2009年以后又重新启动了这个工作，到2014年最后完成了。萧先生这个工作就是那时候有一个国家专项计划，选择中国古代的大作家，当时好像是10个吧，要做全集的整理，萧先生这个也是比较有代表性的。他这个工作就是为了反映、总结历代对于杜甫的研究，是一个总体性的成果。所以他们采用的是这种集注汇评的方式，除了注释也包括历代的评论，这是一种集成性的工作。所以从这个注释的规模上来讲，其资料的搜集完备程度、注释的详细程度都是有代表性的，成绩非常显著。

如果说我做的这个工作有什么不同的话，就是我的工作目标一开始设定的就不是想做一个那种总结性的、集成性的书。不是那种性质，所以我也没有采用集注汇评的形式。在总结、吸取前人研究成果之外，我给自己提的要求就是要适合当代的阅读需要，反映当代学者的研究成果。

如果说我这个有哪些可取的地方，那就是我做《杜甫集校注》更多地是从读者的阅读需要这方面考虑，就是怎么满足当代读者的阅读需要。我设定的阅读对象就是大学文科专业的本科生和研究生，当然也包括其他的文学爱好者。可能像萧先生他们那样集成性的书，它的一个很重要的功能是要满足学者研究工作的需要，所以他可能更多地考虑学者的需要，是要为学者提供足够多的资料，帮助学者能比较方便地去查找一些资料。

既然是把一般的文学爱好者还有文学专业的本科生、研究生设定为阅读对象，当然就得考虑他们阅读的需要。我想他们很可能是第一次完整地读一个作家，读这样大量的作品，那么就要给他们提供比较准确、可靠的相关历史文化知识，包括词语、典故等相关的知识性内容。要尽量考虑到他们阅读的要求，能够帮助他们比较容易地进入阅读，不能让他们望而生畏，你的书篇幅非常大，读起来有很多阅读上的困难，有可能一下子把他们吓走了，就读不下去了。可能会有这种情况。所以我这个书还是尽量考虑到读者的这种要求，就是说能让他们比较顺利地进入。

当然，现在做完了以后发现——这个我也跟出版社编辑讨论过——还是有一个遗憾的地方，就是篇幅还是有点大。读起来要花费的时间可能还是有点多，所以我在书的前言里也讲到，读者阅读的时候如果诗意理解了，其实有些注释可以跳过去。因为有些注释是提供资料，注的时候不得不注，但是你第一次读的时候，不是特别要研究某些问题的话，有些内容是可以忽略的。

杨阿敏：您如何评价当前的杜诗研究？对今后的杜诗研究，您有什么建议或看法？

谢思炜：评价这个不太好说。杜诗研究我觉得还是开展得不错的，每年都会有一些新的论文出来，包括一些专著。今年开过一个杜甫研究的国际学术研讨会，因为我实在是没有时间就没去。我看了浙江大学胡可先生的总结，他讲得还是很好的。就是各方面都在推进，成就还是很显著的。

杜诗的研究是和相关领域的研究联系的，比如说有关唐史的研究。对杜甫在安史之乱中的事迹做一些更细致的考察，就涉及安史之乱本身的情况。比如说杜甫要到灵武去投奔唐肃宗，那个时候他的行程是怎么回事。杜甫是把家属安置在鄜州，自己在长安那边，当时安史叛军的活动是怎样的，和唐军之间的争夺、作战的具体情况是怎么样，我们还缺少对当时的历史情况更细致的了解。历史研究更深入、更细致，可能就会对我们研究杜甫有一些更直接的帮助。

另外，现在有一个比较可喜的现象，就是杜甫研究不仅是中国的，越来越多的其他语言、国家的人都在读杜甫。比如说大家都知道美国的宇文所安，他们有一个很大的计划，要把各国的经典都翻译成英文，他就把杜诗翻译成了英文。除了英语世界的，还有其他的。日本最近也出了杜诗的注本。除了这些之外，其他就是相对比较生僻的，我们不太了解的一些小国家。现在很多国家的学者都在引用杜诗，在阅读杜诗，我想这对杜诗的传播和研究来讲是非常好的。

杨阿敏：请您给初读杜诗的读者提一些阅读建议。

谢思炜：建议是这样：就把它当作一种学习，既是学习其实同时也是欣赏。因为它毕竟是诗歌，是文学，你要去欣赏它的魅力，欣赏它的艺术性。当然读杜诗是有一定困难的，特别是对初学者来讲不是特别好读。不要因为这个问题就失去阅读的兴趣。你觉得它不好理解，读着就头疼，你就没法进去了。一开始的时候你可以读一些选本，就是选一些流传广的作品来读。以后如果有时间，那么你可以把他的全部作品读一下。当然一开始里面有些作品读不懂，不太好读的话，你也不必要求自己一下把它读得非常透彻、非常全面，遇到一些困难、一些问题，暂时先放下，先跳过去。

杨阿敏：您在《唐代的文学精神》的序言中提出"不再把挑选和简化而是把发掘和呈现当作文学研究的首要任务"，为什么要这么提倡呢？

谢思炜：这个说法我也不是很有把握，不知道这么提是不是合适。我们现在接受的传统的东西其实都是挑选过的，有好多东西自然就被筛选掉了，有些就湮灭了，或者完全不了解了。比如说，像唐代民间的东西、通俗诗这些，如果不是有敦煌文献的发现，后来就基本不了解了。但是，现在我们有一个偶然的机会见到这些东西了，觉得它还是很有价值的，对于理解当时底层民众的生活情况和他们的精神世界是很有意义的。从这些现代新材料的发现就给我们一个启示：我们看待古代文化也好，古代的文学创作也好，还有古代人的思想、他们的精神世界，其实不要用一种过于狭隘的观念，好像只是过去传世文献所呈现的。其实，作为一个人也好，一个民族也好，他的精神生活的各方面应该是非常丰富的。我们现在当然不可能非常完整地了解历史上曾经有过的这些人，以及他们的精神世界、思想活动，这其实是做不到的。但是，我们应该有这样一种意识，就是我们了解到的，我们曾经知道的，其实只是其中很小的一部分，还有更丰富的内容，我们应当尽可能地利用一些条件，去把它开掘出来。

杨阿敏：您如何理解文学的精神史，它的研究对象和任务是什么？

谢思炜：所谓精神史或者说一个民族的精神活动，其实我们只能是了解很有限的一些方面。其中比如说属于思想史的，就是思想著作这些东西，当然是体现精神活动最为精粹的。但是其他的，比如说某一个具体的人，某一个具体的群体，某一个民族，他的精神世界和精神生活，现在能够见到的，还有其他的一些表现形式，比如说民间传说。其他的各种各样的材料里面，也间接地表现出来很多东西，一些深层的东西，可能是我们不了解的。对于文学精神史，我的想法就是，尽量地利用我们现代能够见到的一些文学作品，通过这些文学作品来了解一个民族和群体精神活动的各个方面，认识精神世界的丰富性。我们提出这么一个任务，但是本身能不能够达到这个目的，这个工作做得怎么样，我自己其实也不是很有把握。

杨阿敏：通过您的研究，您认为唐代文学精神内涵是什么？它们是如何表现唐代人精神世界的？

谢思炜：唐代的文学精神内涵，其实没有办法用一个很简短的表述来概括，因为精神本身就是包括各个方面的。我在书里面大概概括了几个方面。其实这个概括，也是我们经常会讨论的一些思想史的问题，或者说精神生活方面的问题：一是人的自由欲望；二是理性意识的发展；三是人生困境及解脱；四是苦难思想和救赎，这种观念通过佛教等宗教表现出来。这是我大概概括的几个方面，但是这个概括是不是全面、准确，我自己其实也是有疑问的。我想除此之外，当然还有很多内容，还可以概括出一些主题、一些问题。

比如说"自由"这个观念，中国古代有关自由的观念没有一个正面的表述。后来中国人拿它翻译西方的 freedom，这个词原来在中国不是一个很重要的概念，有专断的意思。从概念本身来讲，中国古代没有一个特别明确的对于"自由"的表述。但是从意识形态的角度讲，文学艺术属于人的精神创作活动，其实本身就是人的一种自由意愿的表现。人直接的物质生产活动，可能受制于种种条件，如生产力发展、社会关系等，是非常不自由的，是受束缚的。那么人如何来体现对自由的追求呢？那就是通过精神方面的活动，如艺术创作等。中国古代缺乏西方式的更多地与政治上的诉求、表达联系在一起的自由观念，这个确实是中国思想的缺陷。

杨阿敏：您认为"文学史上所说的'初唐'，并不像它所对应的政治历史阶段那样具有事业初创期的所有紧张充实和无可伦比的重要性"，在创作上为什么会出现这么长时段的苍白期？

谢思炜：这也不是长时段的，就是有一个过渡时期，时间也不是很长，一百多年。相对而言，比起盛唐出现了李白、杜甫、王维这样一批比较优秀的诗人，出现了诗坛上繁荣的景象，初唐就相对黯淡一些。但也是在做准备，也出现了一些像陈子昂等很重要的诗人，为后来唐代文学的繁荣做了一个铺垫、一个准备。如果看整个历史，看历代的文学的发展状况，其实初唐的这种所谓平淡，就很常见了。真正文学史上那种异彩纷呈的情况相对是比较少的，只有几个阶段可能是这样的。

杨阿敏：李白作为中国文学史上的伟大诗人，他的出现是否与时代有必然关系？其不同于一般诗人的伟大之处是什么？

谢思炜：李白的出现，跟那个时代是有关系的，这是肯定的。为什么他出现在那个时代？在别的时代就不大可能。比如说把它放在明清时代，你可能就不太好想象；放在宋代，也不太好想象。所以李白的出现，与时代是有一定关系的。就盛唐而言，它相对比较开放，中外的交流比较多，而且李白的家世就和这有关系。他的祖先到了西域，后来又返回内地，这是那个时代比较特殊的一个条件。这种家世和经历可能对李白是有影响的。从时代来讲，唐代出现李白是有一定必然性的。但是，不能反过来说唐代一定会出现李白。过去我们可能会有这么一种想当然的说法，觉得唐代就应该出现李白，就应该出现杜甫，这个我觉得是有一定偶然性的。李白不同于一般诗人的伟大之处，就是他身上体现的自由意愿，体现了人的自由意愿，他在这个方面是最强烈的、最有代表性的。

杨阿敏：白居易为何会为一个已经身为商人妇的长安娼女发出"同是天涯沦落人，相逢何必曾相识"的感慨，还一洒同情之泪？在后代好像不大可能发生这样的事情。

谢思炜：这个可能有很多学者都谈过。唐代的歌伎阶层本身跟文人的交往很密切，而且唐代歌伎的文化层次是比较高的。她们懂诗文，还会艺术、音乐等等，所以唐代有些文人在和她们的交往中是有一些情感的交流，甚至是在思想上有一种相互同情、引为同调的这种情况。另外就是，这毕竟是诗歌，把现实生活中的一些东西提炼，或者是做了某些方面的一些引申发挥，把它理想化了，实际上诗人是把歌伎作为抒发个人感慨的一种寄托。所以诗里出现的歌伎形象，恐怕和现实生活中歌伎的实际情况还是有所不同的。诗人可能是把它提高到了一个更高的层次，认为自己跟她好像是同病相怜的，实际上是借此来抒发自己的感慨。

杨阿敏：唐传奇虽然出自文人作者笔下，属于文人自我形象的表述，但其中的男性形象表现却不够高尚，往往俗气势利，相对平庸，女性人物反倒富于理想光彩，这是为什么呢？

谢思炜：唐传奇的作者是写他们自己的生活经历，反映他们自己的生活趣味和追求。一般来讲，他们还不会把自己太理想化。自己是怎么想的，自己是怎么做的，他们就是如实地在作品中怎么表现出来的。唐传奇如果和别的虚构小说作品相比较，很明显的特点就是据实记录，就是生活中原来的事情是怎么样，他基本上就是按那个去原样记录。所以说里面出现的那些男主人公，比如说像白行简《李娃传》里面的荥阳生、《莺莺传》里面的张生，其实就是当时这些士阶层文人形象比较真实的记录。反过来，对女性形象的处理，多少有些理想化，也和中国的文学传统有关系。在唐传奇以前，中国文学里写到女性形象的，有一种理想化的传统形态，写的女性形象是非常纯情的，是有这么一种传统存在的。

杨阿敏：在《唐代的文学精神》的前七章，叙述的"文学精神"仅限于知识阶层的文学创作，在全书的最后您关注到唐代民间精神及其文学表现。那么通俗诗和变文等讲唱文学作品，展现了怎样的民间生活图景呢？

谢思炜：就是让我们了解底层社会的情况，让我们看到在生产力水平非常低、等级阶层分明的这样一种社会，底层社会生活的实际情况。这是我们了解历史真实情况不可多得的材料。当然，我们对历史上一般民众的生活情况是能够想象到的，但是这些作品给我们提供了一种非常真实的、当事人当时处在这种生活条件下思想感情的变化，对我们了解历史的完整面貌是非常有帮助的。因为，比如我们读唐诗，我们可能把古代社会想象得诗情画意，好像很美好。一般我们过去对历史感兴趣，也是对这些感兴趣，觉得文学艺术中那些作品真的是非常的美，当时人的精神世界也是非常的丰富，非常有格调。但是这个社会的完整图景是什么情况，我们只有读这些作品才能够感受到，借用一个外国学者说的话就是"历史是一场噩梦，这场噩梦不知道何时才能醒过来"。

如果你读历史读得多一点，哪怕是读正史，读《资治通鉴》，你也可以感受到整个唐代几百年没有多少时间是真正安定的，没有战争、社会动乱。其实大部分时间都是处在社会动乱之中，一个动乱接着一个动乱，一个战乱接着一个战乱。中间的那种比较稳定的社会情况其实是非常短暂的，即便是在社会比较稳定的情况下，当时一般民众的生活也确实是非常痛苦的。

比如像王梵志的通俗诗，一是描写生活苦难，反映生活底层民众经受的痛苦；二是反映底层民众对人生的理解。他们对人生的理解和文人是真的不一样，他们把人生真的是看作生不如死。他们真的是看到社会的不公，他们没有能力提出"人生而平等"这种观念，能够提出来的只有"死而平等"。谁最后都会面临死亡，在这里他们看到了作为人的一种平等。王梵志诗这种观念的表达很多都是和佛教有关系的，他在讲述这种观念和思想的时候，表达他的生活感受的时候，很多时候是借用了佛教的资源。这个当然也说明佛教为什么能在中国社会产生非常大的影响，不仅是社会上层，社会底层有更大的影响。

历代的统治者总是在提倡道德和教化，讲风化、宣传这种东西。但实际上真正的道德力量，我想首先是可以肯定的，真正的道德的力量是来源于普通民众。社会基层存在一种维系道德的社会力量，这是常识性的东西。社会怎么维持？是靠基层社会的基层民众的道德意识，才能够维持，不是靠统治者自上而下的灌输。真的像过去中国历代统治者所讲的那样，是他们在拼命地灌输这种道德意识，这个我想完全是相反的。其实我们看现在民间一些作者写的有关道德的作品，他就是讲人与人之间的道德，你可以说他带一点说教，但他就是普通的民众，反映普通民众的一种意识，很自然的、很朴素的一种宣传。

其实我们可以观察到，如果从道德的水平来看，那些道德最败坏的、那些伤天害理的，什么事都可以干出来的，都是那些权贵阶层，历代都是这样，从最高的皇帝到贵族这些统治阶级。其实这些人，为了维护他的权力，争夺权力，非常残酷，根本不讲父子之情、兄弟之情。那些非常贪婪、荒淫的人，都是社会上层，他们的道德败坏可以说远比其他的阶层要严重得多。所以你看到这个会觉得非常可笑，就是这些人，他们一天到晚讲道德，进行说教，这个其实就是社会的真实情况。我们看现在社会恐怕也是这种情况。

杨阿敏：为什么说用抒情、写实、浪漫、象征等等其他概念都难以切合杜甫作为诗人的总的特点，唯有称他为自传诗人才最能凸现他的总特征，才最确切地说明了他在中国传统诗歌中的代表性？

谢思炜：那个时候我做了一些比较和调查，发现杜甫代表了中国诗人的一种类型。与西方诗歌相比，中国文人诗歌最明显也是最重要的特征，不在于它的意象性，它的神韵、格调等等，而是它进入社会、进入历史的一种特殊方式，即自传方式。自传性是中国文人诗歌创作乃至除小说、戏剧之外的其他文体创作的一个首要特征。

西方自传诗人和自传体的出现，是十九世纪浪漫主义运动的直接产物。依照某种猜想，杜甫所代表的中国古典诗歌传统似乎与浪漫主义之前的西方古典诗歌传统更为接近。但直到十九世纪浪漫主义运动兴起之前，西方诗歌中所缺少的恰恰是杜甫这样的自传诗人和他的自传诗体。中西诗歌传统的差异，在这一点上显示得相当清楚。

日本有一个学者川合康三，他写过一本《中国的自传文学》，讨论中国文学的自传性这个问题。后来我还见过川合先生，和他交流过这个问题。他那个角度也是很好的，跟我有一点吻合，但是他不光讨论诗，他还讨论中国的传记等等，他那本书有中译本。

杜甫诗歌创作的自传性体现在三个方面：第一，他的全部创作都是围绕自己的生活经历而展开的，完整地反映了他的生活经历和思想经历；第二，他在人生经历的重要阶段不断写出一些回顾性的长篇作品，详述个人遭遇，剖析、揭示思想矛盾和痛苦，并涉及社会环境、时事政治，如《咏怀五百字》《北征》《秋日夔府咏怀奉寄郑监李宾客一百韵》等；第三，他在晚年还写作了一些旨在总结描述自己一生的纯粹的自传作品，如《壮游》《昔游》等。

杨阿敏：您在文章里提出，"一个有趣的现象是，在文学、艺术、美学方面，西方浪漫主义往往与中国古代的文学艺术（尤其是魏晋至唐阶段）有着近似之处和比较的可能"。可以具体说说这个现象吗？

谢思炜：这个是一种观察吧，是自己阅读中的一种感受。如果分析原因，我想可能跟作者有关。西方古典主义写的题材，多是关于古代的题材。到了浪漫主义阶段，这些作者比较多地转向写个人的感情、个人的生活，也包括一些自传性比较明显的作品。中国古代的诗歌，一个很明显的特点就是诗人的主体意识比较明显。从魏晋以后，可能跟中国文人的整个社会地位比较高，文学的自觉意识也比较充分，个性得到比较充分的发展有关，通过诗歌和其他一些艺术形式表现出来。国外的一些学者研究的时候，也常常是做这种比较，比如拿西方浪漫主义和中国魏晋以后的诗歌、文学做一些对比，当然不是说这两者在性质上是完全一样或者非常接近的，只能说它们有一些地方有共同之处。

　　杨阿敏：您在《杜诗解释史概述》中说"我们的目的并不是追寻对杜诗的某种最终的、绝对的、唯一的解释，也并不是单纯推翻或驳正前人的种种解释"，那么您认为解释史的研究方法有何价值与意义？

　　谢思炜：其实解释史这个说法后来我也没有再展开过，也没有特别深入地思考。一个经典，文学经典也好，思想著作也好，在后代就会形成有关它的解释。越是经典的东西，有关它的解释就越容易形成一个很强的传统。按照西方解释学的观点，不是去辨析各种解释哪个是正确的，哪个是不正确的，这些不是它的任务，而是把解释看成是那个思想传统的一个生命的活的运动，在这个过程中会出现各种不同的变化。这反映了什么呢？反映了这种思想传统本身起的作用；反映了在历史过程中，进入这个解释，接受这个观念的人做出的一种反应。这其实是一个能动的过程，在接受经典的过程中作出他自己的阐释，通过阐释其实是想表达自己的某种东西。这是解释史一个真实的历史过程和传统。

　　这对我们了解中国的文学传统、了解经典的阐释，是有启发的。比如对儒家经典，对中国古代一些经典文学作品的解释，我们也能看到类似的现象。从解释学的观点来看，杜诗学的历史即是杜诗的解释史，校勘成果和批评观点的单纯罗列并不能构成完整的杜诗学。而正像解释学所要证明的那样，杜诗解释史也体现了解释的双向性特征，不但逐步揭示出杜诗本身的丰富内涵，同时也在不同时代以多种方式反映了解释者对他们的处境和他们自己的理解。

　　历代的阐释会有所不同，它们的重点会发生一些变化，互相之间也可能有观点碰撞，有不同的理解。这其实就是思想史的运动过程。在这个过程中，你的任务不是判断哪个正确，哪个错误。你没法做这样的判断，你只能说他反映了某一种思想，思想史的某一个阶段，以及当事人的一种立场和看法。

杨阿敏：您认为杜诗解释和中国文学解释的主导趋势更注重作品与作者的关系，更多地采用心理学的体验方法，解释的目的主要指向作者思想动机、创作意图的识别。这是否能让我们真正接近和理解作者呢？

谢思炜：这是一种追求吧。这跟中国文学传统有关系，中国古代的说法是言志抒情，诗言志，诗缘情。言志缘情都是就诗人主观主体来说的，它跟叙事型的文学如小说不太一样。小说可能跟作者本人的生活一点关系都没有，当然也有那种以作者的经历为主要素材的小说。但是小说本身塑造的东西、表现的世界，跟作者本人的经历、生活或精神，可能是不一样的。古代中国的诗文作家，基本上他们的作品本身就是写他们的人生，就是写他们的生活和精神。所以我们读中国古代的诗文作品的时候，一个很自然的追求，就是要理解这个作家的精神活动。

清代浦起龙最为生动地表达了以这种方式了解杜甫的愿望："吾读杜十年，索杜于杜，弗得；索杜于百氏诠释之杜，愈益弗得。既乃摄吾之心印杜之心，吾之心闷闷然而往，杜之心活活然而来，邂逅于无何有之乡，而吾之解出焉。"他提出一个"神吻"的概念："注与解体各不同：注者其事辞，解者其神吻也。神吻由事辞而出，事辞以神吻为准。"(《读杜心解·发凡》)更清楚地表明解释即体验，即两个人之间的心灵沟通。

20世纪的文学批评里有一种说法叫"意图谬误"，就是说你读作品时要去了解作者想要表达什么，这个常常是不可靠的。理解始终在与时间间距作斗争，但却无法消除这种间距。就中国古代文学传统来看的话，你不能截然把它们分隔开，你说作品和作者完全是两回事肯定是不行的。读中国古代这些诗文作品，还是要了解这个作家。而且在某种意义上，你也可以把作家和作品看成是一个整体。这个整体体现在他的作品的各个方面，是一个整体和部分的关系。所以我们读每篇作品可能都是了解这个作家整体的某个方面、某一个部分，这是我们在阅读中自然会有的一种意识和追求。这是中国古代文学解释、文学阅读可取的东西，没有办法把它抹杀掉。不管是诗言志也好，诗缘情也好，这种观念对我们现在的文学理解来讲，我觉得还是有意义的。

杨阿敏：您如何理解杜诗解释传统中的"诗史"说，这一观点对我们今天理解文本能否提供一些新的启示？

谢思炜：比较简单的说法，就是说诗是对史的记录，它能够反映历史。另外一种说法是，诗可能比历史更真实。有人有这样的说法，这可能是存在主义的一种说法。具体到杜甫诗，确实是很有代表性的，确实能跟当时的历史对照起来读。通过他的诗，能感受到一种甚至比历史记述本身更能打动人的东西。所以为什么过去没有针对其他作家，而是针对杜甫出现了"诗史"说，我想还是有道理的，是有客观依据的。杜甫的诗跟历史构成了一种呼应关系。

诗与史的关系，是哲学、文学、历史学共同关心的人文科学领域内最重要的问题之一。诗与史直接系联，本来就意味着文本与历史的直接系联，因而"诗史"说本来就蕴含着诗与史统一的思想。用存在哲学的话来说，诗是揭示人的存在、恢复人的本真最真切的甚至是唯一的方式。如果将这种"存在"看作人的真实的历史存在，去掉它的神秘意味，那么不妨说，诗如果不是唯一的，至少也是最重要的一种揭示人的历史存在的方式。而且亚里士多德早就说过："诗比历史是更哲学的，更严肃的。"因而诗应当是将历史提高的东西，"诗史"应是比其他历史记述更高、更深刻的东西。"诗史"说的涵义和价值也就在于此。

然而，诗与史的辩证统一不但应当表现在内容上，而且尤其应当表现在形式上。"诗史"说初步揭示的是杜诗内容与历史的密切关联，由此也导致肤浅的诗与历史事件的对应比附，诗被降低到历史轶事的水平。"诗史"说更深刻的内涵是揭示杜诗通过特殊的形式反映历史，这就是表现诗人个人经历的自传形式，杜甫恰恰以这种形式代表了中国诗歌特殊的历史精神。

在杜诗解释中，人们早已体会到"陈时事"与"知子美"是不可分割的，正是这两方面内容的密切结合才构成了杜诗的历史精神和道德精神。这样，"诗史"为历史描述提供了一个中心坐标，提供了一个灵魂，这就是诗人心灵的历程。这样的诗具有哲学的高度，同时也把在它中间表现的历史提高到哲学和诗的水平。而因此，在最典型的中国文学作品中，作品、作家和世界三者之间的关系，并非仅仅是作品表现作家而作家又感受世界的递进关系，而是首先由作家在世界中的活动与世界本身形成一种整体的映照关系，而由作品通过作家的感受同时反映这种活动和这个世界。

诗史观念的影响确实是非常大的。其中比较直接的一方面是现在我们经常在做的、提倡的"诗史互证"，就是用诗歌里面的材料来证实历史、说明历史，包括一些具体的历史问题和历史事件等等。另外，就是利用历史材料来解释诗，用它来说明诗的内容是什么、写作的目的是什么，解释诗的主旨。这个就是所谓的"诗史互证"。

近代也有很多学者在做这样的工作。只要史料是可靠的，对诗歌作品的理解没有有意地去歪曲，我觉得是有必要的，是很有意义的。但是，不要把诗片面地理解成简单的历史记录，不要做这样一种很简单的对应。诗它毕竟还是诗，跟历史还是有很大的不同。

杨阿敏：您如何看待在中国古典文学研究中出现的本事考索与作品解释之间的循环？

谢思炜：传统的作家生平考释不外两种途径：一是根据其他历史材料，二是根据作家创作本身。唐宋以降大部分有正式传记或其他传记资料保存的知名作家，可以依靠前一种方法确切考知其生平然而后一种方法也是必不可少的补充，根据作家创作往往可以详细准确地推知其更具体的生活经历。此外，也有主要依靠后一种方法成功地提供作家完整传记的例子，杜甫便是。吴文英则是正史无传、其他传记资料也非常缺乏的作家，因而对他生平的考证不得不主要依靠后一种方法。

在这种方法运用中又分两种情况：一种是根据其作品提供的线

索如交游、写作时间等，与其他历史材料取得印证，从而得出一些可以肯定的结果；另一种则完全无法与其他历史材料互相印证，而只能就作品本身推测或自我求证。而恰恰是在这种情况中，本事考索与作品解释形成了完全的循环论证。本事完全由作品来支撑，而作品又完全由本事来说明。

梦窗情词的本事考索恰恰属于这种情况，他身世的其他方面还有一些其他材料旁证。然而也正是这种情况属于最有意义的本事考索，因为这里的"本事"真正属于作品的内在因素，依据其他材料确证的"本事"则往往不过是时间、地点等作品具体内容的某种外在标志而已。

作为以甲证乙、又以乙证甲的循环论证，它们似乎是坏的循环，然而根据当代解释学的观点，作为解释学的循环它们则是理解的唯一途径。这种循环也是解释学所讲的一种循环。它跟刚才讲的整体和部分的关系有点类似。你要先理解它的整体，然后你才能理解它的各个部分，但是整体的理解又是建立在你对各个部分的理解之上，所以这是一种循环。从逻辑循环的角度来讲，这种循环是一种坏的循环。从逻辑学的角度来讲，不能用 A 证 B，然后用 B 证 A，这是逻辑学的一个简单的道理。所谓循环论证，从逻辑学上来讲是不成立的，或者说是被否定的。

但是从解释的角度来讲，对文学文本的理解、对文学作品的理解，这种解释的循环是没法避免的。你要了解这个作家，然后你才能理解他的作品，但是你对作家的了解是从哪来的呢？你是通过他的作品来的，这种循环在文学解释中是根本无法排除的，甚至一些专嗜考据、以信而有征自诩的学者，在面对具体作品时也往往不自觉地陷入这种循环。实际上我们总是从这种循环中读出某种东西，便证明了它是理解的有效方法。

作家与作品之间的循环，本来就属于传统的解释学循环之一。然而本事考索在抒情性、实际上是作者自传的中国文人诗文创作中还有一种特殊意义，因为在这里作者经历就是作品的内容，本事考索（当然是内在于作品的而不是附会的）也就是作品内容的研究，作品内在因素的研究，因而与旧小说中的索隐派、应用于叙事类文学的作家传记研究还有着本质上的区别。

杨阿敏：您是如何发现宪宗元和年间发生在韩愈和元、白之间的李杜优劣之争，实际上反映了韩愈与元、白两大诗派在诗学观念上的差异和竞争这一真实出发点和诗学背景的？

谢思炜：这是通过具体的调查，了解元稹为杜甫作的墓志铭里的说法，还有白居易《与元九书》也有相关说法，然后把这些联系起来，再联想到韩愈写的《调张籍》，把这几个材料放在一起，了解人物之间交往的关系，你就知道他的说法是从何而来，韩愈针对的是谁。这当然是提出一种解释。我看到也有别的学者讨论这个问题，有些地方有不同的看法，不是我一个人注意到。我的文章就是关注韩愈、白居易、元稹诗学观念上的问题，还有他们之间的差异，其实也是一个连续的过程。韩愈比白居易他们要更早一点在诗坛上确立他的地位，提出他的一些诗学观点。特别是最早推崇李白、杜甫的就是韩愈，他把杜甫和李白放在一个同等高的位置上。后来白居易提出"李不如杜"的观点。他提出这样的观点，他的前提是什么呢？前提是已经有人把杜甫提到和李白同样高的位置,他才能提出这样的说法。所以把这些诗学观念，这些不同的提法，它们产生的时间等等，把它们梳理一下，就可以看出其中演变的线索。

后来很多人讲李杜优劣，主要从什么角度来讲呢？一个是个人喜好,这个我想是自然的。有些人就是喜好李白,有些人就是喜欢杜甫，其实争不出一个结论来，就是各有各的道理。我说李白好当然我能举出很多道理，我说杜甫好也同样能举出很多道理，再讨论下去就没有什么意思了。李杜之争可能还涉及在诗学上、文学上需要确立一个什么样的传统，可能有这样的问题在里面。

杨阿敏：您通过对白居易讽喻诗的用典和口语词的语言分析，发现讽喻诗在语言上不但完全符合唐代文人诗的一般规范，而且应当说是属于比较古典的。那么又如何解释包括讽喻诗在内的白诗在整体上被普遍认为"浅切"好懂的原因呢？

谢思炜：客观来说，白居易的诗确实是好懂的。这跟他的语言有关，也跟他的内容有关。内容上，他没有那种故作高深的东西；语言上，他用最接近我们日常语言的语言来写，这样你读的话就很容易理解，你就知道他在直接说什么。这个我觉得是没有问题的。但是后代，主要是宋代，人们对它做了一种比较片面的引申，认为白居易的诗老妪能解，就是一般没文化的人也能懂。可能是有这种情况，因为他有的诗确实是很接近一般语言。但是从整体上来讲，你不能下这种判断，说白居易诗都是那种老妪能解的，不是这样的，他的大部分诗歌都是按照一般文人的那种规范写作的，还是有很多的用典，语言也是非常典雅的。

　　比如白居易的讽喻诗，使用了大量典故（事典）和书面成语（语典），尽管其中大部分都不生僻，但也有被后人误解之例。此外，讽喻诗使用口语词的情况在整个唐诗中也不算突出。白诗的"浅切"易懂并非来自它的口语化或近俗，而是由于它题旨清楚、合于书面语规范和言事真切。宋人"俗"的评语模糊了白诗的实际面貌。

　　杨阿敏：您认为，王国维所谓"隔与不隔"的理论应当就渊源于"切"，即刘勰所言"切情""切至"、白居易和李肇所言"直切""浅切"。能否详细阐释一下这一观点？

　　谢思炜：这个没有更多的证据的，我没有办法说王国维的这个说法是直接从白居易这里来的。但是王国维在《人间词话》里是很推崇白居易的，他说："以《长恨歌》之壮采，而所隶之事，只'小玉''双成'四字，才有余也。梅村歌行，则非隶事不办。白、吴优劣，即于此见。不独作诗为然，填词家亦不可不知也。"就是说，即便是像王国维这样的评论家，也一点不看轻白居易，他其实是很喜欢白居易的。他讲《长恨歌》其中只有一个地方用典，但是他并不是以此来否定《长恨歌》，认为《长恨歌》不好，他不是这个意思。他对《长恨歌》、对白居易的作品风格还是很欣赏的。关于"隔和不隔"，我不知道是否还有其他这种类似说法，词话里是不是有一些？在王国维之前有没有人用过"隔"或者"不隔"？在诗的批评、诗话里面是没有人用过这个词的。但这个隔或者不隔，我觉得和白居易他们讲的"切"是一个意思。"切"的意思就是非常真切，能够很直接地理解它，能够直接地抓住它，那就是不隔。

杨阿敏：《白氏文集》翰林制诰中的拟制，是唐人文集中唯一集中保留下来的一组拟制，但这组作品曾被判为"伪文"。您通过分析唐人撰写拟制的几种情况，确认为白居易所作。这组拟制具有什么价值呢？

谢思炜：这个就是了解唐代翰林学士他们当时撰写制诰的实际情况，就是恢复历史的本来状况。这主要是针对岑仲勉先生的考察，他基本上不承认拟制的存在。他非常敏锐，看出了白居易拟制里有些和历史情况不吻合。只不过他的解释，就认为这些拟制是伪造的，是别人代做的，或是别人假冒的，放到里面。他做了这么一个解释，但忽略了一点，就是当时的文人有写作拟制的习惯。拟制不是真正用于政府的文件，而是模仿，作为一种练习的手段。这种情况实际上白居易集子里他自己是有说明的。在中国的刻本里，因为文本的变异，"拟制"两字在那一卷卷题下面是缺失的，但在日本抄本里是保留的，说明这一卷就是拟制。日本学者已经做过一些调查了。我写这篇文章，就是找一些材料来说明拟制确实是有的，以及在什么情况下会进行拟制，主要是说明这些情况。然后再具体分析白居易文集里保留的这些拟制都是在什么情况下写的，尽量说明一下这些情况，主要是对岑仲勉先生原来那个判断作一下修正。

拟制就是当初文人做的练习。这个其实很好理解，我们现在也会做这种练习。比如说你给领导起草发言稿、起草报告，一般小的领导可能没有这种情况，大的领导都会找几个人给他起草，每人起草一份，拿给我来看，选一个合适的用。美国总统那个写作班子就是这样，他要发表一个什么重要讲话，会让几个人来，可能找一个人，也可能找一个小组，你们去讨论，也可能是同时找几个小组。越到这种层次高的，后来行政水平发展之后，这种情况就越普遍。

杨阿敏：前人多指责《莺莺传》作者"文过饰非"，让张生讲一大通"忍情"之说，称其"善补过"，令读者难以接受。在后人看来似乎不可容忍之事，在当时为什么竟获得同情？张生或元稹本人如此行事的思想行为逻辑究竟是什么？崔、张睽离的真正原因何在，其中是否还另有隐曲？

谢思炜：这篇其实主要是针对陈寅恪先生《读莺莺传》的判断。陈寅恪先生说崔姓是假冒的，就是说崔莺莺并不是出生在世家贵族，甚至说她可能是歌妓。这个说法如何去修正、反驳，那只能通过具体材料来调查。我恰好遇到有关材料，能够说明元稹他母亲的家族是一个什么样的家族。元稹母亲的家族荥阳郑氏本身就是唐代非常有名的著姓，是所谓四大姓，这样的家族，婚姻对象本身就不可能是一般人。又通过现在出土的墓志，尽量找到和荥阳郑氏家族有关的婚姻材料，可以发现他们确实是和清河崔氏有世代通婚的关系。这些材料找到之后，你就可以证明元稹《莺莺传》里面讲的郑姓和崔姓有通婚的关系，这是生活实际的真实反映。

我前面讲过，唐代传奇作品其实都是据实记录。你现在去看，几乎找不到虚构的或者编的东西。这个确实是我把唐传奇作品都看了之后得出的判断，当然，不包括志怪作品。就讲这些我们最熟悉的，比如《莺莺传》《李娃传》等，你看里面包括细节描写，其实都是生活中原来的情况。根据这个来看，就可以说明原来陈寅恪先生那个判断，怀疑崔姓是假冒的，我觉得是站不住脚的。

这样来看的话，那么元稹，就是小说里面的张生，如果把他和元稹的经历对应起来的话，为什么他最后选择的是两个人分离这个结果呢？一开始我也没想到这一点，后来看到其他材料，发现实际上还是和元稹的母亲有关。元稹的母亲如果出面阻止，那这个事情肯定是不成的。元稹的母亲为什么阻止他们的婚姻？跟唐代的习俗有关系，唐代时姨表亲结婚是不常见的，更多是姑表亲的结婚。如果按照小说中描写的那样，张生娶了崔莺莺，属于姨表亲的结婚。这不符合唐代一般的风俗习惯。再有就是考虑到元稹母亲家的具体情况，元稹母亲很可能和崔莺莺母亲关系是非常疏远的，莺莺之母是其"异派之从母"，由于同父异母的原因，还可能有我们不知道的其他家庭原因（甚至有可能出于元母的"嫉妒"心理），两姊妹的关系十分疏远，以致长期不通音信，后辈完全不相识，偶然会面后才"绪其亲"。这种情况下她当然就不太愿意让她来做自己的儿媳妇，不太愿意接受。一般情况下，这种姨表亲结婚的话，婆媳关系比较好处，那就是我的外甥女，我很容易接受她。而元稹家里的情况与这个是不符合的。

这实际上是从对历史材料的调查，来作出这么一种推论，来解释小说里情节的描写。元稹为什么在小说里把这个事讲出来？这可能是过去人们常常提出来的一个疑问。这个事情挺不光彩的，为什么还要讲？我想就是时代的不一样，宋代以后可能就对这样的事比较在意，觉得这种事情不光彩。但唐代文人不是这样的，唐代文人他们有一种习气，或者是爱好，他们就爱讲这样的事情。

杨阿敏：在《语自天成任所遭》一文中，您通过阅读启功先生的旧诗，将新诗与旧诗进行了对比，认为新诗诗人可以向旧诗学习。旧诗中有哪些经验值得新诗学习？旧诗在当代社会还有何功用呢？

谢思炜：这个其实是我读启先生诗的一点体会，我写完之后给启先生看，启先生非常赞同，他觉得我说得还是不错的。其实我觉得真是这样，你要是读过启先生的旧诗，他的旧诗是很有现实感的，很有生活实感，是跟这个社会有很密切关联的写作。所以我想从这一点就能说明，即便是旧诗这种形式，在这个时代还是有生命力的。它的生命力在哪里呢？就在于它跟现实生活的联系，和诗人个人的人生思想感情的密切联系。像启先生这样写作旧诗的人，他们就能做到这一点。他们能够很自然地用诗来写自己的生活，来表达自己的各种思想情感，能体现出他们在这个时代下的生活境界，同时也多少能够反映现代社会。你如果看启先生的旧诗，其实他有好多诗是有隐喻的，有些诗明显是针对某一个社会事件，就是他当时的时代。八九十年代，还有更早一些的，是针对那个社会背景，在那个社会背景下写的。

还有一些诗是有传统诗歌那种寓言的手法，他写的一些古风、古体诗，其实都是有寓意在里面的。我觉得旧诗在新时代能够有生命力，跟这一点是分不开的，就是它是诗人人生一种真实的反映。那么新诗呢，我觉得在这一点上和旧诗比，确实有一个明显的差距。不是说所有的，是说新诗中的很大一部分和诗人的具体人生结合得不紧密，有很多都是一种夸张的情感描写，一些比较宏大的主题、表现，真正写到个人生活的反而是比较少的。如果新诗能够比较多地进入诗人自己的生活，哪怕是写生活中许多琐细的事情，这样的新诗反而是比较好的。

旧诗有一个传统，就是写生活琐事。当然，这是从杜甫以后才有这样的一种倾向。各种各样的生活琐事，都能够拿来写。这样的诗不好的地方就是显得诗的品格不高，另外就是产生很多很无聊的作品，应酬的很多。但是好的一方面是和生活结合得比较紧密。生活琐事如果有一定的提炼，把它写好，也是很有诗性的。

比如湖北的农民女诗人余秀华，你说她的诗为什么好，为什么那么受欢迎？其实她就是写她自己的生活感触。如果能够把这些真实的人生感受写出来，能够引起他人的共鸣，这就是好诗。不管是新诗也好，旧诗也好，能够做到这一点，那就是好诗。旧诗，我自己一点儿也不写，我觉得这个太难了，但是我的研究生里好几个人特别喜欢，他们也给我介绍一些旧诗现在的创作情况。写旧诗的人还是非常多的，还是有写得很好的。

杨阿敏：直到近代，白居易的诗集始终没有出现完整的注本，为什么会出现这种情况？

谢思炜：给集部作家的集子作注，一直到清代其实都是很少的。唐代作家只有杜甫、韩愈有很多人作注，其他人几乎没有。李白的也有一些，但不是很多。宋代只有苏轼，还有王安石、黄庭坚等个别诗人。到清代，注释的范围才逐渐扩大到集部其他一些作家。但是清人作注，在选择注释对象的时候，比较喜欢选择那些讲究比兴寄托，比较有深度的作品。比如李商隐就有好几家注，还有像李贺这样的。白居易呢，就是大家公认的"元轻白俗"，他的作品是比较通俗的。这种比较通俗的作家，注家是不太关注的，他们觉得大家基本都能读懂，那就没有必要给他作注了。另外，注家如果给像白居易这样比较通俗的作家作注，就好像显得不是很有学问，这可能也影响到注家选择作注对象，像白居易这样的诗人就被排除了。

实际上一直到20世纪以后，随着学术研究的深入，白居易作为唐代文学的代表性诗人，以及他的作品作为反映唐代历史的重要文献，才引起学者特别的关注。比如陈寅恪先生选择白居易的诗、元稹的诗作为很重要的史料来使用，写了《元白诗笺证稿》。后来朱金城先生作了《白居易集笺校》。这是随着学术研究的深入，以及大家学术视野的扩展，才逐渐扩大到其他的一些作家。我们现在看好像很多大作家的集子都有注，这其实是最近二三十年才有的这种情况。宋代很多有名的作家也没有注，像陆游就没有人注过，都是到现代才有的。

杨阿敏：除了陈寅恪和岑仲勉有关白居易的研究之外，20世纪80年代朱金城先生出版了《白居易集笺校》，不仅对白集进行了全面校勘，还对白集所涉及的历史事件、人物交游、地理方物、官职制度等问题全面加以笺释，取得了远超于清人的研究成果。您为什么还要着手校注白居易的诗集？

谢思炜：从体例上讲，还是有区别的。朱金城先生做的是笺校，从注释的体例来讲，笺和注是不一样的。笺的重点是当时的一些历史情况，以及诗里的人物和事件。而注应该是比较更全面一点的，词语、典故等语言方面的都包括在内。从传统的诗文注释来讲，一直都有这种区别。朱金城先生的书名字叫笺校，他给自己规定的任务也基本是这样的。他的重点是解决诗文里涉及的当时的历史背景。另外就是他花费了很大的功夫去考察诗文里涉及的各种各样的人物，这是朱先生这本书一个很大的贡献。

随着研究的进展，从阅读的需要来看，光有笺还是不够的。读白居易的诗，好像比较通俗易懂，但不是说里面什么阅读障碍都没有，什么问题都没有。其实不是的，涉及很多文人诗歌里常见的或不太常见的典故，还涉及其他方方面面的问题。另外，朱先生在作笺校时有一部分材料没有利用到，就是日本的一些抄本。他的书是80年代出版的，但实际上是60年代作的。到80年代的时候，他可能知道这部分材料，但是从精力和时间上来看，可能没有办法再返工，再把这部分材料加进去。我当时也是了解到，从版本校勘来看，还有一部分材料是可以补充的，日本学者已经做了一些工作，可以利用这部分材料。从阅读的需要来讲，白居易的诗里问题还是很多的，比如涉及的一些史实方面的问题、词语典故等方面的问题，确实需要一个比较全面的注本。

这个工作其实也不是从我开始才有这样的计划。傅璇琮先生就讲到，之前其实就有学者有这个计划。中华书局出版的《白居易集》标点本，是顾学颉先生做的。他其实就想着手做一个比较全的白居易集注本，可能由于年事已高，他的计划最后也没能付诸实施。我知道的除了我之外，还有一些同辈的学者也有这个计划。只不过是我赶上了一个比较好的机会，各方面的材料收集了一些，有精力能够做出来，我算是比较幸运的。

杨阿敏：杜诗篇目仅及白诗一半，又有宋以来大量注本参考，仇兆鳌为注杜诗几乎付出毕生精力。您是如何处理卷帙浩繁的白诗，怎么开展校注工作的？

谢思炜：其实这个工作要讲难度的话，就是工作量比较大。工作量比较大的话就不能很着急，就要有一个计划去慢慢地做。到2000年以后，条件比较好了，可以用电脑输入。在这以前，我是90年代就开始用电脑，那时电脑里的汉字，国标只有5000多个字，繁体字是输入不了的。那时候还流行造字，要用软件去拼字，所以就很麻烦。那个时候首先要考虑的就是文字输入的问题很难解决。但是到2000年以后，Word 97以后输入繁体字就没有问题了，这样就方便很多。另外，大概在90年代后期出现了像国学宝典这样的数据库，提供了很大的便利。所以那个时候我胆子就比较大一点了，利用这些条件来做这个工作，比起前人我觉得是方便多了。

有一个计划之后就是要去慢慢做，不要让各种杂事分散你的精力。比较幸运的是，我确实其他的事情都很少做。单位的同事、老师对我也都比较照顾，基本没有让我做其他杂事。学校的行政工作，我基本都不做。所以就集中精力做这件事，这就是时间上的保证，做起来是比较顺利的。

校勘的文本材料还是比较多的，量比较大，要花比较多的时间。有一些事要自己去做，比如说中国国家图书馆的书要去自己查。还有一些日本的抄本材料，那些材料主要是利用日本学者已经公布的成果，这就提供了一些方便。这也算是中日两国学术的一种合作、交流吧。实际上白居易诗文的注释，日本学者也在做。很早就有学者做过，做得比较简单。他们不光是做注释，同时还要翻译。日本九州大学冈村繁先生，大概从20世纪90年代开始出《白氏文集》译注，是组织他的一些学生分工去做的，全部大概有20多册，已经出了一大部分了。我尽可能参考他们的成果。我开始做的时候，他们已经出了几册，但是大部分还没有出，还有一些是我的书出版之后才出的，到现在还没有出齐。那些当然就没有办法参考了。日本学者在做这个工作，我想中国学者当然也应该去做。这本来就是中国的文献，这是代表你的研究水平很重要的一方面。这也是和日本学者的一次交流，还是很有意义的。我2004年、2007年两次和冈村繁先生见面，他对我这个工作还是很肯定的。

杨阿敏：您在《白居易诗集校注》后记中提到启功先生对注释白集的看法："其意盖谓白诗卷帙既繁，注或无甚发明，则空费时日，无裨于人。"那么您将近3000首白诗校注一遍后，有何收获呢？

谢思炜：我想还是他的一种担心吧。他是觉得这个工作量很大，做之前不知道会有哪些问题存在，会遇到什么问题。启先生有这种担心也是很容易理解的。现在也有一些年轻学者计划注一个集子，不一定是唐代的，也可能是清代的，有时候征求我的意见。我也是跟他们说：一定要慎重！因为你做这项工作，要投入很多的时间精力，所以你一定要调查好，首先是工作量，你能不能坚持；再一个还要考虑作注的必要性，是不是有这种阅读的需要；最后能不能出版等等。这些问题都要考虑。

不要太轻易地拿到一个东西，就决定去作注。有的学生在读研究生的时候就想要注一个集子，很可能投入了许多时间，但最后没有收获，做不成。这种情况还是有的。所以我遇到这种情况，通常也是劝他们要慎重。一定要调查好，比较有把握，然后再去做。而且你要有一定的研究基础，有相当的学术积累，再来做这样的工作，这样你才能够心中有数，比较有把握。

杨阿敏：在完成《白居易诗集校注》后，您就开始了《白居易文集校注》的撰述。和注释诗歌相比，文章注释有何不同之处？

谢思炜：白居易的文集主要是两部分：一部分是他做翰林学士、中书舍人期间，以朝廷的名义、皇帝的名义起草的文件、制诰，这是很大一部分；另一部分就是他个人写作的序、论、书信等，这是属于他个人的文章。这部分文章很多人都会写，抒发个人的一些情感，当然也有一些应他人要求写的，讲他对一些问题的看法。

总体来讲，文章和诗歌相比，词语、典故方面的问题要少一些，不像诗歌，诗歌有的时候要求用典，文章不一定，这方面的问题不是很多。文章比较多地涉及史实、史料，跟历史背景有关的问题，像白居易起草的那些制诰里具体的人和事，那就需要跟各种史料去对照、去查，具体说明这个事情到底是什么时候，如何发生的，说明里面涉及的这些人和事。白居易大概是在做翰林学士期间，正好是唐宪宗对河北藩镇用兵，牵扯到当时作战的一些情况。文集中好多都是讲那些具体情况的，这就需要和当时的史料去对照，要具体来说明。文集的注释，主要是这方面的问题比较多。

　　杨阿敏：《白居易文集》对文史研究有什么作用和价值？通过全面校注白居易的诗文集，您对白居易有什么独特的认识？

　　谢思炜：一是史料价值，这是当时的第一手文献，这是搞历史的人或者研究历史的人必须利用的；另一方面，白居易确实是文章大家，他的文章在当时被人作为范文。比如他写的《百道判》广为流传，很多人学习写作就拿它当作模仿的对象。所以你读他这些文章的话，其实可以了解唐代这些各种各样重要文体写作的一些基本规范、要求，他的文章是很有代表性的。

　　全书做完之后，我觉得白居易是很全面的一个人，是一个才子式的文人，当时能够有那么大的影响，那么受人推崇，确实不是浪得虚名。他确实是非常会写文章和诗，是一个诗文兼善、各体兼善的作家。唯一在当时很有影响而他没有留下作品的文体，就是传奇。唯有这一项，白居易好像没有什么尝试。但是当时其他文人应该掌握的、需要掌握的文体，他都下了很大的功夫，而且都达到了代表那个时代文人写作水平的高度。

　　杨阿敏：您为什么会关注禅宗与中国文学的关系？在《禅宗与中国文学》中您是如何探讨这一课题的？

　　谢思炜：这个其实是我比较早做的一个工作。《禅宗与中国文学》

是我第一部真正的学术专著，这是我最早写的一部书。为什么会关注这个问题呢？跟读研究生时的阅读有关，大家可能都了解，读唐宋作家，禅宗是一个回避不了的问题。比如说读苏轼，里面很多就是讲他的禅宗信仰。再往前追溯，实际上杜甫的诗里就出现了，就讲到了有关禅宗的一些东西。后来像白居易也有很多诗，就是直接讲禅宗的。而这方面，正好是我们过去知识的缺陷。有关宗教、佛教的这些，在 20 世纪七八十年代之前，讨论是很少的，你要去找参考书都是很少的。

我读苏轼的时候就读到了，碰到了大量的相关问题。我们怎么去了解这一传统思想，如何去认识它，我们去看些什么书？这是当时觉得很疑惑的一个事情。那时正好是 80 年代初，大陆有传统文化热，其中就包括禅宗热。葛兆光先生出了一本《禅宗与中国文化》。这样的书对我们来讲是很新鲜的，通过阅读我们多少开始有一些这方面的知识了。后来我就有意识地去读一些禅宗的书，如《五灯会元》。也向老师请教，启功先生对这些是非常熟悉的，有时是比较正式地向启先生请教，有时是比较随意的交流。反正通过各种渠道去了解禅宗。

读了一些东西之后，感觉自己对这方面有一些认识了。如果不对禅宗思想有比较深入的了解，那么你读唐宋时期的作家，很多方面是无法深入的，没有办法很充分地了解他们的人生、思想境界。像白居易、苏轼都是非常具有代表性的，如果对他们的禅宗思想方面不掌握，或者对禅宗本身没有比较清晰的概念，那你读他们真是无法读懂。你不理解他们为什么会这么想，为什么会这么做。所以我后来就是比较有意识地在这方面多花了一些时间，我写过一些单篇的论文，有关白居易的禅宗信仰等，讨论他的禅宗修行。当时中国社会科学社出版社文学室打算编一套书，就是"××与中国文学"，打算以这样一种主题的形式出一系列的书。后来通过其他途径了解到，我就提了"禅宗与中国文学"这样一个选题。

这本书写作过程中，还有最后写完之后，我是给启先生说过的。启先生其实是不太赞成的，启先生就是觉得我们不够这个资格。启先生认为我们对禅宗的理解是很一般、很初步的了解，所以启先生对这个题目不是很赞成。但是启先生还是给我的书题签了，当然主要还是鼓励的。我自己也知道这种情况，自己在这方面的学习还是很不够的。我这个书，你要是说讲佛教和禅宗本身，其实没有多少可以拿得出来的东西。我其实是通过这个题目，主要是讲了我读这些作家得到的一些认识，包括像白居易、苏轼等等。

书出版了之后，得到了学界的关注，有一点名气也是从这本书开始的。当时复旦大学的陈允吉先生，是做佛教这方面的研究的。有一次陈先生到北京来开会，那是第一次认识陈先生。后来就跟陈先生请教，把我这本书给陈先生看了。陈先生评价还是不错的，而且他把这本书也推荐给别的学者。后来我跟陈先生一直是有交往的，一直到我的《杜甫集校注》出版，2016年上海古籍出版社开"中国古典文学丛书"出版纪念活动，我又在会上见到了陈先生。

陈先生在会上特别讲到和我的交往过程："到1995年，当时国家教委的高教司在北师大开了一次讨论会……会议期间碰到谢思炜同志，他把他的著作《禅宗与中国文学》送给我，我很感谢他。后来有一次，新加坡国立大学的老师杨松年在我家里看到这本书，翻了一下，他说这个年轻人学风蛮踏实的。这点我印象比较深刻。隔了几年，我也听一些北京的学者说谢思炜先生当时在北师大读启功先生的博士，说他的论文写得很好，当时学界蛮重视的。后来傅璇琮同志到上海来，我又问他这个情况，老傅也认为谢的论文写得不错，当然有些地方也是有改进的余地的。过了一段时间，谢思炜的《白居易集综论》由唐研究基金会资助、中国社会科学出版社出版，上海也能够买到了。我当时翻阅了一下，这本书分为两大部分，一部分专门谈白居易文本的一些问题，我感到他还是非常细心的。所以邓魁英先生就在序言中提到了，这本书一方面在文本上钻研得很细，对很多疑问都加以考证、校对；另一部分是对白居易的生活、创作做了深入的研究。特别是这本书对文本的考析，包括我在内，很多人都是做不到这一点的，因此觉得很有功力。最近上海古籍出版社又把他的《杜甫集校注》出版，我觉得对于我们推动杜甫研究是有作用的，我也感到非常高兴。"

后来我 1997 年到日本去参加他们的一个学术活动，学者互相介绍、互相认识。有的学者一看到我的名字，就提到我的这本书，感觉这本书在当时还是引起了大家的一些关注，还是受到肯定的。这本书可取的地方在哪儿？其实还是对于一些作家的分析，有关他们的思想、人生、精神追求等方面的分析，我觉得是其中比较可取的一些方面。

杨阿敏：请您谈谈禅宗与中国文学的关系，禅宗对中国文学的发展产生了什么影响？

谢思炜：这个主要表现在对作家的人生观、人生境界潜移默化的影响。是比较全面的一种影响。讲中国思想就是儒、道、释三家，意识形态方面除了儒家、道家的思想之外，佛教思想特别是禅宗思想，对文人士大夫产生了很大的影响，帮助他们解决人生困境，安身立命，我觉得这是一个很重要的方面。文人的诗文写作中，这是很重要的一个主题。他们的人生是这样的，他们的文学写作本身就是表现这样一种人生，所以主要是这方面的影响。当然也包括审美的追求、艺术的追求，形成一种比较具有中国特色的风格。

比如对中国文学批评的影响，一个是"境"这个概念，还有一个就是"韵"，这是中国艺术里面核心的概念。无论"境"也好，"韵"也好，这种概念的提出都有禅宗思想的背景。怎么来理解这个"境"，怎么来理解这个"韵"？当然，学者做了很多工作，也提出了许多说法。那么我也是尝试着把它和禅宗思想背景连接起来，提出我自己的看法，算是一家之言吧。

杨阿敏：您在书中提出，体验是文学阐释中一个非常有活力的概念。请您具体阐发一下这一命题。

谢思炜："体验"在后来的西方美学里也有，叫作"体验美学"。这个好像不是特别跟禅宗有关系，就是讲一般的理解古代作家用一种什么方法。我想中国古代是比较强调这种体验的，我们看一些诗话，还有就是宋代以后开始出现的对作家传记性的研究，比如给作家编年谱，我想在中国文学的阐释、批评里是有这样一种传统的。这个传统到近代应该怎么看？有的批评观念好像不太强调这个，觉得体验好像是靠不住的，但是也形成了一种体验美学，非常重视这个东西。

这个概念我觉得还是有活力的。我们现在阅读古代作家，其实也还是有一种体验过程。中国古代讲"知人论世"，"知人论世"不只是一种知识性的认识，其实也包括一种体验过程在里面。了解他的思想感情、他的生活处境，然后才能够理解他的文学。

杨阿敏：在出版《禅宗与中国文学》之前，您还曾翻译过铃木大拙的《禅学入门》，当时为什么想到翻译此书？

谢思炜：这也是一个机会，三联出的有一大套丛书，《中国与世界》，同时还有一套《新知文库》。其实也没有人介绍，我就去和他们联系。我正好在北师大图书馆里借到这本书，就是铃木大拙的《禅学入门》，那个时候正好是禅学热，铃木大拙那时已经有一些介绍，但介绍得还不是很多。我翻译的时候，葛兆光先生也翻译了这本书，但是他的书不是用的这个名字。他用的名字是"通向禅学之路"，其实是同一本书，根据不同的日译本翻译的。我当时正好在师大图书馆里借到这本书，可能是原来辅仁大学的藏书。

我上大学的时候学日语，这个内容本身跟我当时关注的问题有关系，很想去阅读。另外就是想借这个机会来试试翻译，也是一种练习，我就把它译出来了。译出来之后我和出版社联系，他们对这个选题很感兴趣。全书翻译的话，篇幅不是很大，不到 10 万字，所以花的时间也不是很多。这本书有很多地方翻印，台湾、香港都有，所以很多人知道这本书，当时可能在社会上还有一定影响。前几年，有一个记者想写一篇关于 80 年代禅学热的回顾性文章，还采访过我，为什么采访我？她知道我翻译过这本书，她还跟我讲这本书当时有谁谁看过，还说了对他的影响，对他的艺术创作有启发。

　　铃木大拙用比较现代化的、比较能够和西方思想对接上的方式来阐释禅宗，对于我们现代中国人来讲也有启发，需要了解。我们要如何认识禅宗？过去我们好像就是作为一种批判的对象，认为它是一种宗教的世界观。但实际上，把它放在现代的思想背景之下，在当代社会起一种什么样的作用，这个还是需要了解的。

　　杨阿敏：除此之外，您还参与翻译了孔飞力的《中华帝国晚期的叛乱及其敌人》，为什么会参与翻译一本看似与专业研究无关的书？

　　谢思炜：《禅学入门》我是根据日语译，但它原来是用英文写的。因为我在大学的时候公共外语学的是日语，后来自己还学过英语，我的英语基本上是自学，所以就学得很差。那么翻译《中华帝国晚期的叛乱及其敌人》就是作为一种学习，一种练习。当时我父亲也是想帮助我一下，就分了一部分让我来做。他们多找一两个人手，也是为了让书出得快一点。除了翻译这本书，其实我自己还翻译过其他一些，有些翻译了但是没有出版。

　　其实在我看来，从外语的学习来讲，可能是不足为训，不是一种很好的方法，听、说这些方面的练习不够，只是做这种笔译工作。我学外语也可以说是急于求成，其他方面的训练很不充分。我总是很着急，比如学英语我就想找跟专业有关的一些书籍来看，想读一些跟专业有关的，包括思想著作。也确实选读了一些，在读的过程中，有时候就想做一些翻译。做翻译，就是语言的转换，做翻译才能帮助你更加深入地了解原文。有的时候如果不做这个翻译，你觉得原文好像似懂非懂的。翻译的过程中，你才明白它原来是这么一回事。所以翻译是帮助你理解原书的一种比较有效的方法。当然，也能够帮助你提高英语阅读理解的能力，翻译之后才知道它的语法原来是这么一回事。

另外一个，也算是我自己的一种取巧、不太好的方法。因为我的词汇量是比较差的，我读书就是靠翻字典，有时候一句话里就有四五个单词不认识，不知道什么意思，只好去翻字典。如果是阅读的话，靠这样去翻字典，会花很多时间，读到后面前面就会忘，那么后来我想，我干脆直接把它译出来算了。这样的话，我读一点就会有一点收获，就会明白是什么意思了。后来我读一些书的时候，就同时做翻译。如果我觉得这个书特别有用，特别有帮助，我就会同时做翻译，不一定是全部译出来，我会把其中一些我认为比较重要的部分译出来。当然，如果真正学外语，用这种方式可能是不足为训的，老师可能都不会这样去推荐的。

我有时候也会和学生（包括本科生、研究生）讲。我发现他们有时候就是为学外语而学外语，就是为了四六级考试。所以他们学外语就会做题，然后读一些很一般的读物，基本上不用，专业范围里基本上不用。我就劝他们，你们学英语一定要用。怎么用呢？就是你一定要找一些感兴趣的方面，或者是跟你的专业有关的，跟你的研究领域有关的，你要去读一些这样的东西，甚至要做一些翻译，对于你的学习是非常有好处。只要有机会，我就和同学提这样的建议。

另外我还特别和他们说，我自己有这样的体会。其实你做一点翻译工作,对于训练你的思维、提高汉语的写作水平,都是很有帮助的。现代汉语的很多表达方式都是从外语来的,你做翻译之后就会发现这句话的表达方式原来是这么来的,那你才能正确地掌握。我有时和学生讲,可能从小老师就要求我们背一些古文、背一些诗词、背一些范文,这对学习写作积累是非常有用的。但是我觉得对于现代人来讲是很不够的,你去背"八大家"、背唐诗宋词,这对于提高你的写作水平其实帮助是不大的。因为现代汉语的表达方式跟那个时候已经有很大的变化了。

我还给他们举王小波的例子。王小波在一篇文章里讲过他怎么学习写作。他说他是看翻译作品,他讲了几个翻译家屠岸、查良铮、穆旦等,他学习写作就是看他们的翻译作品。我觉得王小波真的是金针度人,把他的甘苦、经验都告诉了读者。有些作家其实也是这样,但他们不愿告诉别人。你看那些小说家,那些写小说的,他们哪个不是看翻译小说的? 然后去学习,都是这样的。所以王小波这个说法我觉得是有自己切身体会的。我觉得最好要看一些原文,也要看一些翻译,然后再自己尝试一点翻译,这对于提高写作水平是非常有帮助的。

杨阿敏：在孔飞力这本书的翻译者中还有谢亮生先生，能谈谈您对父亲的了解及家学情况吗？

谢思炜：我父亲那时在中国社会科学出版社做历史编辑室的主任,他们主要是跟社科院历史所合作。他们翻译了《剑桥中国史》等书,这些书的选题可能都是历史所提供的。像孔飞力,我翻译这本书的时候完全不知道孔飞力是个什么样的人，但是历史所他们知道，这是美国非常有代表性的研究中国历史的学者。我就承担了一部分。我父亲原来是学外语的，后来他很长时间在中学做语文老师，没有机会做学术性的研究工作。再后来到出版社，他就是编历史方面的书籍。后来又做翻译，这倒是跟他原来的专业有关系。

　　父亲对我影响还是非常大的，我和姐姐、哥哥都是"文化大革命"时期的初中生。我姐姐是"文化大革命"前，大概是 1967 年初中毕业；我哥哥应该是 1969 年初中毕业；我是 70 年初中毕业。我姐姐在"文化大革命"前上过两年初中，我和我哥哥在"文化大革命"中连初中都没有好好读过。但是后来到了 1977 年恢复高考，我们家三个人都考上了大学，我和我姐姐是 1977 年考上的，我哥哥是 1978 年考上的。我哥哥尤其不容易，我哥哥是从东北建设兵团考过来的。他考到了人大，分数正好考到人大在黑龙江录取的分数线，可能招生老师看在他是北京知青的面上，把他录回来了。

　　我们一直保持学习的习惯，哪怕是你原来的基础比较差。我在北京还好一点。我姐姐在陕北插队，后来招工在陕西一个工厂里面。我哥哥在东北兵团，基本的学习条件都没有。但是我们兄妹几个人还都能够保持学习习惯，这跟我们父亲的影响是有关系的。我父亲做老师，是懂教育的基本道理的。像"文化大革命"那种情况下，基本上没有办法进行正常的中学学习，那么在家里面，他不会说逼你，你一定要给我学，你不学不行。他就是尽量创造一种条件，让你能够去读书，你要想学的话你能够去学。所以我那个时候呢，他看我比较喜欢读书，他不会规定我一定要看什么书，他就是把各种各样的书都给我借回来，就看你自己选，你自己爱看什么。因此我那时有一个比较好的条件，好多书我在那个时候都看过。

我父亲上大学的时候读的专业是英语，但是他当时对哲学也很感兴趣。他跑到哲学系去旁听，就是在北京大学，他去听贺麟的课，贺麟对他也很器重。因为他每次都是坐在前面，有时候贺麟上课记不清上一次讲到哪儿了，他就看我父亲的笔记。他还曾经建议我父亲转到哲学系，我父亲没有转，还是读英文专业。我想这个对我也是有影响的，有一段时间我对哲学是比较感兴趣的。一直到后来，我对比较抽象的理论性问题都是比较感兴趣的，可能是跟他的影响也有关系。

"文化大革命"的时候会让老师兼课，你要一专多能，要什么课都能上。我父亲除了音乐课、美术课不能上，其他课都能上。我父亲说他中学的时候，数学也很好。他上初中的时候，数学课从来不听讲，就在底下看小说。然后老师让上去做题，他都能做出来，一点儿问题都没有。

杨阿敏：通过翻译上述两部著作，您对翻译学术著作有什么心得呢？

谢思炜：除了那两部书，我自己还做过一些翻译，但都不是为了出版，就是我自己做笔记。就是我刚才所说的，学外语一定要用，要跟你的专业联系上。一个是了解国际学术界的动向，了解学科的研究动态；另外一个就是对于训练思维、提高写作水平非常有帮助。

杨阿敏：您还写过一本《隋唐气象》，您认为隋唐的气象是什么，表现在什么方面？有何魅力与独特之处值得后人反复追忆与诉说？

谢思炜：这个其实是比较早的作品，大概是1992年、1993年写的。那时北师大的同事要编一套丛书，组稿找到我，大概就是按时代分的，分给我的是唐代，但是把隋代也加进去了。书起一个什么名字呢？有一个说法叫作"盛唐气象"，我就借用这个说法，把它扩大一下，把隋也包括进去，就是隋唐气象。整体上看，唐这个时代，再加上隋，有一种后人非常向往的文化上的创造，体现出一种精神、气度。当然，什么叫"隋唐气象"？你让我说，我也没法用一两句话把它说清楚，只是一个比较笼统的说法。里面讲了大家公认的、比较主要的一些方面。我后来写《唐代的文学精神》，里面有一些主题还是有延续性的，基本上还是围绕那些问题来讨论。

杨阿敏：在《隋唐气象》中您专门讨论了"韩文杜诗"，"韩文杜诗颜书"的典范性是如何形成的？对我们今天而言，有什么价值和影响？

谢思炜：这个"韩文杜诗"还有"颜书"，是一种时代的选择吧。如果看唐代诗坛，诗歌名家还是有一批诗人，不只是杜诗，还有李白等其他诗人。书法上，也不是说只有颜真卿，颜真卿之前，唐初还有几大家。到了中唐，韩愈提倡道统，排斥佛教，提倡古文的写作。他推动古文运动，与中唐时兴起的尊王攘夷思潮，和时代的政治、道德方面的要求是有关联的，韩文本身就有这种道德涵义和思想追求。

那么这个东西是到什么时候发扬光大了？应该是到宋代。宋代经过种种选择，从宋初开始，先后流行过白体、西昆体等等，还有像欧阳修他们学李白等等。经过了这样一个过程之后，最后集大成确立起杜甫在诗歌方面的典范。这跟韩愈在文章上被树立的典范，可以说是相互呼应的。另外再加上书法方面，书法和诗文相比，道德的意味不是很直接，不是那么明显。后来大家从审美的这个角度来看，认为他们在风格上是一致的。这个我想应该是历史的一种选择吧，逐渐形成了这样一种"韩文杜诗颜书"的典范。

这代表了那个时候审美的一种规范、标准，影响了后来的好几百年。但也不是说大家都只推崇这个，还是有些人会标新立异，提倡另外的一些风格。现在就更不应该受这个局限了。我们承认"韩文杜诗颜书"有很高的艺术水准，是一种有代表性的艺术风格，但是现在来看，我们的标准当然不是那么单一，不是那么简单了。从现在艺术的借鉴或者发展的角度来看，更不能局限在一种艺术风格之下，还是应该多样化。

杨阿敏：您曾写过一本《燎之方扬——中华文学通览·明代卷》，这本书和一般的文学史有何区别，当时为什么会写一本明代文学的书？

谢思炜：这是一个集体合作的丛书，是傅璇琮和董乃斌先生主编的。他们当时的意思就是想编一套不那么像教科书，比较活泼、生动一点的有关文学史的书。然后就约了一些相对比较年轻的学者，比如说像郭英德先生。明代这部分，还真不是我要求做的，是他们分给我的。唐代可能另外找了别人，宋代也找了人，明代一时找不到合适的人，就分给我了。其实我对明代文学没有很深入的研究。当然，一些名著读过，但是没有做过专题性的研究。分给我之后，我想可以试试吧，因为都是选择一些大家基本比较了解的题目来做，我就接了这个任务。我写作的过程中，尽可能地参考相关的研究。比如说我写到《水浒传》，那我就把有关《水浒传》的著作拿来看一下，其他的也是这样。但是自己没有同时做一些专题研究。当时的想法是尽量要写得活泼一些、生动一些，另外就是把我自己的一些个人体会尽量放进去，像对《水浒传》《西游记》《金瓶梅》等小说的个人阅读感受。这本书应该不算是很严格的学术性著作，不过社会反响好像还不错。这本书好像在香港、台湾都有出版。

与傅璇琮先生的合影

杨阿敏：在集体项目中，您还参与过《全宋诗》尹洙卷（卷二三〇）、吕本中卷（卷一六〇五至一六二八）的校点？

谢思炜：那时是傅璇琮先生，因为我硕士论文做吕本中，答辩时傅璇琮先生参加了，他知道我做的工作，然后他就给我派了任务。《全宋诗》当时率先做几个样稿出来，让我做吕本中，还有尹洙。这对我来说是一个训练，因为以前你没有做过这样的工作，有这个机会还是很好的。后来我看到有一些新出的研究吕本中的学位论文，吕本中集的校注也出了，但是我想我一开始做的那个工作还是相对比较完善的。

杨阿敏：在《中国古典文学研究史》中，第一、三、五章由您执笔写作，第一章为何题为"先秦的文学阐释"，而非如全书其他各章一样题作"文学研究"？各章都专辟一节讨论历代的文献整理状况，为什么要这么做？

谢思炜：这是我们几个同学也是同事的一个合作项目，当时还申请了国家社科的青年基金。因为需要申请项目，就需要提一个比较好的课题，而且要有新的角度，不能和别人重复，就想了这么一个题目。这个题目报上去之后还不错，有一年社科成果的评奖还把这个评上了。我们几个人商量确定了体例、内容。先秦、魏晋这一部分是我先写出来的，写出来之后给大家看。后来宋代没有人写，我又写了宋代。

文学研究，我想就是比较专业化的、比较成系统的研究。而先秦文学相对比较分散、零散。在谈一些问题的时候，可能涉及对文学作品的理解、阐释，所以不好说是研究。研究应该有专门讨论的问题，设定了一个对象，这叫作研究。我想先秦时代还没有形成，所以当时就用了"阐释"这样的提法。

历代的文献整理状况是文学研究实际情况的反映，总得从文献整理入手，这是基础性工作。特别是做魏晋南北朝这段的时候，我当时就注意到这一时期正好是集部文献成立、四部文献独立的时期。这本身就是跟文学研究有很大关系的事情。

学术史本身需要做一个总结。我们这个学术是怎么来的？现在说我们做古典文学的研究，这个研究它有一个历史的过程，怎么发展来的，需要做一个回顾和总结。做回顾和总结的同时，就会意识到里面的一些相对比较重要的问题，对我们进一步研究需要在哪些方面努力，会有一定的帮助和启发。现在一般讲学术史，可能更强调近代以来的，我们把它推得相对更远一点，从最早的开始写起。

杨阿敏：在傅璇琮和蒋寅主编的《中国古代文学通论》隋唐五代卷中，您撰写了《隋唐五代文学与政治》这一章。政治制度对文学发展产生了什么作用？二者的关系如何？

谢思炜：这个题目其实是他们分给我的，他们分了若干专题，由不同的人来做。我想文学与政治是相互有关联的，我们讲文学与历史的关联，这里面就包括政治，是其中很重要的一个方面。它是文学的背景，文学总是在一定的社会环境、政治背景下发生的文学。政治本身对文学，在有些情况下会有很直接的影响，会规定文学应该写什么。但不是说所有的时代都是这样，有的时代根本是不管的，有些情况下它会发生非常直接的影响，有些情况下可能不是很直接的影响，只是作为一种背景性的东西存在，文学又会或多或少地涉及它。我想一般的说法恐怕就是这种情况。

现在很多人做政治和文学的关系或影响的题目，但是做的时候要实事求是，具体的情况具体分析。在不同的时代、不同的政治条件下，政治和文学到底发生了什么样的关联，这个关联的强度和形式是什么样，不能一概而论，要具体分析，具体讨论。隋唐这个时代，可能有一些关系，比如当时政治上的一些观念影响到了文学，但唐代当时政治势力直接影响文学的情况不是很多，不像后代有文字狱这些，唐代没有这种情况。

杨阿敏：您是如何处理集体项目与个人著述之间的关系呢？

谢思炜：集体项目中个人还是有所收获的。一般情况下，自己是有一点研究基础的，比较熟悉，然后才会在集体项目里承担一些工作。在做这个工作的同时，会有意识地去弥补自己的一些不足。参加某个大项目，分给你的工作里有一些是你不熟悉的，那就逼着你重新去熟悉材料。我觉得就跟我们在学校上课是一样的，比如我在学校开一个课讲唐宋文学，那我都要讲，有一些过去没读过，那怎么办？那你在讲课的过程中就要重新读。所以做集体项目，可能会帮助你弥补一些知识上的不足，拓展一下视野和研究领域。当然，这里面有一个问题，就是说集体项目不能占用太多的时间，如果把过多的时间都占用了，你就没有办法做自己特别感兴趣的一些题目。

　　杨阿敏：您分别出版过《白居易诗选》和《杜甫诗选》两种诗歌选本，您如何看待选本的作用？

　　谢思炜：我想选本本身就是承担一个普及的功能，不可能大家都去读全集，有更多的人可以通过选本来了解一个作家。另外，即便从我们学习的角度来讲，我们大家也不可能一开始就直接接触全集，都需要从读选本开始，所以选本还是承担着一个重要的经典普及的功能。

　　阅读选本，比如人民文学出版社20世纪五六十年代出的《中国古典文学读本丛书》就是比较好的。选择选本，一个要看出版社，一个要看编者，就是做这个工作的人，有些确实是比较好的。

　　杨阿敏：您最近发表了对李陵、苏武诗，以及《古诗十九首》《古诗为焦仲卿妻作》等古典诗歌所用词语进行全面考察的论文，这应该是您"汉语诗歌词汇研究"的部分成果。请您阐述一下什么是"汉语诗歌词汇研究"。

　　谢思炜：这个是我尝试做的一个事情。我想考察一下汉以后的诗歌所用的词汇，汉以前的《诗经》《楚辞》这些我现在没有纳入，已经有学者做过很多的专门研究。我主要是研究五言诗、七言诗，我的说法叫作"诗歌词汇系统"，就是诗歌使用的词汇。不同的社会语言，各种话语形式、文体，在使用词汇上是有明显不同的。这其实是汉语词汇学的研究领域，需要具体的词汇调查来说明。词汇学基本的一种工作方法是专书调查，一本书一本书地调查，比如《史记》

这本书是什么情况，《汉书》是什么情况。我想借鉴这种方法，诗歌作品也可以用这种方法来研究，一个作家一个作家地去调查，一部文献一部文献地去调查。我是有这样一种想法。当然，靠一个人来做，要把它全部做下来，恐怕是做不到的。我就尝试着先选一些这样的文本、样本来做一些调查。

现在做的课题是"魏晋南北朝至唐代的诗歌词语演变"的调查，选了一些样本。我想如果对这方面研究感兴趣，包括研究生，都可以加入到这个工作中来。你也可以选择一个作家或者一部文献，来做这种研究调查。这是现代语言学发展的一个方向，就是所谓语料库语言学，利用语料库提供的材料对词汇进行一种全面的调查。

以前学者做这种工作没有现在计算机方便，只能靠自己的积累。考察一个词，他只能是看文献，查有多少种用法，在哪些文献里出现了。那么现在利用计算机建立的语料库，就可以把所有文献中出现的、使用的情况都可以统计出来。这样就是很彻底的。这种文献的调查，对于说明词汇的使用、词汇的演变等等，是非常有用的。在这种背景下，当然，我们可以尝试对诗歌文献里词汇的使用情况，有一些什么特殊的词汇，又有哪些是和其他文献里的词汇用法不一样的等问题，进行一个比较全面、彻底的研究。

杨阿敏：请您谈一下汉语诗歌词汇研究的现状、进程与展望。

谢思炜：通过对一个个文本、一个个作家、一部部文献的调查，就可以梳理出一个线索。比如说汉代的诗歌作品，每一篇都做了调查，那么对整个汉代诗歌词语的情况，就会有一个比较全面的了解。再进入下一个阶段建安时期，以后是西晋、东晋到南北朝，也是这样调查，对这个时期整个诗歌文本里词汇的使用情况，就会有一个全面的了解。这样，经过积累，就可以把不只是同一个时期的，而是历史发展过程中的诗歌词汇使用情况、演变情况弄清楚。我想这还是一个比较有意思的工作。以前我们做不了这样的工作，有了计算机语言学提供的方便，现在我们可以尝试去做这种工作了。实际上现在有一些机构已经在做这种工作了，做唐代的、做宋代的，都是有的，已经建立了一些语料库，也有一些成果发表。当然这还是很不够的，还可以进一步开展。

杨阿敏：您接下来的研究计划是什么？

谢思炜：前一段我在做词汇的调查。和这个相关的就是我现在同时做的有关诗歌句法的研究，也有一两篇文章发表了。还有一些没有发表的，就是诗歌句法学，句法分析的研究。这也是向前辈学者学习，比如王力先生、蒋绍愚先生，他们都有汉语诗歌句法方面的研究成果。在他们研究的基础上，我想能够吸取最新的、现代的语言学语法研究的成果，针对汉语本身的特点、汉语诗歌的特点，对句法各方面的问题有一个比较全面的调查。

我希望建立一个有关诗歌句式分类的体系。我现在已经选了一些样本，这些样本诗句总数大概有一万多句，总结出它有多少种句式，然后统计每种句式使用、出现的情况。按照这种分类体系来给诗句分门归类，看它分布的情况，在不同的文本、不同的时代中有没有变化。希望以后能够为调查其他样本提供方便，也能够采用这种分类体系，对其进行分门别类，然后看看里面有些什么变化。我想这对于说明诗歌的句法、诗歌写作的一些变化，还是很有帮助的。古代诗话里有一些也讲句法，但都是蜻蜓点水，举一些例子，没有比较全面的调查，当然更没有数据的统计。我们现在可以尝试做更全面的调查，然后提供一些统计数据，这对说明诗歌形式方面的变化还是有意义的。

本色书生

——傅刚教授访谈录

傅刚，北京大学中文系教授。中国《文选》学研究会会长。曾任日本东京大学外国人教师，台湾大学、韩国外国语大学、北京外国语大学客座教授、早稻田大学访问教授。代表著作有《魏晋南北朝诗歌史论》《昭明文选研究》《文选版本研究》《〈玉台新咏〉与南朝文学》《汉魏六朝文学与文献论稿》《文学与文献窥管》等。

杨阿敏：请您谈谈小时候的家庭生活情况。

傅　刚：我出生于江苏省睢宁县一个农民家庭，父母都是农民，不识字。但是我父亲很能干，是对农活非常精通的人。50年代初，他曾被选为江苏省劳模，到北京去参加全国劳模会，受到毛主席的接见。回来后参加了所有国家关于农村的改革运动——互助组、合作社、人民公社等，一直是我们那个自然村的生产队长，在当地有些影响。但在1964年的四清运动中受到冤枉，郁闷生病，1968年便去世了。母亲是家庭妇女，人很善良，一辈子没有骂过人，也没有骂过孩子，她对我影响很大。

杨阿敏：小学时您赶上了"文化大革命"，当时的学校是一种什么状态？请谈谈您的中小学学习状况。

傅　刚：我从小喜欢读书，小学的时候就读过《水浒》《说岳》《三国演义》《封神演义》以及《三侠五义》《小五义》《天山四义》《蜀山剑侠传》等，这些书在农村里比较多，容易借到。我的家乡地处苏北，文风不是很盛，但毕竟也算江苏，民间还是有些藏书的。比如我在一个亲戚家里借到一本《三国演义》的石印本，以及全套的高中语文课本。中学里学不到什么东西，课本里基本都是社论之类的内容。我们有几个同学都爱好文学，像姚健、史进、刘桂平等，常聚在一起互相借书、读书。还有一个同学叫刘占海，他父亲是我们县棉麻公司经理，棉麻公司的仓库里堆满了从各乡镇收回来的所谓"四旧"的书。我那个同学每次就去仓库里抱些书回家看，我从他那里蹭着读了很多书。有这样的经历就知道了生活比较不容易，会更珍惜生活。

现在对"文化大革命"前十七年否定得比较多，但对那时候还是小孩子的我来说，还是充满了温暖和亲切。我觉得那时候的人充满了理想，整个社会是安定的，当然生活并不富裕，但很平稳。我记得在上小学时，我常常在天不亮的时候，一个人端个小煤油灯从家走到学校去。学校离我们家二三里路远，要经过很空旷的一片农田，在两个村庄之间有一些坟地，一个小孩子端着小煤油灯，经常那么走也没有任何事情，非常地安定，家长也从没有觉得有什么不妥。学校当时的教育好像就是读书、唱歌、值日、少先队活动等，当时觉得很幸福，现在回忆起来也还是很温馨的。

　　我1968年小学毕业，当时江苏省的县级中学好像都停课了，到1970年才复课。我家地处县城边上，睢宁县中学是我们那儿最好的中学，允许县城周围的农村每个生产队可以推荐一个孩子去县中读书，我们生产队大概看我父亲的面子推荐了我。就这一点来说，当时的社会风气比现在好多了，因为当时的生产队长儿子也小学毕业在家，也可以推荐去的，但是我们队里还是推荐了我。睢宁县中学是传统的老学校，前身是清代所建的昭义书院，那是县里最好的学校，我现在也感觉到我的成长跟在中学的教育分不开。

　　70年代的中学教育主要是以政治为纲，所以教材内容多是社论，但1971、1972年教育回潮，着实抓了一阵子教育。那时候我的理科成绩蛮好的，数理化班里面都拔尖，想着好好读书说不定将来还能上大学。当然因为理科比较好，想考理科。文科就是学那些大批判文章，所以我们这一代人真要写大批判文章，都是有根底的。你看现在很多我们这个年纪的学者，如果学术态度不端正的话，他写文章的批判味道是很浓的。

　　初中毕业后，经过考试，我升上高中，高中刚开始的时候还是教育回潮期，学校里经常举行各种竞赛，数学竞赛、化学竞赛都是经常的，这段不长的时期里，我觉得对我们这批人的学科的培养和训练是非常好的。可惜高二开始，邓小平就倒霉了，全国开始批判教育，学校也不敢抓教学了，我感觉考大学完全没了希望。那时候教育体制是初中高中加起来五年，好像我们也没有高三，只有高二就毕业了。当时想，怎么办？上大学没希望了，就想当作家，学写作，于是看各种各样文学类的书籍。

　　杨阿敏：1975 年高中毕业后，为什么去到县糖厂工作？当时对生活有什么期待？

　　傅　刚：生活需要。高中毕业之后，我回到农村，生产队农活又累，收入又低，于是通过关系让人介绍到我们县糖厂做临时工。说是糖厂，其实一年烧糖只有三个月。因为我们那地方的糖厂是用甜菜来制糖的，甜菜的量只够烧三个月，所以其他九个月就烧酒。大部分时间我是在酒班上工作，临时工是按天计钱，一天一块钱。在糖厂烧糖的工作我是比较高兴的，我们厂的工程师姓蔡，我们叫他老蔡，是南京大学化学系毕业的。老蔡人非常好，比较照顾我，把我分到最好的一个工种——分蜜车间。分蜜车间是最后一道工序，就是出糖。

　　烧酒工作非常苦。因为每个酒班是承包量的，一开始给你两千斤的料子，你干完为止，干完就下班，八小时干完八小时下班，六小时干完六小时下班。两千斤料子估计六小时就可以做完，但是一刻手都不能停的。我个子小，木锨很大，一刻不停挥舞六七个小时，绝对是体力活，一个班下来，人都瘫了。但就这样，厂领导还觉得有潜力可挖，因为人家都是八小时下班，你们六小时就下班了，他们不平衡，所以又加任务，由两千斤加到两千五百斤，再加到三千斤。三千斤要做满八个多小时才能干完，这下才真的是累瘫了。

　　酒班的工人都是正式工，只有我是临时工，正式工有星期天，可以轮休，临时工虽说按天计酬，就是说想干就干，不想干就可以休息。但是酒班的班长觉得多个人干活，对酒班有好处，所以他就不让我休息，我一点办法都没有。我不敢反抗啊，得罪了班长，他要是跑到厂长面前说不让你干了，我就得回家了，所以我只能咬着牙干。你知道吗？我那时人生的最大理想就是可以有星期天！当时我们酒厂有三个酒班，只有我这个班多我一个临时工，其他班心里就不平衡了，所以三个班长勾心斗角，互相比心眼。我在酒厂里一共做了一年多，到高考的时候就不做了。生活逼迫吧，那时候做满了三十天可以有三十块钱，这在我们那地方已经算很好了。我父亲去世后，就我跟我母亲两个人，三十块钱觉得还是不错的。

　　杨阿敏：在恢复高考之前您读过哪些书，哪些书让您印象深刻？

　　傅　刚：当时特别喜欢高尔基的书，高尔基的书读了很多，如"人间三部曲"等。我们那个地方私人手里还是有一些书的，除了我上面讲的那位住在棉麻公司的同学，他给我提供了不少书，此外还一些爱好文学的同学，如姚健、史进、刘桂平等人，也都不时借一些书来读。还有两个来源，一是我家的邻居县农科所技术员老潘家的藏书。老潘农业技术水平非常高，但他当时是右派，政治上应该是有压抑的，他爱好文学和音乐，家里有不少藏书。他太太在我读的小学当音乐老师，也是我的老师。我们两家处得非常好。老潘高大、英俊，是个美男子，南方宜兴人，多才多艺，人也好，喜欢喝酒。我爸也喜欢喝酒，他们经常来往。我跟他的女儿也是从小在一起上学读书的，算是儿时的玩伴。有时候老潘两口子回宜兴家，孩子就托住在我们家。他们喜欢外国文艺，所以他们家有一些外国的书，古典书也有，我以前看的那些《唐五代词》之类的书，就是在他家借的。此外像斯坦尼斯拉夫斯基《我的艺术生活》，以及《皇家猎宫》、《牛虻》、普希金的诗集等，也是从他们家借的。还有《钢铁是怎样炼成的》《烈火金刚》等。

　　另一个来源是我家一个亲戚有一箱藏书放在我们家里，里面有《西游记》《红楼梦》《官场现形记》《水浒传》《三国演义》等所谓古典小说以及现代小说如《青春之歌》和巴金的《家》《春》《秋》《雾》《雨》《电》等。不过，我那时候不喜欢《红楼梦》和《官场现形记》，所以没有读。

　　高中阶段，尤其是教育批判以后，眼见上大学无望，我就想唯一的出路只能像高尔基一样当个作家了，于是到处借书抄书。我抄的书有五六十年代编的《散文特写选》《小说特写选》等。还有刘白羽的《红玛瑙集》、秦牧的《土地》、杨朔的散文集《雪浪花》，古典的有《唐诗一百首》《唐五代词》《楚辞》等。很可惜，考研究生走了以后书扔在家里，后来搬家几次就找不到了。

　　因为想要学习写作，想得到理论上的指导，还读过一些文学理论方面的书。我有一段时间对什么是散文、什么是特写感到困惑，到处找书想看如何分辨它们之间的区别。毕竟那时候书少，也不好找，所以是找到什么看什么，我记得看过的书有北大中文系五五级编的《中国文学史》、陈望道的《修辞学发凡》、北大中文系编的《语法修辞》、苏仲翔的《李杜诗选》、郭沫若的《李白与杜甫》、冉欲达的《文艺学概论》、阿垅的《诗是什么》等等，还有一本苏联人写的好像是《小说原理》，作者名字忘了。

　　我曾跟我研究现当代文学的同事开玩笑说，现当代文学的代表作我大都读过，你们都不一定超过我。因为那些小说现在年轻人不会读的，觉得没什么意思不会去看。我在那个教育环境中长大，就觉得很有趣，什么《洋铁桶的故事》《小英雄雨来》《无名高地有了名》，这些你们都不会再看了，很多书我说名字你们可能都没有听说过。名作更不用说了，像巴金、茅盾、叶圣陶等，他们的代表作我都读过。鲁迅更不用说了，我抄过《野草》。当时很喜欢贺敬之的诗，特别是《雷锋之歌》。当时新华书店的书是可以出租的，我到新华书店租《雷锋之歌》回来抄一遍。《雷锋之歌》很厚的一本书，我可以全部背诵的，一直到上大学时还能背，大学毕业后长时间不背就忘了。

傅刚教授翻阅古籍

杂七杂八地，碰到什么读什么，就读了不少书。1975 年的时候，我在新华书店买了一本沈括的《梦溪笔谈》，影印出版的。我也不知道好坏，翻了一下里面有谈到律诗，就把它买了。买了以后听别人告诉我，卖书的人是我同学的姐姐，据她说新华书店一共就卖掉这一本。（杨：线装书？）不是线装，平装的，那时候哪有线装书，就是有，我不懂也不会买的，很穷，买书是抠着钱买的。买《梦溪笔谈》那个时候我已经开始做临时工了，在糖厂做临时工，攒了一点钱就买书。我很小就喜欢买书，力所能及地买。还自己订了杂志，订了《朝霞》《人民文学》《诗刊》三种，也还算是可以的。余秋雨的名字就是那时在《朝霞》上见到的，当时还说他的名字应该是出自李贺的诗"石破天惊逗秋雨"。文学史看了几遍，55级编的那本，别的文学史倒是没有，当时能见到的少。50年代初的高中语文课本我倒是想办法找了不少，每一册都有好文章，有很多很好的小说、散文。就这样我在阅读中培养了自己的文学风格爱好，我特别喜欢孙犁、茹志娟、张有德、艾芜这种风格的小说和散文。乱七八糟地读，当然读还是想当作家嘛。现在回想起来都还如在目前，每种书的来源都十分清楚，如五五级编的这本文学史是我糖厂一位姓陈的同事借给我的；陈望道的《修辞学发凡》是我们村里一位姓张的姐姐的书；《李杜诗选》是我中学同学吴昆借给我的；《金云翘传》是中学同学史进借来的，我们一起读，一起抄，普希金的诗也是他拿来的，当时很喜欢普希金，他的诗和小说都喜欢，我能背很多普希金的诗；《通鉴选》是我们村一位姓刘的借给我的，这本书是他从县中图书馆借来没有还的，他是县中的学生，"文化大革命"学校停课就待在家里务农了。

　　（杨：您说的这些书很多很专业，能够在小县城里找到这些书还是不容易的。）我们不像南方，南方文风更盛，我们地方文风不盛，能找到这些书也真是不容易，但也不是没有。因为我们地方上还是有不少大学生的，像我刚才讲的农科所那几位，他们不一定是大学生，可能有些就是"文化大革命"以前中专、农业技术学校那些，但他们水平其实很高。中学时候我也通过一些同学，主要是几个爱好文学的同学，他们通过各种途径借来一些书供我们抄。那时候我一个同学姚健突然找到两首好诗，其实就是《古诗十九首》里面的，当时不知道，还说这诗写的真好，后来知道是《古诗十九首》，就是"迢迢牵牛星"那首，当时真心觉得好。所以说这种机会还是蛮多的。

解放后农村受到一些冲击，地方上所谓士绅这个阶层已经没有了，藏书就基本上消失了。听说我们那个村庄里有一家有点藏书，"文化大革命"时候埋在地下，我们不熟悉，平时估计也不借给别人看，所以他有哪些书我并不知道。我有一个亲戚喜欢文学，他藏了一柳条箱子书放在我们家，那时候小，就偷偷撬开偷出来看，什么《官场现形记》《红楼梦》《西游记》等。农村里有一些《说岳》《水浒》《三国演义》一类的书，这在民间很流行，中国社会基层的文化和价值观其实是这些书教育的结果。

（杨：我感觉您那时候比现在的大学生阅读量还多一些。）因为现在你们有课业任务，都是一天到晚做作业，要考试，我们那时候没有呀！而且我们那时候书少，就会千方百计去找书看，现在书多了再加上压力又大，就厌烦了，也没时间去看。现在各种各样的情况跟以前不一样了，以前那个读书欲望是如饥似渴。

　　杨阿敏：还记得当初参加高考的情形吗？当时是如何备考的？

　　傅　刚：因为当时在工厂里头也想着写作，就自费订了三本杂志，有一些文娱活动也会找我，觉得我是睢中高中毕业出来的，能写点东西。但自己当时对前途是非常悲观绝望的，心想可能要干一辈子临时工了，正式工要很硬很硬的关系才有机会，我们没这么硬的关系，很绝望。这时突然大喇叭上广播讲恢复高考了，然后大家奔走相告，一些关系好的同学告诉我高考恢复了，心中非常高兴——这是我唯一的机会了。我想参加高考，孤注一掷。于是去找厂长，说能不能请个假让我复习一下，考完以后再回来工作。

　　厂长是个好人，但是我们也没什么特殊关系，他不会特别照顾我，我提出要复习考试还以为比较困难，结果他一口答应，说没问题，你去复习考试吧。当时年轻不懂事，很高兴以为准假了。结果家里人一听说就责骂我说你怎么能请假呢，厂里不要你了怎么办？我说应该不会，厂长同意了的呀！结果考完之后我去找厂长，厂长说你回家等通知吧。当然我现在也不是说这个厂长不好，他是个好人，他儿子是我中学同学，到现在关系都非常好。可能还是从厂里考虑吧，没必要增加这么个临时工。我只好回家了，等通知还有一段时间，就在生产队参加劳动，幸好后来考上了。

　　从通知到考试也就半个多月，好像是 11 月考试。我们江苏省比较特别，因为江苏省考生太多了，所以要分两次考试。先是各个地区初考，初考刷下来以后再参加省里考试。第一批很多发挥失常的，我们中学里有好几位平时成绩非常好的同学发挥失常了，也没再参加第二年的考试，很可惜。徐州初考考两门：语文、数学。省考考四门：语文、数学、政治、史地。当时分文、理科，我报的是文科。高考结束后就等通知，我们是地方院校，最后才放榜，等通知的日子很煎熬。我们同学里考得最好的是南京大学和上海第二医学院，我是徐州师范学院录取的。还记得邮递员骑着车子送通知的景象，那一刻，我知道自己脱离农村了，前途有希望了！

杨阿敏：作为 1977 年恢复高考后的第一届大学生，机会十分宝贵。在徐州师范学院中文系四年您是怎么度过的？

傅　刚：到了学校才知道，1977 年江苏省凡是报考文科的学生基本上都由本地区录取，比如说我是徐州地区的，是不会被录取到南京师范学院。除了成绩非常好，可以考入南京大学，似乎徐州地区没有考上北京大学中文系的。我们一个同学考了 320 分，应该是南大的录取线，但也被留在了徐师。

我一直不善于考试，所以对考进徐州师范学院略有些失望，但当时已经很满足了。"文化大革命"以后第一届大学生还是挺轰动的，我考上大学以后，有好多年我们那个地方都没有人考上大学，所以我在地方上还是造成点轰动，大家会说："傅家那个孩子考上大学了！"

到徐州师院以后就是想读书。到图书馆一看，图书馆这么多书，以前想也不会想的，原先找书多辛苦，东一本西一本的，碰到什么读什么，到图书馆发现这么多书就很高兴。徐州师范学院是江苏省 4 所老师院之一，它的底子还是很深厚的。以前的老学校特别注重图书馆的建设，首先书要齐备，不像现在建校要把校舍、计算机、实验室、仪器什么的做好，不重视图书馆，以前是重视图书馆的，我们发现有这么多书就拼命读。

我们一般都是徐州地区来的学生，有少数下放到徐州地区的知青也在这儿，应该说第一届能考上都是很优秀的。当年大学考试时，我们一个班里61个人，每次考试90分以上的人都达到40多人，那时候没有分数限制，有多少就多少，大家学得都很好。我年龄属于中等，有比我还小的，1961年、1962年出生的，年龄大的有1946年、1947年出生的，差别很大。像老高三毕业的人，有的甚至已经接到了高校录取通知书了，因为1966年有些特殊专业、特殊学校提前招生。所以有些人水平非常高，跟人家一比我们这些人就差了许多，必须努力学习啊！而且"文化大革命"之后，文化就像断粮了一样，我们大多数都是拼命读书，基本没有玩的时间。

快毕业的时候前途基本也定了嘛。我们这一届毕业生有个规定，徐州地区的毕业生不允许到政府机关工作，理由是徐州的教育落后，这批大学生一定要去各个地区中学作教师。我们那一届没有去政府机关的，都到中学里去了，后来有些去政府机关的，也是从中学里跑出来的。整个苏北只有徐州师范学院一个高校，淮阴地区都没有，我们也承担了对淮阴的师资支援，因此必须有一批人要分到淮阴地区工作，不是每个人都可以回自己老家的。这对很多人尤其是老三届来说太难了，他们都结婚有孩子了，肯定是不想离开家，学校也没办法，就只能尽量照顾老三届和有家庭孩子的人。我比较特殊，因为我母亲年老多病，系里就照顾我，把我分回到我们县工作。当时的风气还是正的，现在可不敢想象，不可能的，你不给人塞东西送礼或者关系处不好，没人理你的，而且当时我也没找人，是我们系分配时考虑到这些，主动安排我们，所以我非常感谢他们。

对我来说，分配到睢宁县中学还是很幸运的。临毕业之前，我忽然想起来，在徐州待了四年，我还没去过徐州动物园，所以要走的那几天，专门找了一个时间去动物园转了一圈。那时候时间挺紧，就是一天不读书就很恐慌的那种感觉。

杨阿敏：您的本科毕业论文《文贵清省说的时代意义——论陆云〈与兄平原书〉》不仅发表于 1984 年第 2 期的《文艺理论研究》，还收录到 2016 年新出的《汉魏六朝文学与文献论稿》中。当时为什么选择这个题目？

傅　刚：这是我的读书心得。当时读了很多书，在图书馆里抱着丁福保的《汉魏六朝名家集》就一本本地往下读，读完了，做了厚厚一本笔记。最后写毕业论文的时候，就在笔记里找题目，觉得这个还不错，就挑了这个题目。因为据我所知，讨论陆云的理论文章很少，好像就朱东润先生在解放前提过，所以就以这个题目写了。那个时候也不懂学术论文怎么写，所以写好以后，就送请古代文学吴汝煜老师看。吴汝煜老师看了以后说你这个属于古代文论的文章。那个时候我还真不了解古代文论和古代文学的区别，当然，我们也开设古代文论课，但我一直认为处理的都是相同的问题，不应该切割得这么开，直到现在我仍然这样认为。吴老师建议我去找郝立诚先生，请他做我的论文指导老师。郝老师看了以后，觉得我写得还不错，夸奖了我。他说这个问题他也没考虑过，应该是蛮新的。郝立诚先生是中央大学 30 年代初的毕业生，他资格比较老。他的学问很好，陆机《文赋》都是能背诵的，但文章写得不多。他有位堂哥叫郝立权，是华东师范大学教授，出版过《陆士衡诗注》，蛮有名的。这篇文章后来完成了，作为我的毕业论文。

从徐州师范学院毕业了，我就回到睢宁县中学，也没有发表的机会。当时在睢中的时候投给过《徐州师范学报》，当时学报大概看到是中学老师寄来的稿就没用。我到上海读研究生以后，我又送请马茂元先生看，马先生看了，觉得我写得好，他说这个问题讨论不多，我提出了一些新的看法，材料也蛮新的。马先生推荐我这篇文章到《文艺理论研究》上发表。现在看来，这个文章讨论的题目还是蛮早的，提出一些看法也是蛮早的，这也算是自己本科阶段的总结吧。现在看还是有参考价值的。

杨阿敏：本科阶段，有没有让您特别敬佩的老师？

傅　刚：我们徐州师院虽然是个地方院校，但是我们好老师很多。尤其我们是恢复高考后第一届大学生，入学以后学校非常重视，专门为我们七七级配备老师。比如说中文系，都是配备我们系里面认为最好的老师，现在看来也是这样。虽然是个地方院校，老师的水平都是很高的。

比如说现代汉语专业的廖旭东老师，他后来担任系主任，也做过徐州师院副院长，他的现代汉语研究在国内学术界里是名列前茅的。当年教育部指定的全国教材《现代汉语》，就是他跟兰州大学的黄伯荣先生两人合编的。廖先生的水平非常高，他是北师大黎锦熙先生的学生，理论水平很好，资料很熟悉，而且又古今兼通，这在当代学者里是很少的，现在很多研究现代汉语的人不懂得古代汉语。虽然廖老师专业是现代汉语，但是他给我们上的是《说文解字》课，对《说文解字》非常熟悉。他晚年还出版过《楚辞语法研究》。他水平很高，人也很正，人品好，工作很认真。他后来做系主任，对于我们徐州师范学院中文系学风的培养和建立是有贡献的。

像古代文学的老师，对我影响深的有好几位，应该说从不同方面。比如说王进珊老师，他原来是复旦大学的教授，因为院系调整等等各种原因，调来徐州师范学院。他教我们宋代文学。他是一个多才多艺的人，属于才子型，解放前在上海已经很有名气了。他精通戏曲，既做研究也创作剧本。他是一位讲究生活的人，人也好，对我们很关心。又比如吴奔星老师，也是解放前的教授、诗人，在现代文学史上是有地位的。教我们古代文学的郭广伟老师，精于吟诵，《诗经》《论语》《孟子》都能背诵。现在看到一些人到处吟诵，和他一比，只能说是野狐禅了。他的研究成绩也好，出版过《权德舆诗文集》。当时 77 级两个班，我们二班的先秦两汉隋唐文学史是郭老师教的，他是一个旧式的学者，对资料非常熟悉，这对我们影响很深。他对上课用的材料都很熟悉，备课也很认真，所以我们古代文学能够学得好，专业上有兴趣，跟郭老师的课有关。

另外当时我们徐州师范学院培养起来的中年老师也都非常优秀，像邱鸣皋老师、吴汝煜老师等。丘鸣皋老师给我们上宋词研究选修课。明清文学是郑云波老师上的，郑老师也是非常优秀的老师，他教明清小说，对材料非常熟悉。他非常会上课，没有讲义，就拿张卡片如数家珍地讲，小说被他讲得绘声绘色，又富有学术性。当时郑老师对我们影响很大，他担任中文系副主任，对我们指导蛮多的。这几个老师都是非常优秀的。我因为学习过的学校比较多，能够有所比较，应该说以上这些老师的水平丝毫不比别的院校差。像丘鸣皋老师给我们上的词史，材料丰富，线索清楚，各家观点、说法一一排列整齐，清清楚楚的，加上他个人的案断，很有学术水平。我做了厚厚一本笔记，现在的高校里能有这样深度的课程并不多。

吴汝煜老师教一班，他既会上课，研究成果也很突出，文章写得好。他的专业是唐代文学，出版过好多重要的著作，如《刘禹锡传论》《全唐诗人名考》等。他后来还出版了《史记论稿》，显示他的专业领域很广。《史记论稿》是当代《史记》学研究的重要成果，吴老师的《史记论稿》是由专题论文组成的，所以就很深入。吴老师虽然没有直接教过我，也不是我的指导老师，但是我一直同他联系比较多，我很敬佩他的学问和研究的态度。很可惜，他其实刚50就去世了，现在回想起来，吴老师50岁的年龄，学问已经晋升到同时代人之上，入于更高一辈学者之列了，所以很多人误认为吴老师是老一辈学者。我回想我在50岁时所取得的成绩和吴老师比是要差得远的。如果吴老师不去世的话，他现在取得的成果应该是更加卓越，他在学界的地位也应该更高。

其他的老师当然也很好，因为我学的是古代文学，所以对古代文学的老师印象比较深刻一些。因为这些老师在各方面都对我有很大的帮助，所以也不能说谁最有影响。这些老师各方面都对我有影响，都对我指导很多。我们的老师都是非常亲切的，对学生都非常好。我后来读了研究生以后的几位老师也都是非常好的老师，运气比较好吧，都碰到了最好的老师。

　　杨阿敏：本科毕业后为什么选择考研进入上海师范学院中文系继续学习古代文学？

　　傅　　刚：其实我在大学二年级的时候就开始准备考研究生了。当时我对研究生不了解，对于我来说就知道大学生，不知道还有一个研究生。我们班里有个同学叫闫华，他是先知先觉者，他好像上大学初就考过一次研究生，应该参加过第一届或第二届研究生考试。他带着我们成立了一个古典文学兴趣小组，我们以前经常在一起讨论，挺有兴趣的。那时候才知道有研究生这么一个说法。我本科毕业的时候考过一次，当时没考好失败了。闫华当时就考上了中国社会科学院文学研究所，在当时影响非常大，因为徐州师范学院的学生一下就考到社科院文学所，那个时候我们觉得那是最高学府了。另外，还有一班的张宏生考进了南大跟程千帆先生读书。我们那一届考出了两个研究生，对我们也是鼓舞了。

　　我没考上当时就回去了，回去了心里还是不愿意，一直想考研究生，不想当中学老师，所以回到家里就一直作准备。我在睢宁县中学被分配在初一教语文，教学以外就是作考试准备。我是1982年1月毕业参加工作的，当年的半年时间是不能考的，等到过了一年，就是1983年参加考试。当时我是我们县中学里第一个考上研究生的老师，在我之前也有一些老大学生考研究生，都没考上。

　　当时没什么别的考虑，因为我的专业主要是研究魏晋南北朝文学，1983年的时候，全国只有上海师范学院招魏晋南北朝文学，其他那些就招汉魏六朝文学或者是魏晋南北朝隋唐文学。我觉得我准备主要都在魏晋南北朝这一段，如果跨段的话担心自己考不好，所以就选择了上海师范学院。上海师范学院就是曹融南老师招生。我是入校以后才知道的，因为那年全国只有上海师范学院招魏晋南北朝文学的研究生，所以考生很多，好像20多个人考，最后参加面试的是3个人。3个人参加面试，可能我的出身最低，是苏北一个中学的初一老师，毕业的院校也不算什么名校。另外两位我知道一位是杭州的，另一位在上海华东师范大学工作，应该都比我出身高。但是面试以后曹老师就录取了我一个。据说当时曹老师可以录取两个的，但最后只招了我一个人。

杨阿敏：硕士期间您师从曹融南先生学习魏晋南北朝文学，导师是怎么指导您读书治学的？

傅　刚：曹老师是非常认真的一个老师，如果放在《世说新语》里的话，曹老师应该是属于"方正"一类的人物。他当时招我一个学生，马茂元先生也招一个学生，所以我们两个学生一起跟曹老师和马老师上课。曹老师每次上课都是认真备课的，他有备课笔记，这一点和研究生的其他导师不太一样。他很认真，每周到他家里去，他给我们上两个小时的课，现在我给研究生上课也感觉到了，讲两个小时是很累的。

曹老师是中央大学1933年入学，1937年毕业的。他出身于江南一个士绅家庭，父亲是江南有名的士绅，家里有藏书。而且他父亲写有学术笔记，遗稿在曹先生家里，我见过。据说太老师与钱仲联先生都有交往。曹先生读中大的老师有黄季刚先生、汪东先生、吴梅先生等。曹先生跟我们聊天的时候说，季刚先生来上课经常会迟到，上课以后就会骂娘，主要骂胡适，有时一堂课会骂半节课，骂完之后讲课，虽然就讲那一点点，但是会让你受益无穷。曹老师他们一班有 6 个人。我还记得他跟我说过，有江西师大的余心乐先生、西北师范大学的彭铎先生，是做古汉语研究的。中央大学出来做文字学比较多，都是非常有名的，像彭铎先生水平就很高，可惜去世很早。

曹先生 1933 年考大学的时候，同时报考了三个大学：北大、武大、中央大学。结果武大没录取，北大和中大都录取了，他本来想来北大读书的，但家里人不同意，说当时北平已经不太平了，所以就不让到北京来，就让他选了中央大学。

季刚先生跟曹先生他们讲，读书不到五十岁不要发文章，确实是这样的，曹先生文章写得很少，他对这一点也不太满意。其实写作是可以锻炼人的思维能力的，可以促进你思考的深度，所以不写作是不好的。而且你长时间不写以后，习惯就不会有了，写不出来了，不光是懒的问题，经常不写后不写的习惯就形成了，不愿意写了，就永远眼高手低，所以必须要写。所以曹先生这方面有点不太满意，他说如果他来北大读书的话，也许自己会是另外一种局面。老先生很长寿，2017 年刚刚去世，是百岁老人。

曹先生发表成果不多，所以在学术界可能知道的人也不太多。晚年整理的《谢宣城集校注》是他的代表作。曹先生退休以后到八十多岁，甚至九十多岁的时候还经常跑图书馆，每天都在读书看书，充实自己的学问。他学问非常好，他是属于那种老派的学者，写得很少，其实他的学问所包括的范围很广，因为从小受家学教育。他发表出来的成果就是《谢宣城集校注》。这部书在上海古籍出版社出版后，在国内影响很大，到目前为止，在几部《谢宣城集校注》里他这本书算是非常好的，它的体例准确、规范，参考价值高。你看他的前言写得非常好，所以他不是不会写文章。

　　当时我们年轻不懂事，以为曹先生不善于写作。但看了他几篇文章，一个是《谢宣城集校注》的前言，他还编了本《魏晋六朝散文选注》，这两本书的前言都写得好，文笔属于那种具有深厚学术素养所养成的温润的文体，文字非常典雅，你读过就知道了。这样的文笔解放后的大学生是写不出来的，我们写的文字自然不自然地用很多夸张的套语，属于解放后带有时代特点的语言，不典雅。曹先生的文章一看就是那种很温润典雅的古典笔法，很可惜他没有写很多，这方面我也是觉得有点可惜了。

　　杨阿敏：在曹融南先生身边学习工作多年，您对曹先生的治学与为人有什么认识？

　　傅　刚：曹先生为人当然好。有一个很有意思的现象，就是我从本科导师郝立诚开始，到我博士后的老师一个比一个年轻，年龄最大的好像是郝立诚老师，是我本科的老师，然后是曹融南老师，其次是曹道衡老师，最后是袁行霈老师，蛮有意思的现象。刚才讲了曹融南老师是方正，一丝不苟，他跟学生平时是不苟言笑的，但是其实他非常的和蔼，很关心学生。因为他是大家庭里的老大，老大在旧家庭里的身份地位都是不让表达自己个性的，在他的生活和工作当中都是这个样子。他的几个弟弟读书都非常厉害，他有一个弟弟是学化学的院士，他们家的家风很好。

　　曹先生其实还是知道变通的人，不是墨守成规刻板的人，表面上他很冷，其实内心还是蛮热的。他跟我讲过，他的儿子当年被下放到东北去，曹先生就说到东北那个地方你可以喝点酒。这个话是什么意思呢？原来他们的家训是祭祖都不用酒的，那就是说他们家规是不喝酒，但是他儿子到东北去了，他说那个地方冷你可以喝点酒。所以曹先生内心是很热的。其实他年轻的时候是中央大学的篮球队队员，可想而知他的性情、内心世界也是很丰富的，虽然平时上课不太能感觉到。我1985年跟他一起到西安和北京访学，跟随他有10多天的时间，那个时候曹先生表现完全是另外一个人，就好像陶渊明讲的脱离樊笼外的状态，非常高兴，言谈也很多，很兴奋。那个时候我第一次感觉到曹先生是非常可爱的人。

曹先生对学生非常地好，在学术上却要求非常高、非常严。刚才举我的例子就说，录取学生的时候三个人里我的出身最低，他可以录取两个，但是他就从严，就录取一个他认为好的。还有一例，有一个外地老师跟他进修，后来要升教授评职称，就请曹先生给推荐，结果曹老师看了他的成果以后觉得他不够格，就给否定了。这在我们当代的高校里面基本上是不大会有的，跟过自己的学生，你给他否定掉的基本上没有。他就是很严格，是一个学术上一丝不苟的人，所以我们都非常尊重他。

杨阿敏：除曹融南先生外，您还跟随马茂元先生上课读书。请谈谈您眼中的马茂元先生。

傅　刚：马先生跟曹先生就不一样了，马先生得名要早，名气很大。马先生性格上跟曹先生也不一样，他有才气，文笔又漂亮，出身也是大家庭。当然曹先生也算是大家庭，不过桐城马家好像更有名一些。他的祖父是马其昶，马先生从小就跟随祖父读书学习。马先生非常聪明，是无锡国专毕业的。他的代表著作有很多，如《唐诗选》《楚辞选》《古诗十九首初探》等。

马先生水平非常高，记忆力非常好，他给我们上课都是背诵材料的。但当时他的身体已经不太好了，他的支气管出了问题，讲几句话就要喷一下喷雾。唐诗据说他能背一万多首，从先秦到明清的材料、诗文，他也都能大量背诵。他说我也不想记啊，但是看了我就记住了，过目成诵。他是很聪明的人，所以他的研究很深入。他一直想做唐诗史，"文化大革命"以前就准备了很多材料了，结果"文化大革命"期间他的材料全被烧掉了，对他打击蛮大的，"文化大革命"以后他的身体就很坏，所以非常可惜。

我们当年考上海师院的时候他跟曹老师一起参加我们的面试，那是我第一次见到他。后来我们每周都到他家里上课，他对我很好。像我这样从乡下农村中学出来的，他并不嫌弃，还很器重。我的本科毕业论文就是他推荐发表的，那个时候我研究生刚读，在1984年的时候发表文章，又是名刊《文艺理论研究》，对我的鼓舞太大了。我们在他家经常跟他聊天，其实和老先生们聊天是非常好的学习。他是善于谈论，也是愿意说的，聊天中有很多很好的见解。有一年他生病住在上海结核病院，当时同住的还有华东师大的叶百丰教授。叶家跟马家是世交，叶先生跟我们说马先生属于不世出的人，他平时讲话应该录音下来。当时我们没有这个想法，也没这个头脑。马先生说不行，他要是看到别人拿着录音机放在那地方，他就紧张，说不出话来。我们就录过一次马先生讲杜甫的《秋兴八首》，当时用的录音带，可惜现在找不到了。马先生的《秋兴八首》讲得真好，国内我觉得没人超过他。马先生的艺术感觉非常敏锐，艺术感把握得非常准确，表达得又好，国内同辈学者中没有人能超过他。当年上海辞书出版社编《唐诗鉴赏辞典》，第一次对鉴赏文章提出辞典的说法，责编是汤高才先生，他先是找马先生写前言的，马先生也答应了，但是好像在沟通的过程中出现了什么问题，马先生不高兴了，就不写了。后来汤高才又找了别的先生写了前言。

马先生那时候是副教授，上海师院还是不太重视人，加上"文化大革命"，像他们这种出身肯定是有政治问题，会压着他们。但他的成就很高的，唐代文学会成立时，他就是顾问，在唐代文学研究里地位是很高的。马先生对我们学生是非常好的，可能他才气大吧，也可能在同辈里他恃才，可能有时对别人不一定很客气，但对学生很好，比如说对我，所以我对马先生很感恩，马先生也经常请我们吃饭。所以现在我们也计划在商务印书馆给马先生出全集，这是我在做的工作，也是对马先生感恩吧。《唐诗选》是上海古籍出版社出的，商务印书馆也准备出，商务要出全集，现在出了《古诗十九首初探》和《晚照楼论文集》。

马先生据说当年给本科生上课就拿一个火柴盒，上面写几个字作提纲，全程都是背诵材料，他的课老师院人都记忆深刻。

我们比较熟悉马先生的几个选本有《唐诗选》《楚辞选》《古诗十九首初探》。你读《楚辞选》，他那些分析多深入、文笔多好啊！其实马先生晚年对《楚辞选》有点不满意，就是嫌它太漂亮。他对有些文章的要求，对文章写作上的一些风格，态度有些变化了，觉得应该简明洁净，他希望改写，但是没精力了。后来《唐诗选》是他和赵昌平先生一起合作的，作了不少修改，所以现在出版的《唐诗选》是经过修改后的，比1962年出的那个要好多了，他晚年亲自修订过。

马先生记忆力的好也是非常少见的，他病重去世之前住在上海中山医院，我去看他，当时他喉管已经切开了，要用呼吸机，所以大脑严重缺氧。我去看望他的时候，有一个唐诗的出处不知道，就问他，他说让我想一想，我就回去了。回到学校以后，他女儿马敏给我打电话，说她爸爸想起来是谁的诗了。

还有一次，一位外地高校正在读博士的朋友来上海访学，我带他去见马先生，马先生就问你的博士论文做什么题目啊，那位朋友有点尴尬，因为他当时选的题目是清代一个二流诗人，他的指导老师也不是很清楚。他担心说出来马先生如果不知道的话，可能会难堪。没想他回答以后，马先生一下子背诵了那个诗人三首诗，这位朋友一下子被震住了。

杨阿敏：1993年，您考入中国社会科学院研究生院文学系攻读博士研究生，请您讲述一下在社科院三年的读博生活。

傅　刚：我在上海师大已经学习工作10年了，想换个环境，感觉自己还是需要读书，需要再提高，总觉得上海的环境不太适合我，正好见到中国社会科学院的招生目录，那一年曹道衡先生招生，所以当时决定报考。社科院研究生院成立的时间不长，1978年成立，但是学术地位很高，毕业生在各个领域里面都取得了令人瞩目的成绩，在学术界很有影响。到目前为止，包括国家领导人，以及各个专业领域里都有社科院研究生院的毕业生。研究生院学风一直很严谨，学术眼界广阔，且师资力量非常雄厚，因为它依托中国社会科学院，而社科院各所的研究员人员众多，力量非常雄厚。

我是1993年才考的社科院，因为社科院研究生院不属于教育部所属，但招生名额却是由教育部给的，所以每年的名额很少。我们那一届只招了80多人，实际上社科院的博士生导师有几百人，还有很多非常有名气的老师都没有博士生导师资格，这些人在一般的大学里，早已经是博士生导师了，所以社科院的博士生导师都是一届带一个或两个，且都是三年带完以后再招生的。

我们那一届80多人分成三个班，文史是一个班，经济法学是一个班，外国的政治、文学、国际关系等等是另外一个班，三个班。但是我们的学习、集体活动都在一起，三个班的关系都处得挺好。我的体会是，这三年对我来说非常重要。一是我们是从全国各地考过来的，具有不同的学术背景；二是集中到研究生院这个地方，各个不同专业在一起，不同的学科互相交流、启发。我们在一起学习、吃饭、活动，经常采取自由的讨论方式，不同学科之间的交流比在课堂上获益更多。不同学科的知识背景、研究方法等，对学术研究帮助很大，我这方面的体会非常深。

另外，研究生院给我们的待遇也是其他高校不能比的，因为当时人少，我们当时都是一人一个房间，这在其他高校基本上没有，当时那房间还是蛮大的。因为读博士研究生年龄也算是挺大的，个人的生活习惯都不一样，一个人住一间屋就保证每个人有独立自由的空间，能够保证读书的时间，提高效率。

此外，研究生院的图书馆建馆时间不长，藏书不是很丰富，但是因为每个专业就那么几个学生，比如文学专业，当时我们古代文学就两个人，还有一位是现代文学专业的，这就等于说图书馆里有关的专业书籍就是为我们几个同学准备的。借书非常方便，周期也长。而且社科院研究生院专业设置非常广泛而精细，种类多，因此各种专业的书籍都有，而文科学习就是要博取，这对我们的帮助太大了。

除了研究生院图书馆以外，社科院各个所都有图书馆，有一些大的所的藏书相当于一个大学图书馆，比如文学所、历史所、考古所、宗教所、语言所等，所藏图书非常丰富，包括线装书，这些都是对我们开放的。我们经常到所图书馆借书，有些线装书当时是可以借回家的，甚至明版的线装书，只要没列入善本，也都可以借回去。所里名宿云集，我们经常能从借书卡片上见到仰慕已久的大学者，我就借过许多钱锺书先生借过的书。所以研究生院三年的读书生活对我来说是非常愉快的。

这三年的愉快其实超过我读硕的三年，真是心无旁骛，而且我们那届比较特别，尤其我们文史班，20多个人，读书三年没有一个人出去打工，三年就真的是读书，很纯净，很单纯。应该说我们那些学生学得都很好，论文质量都很高。这也是我学术成长当中非常重要的一个阶段。

杨阿敏：为什么选择师从曹道衡先生学习，曹道衡先生是如何指导您的，您了解的曹道衡先生是什么形象？

傅　刚：因为我读本科时候就知道曹先生了。当时我认为国内研究魏晋南北朝文学最好的就是两位老师：一位是上海复旦大学的王运熙先生，一位是北京的曹道衡先生，他们的文章发表得多，研究很深入。曹先生的文风我觉得非常适合我，他的研究方法很平实，但是都奔着解决问题去的，不玩虚的。不像很多学者写的东西很漂亮，但很多是不解决问题的。这两位老师的文章都是扎扎实实的，所以我很向往这样一种研究。

其实1983年我考硕士的时候就很想考社科院的，但当时曹先生不招，到了1993年，正好看到曹先生那年招生，就毫不犹豫地报考了社科院。现在回想起来就是缘分，当时报考曹先生的有好几位，水平都不错，结果我如愿考上了。应该说我前前后后经历了很多老师，每一个老师对我的帮助都很大，这些老师都是好老师，但是如果就研究的方法和学术观念来说，我觉得自己与曹先生最为契合。各方面比较起来，曹先生是最适合指导我的老师，我很向往他的研究。

其实曹先生倒没有给我们像现在上课的形式很细致地讲，很多时候就是聊天。学生跟老师读书真不是靠上课能够上出来的，像曹先生的研究方法、成果，作为学生要自己主动去了解，而不是被动地接受。所以对曹先生的书和文章，我都仔细认真地读过，从他的文章里总结寻找他的思路，他运用材料的手段，以及解决问题的方法，从这方面我就学习很多很多了。学习中产生的疑问、困惑，就要当面请教了。

曹先生是纯粹学者，学问博大也精深，感觉就是我向他请教的问题，基本上没有他不会的，没有他不能够给你解决的。这样的老师我想很少再能碰上了，因为一个人不太可能说你什么都知道的。他读书，尤其文史的研究，涉及的领域很广。就专业领域里的问题，曹先生基本上都能够给予解答，有一些解答不了，他都能引用相关的材料给你说明，这一点是非常了不起的，我想我这一辈子也做不到这一点，他对材料太熟悉了。

　　曹先生解放前是在无锡国专读的历史系，所以受过很好的史学训练。我们跟他学先唐这段文学史，从先秦到隋唐这一段，材料他都熟悉得很。其实明清他也非常熟悉，他的父祖那一辈都是清代的，有很多历史跟他们家都有关系的。比如他的外家是潘家，潘家在清代是不得了的，从清初的潘世恩到清末的潘祖荫，再到他的舅舅潘景郑，都是文化名人。他的姨夫是顾廷龙先生，是当代著名学者，名望非常大的，所以他对清代的整个社会自然很熟悉。曹先生在北大毕业后，进入文学研究所本来是做清代研究的，他研究过王夫之，甚至写过《红楼梦》的文章，后来因为研究需要，让他去研究唐以前文学，这也正适合他，因为他有经学和史学的根柢。

　　蒋寅曾经写过古代文学研究四代人的文章，当时在学术界流传较广，但是蒋寅这篇文章里恰恰漏掉了曹先生这代人。这一代是什么人呢？他们既不完全是解放后培养的，也不完全是解放前培养的。解放前大学生很多也是从小学到大学，由学校训练出来的。但是曹先生是有家学的，小时候是做日课的，每天读什么书，上午读什么，下午读什么，而且每次只读一卷，比如说《史记》《汉书》一卷，《尔雅》一卷。这都是旧式的读书方法，这方法其实是很科学的，是老祖宗读书经验总结出来的方法，适合对年轻学生的培养。

　　曹先生从来没有炫耀过他的记忆力，但他记忆力真的很好。他不会有意背诵什么以显示记忆力好，就是在你问他什么问题的时候，他可以成段背给你听。比如我问过他《尚书》的一个问题，他就把孔安国传和孔颖达的正义背了一段，说伪孔传是这样说的，孔颖达是这样说的，我的意见是什么。再举一个例子，我同学闫华想编一本《东方朔集》，出版社要求有译注，他让我去请教曹先生。我问曹先生后，他说东方朔的东西有的是很难注解的，更不要说翻译了。于是他就随口背了一段东方朔的文章（篇目已经忘了），说这怎么翻译啊。曾经有一位学术界朋友跟我说，可以从曹先生发表的文章看他到正在读什么书。这个话比较轻佻，意思是说曹先生的腹笥并不广，都是临时读书才能写文章的。这真是小人之心了，是没有见过大学问家才有的浅陋之语。

曹先生小时候是由他的舅舅潘景郑先生亲自教他的，然后考取了无锡国专。无锡国专按照现在的制度来说是一个专科学校，但它是一个专门的国学教育学校，如果从专业教育来讲的话，没有任何大学可以超过它。它这种专业的学术训练，使学生的文史知识都非常扎实。曹先生从无锡国专历史系毕业以后，想再读一个大学，所以就报考了北大，这一点在他的《困学纪程》里都讲到了。因为他在无锡国专已经专科毕业了，所以他入北大是插班读书，不是从一年级读的，好像直接从三年级开始读。

曹先生在北大就接触了解放以后的学科理论，他虽是旧学出身，但善于学习，爱读书，记忆力又好，所以他对现代教育制度中的理论知识掌握得也很好。从这些方面讲，我们说曹先生的学术背景既有旧式的，也有新式的。他清楚知道自己理论不好，所以在北大读书期间，他很认真地学习理论，到了晚年，曹先生还能够成段地背诵马克思、恩格斯的著作原文，可见他这方面的理论素养也很深。所以，他这样一种学养和知识背景在所谓解放后培养的大学生里是比较突出的。对曹先生这样的学者，不能完全看成是解放前或解放后培养的，他有旧学根柢，又经过新学训练，他的特点就跟别人不一样。很多没有旧学根底的人理论分析比较强，但是功底不扎实，尤其是解放后培养的，这方面有很多缺憾，但是曹先生就比较完备。

曹先生是厚积厚发，他很勤奋，不断地写文章。因为他有这样的知识储备和背景，所以不断会有新文章、新创见。到了我跟着他读书的时候，他已经退休了。文学所是60岁退休，他退休以后才带的我们这一届研究生。其实现在看，他有很多非常重要的学术成果，都是60岁以后产生的，一直到70岁以后，新的学术创见还是不断地产生。他的创造力很旺盛，在70岁以上的学者中不多见了，而且他都能把它结构成篇，有专著，有长篇论文。人在70岁以后精力是有限的，写一篇大文章，其实是很累的，但曹先生仍然不断有大文章出来，而且能不断提出很多新的学术看法。

我觉得他在晚年做的很大的一个工作，就是研究地域文化和文学发展之间的关系，这是他非常重大的一个成果。他在《中古文史丛稿·自序》中专门谈了他的看法，他说："在这本小册子中所收的文章，有不少是讨论关于地域、家族等因素和学术、文艺关系的。这个问题我虽已考虑多年，却一直未敢笔之于书，原因是这问题颇为复杂，而我的学力有限，所以颇为犹豫。直到去年，才向社会科学院老干局提出一个研究课题——"关陇与河朔"（北朝学术、文艺的地域差别）。这个课题在去年年底已初步完成，共包括六篇文章，有《秦汉统一与各地学术文化的发展》《试论北朝河朔地区的学术和文艺》《关中地区与汉代文学》《西魏北周时代的关陇学术与文化》

等①。其中像北朝河朔地区学术文化的问题，曾在北京大学和安徽师范大学中文系部分研究生和本科中试讲过，并得到一些先生的鼓励。在对北朝学术文化的地域问题进行初步探讨之后，我又把目光移向南朝。关于南朝文化的地域问题，我在过去也曾想到过，如十几年前所作的《略论晋宋之际的江州文人集团》一文，已多少有所涉及，但未进一步探索。这次所收《略论南朝学术文艺的地域差别》《论东晋南朝政权与士族的关系及其对文学的影响》二文，可以说是对这种研究的延续。但南朝的地域问题较诸北朝尤为复杂，因为南朝士人中有很多是北方的移民，如王、谢二族，分别是琅邪、陈郡的高门，南迁后又有时居建康、有时居会稽，两地文化也多少有别，因此这种探索，还只能是初步的。"这个序写于2002年，则见这个课题是在2001年立项的，但实际上他对这个问题的思索早在20世纪80年代就已开始了。我想曹先生如果还健在的话，一定能写出一部非常重要的区域文化和文学发展之间关系的专著来。他的研究其实开启了后来一些文学与地域文化的研究。所以我觉得曹先生这个开创的意义非常大，这是无法抹杀的，这是很大的创见。

　　曹先生非常勤奋，他每天早晨起来很早，四五点钟就醒了，起来后洗漱一下就开始写作了。其实他的身体一直很好，每天都工作十几个小时，像我现在，工作七八个小时就很累了，他身体一直很好的。他一直用手写，他也不会用电脑，他的文章都是用手写的。

　　曹先生主要精力集中在南北朝文学研究上，北朝文学研究的阵

---

① 傅刚案：曹老师序中仅列此四篇，还有两篇是《"河表七州"和北朝文化》《北朝黄河以南地区的学术和文化》，或为编辑所漏列。

地是他开辟的，在他之前没有。北朝文学该如何看，北朝文学特征是什么，北朝文学的历史阶段如何划分，北朝文学各个阶段有哪些重要的作家、作品，这些工作都是他做的。对北朝文学发展的走向，他认为到了北朝后期，它取得的成就已经超过了南方，这种判断目前大家都是接受的。所以他学术研究的精力集中在南北朝比较多一点。另外，这段时间、这个研究领域里重要的作家，包括二流的作家的生平、作品，他都有单篇的论文。

这是一个中国古代文学研究者的典范，这个典范的意义在于一个学者作某段文学史研究，必须有个案研究。曹先生做了大量的个案研究，这个时段文学史涉及的每一个作家、作品，他基本都作过考订和研究，在这个基础上他写成了《南北朝文学史》。这样的文学史与一般人写的不一样，因为文学史中涉及的每一个研究的对象他都有发言权，不像很多文学史写作的人没有个案研究，多是靠综合别人的说法而攒成的，这是很不一样的。

有些人说曹先生是手工业工作者，所谓手工业工作者是比较注重那些微观的琐碎的材料，这个完全是无知的说法。古代文史研究必须从个案，从材料的辑考出发。其实曹先生不仅做这些材料的积累，他本人是学历史出身的，他具有很高远的历史眼光，看问题都很深刻。他在完成了许多个案工作和文学史的写作后，将自己对南北朝文学的看法写成《南朝文学与北朝文学》一书。这本书就是理论研究，就是他研究成果的理论总结。因为他有这么多研究成果作为基础，他的理论总结的结论是可信的。

曹先生在我们当下的时代里，他的研究成绩还远远没有得到认识。现在的学者是只认那种做了官的人，拥有很多的荣誉。曹先生就是一个普通的学者，一个布衣学者，他没有什么头衔。又因为他在社科院工作，社科院这个地方招的学生很少，又没有本科生，它不像很多大学里老师能带很多学生，老师吹学生，学生替老师吹，互相吹，这是不一样的。

杨阿敏：您的博士论文是《昭明文选研究》，当时为什么选择研究《文选》，在论文中您主要探讨了哪些问题？

傅　刚：论文题目是曹先生替我选的。我当时想做魏晋南北朝乐府研究，我对乐府研究还是有些考虑的。但曹先生说还是做《文选》研究吧，《文选》学长时间地受到打压，没有受到重视。1993年，国内已经开始重视《文选》了，开过两次国际讨论会，正是《文选》学要兴起的时候，所以这题目还是不错的。"五四"文学革命，靶子就是《文选》，所谓"桐城谬种，选学妖孽"。从"五四"以后，《文选》就一直没有得到重视，等到20世纪80年代以后，中国很多读书人就不知道《文选》是什么东西了。在这样的背景下，曹先生让我研究，在新的学术背景里，从理论上对《文选》进行一些讨论，所以就选了这个题目。

《文选》这本书，像我们研究古代文学的人都要读的。我在本科阶段也读过，当然不会像后来读得那么认真那么细。硕士阶段也读过，那个时候也是不太重视。读了博士，我觉得也很重要，曹老师让我做，我就做了。《文选》是专书研究，主要解决的问题就是编纂的问题，即编者、编辑时间、体例、选录标准、编者的批评观，以及编纂的文学背景等。这些问题前人有过研究，20世纪30年代骆鸿凯先生写过《文选学》，这是现代学术背景中的第一本研究《文选》的专著，书中对这些问题作了理论归纳和总结。到我写作博士论文的90年代，学术环境发生了很大变化，有的问题还没有讨论，有的问题讨论了还可以有一些新的解释和看法。当然已有的研究、正确的结论我们要重新认识它，研究它。写这个还是蛮愉快的，写得很顺利。我们的学制是三年，两年用来搜集和整理材料，之后不到一年开始写作，是一稿写成。当时不用电脑，都是手写的。那时候我自己还没有电脑，也不会用电脑，只能手写。现在看我那个稿子还是蛮干净的，涂改不是很多，说明考虑还是蛮成熟的。收集材料时我就记在一个本子上，所以写的时候很顺利。论文的手稿还保留着，自己觉得挺珍贵的。

当时一共写了30多万字，但定稿时将版本叙录拿掉了，所以是20多万字。论文都是一边写，一边送请导师看的，当时曹老师是《文选》学会会长，他对《文选》的见解和研究很深入。所以有他给我把关，我可以放开写。反正我写得不对的话，曹老师会给我批评和纠正的，所以可以放开写。不像我现在指导学生，如果学生写的题目我不是很了解的话，写得不好，我也指导不了，那么学生也不敢放开写。当然我写的大多数曹老师都是没什么意见的。

写完之后觉得还是挺不错，顺利通过答辩，评优秀博士论文是我们毕业之后的事，研究生院把我的论文报上去，报的时候我们都不知道。还是后来需要补充材料，研究生院打电话找我，我才知道这件事。结果也没注意，最后说公布了，获得优秀博士论文奖。那当然是很高兴的事，评这个奖还是很难的，因为是第一次评，参加的人前后三届还是四届加起来，所以参评的论文很多，最后一共评选出一百篇，号称"百篇优秀博士论文"。古代文学就两篇，是我和现在首都师范大学的左东岭老师的。所以在曹老师的指导之下，这个论文写得还是比较满意的。

杨阿敏：博士毕业后您为什么选择到北大读博士后，继续进行选学研究？通过《文选版本研究》这个课题研究，您主要解决了什么问题？

傅　刚：我做完博士论文以后，觉得自己可以结束学业工作了。我的母校上海师范大学叫我回去，当时学校管人事的处长徐桂英老师对我一直很好，一直跟我联系，也来找过我，她希望我回上海师大工作，我也准备回去了，因为家就在上海。但是当时的博士后条件很好，尤其文学专业的博士后站刚建站不久。我是1996年毕业的，好像是1990年建站吧，全国建站的学校只有四所——北大，北师大，南大和复旦。博士后站条件很好，有两年自由的研究时间，待遇也不错，所以觉得我还是先做个博士后吧，将博士论文期间的课题再深入研究一下。曹老师也支持我。

这四个学校我都申请了，当时也不知道谁能录取我。南大当时我找了周勋初先生，周先生以前稍微有些联系，他也了解我，所以问了下周先生。周先生说，正好他那一年不能带了，但是他愿意推荐我到苏州大学随钱仲联钱先生做博士后。因为苏州大学没有站，钱先生可以在南大这个站带。周先生对我很好，他推荐了我。

当然还是想来北大，所以给曹先生也汇报了。曹先生是北大毕业的，北大情结非常浓，尤其对他的老师游国恩先生，他一直觉得作为游先生的学生，没有留下来为北大作贡献，觉得很内疚，觉得没有报答北大，他就想让我来北大。所以曹先生也专门跟袁行霈老师介绍了我。我带了材料去见袁老师，袁老师当时就同意叫我来跟他聊一聊，所以我就到北大跟袁先生见了面，聊了一下研究的情况。袁先生当时应该对我也满意吧，所以就同意我申报，他愿意招。袁先生一直是很低调的人，北大博士后站其实他早就可以带，但他一直不愿意带，他觉得应该让一些资辈比他老的老师先带。当时博士后站一个站一年只有一个人，正好那一年他可以带。他可能看中了我，就让我来申报，材料报上来之后，当时中文系管科研的是程郁缀老师，系主任是严家炎老师，这两位老师看了我的材料还是很支持我的，在学术委员会讨论时就通过了。所以，其他学校我就不再继续联系了。

文学博士后建站时间不像其他学科建站时间长，文科的博士后，尤其是文学的，各个学校的情况不完全一致。其他学校有博士后站长，北大我一直没有明确地听说，但是有人跟我说过，其实袁先生就是北大中文系博士后站长，但是从来没有这方面的材料说过的。我不知道这个说法是真是假，没问过，但是其他院校里，像复旦，就明确地说博士后站长是章培恒先生。

从名义讲博士后不是个学位，它是个工作。所以它属于人事部管，而不是教育部管，在学校就是人事处管理。跟导师之间的关系其实是合作研究关系，导师称合作导师。其实我们的惯例还是把它当成跟读学位一样的，一般就这么认为。

当时的待遇是可以给住房的，北大在承泽园专门建了博士后住房，两室一厅。这对我来说非常好了，以前我从来没住过两室一厅，来到北大住上了。另外，当时全家户口是可以迁过来的，我家在上海，是上海户口，全部迁到北京来了。每年给的待遇经费在当时是挺好的了，生活上无忧，研究也比较顺利。博士后期间不像在社科院同学那么多，可以经常在一起切磋，博士后期间基本就是自己一人作自己的独立研究，切磋的时候不多。

《文选》版本研究等于是我带进来的题目，其实《文选》版本我在1993年做博士论文的时候，曹先生就跟我说过，版本就不要做了。因为他当时的看法是，《文选》版本清代学者已经解决差不多了。因为曹先生不作这方面的版本研究，所以他就按照传统的看法，认为这个研究花费时间多，且已有定论，不必再做了。所以我在写博士论文期间就没有打算做版本研究，不过还是做了版本叙录。因为我一般的惯例是，研究一个东西的时候，要把它的基本材料搞清楚。尤其是《文选》，以前虽然知道它，但是并没有很深入了解它，所以我开始研究的时候，就要了解《文选》到底是什么样的情况，要将这本书的版本搞清楚，所以我就做一些版本的叙录，调查宋、元版本的存传及版本特征，另外还有一些存世的写抄本如敦煌本和日本藏的写抄本等，都做了一个叙录。所以，我在写作博士论文的时候，就把版本叙录都写好了。

我先做的版本叙录，跑了很多图书馆，看了很多材料，在写叙录时就已经觉得《文选》版本问题很大，清代学者的意见是错的。《四库总目提要》和顾广圻的基本结论是不对的，因为他们没有看到真正的国子监本李善注《文选》，就说传世本无单李善本，宋尤袤本是从六家本中抄出的，这个观点是错误的。当时就针对清人的意见写成了关于李善注版本问题的文章，我觉得那是我研究《文选》版本很重要的一篇文章，《四库总目提要》以及顾广圻，包括日本学者斯波六郎，他们的观点我都推翻了。

毕业之后，觉得版本问题还可以继续做，所以我见袁老师时提出，我进站以后还是做版本研究，对《文选》版本研究做一个总结。袁先生也很高兴，他认为这很重要，所以我进站以后就做《文选》版本研究。我的博士后报告《文选》版本研究，是在前期叙录工作的基础之上展开的。我针对版本里存在的主要几个问题，以论文的形式进行了专题讨论，一个问题写一篇论文吧。我觉得在当时的条件之下，还是解决了一些问题，比如我提出写抄本阶段的文字特征和刻本阶段的文字特征要分开看，不能混在一起，这个看法现在好像越来越多人接受它了。另外对诸宋本之间的关系、写抄本和刻本之间的关系，以及不同写抄本间的关系等，都作为学术讨论课题提出，也解决了六家本合刻的时间、地点等问题。

版本研究的确是解决一些问题了。当然回过头来看，当时受到条件的限制，一些珍贵的版本和抄本没有看到，还有一些研究结论可能有些不合适的，这些在我后来的研究中不断地得到修正和补充。

1993年开始做《文选》版本叙录，那时各大图书馆的藏书目录都没有电脑检索，都是自己跑，自己去查他们的卡片，然后调出来自己看，很累的。尤其是中国香港、台湾没有条件去，只能根据内地有关图书馆藏的日本写抄本，还有托人从台湾那边复印一些材料，甚至托人从韩国买奎章阁本的影印本，国内都很少见到过，在这样的条件下做的工作。现在的条件太好了，只要一上网，很多图书馆都把目录公开了，查阅太方便了。当年我们全靠手抄，连复印都没有，所以是蛮艰难的。

《文选》版本研究也挺有意思的。虽然古代学者对版本有一些研究，有一些观点，但有很多是属于藏书家的，藏书家提出这个本子是什么样的情况，没有把它上升为《文选》学的主要内容，如《四库总目提要》。还有研究《文选》版本的专著也比较少，最重要的就是顾广圻的《文选考异》。我做《文选》研究的时候，整个在《文选》学里面，《文选》版本的东西并没有成为《文选》学的重要内容。自我做《文选》版本研究以后，大家对《文选》版本的关注越来越多了。到目前为止，《文选》版本研究在《文选》学研究中已经占有很重要的比重，是从我的《文选》版本研究开始的。而事实上，海外的学者碰到我都提《文选版本研究》，不怎么提《昭明文选研究》，知道我这个《文选版本研究》的东西和一些结论，挺有意思的。可见版本这个东西还是蛮重要的。当然，版本的东西太复杂，还有一些自己做得不够，有待补充、修正。

我的《文选版本研究》是2000年在北大出版社出版的，是博士后站工作的结果。书出来以后，中华书局的徐俊先生给我写过书评，也提出一些修改的意见，修改个别的提法等等。这个工作结束之后，又因为有机会去了香港、台湾。最有收获的是去了日本，在日本待的时间比较长，待了两年半，收集了很多材料。其间就日本藏写抄本写了一些研究文章，后来就把这部分的内容重新加进去，这就是说世界图书出版公司出的是"增订本"。我要求他们在书面上注明是"增订本"，但是他们为了出版的需要，就没给我加上"增订本"字样，好像写上"增订"就销路不好怎么着。

　　杨阿敏：博士后期间的导师是北京大学中文系的袁行霈先生，袁行霈先生给您一种什么印象？

　　傅　刚：袁先生17岁的时候就考进北大了，很聪明。他对作品的感悟力非常好，善于理论总结，又有很多开创性研究。《中国诗歌艺术研究》那本书影响很大，也是论文组成的。他这样一种研究思路和方法，在那个年代是领先的，别人没有像他那么做，他做得很好，而且做得非常成功。这个工作做完之后，他就转向传统学术研究，做了《陶渊明集笺注》，而且对陶渊明集的版本研究得很精细，这反映他对传统的版本学研究也很重视。后来，他又组织编纂了《中国文学史》《中华文明史》等大型书籍。这反映出他眼界很广，格局很大。

傅刚教授

比如他的《中国文学概论》，那是一般人写不了的。他强调格局和气象，讲学问的气象，他是这么说的，也做到了。他气象大，格局堂庑都很大，也很正。所以在学术上，他做的这个东西非常成功。但这样的工作只有他能做，是学不来的，因为需要本人很多的条件——聪明、有才气、心胸宽阔、眼界高。这些都是个人的因素，这不像有些研究方法是可以传的，可以学的。他这个不是方法，是学不来的，但是放在他身上，他做到了，取得了很大的成绩。

杨阿敏：一路走来，您也积累了丰富而宝贵的学习经验，您对正在求学的青年学子有什么希冀呢？

傅　刚：现在时代变化太快，我真不能说什么，我都不知道是不是合时宜，我一直是不合时宜的。不是倚老卖老，也卖不了老。我觉得对的，未必对他们就是合适的。比如整个学术环境不好，学术风气非常不好，整个学术界污风浊气很多，假学者到处都是。这些东西都是大环境造成的，国家有责任，当然个人也有责任，国家纵容这样的现象。

现在的环境很不好，这样的环境里要告诉学生说你要好好做学问，好好读书，做你的学问，你不是害他吗？但是你要违心说我劝你一句，争取去做官，那我也违心了，我觉得这不好。但是，你说年轻人，你让他怎么办，他做普通老师，永远没有出路。那怎么办？所以你让我寄语，我没法寄语！我对我的学生说，你既然选择了这个专业，你喜欢这个专业，把这个专业做好，你不能考虑太多别的，你又不能不考虑。但是即使你做其他事情的时候，你要对得起自己的良心。

有些东西，虽然利益很重，如果是违心的就不要做。对我的学生可以这样说，对其他人，对青年学者我不会说这话，没法说。

《史记》里讲到辕固生告诫公孙弘："务正学以言，无曲学以阿世。"这句话说得好，从古到今都在传，但是公孙弘如果听他的，公孙弘就发达不了。现在这些青年学者你要求他都去"正学以言"，那他饭碗都端不住，你不是害他吗？所以，无话可说。只能凭良心，就看你追求什么。这话只能对自己说，不能对别人说，跟别人说，你不是害人吗？我不害人，只能是这样。我也改变不了大环境，大环境改变不了，所以在这个环境里，既能坚持自己的学术理想，坚持自己的良心，还能够生活下去，这是很难的。

老师们

——刘跃进教授访谈录

刘跃进，河南大学特聘教授，中国社会科学院学部委员，中华文学史料学学会会长。出版《秦汉文学地理与文人分布》《秦汉文学编年史》《门阀士族与文学总集》《中古文学文献学》等专著，《古典文学文献学丛稿》《秦汉文学论丛》等论文集。

1977 年底在北京密云山区参加高考，1978 年春走进南开大学。从那时起，我有幸得到很多老师的指点，逐渐走上学术研究之路。

一

南开大学中文系七七级有 77 位新生，论年龄，我排行第七十，属于小字辈。报到第二天，系领导给新生讲解中文系的课程设置，两大类（政治课和专业课），总共十七门：形势教育、党史、哲学、政治经济学、国际共运史、文艺理论、现代文学、现代汉语、写作、古典文学、古代汉语、外国文学、工具书、专题课、英语、体育、军事。前三年是基础课，最后一年是专业课。此外，还有一些选修课、专题讲座，内容很丰富。四年八个学期的课，外语学习任务最重。我过去学了五年德语，重新学习英语，压力很大。

大一时，同学们都很兴奋，多聚焦当代文学，关注文坛变化。从

《班主任》到《爱情的位置》，从《伤痕》到《在社会的档案里》，每有新作问世，大家都争相传阅，争论分析，常常彻夜不眠。不久我们班就成立了文学社，分为评论组、诗歌组、小说散文组、戏剧组等，大家经常凑在一起，交流文学创作和评论心得。同学们还把自己的作品贴在墙上，供人评头品足。进校不到一个月，中文系同学又创办了《春芽》杂志，蜡板油印，人手一册。大家的心思都在文学创作上，暗暗较劲，看谁能最早出头。想当作家的人多如牛毛，发表作品的机会微乎其微。好在那时不被录用的稿子，刊物会退还作者。我有一个同学，试图验证编辑是否看过他的稿子，就将中间一两页稿纸用浆糊粘上一点。退稿后，他发现那两页粘上的纸并没有被撕开，说明编辑根本就没有看完，但这并不影响大家的积极性。1978 年 4 月 14 日《人民日报》刊登马克思十七岁写的《青年在选择职业时的考虑》给我很大鼓励，他说："那么我们就可以选择一种使我们最有尊严的职业；选择一种建立在我们深信其正确的思想上的职业；选择一种能给我们提供广阔场所来为人类进行活动、接近共同目标（对于这个目标来说，一切职业只不过是手段）即完美境地的职业……如果一个人只为自己劳动，他也许能够成为著名的学者、大哲人、卓越诗人，然而他永远不能成为完美无疵的伟大人物……如果我们选择了最能为人类福利而劳动的职业，那么，重担就不能把我们压倒，因为这是为大家而献身；那时，我们所感到的就不是可怜的、有限的、自私的乐趣，我们的幸福将属于千百万人，我们的事业将默默地、但是永恒发挥作用地存在下去，而面对我们的骨灰，高尚的人们将

洒下热泪。"① 我们的职业理想是当作家。在当时，全社会都沉浸在
文学的狂热中，都愿意献身文学事业。

文化部有关部门曾收到全国各地作者寄来的文学剧本、小说、
诗歌等，大概数量很多，简单退掉未免可惜，不如披沙拣金，也许
能发现优秀作品。文化部将这些作品分派到重点大学中文系作初步
筛选，提出处理意见。这个办法在北京大学、北京师范大学、北京
师范学院试行，一举两得，效果很好。文化部又继续推广到其他院校。
我们正好上文学评论课，审读作品可以作为教学实践的内容。每人
都分了好几个剧本，写出读后意见。我小有得意，觉得自己可以审
读别人的作品，离文学梦想越来越近。写作课还安排我们到厂矿企
业进行实地采访，撰写通讯稿。我和韩异同学到天津计量检定所南
开分所，采访张光寅老师的先进事迹，这些活动对我们的写作帮助
很大。

随着课程的增加，同学们的读书志趣逐渐疏散开来。宋玉柱老
师的现代汉语课程调动起部分同学对现代汉语的兴趣，宋老师很会
讲课，要求极严。一段时间，我们整天把"词性""句子构成""特
殊成分""一般成分""单句""复句"之类的话放在嘴边，分析"打
得他到处乱跑"的句式结构，看见什么都像"状语"。譬如看见卖
冰棍的，就说"大街上有个卖冰棍的"，另一个接着说"这是存现句"。
有些问题，老师都难以回答。譬如"我们明天回到北京"，老师说"回"
是动词，"到"是介词，和"北京"构成介词结构作补语。同学说，"到"

---

① 人民教育出版社 1986 年出版的《马克思、恩格斯论教育》引用这段文字，
与《人民日报》所引有较大出入，现据人民教育出版社版征引。

后可以加时态助词"了"，这不变成动词了吗？宋玉柱老师说，他从来没有见过像我们这届这么用功的同学。

我们读书时都喜欢佩戴白底红字的校徽，非常自豪。"南开大学"四字是毛主席的题字，"开"的繁体字是"開"。假期到农贸市场买菜，那些乱跑的小孩子还凑近来看校徽，把"開"念成"门"，喃喃自语道"南门大学"。我心想，管他"南门"还是"南开"，上了大学就是一种荣光。学校经常请一些名人讲学，听了张庚、孟伟哉、王朝闻、严济慈、于光远、杨润身、吴小如、杨志杰等作家、学者的讲座，我深切地意识到自己的浅薄，基本上没有读过什么书，无知才无畏。想当作家就是因为自己无知。古代、现代、当代，举凡优秀的作家，多有深厚的学养，对历史、对现实、对人生有深刻的认识。

我过去的阅读范围很窄，除鲁迅外，对中国青年出版社的"三红一创"（罗广斌、杨益言《红岩》，吴强《红日》，梁斌《红旗谱》和柳青《创业史》），还有《高玉宝》《欧阳海之歌》等红色经典相对熟悉。开学不久，作家梁斌来作报告，谈创作《红旗谱》的经验；侯宝林讲生活与创作的关系；刘绍棠讲思想解放等问题。我在《从作家梦到学者梦》等文中谈到，走进校园，远离社会生活，自感作家梦难以实现，我又做起了学者梦，想做现当代文学研究。为此，还托老邻居苏醒阿姨找到一份中国社会科学院文学研究所面向社会招聘科研人员的试题，其中现代文学试题是：

一、基础课

1.标点翻译古汉语《三国志》。（40分）

2.作文：我爱读的一本书。　（60分）

二、专业基础课

1.什么是典型环境中的典型人物？（30分）

2.《讲话》后文学创作的特点是什么？（30分）

3.回答下列各题：（40分，每题4分）

"诗界革命"是什么？

答王敬轩的双簧信是怎么回事？

鲁迅的第一篇小说是什么？用文言文还是用白话文写的？

现代文学史主要文学社团有哪些？

文学研究会和创造社的主要文学主张及其后期的变化。

曹禺有哪些作品？

抗战后有哪些文学刊物？

《讲话》前夕，延安文艺界进行过哪些论争？

"两结合"的创作方法。

美学的根本问题是什么？

4.参考题：试论鲁迅、郭沫若、茅盾在文学史上的地位。

三、专业题

论文题任选一个：

1.鲁迅的创作特点。

2.左翼文学运动简评。

四、参考题

1.鲁迅思想有没有分期。

2.“五四”文学革命在现代文学史上的地位和意义。

以我对现代文学的了解，这些问题似乎不难回答，起码略知一二。古代文学比较高深，离我很远。

我对文学概论课也很期待。下乡前，借阅过一本苏联人编写的文学理论教材，一知半解。文艺理论课先由郎保东老师主讲，郎老师刚从复旦大学调来，为人热情，课上课下，互动频繁，大家都很愿意和他交流。后来换了一位年长的老师，不苟言笑，总是津津乐道所谓文学与时代发展不平衡的规律，从概念到概念，没有多少实际内容。我觉得乏味，就常在课堂上看闲书。有一次，我没有认真听课，看《元杂剧选》，被老师发现，不仅没收了作品选和笔记本，还把我名字记下来，大概列入了“黑名单”。从此，我对文艺理论便产生了一种逆反心理。

1979年春，我们开始上现代文学课，从“五四”运动讲到“左联”，一直讲到20世纪50年代的文学。我在《黄湖的记忆》等文章中谈到，是现当代文学课让我知道了萧也牧和《我们夫妇之间》的故事。老师不无遗憾地感叹说，这部作品被批判后，作家就在文坛销声匿迹了。我后来知道，这位作家真名叫吴小武，一直在中国青年出版社做编辑，与我住在同一楼。1969年，团中央干部下放到河南信阳潢川县黄湖农场“五七”干校，吴小武第二年就惨死在农场。这段刻骨铭心的往事，[①]让我觉得从事现当代文学研究有一定风险。

---

① 张羽《萧也牧之死》，见河南省潢川县政协文史委编《干校记忆》（团中央“五七”干校传辑之三，2015年印刷），第241页。

开始上中国古代文学史课程时，我并没有多少兴趣。杨成孚老师、郝志达老师讲先秦两汉文学。杨老师刚从山西大学调到南开大学，腿有残疾，年纪不大，看起来很威严。他对作品很熟，拿着一本油印讲义，慢条斯理地讲解《诗经》《楚辞》，很多诗句脱口而出。讲着讲着，他会突然发问：这本书读过吗？那本书翻过吗？绝大多数同学和我差不多，都没有看过，甚至没有听说过。一次，杨老师说到先秦某一典故，问道："《墨庄漫录》看过吗？"现在知道，宋人笔记中常有关于先秦两汉文学作品的独到见解，那时当然不知道，纷纷摇头，觉得这么有名的书都没有看过，有点汗颜，只能老老实实地听讲，不敢应付。不过，我虽然敬佩，却不羡慕。因为，我从来没有想到自己会从事古代文学研究工作。

1979 年春，叶嘉莹先生回到祖国讲学，我们七七级、七八级是叶先生回国讲学的第一批学生。2019 年，南开大学举办了庆祝叶嘉莹先生归国执教四十周年大会，我代表老学生发言，大意如下：

> 40 年前的春天，叶先生来南开执教，我是先生的第一批学生。
>
> 查日记，叶先生在南开的第一讲是 1979 年 4 月 24 日，在第一阶梯教室。老人家用自己的诗句"书生报国成何计，难忘诗骚李杜魂"作为开场白，一下子就把我们全都吸引过去。那天，先生整整讲了一天。那周有两个半天自习课，也都用来讲课。此后，先生白天讲诗，晚上讲词，讲《古诗十九首》，讲曹操的诗，讲陶渊明的诗，讲晚唐五代词，讲座一直安排到 6 月 14 日。将近两个月的时间里，每堂课，学生们都听得如痴如醉，不肯

下课，直到熄灯号响起。"白昼谈诗夜讲词，诸生与我共成痴"，叶先生的诗句形象地记录了当时上课的场景。叶先生的课，给我打开了一个全新的视野。此后，我便成了叶先生的忠实粉丝，先生到北京讲课，只要我知道，就一定要去旁听。我在清华大学讲授古典诗词，也模仿叶先生的讲课风格。先生的重要著作，自是案头常备，也是常读常新。今天，我能有机会当面向叶先生表达敬仰和爱戴之情，非常激动，非常荣幸。先生对我的教诲，可以用三句话来概括。

第一句话是叶先生的课在蓦然回首之间就改变了我的学术选择。1979 年 5 月 3 日，叶先生讲王国维《人间词话》，讲到词的三重境界，引申到人生的三重境界，对我影响极大。我们这些高考恢复首批进入大学中文系的人，大多来自农村、兵营、厂矿，有着比较丰富的人生阅历，也多怀抱着文学的梦想。对我而言，当作家梦不再的时候，很自然地，就转向现代文学、当代文学研究。听了叶先生的课，我才知道古典文学原来这么美，完全颠覆了此前对古代文学课程刻板、政治化的印象。"众里寻他千百度，蓦然回首，那人正在灯火阑珊处"，是叶先生点燃我的古典文学研究梦想，是叶先生引导我去追寻古典文学世界中的"那人"，迄今整整四十年。

第二句话是叶先生让我们理解了文学的力量在于兴发感动。她引赵翼的话说：国家不幸诗家幸，赋到沧桑句便工。一个文学工作者，对人生、对社会要有丰富的体验、深刻的认识，才能更好地理解诗。叶先生《杜甫秋兴八首集说》，将杜甫的创作放在特定的时间、空间，站在历史的高度给予理解，让我们深刻地体会到杜甫创作成就的取得，离不开时代，离不开人民，更离不开崇高的思想境界。这些观点至今仍有现实意义。

第三句话是叶先生的言传身教让我们知道，生命的意义在于生生不息的追求。叶先生说，忍耐寂寞也是人生的一大考验。她常引顾随先生的话教育我们："以无生之觉悟，为有生之事业；以悲哀之心境，过乐观之生活。"先生一生，备尝苦难，但对祖国、对文学的热爱，始终如一。1979 年 6 月 14 日，先生暂时告别南开大学，要到北京大学去讲座。那天举行了隆重的欢送仪式。我的日记这样写道："两个月来，叶先生渊博的知识、诗人的气质、热爱祖国的真挚情感、严谨求是的治学态度，都给我留下终生难忘的印象。叶先生不仅仅向我们传授中国古典诗词的知识，更是向我们传递一种人生哲理和向上的力量。她说，如果说实践是检验真理的唯一标准，那么真诚则是追求真理的重要途径。做人做事要真诚，学习钻研要真诚。真诚是做人的重要标准，古代这样，今天也是如此。"那天，我的日记还记录了叶先生的一首词："虽别离，经万里，梦魂通。书生报国心事，吾辈共初衷。天地几回翻覆，终见故国春好，百卉竞芳丛。何幸当斯世，莫放此生空。"今天读来，依然感动。近一个世纪以来，老人家用生命书写出对祖国历史文化的那种真挚、深情的爱，是叶先生传授给我们的最宝贵的精神财富。

长期以来，我们的古代文学研究比较僵化，多采用阶级分析的方法。叶先生的讲座，如春风化雨，让我对古典文学之美有一种全新的感知。

王双启老师和叶先生是同学，都毕业于辅仁大学，讲课风格也与叶先生相近，讲到动情处，眼里常常含着泪花。王老师讲唐代文学，总能密切结合社会背景，生动感人。譬如讲安史之乱爆发这一年，王维躲进辋川别业，"晚年惟好静，万事不关心"；高适到西南地区做高官；李白浪迹天涯，离开长安。从安史之乱到大历初年的二十多年间，唐代诗坛为杜甫的光芒所笼罩。王双启老师的讲座，实际上采用了编年的方法，很有启发。

郝世峰老师开设李商隐诗歌欣赏课，又向我们展现了另外一种人生体验。郝老师那一代人，历经磨难，悲天悯人。他们对于古代作家作品的理解，融入自己的人生经验，多有不同寻常的体会。这样的课，我们都很喜欢，做了详细的听课笔记，保留至今。

王达津老师是系里的元老，大家敬称他为达老。[①]他大病初愈，还给我们开设中国文学批评史专题课。在西南联大读书时，达老师从著名古文字学家唐兰先生。1952年院系调整，他从北京大学调到南开大学任副教授。达老一口京腔京韵，可能年事已高的缘故，音调时高时低，高亢时有声振林木的穿透力。他系统地讲授了《诗大序》《典论·论文》《文赋》《诗品序》以及《文心雕龙》中的《神思》《风骨》《体性》《情采》《物色》《比兴》《夸饰》等篇，还有范晔《狱中与诸甥侄书》、杜甫《戏为六绝句》、元好问《论诗绝句三十首》、严羽《沧浪诗话·诗辨》、陈子昂《修竹篇序》、白居易《与元九书》等，这些篇章我当时都背诵下来，反复揣摩。达老有一篇理论性很强的文

---

① 参见宁宗一先生撰写的《智者达老——跟随王达津先生 45 年》，载《王达津文粹》卷首，南开大学出版社 2006 年版。

章，发表在《南开学报》1956 年第 2 期上，叫《批判王国维文学批评的哲学根据》。他从陈寅恪、缪钺的评论开始，再回到王国维的自述，比较康德"唯意志论"、王国维接受叔本华的"无利害关系论"，从优美和壮美中发现了有我之境和无我之境的原由，并有综合评析。我认为是达老最好的文章之一。

大三时，系里安排我们这届同学作学年论文，同学们可以自由地选择指导老师。罗宗强先生是达老的研究生，刚从赣南师范学校调回南开大学，在《南开学报》当编辑。他的《李杜论略》刚刚出版，我读后特别佩服，就选择了罗先生作为我的指导老师。

一般情况下，指导老师总是先问想写什么，然后具体指导。罗老师与众不同。他没有让我们自选题目，而是根据我们的兴趣先到他家补课。我和曲宗生、李瑞山、王绯、王黎雅五人选罗老师做指导教师。曲宗生对诗歌美感情有独钟，李瑞山特别喜欢鲁迅的《野草》，我受南开大学老师的影响，比较喜欢魏晋南北朝文学批评史。为此，罗老师专门为我个人安排了《文心雕龙》辅导。他从《神思》篇讲起，大概讲了四五篇，主要是点拨式的讲授，引导我读经典。

《文心雕龙·神思》篇描绘文学创作的构思过程，细致入微，令人神往，我的学年论文就以《神思》篇作为研究对象。我对鲁迅的作品比较熟悉，想从鲁迅《幸福的家庭》说起，谈构思问题。鲁迅小说《幸福的家庭》描写了一个穷书生总想写一部小说叫《幸福的家庭》，他就想象幸福的家庭该怎么写。结果一到写作，就传来他老婆的声音："劈柴，都用完了，今天买了些。前一回还是十斤两吊四，今天就要两吊六。我想给他两吊五，好不好？"还有孩子的哭声："走出外间，开了风门，闻得一阵煤油气。孩子就躺倒在门的右边，脸向着地，一见他，便'哇'的哭出来了。"老是这种家庭琐事，《幸福的家庭》没写成。我就想通过这个故事，试图把现代文学和古代文学联系起来，谈谈创作构思问题。寒假期间，我全力以赴撰写论文，一气呵成，比较顺畅，自我感觉还不错。新学期开学，我就兴冲冲地递交了论文初稿，等待老师的表扬。

过了大约一周，罗老师把我叫到家里，出乎意料地批评了我一顿。第一，罗老师说我态度不认真，字迹潦草，还有很多错字，下次交稿，必须认真誊抄，一丝不苟；第二，对古代经典作品，一定要认真研读，准确理解，然后再发表自己的意见；第三，写文章不能随心所欲，一定要有明确的主题、严密的逻辑。我本来期待着表扬，却招致批评，羞愧得恨不得找个地缝钻进去。事后回味老师的批评，觉得句句在理。经过反复思考，我把学年论文题目确定为讨论"虚静说"，推翻了原来的思路，认真修改了一遍。罗老师肯定了选题，说："你的思想很活跃，有新意，注意到了他人未注意到的一个问题。文字也流畅。"又说："虚静能不能包括神思论题的全部？能否把神思所涉及的问题都归在虚静的论题下论述？如想从虚静论神思，似应论虚静在神思中的意义，不应以虚静取代神思。最重要的一点是，要我释刘勰，而不是刘勰释我。"罗老师把论文退还给我，要求我用正楷再抄写一遍，特别指出，从事学术论文的写作，最重要的是认真的态度、严谨的精神。这篇论文前前后后改了五稿，以为可以定稿了，没有想到罗老师在第五稿上又逐字逐句作了很多修改，在给予肯定的同时，仍然指出了一些问题，要求我在正式上交系里之前再作修订、誊抄。初稿上万字，经过反复修改推敲，删除可有可无的字词，最后还剩下 5000 字。

　　我在给罗老师交上第六稿的时候，附上了一段话："当我把这份稿子交给您的时候，我心情是很不安的。本来还有一些问题想向您请教，可是，我实在不忍心再占用您宝贵的时间了。两个多月来，您不厌其烦地一遍又一遍地审阅我的稿子，甚至逐字逐句地修改它，我受到了极大的教育。我以前从未写过这类文章，所以开始我也没有经过慎重思考，草草动笔，更不能原谅自己的是，我居然还把这样的废品拿给您看，浪费了您那么多宝贵的时间。至今想来，后悔万分。记得您看完我的草稿后，向我讲了许多道理，于是我决心重新认真完成这次学年论文的写作。从初稿到最后一稿，前后六易其稿。在写作过程中深深感到自己的基础实在薄弱，也很苦恼。论文虽然完成，自己却不满意。我知道在短时间内想在学业上有很大的进步是不可能的。但是在您的指点下，两个月以来的写作，我却得到一个最大的收获，那就是我必须先要端正自己的治学态度。"

　　4月的某一天，罗老师把我们五人召集到一起，做了学年论文写作小结。那天，他还为我们几个人讲唐诗，仰望盛唐星空，理解盛唐气象。罗老师指导我们读书，特别注意历史节点、重要事件。譬如唐玄宗天宝十四载（755年）安史之乱爆发的时候，当时作家都在哪里？他们对那场巨变持什么样的态度，哪些作品有所反映？这就需要研究者对他们的作品作精细的编年考证，把不同作家的活动放在同样的历史背景下进行比较，看出他们对同一历史事件的不同态度，体会出作品所反映出的深刻意蕴。这一席话给我很大的启发。

　　我后来撰写作家年谱，编纂文学编年史，就与罗老师的这段指导有关。我做沈约年谱时，向罗老师请教，罗老师来信说："论文选题，我以为很好。特别是事迹编年，实在是功德无量的事。我常常想，许多作品，离开具体环境、心境，是很难了解真实含义的。事迹编年在这里就显示出重要性了。不过，如果在编年中不仅注意一人一事，而注意一些牵连到许多作家的大事件的来龙去脉、各人的地位、处境、心境均了然心中，则那事迹编年自会繁简得体，于后来研究者有用。"罗先生时时强调要"注意一些牵连到许多作家的大事件的来龙去脉、各人的地位、处境、心境"等问题，就是告诫我不要陷入繁琐的资料中，要因小见大。那天，他动情地对我们说："我已是快五十岁的人了，与你们不是深交，可我是真心想把自己所知道的都告诉你们。"接着老师针对我们每个人的实际情况具体地分析了写作方面的问题。罗老师说我这次学年论文进步很大。文章分为三大部分，逻辑线索清晰，每段说什么，很明确。当然也不是十全十美，文章深度不够，比如对老庄的"虚静"说和刘勰的"虚静"说的关系分析不够。这当然与学力有关。就学年论文做到这一步，已是相当满意了。他还说，我的论文的最大长处是选择的角度很好，甚至出乎他的意料之外。他给的成绩是优。那年春夏之交，中文系组织第一届学生学术论文讨论会，罗老师推荐李瑞山、曲宗生和我的论文参加会议。罗老师写了如下推荐意见："本文从一个较新的角度阐述了《文心雕龙·神思》篇，言之成理，推理亦较为严密，文字简洁。建议参加学生论文报告会。"那年6月6日，系里举办论文颁奖大会，一等奖五人，二等奖十人。李瑞山的《〈野草〉的精神特质与美学风格》获得一等奖，曲宗生《谈诗美》和我的《陶钧文思，贵在虚静——读〈文心雕龙·神思〉篇札记》，并获二等奖。那年十一月，获奖论文结集成册。这是我的文章第一次变成铅字，赏心悦目，获得极大鼓励。

毕业论文由王达津老师指导，论文题目是《论钟嵘的"自然英旨"说》。我当时的理解是，"自然"与"直寻"有关，"英旨"与"滋味"相连，然后铺衍成文。看似言而有据，其实只是逻辑上的推理，没有多少实际意义。回过头来看我的学年论文和毕业论文，最大的问题是与时代、与作品相脱节。这两篇论文对我的意义，就是培养了我对论文写作的初步感知。

南开大学七七级中文系合影

孙昌武老师的"唐代古文运动"是我们班最后一门选修课。最后一堂课结束，我们就要走出南开，走向社会。那堂课，我们心里都酸酸的，有一种不舍的感觉。孙老师结合自己的苦难经历对大家说，"文化大革命"期间，很多人放弃了自己的专业，等到明白过来时已经落伍，很难追赶上来。因此，人生成败往往就在一念之间。这一席话给我强烈震撼。我当时就下定决心，无论将来发生怎样的变化，绝不放弃对学术理想的追求。

二

在我看来，实现自己的学术理想，考上研究生，继续深造，自是不二选择。1981年夏秋，全国硕士研究生招生目录公布，达老招收中国文学批评史专业的研究生。我自以为背诵了许多古代诗歌和批评史名篇，论文写作也得到达老和罗老师的首肯，考上研究生应当不成问题。考试结果却完全出乎意料，我名落孙山。事后想想也不奇怪。此前，研究生考试均由各校自己命题。这次考试，外语、政治全国首次统考。"文化大革命"期间，我就读的北京三里屯二中开过英语、法语、德语、俄语、西班牙语和阿拉伯语等外语课，有什么师资就开什么外语课，没有一定之规。我们那届赶上学德语。我上大学以后才接触英语，没有自己的教材，拿着小半导体收音机收听中央人民广播电台的英语教学节目。英语不过关，也在情理之中。如前所述，我曾误以为文艺理论最简单，只需要"思想"，不必死记硬背，结果出乎意料，也折戟沉沙。郝世峰主任、罗宗强老师都极力向学校推荐我，也无法改变失败的结果。

大学毕业，我被分配到清华大学党委宣传部下属的文史教研组，主要任务是给全校开设选修课，属于素质教育工作。我给自己的人生定位是做一个纯粹的学者，在清华大学教大学语文，实在心有不甘。到清华大学报到的第一天，我就跟教研组主任张正权申请报考中国人民大学吴文治先生的硕士研究生。在我的软磨硬泡下，张老师被迫同意在报考表上签字。到学校人事处盖章时，我的报告被打回来。按照学校规定，新入职者必须工作两年以上才有资格继续深造。说到这里，我又想到六年后的1988年，我报考中国社会科学院研究生院博士研究生，遇到同样问题。当时刚评上讲师，人事处师资科说，需要工作两年才能报考，否则取消讲师资格。我没有别的办法，只能又求救于张正权老师，希望保留讲师资格，张老师说："你提讲师，学校说你在外读硕士，本来没有通过，我已经大闹过师资科，不好再说什么。你偷偷去报考吧。"后来办理离职手续，需要加盖8个公章，最后在人事处又被卡住，说我没有事先得到人事处同意，就是不给盖章。还是张正权老师与他们交涉，才放我走。当然，这是后话。张老师业已离开我们多年，我很感念他。

初次报考南开大学研究生失利，到清华大学工作后连报名的资格都没有，我深感前途渺茫。在我最孤独的时候，经常给罗宗强老师写信求教，罗老师每信必回。他鼓励我说："你的条件很好，可为进一步研究作些计划，这是很难得的，实大有可为，千祈珍惜。你系统读书，这很好。我想，有两种办法，一是先从古至近，大致读一遍，有个印象，然后再从主攻方向深读；二是一开始就找一段精读。所谓大致读一遍，是指各朝主要作家全集找来粗读一遍，同时读当时史书，明白其活动时代与其创作特点。所谓精读，就是带研究性，一个作家一个作家来，大致做这样几个工作：版本、辨伪、系年（利用已有之年谱），思考若干问题。这两种方法，都需要积以时日。我想，你或者以第一种较合适，不知你以为如何？太早专并不好。理论很重要，知识面很重要。我们千万不要再走皓首穷经的老路。工夫要扎实，但忌钻牛角尖，为一个字、一篇作品搞三年五年。思想还是开阔些好。"罗老师一直主张做学问不要钻牛角尖，视野一定要开阔。罗老师的教诲，我一直奉为圭臬。

文史教研组是新成立的机构，需要购置一些图书，于是在阎秀芝老师的带领下，我们每周都可以租个小面包车进城买书，由我来挑选。我跟着教研室主任就到琉璃厂、王府井书店这几个地方，只要感兴趣的就买，买来我先看。凡是跟古字沾边的书我尽量买，近水楼台先得阅。《通典》《通志》《文献通考》《初学记》《艺文类聚》《括地志》《元丰九域志》《四库全书总目》《十三经注疏》《历代职官表》《中国历史地图集》以及历代诗文集如《王右丞集》《韩昌黎文集校注》《柳宗元集》《白居易集》《元稹集》《李贺诗集》《玉溪生诗集笺注》《温飞卿集笺注》等，还有文言小说如《西京杂记》《世说新语》等也都通读。顾炎武《日知录》、钱大昕《十驾斋养新录》、赵翼《廿二史劄记》、王鸣盛《十七史商榷》等读书笔记，虽然读不懂，也拿来翻翻。《马克思恩格斯论义艺与美学》《高尔基论文学》《鲁迅全集》《现代西方史学流派文选》《十九世纪文学主潮》等经典著作，也多有翻阅。到图书馆借书，也首先借阅跟古字沾边的书，看过姚名达《中国目录学史》、汪辟疆《目录学研究》、刘纪泽《目录学概论》、张之洞《书目答问》、周贞亮《书目举要》、陈垣《校勘学释例》、郭绍虞《陶集考》、阮元《四库未收书目提要》、钱基博《版本通义》等，都留有较深印象。

　　刚到清华大学那阵，独学无友，定期到北京大学旁听有兴趣的课程。教研组李润海老师介绍我听叶朗先生的中国美学史课、张少康先生的中国文学批评史课，赵立生老师介绍我听陈贻焮先生的杜甫研究课，还有袁行霈先生的陶渊明研究课等。我很崇拜学术界的名师，周振甫先生介绍我认识中华书局傅璇琮、程毅中等先生，赵立生老师陪我看望廖仲安先生、吕俊华先生，吕维老师向我介绍她过去在北京文物局工作的老同事魏隐儒先生，推荐我看魏先生的《古籍版本鉴定丛谈》（1978 年山西省图书馆内部印刷），大开眼界。当时，魏先生负责《中国古籍善本书目》的集部鉴定工作，清华大学图书馆上报了四五千种善本书，魏先生每周都来清华大学图书馆看书，核查每种善本书的款识、藏章、纸张、字体等，推断刻书年代，随时做笔记，非常勤奋。①我追随其后，观风望气，略知清华大学古籍收藏的特色。

　　1984 年 5 月，达老来清华大学查询图书，注意到《全宋诗话》，还有王懋辑《寄生斋闲录》、毛晋辑《群芳清玩》《诗中画》等，很有兴趣。达老告诉我，丛书中往往保存很多珍贵资料，譬如《峭帆楼丛书》有诗话多种，《观自得斋丛书》有《梅村诗话》,《花雨楼丛钞》有《初月楼论文》,《玉津阁丛书》有《梦痕馆诗话》《岁寒堂诗话》等。达老知道我报考杭州大学硕士研究生，提醒我说，杭州大学拟整理陈汉章的著作，清华大学有《缀学堂丛稿》《妇人集注》等，值得注意。严嵩的《直庐稿》，达老说书品极好，应当是其炙手可热的时候刻印的。那些日子，我几乎天天泡在图书馆古籍书库，与古书为伴，饶有兴趣地翻阅布满灰尘的古籍。经达老指点，我似乎明白一点阅读古书的门道。

　　在南开大学读书时，我曾选修单柳溪老师主讲的工具书检索法课程（后来讲义出版改名《中国文献学手册》），说实在话，不很喜欢。在乱翻书的过程中，我感到这种漫无目的的读书就像狗熊掰棒子，留不住。于是就开始琢磨别人是如何读书，研究前辈学者的治学经

————————————

① 魏隐儒先生的古籍经眼录经李雄飞整理，以《书林掇英——魏隐儒古籍版本知见录》为名，由国家图书馆出版社于 2010 年出版。

验。王梓坤著《科学发现纵横谈》、张舜徽著《中国文献学》、赁常彬编《鲁迅治学浅探》、浙江日报社编《学人谈治学》、北京师范大学编《励耘书屋问学记》以及岳麓书社出版的《文史哲学者治学谈》等是我最爱读的几部书，不断翻阅，有如饥渴，通宵达旦，也毫无倦意。我常感叹，读一本好书，犹如咀嚼甜美的食物，令人爱不释手。来新夏《古典目录学浅说》、吴枫《中国古典文献学》、赵仲邑《校勘学史略》、赵振铎《古代文献知识》、王树民《史部要籍解题》、李宗邺《中国历史要籍介绍》等也是很有用的书，我曾做过详细笔记。80年代，《晋阳学刊》《文史知识》等杂志都专辟治学谈栏目，我每期必看。郑逸梅《艺林散叶》常有介绍学者治学的文字，如"吕思勉治史学"一则，令我印象深刻。30多年后，我的著作《秦汉文学地理与文人分布》获得第四届思勉原创奖，与有荣焉，也自感渊源有自。前辈学者治学领域或有不同，但都强调要有文献学的基本功。什么叫基本功？就是目录、版本、校勘、文字、音韵、训诂等传统文献学、小学知识。鲁迅治学强调从目录学入手，鼓励理论探索，注重资料长编。陈垣先生也强调目录学、校勘学的重要性，广泛收集资料，不要轻易下结论；强调学习《日知录》的文法，不要学习韩柳文章等，我都深受教益，很有启发。梁启超《中国历史研究法补编》说："有许多历史上的事情，原来是一件件地分开着，看不出什么道理；若是一件件地排比起来，意义就很大了。""要把许多似乎很不要紧的事情联合起来，加以研究。"读这些书，仿佛聆听这些学术大家们娓娓述说着他们的治学经验，仿佛看到自己的奋斗目标。

除传统小学知识，清华大学马列教研室的刘桂生老师经常向我传授治史的四把钥匙，即目录学、历代职官、历代年表、地理方志。

刘桂生老师是清华大学院系调整前最后一批历史系的毕业生，后来一直做近代史研究，很有学问。在报考杭州大学研究生前后，刘桂生老师还指导我复习要点，推荐我读钱穆的《国史大纲》，那是我第一次读钱穆先生的著作。

钱逊教授是教研组的领导，送我他父亲钱穆所著《中国文学讲演集》（香港人生出版社1963年版），推荐阅读钱穆论学著述《学籥》。我系统地阅读钱穆先生的著作，也是从那个时候开始的。钱穆《九十三岁答某杂志问》说："我生平做学问，可说最不敢爱时髦或出风头，不敢仰慕追随时代潮流，只是己性所近，从其所好而已。……世局有变，时代亦在变，三年五年，十年八年，天地变，时髦的亦就不时髦了。所以不学时髦的人，可不求一时群众所谓的成功，但在他亦无所谓失败。"这种独乐孤往的治学理念，值得学习。

我要报考杭州大学古籍整理专业硕士研究生，钱逊老师介绍我认识钱婉约女士，她正在北京大学读古文献专业三年级。我从她那里找到北京大学古文献专业1982年和1983年的两套考题。如第一份试题：

一、简释下列名称术语

十三经、纬、今古文、易十翼、四家诗、伪古文尚书、二十四史、十通、会要、补志等。

二、简要回答问题

1.什么是类书？

2.什么是丛书？

3.什么是辑佚？

4.什么是辨伪？

5.试举四次重要的文献资料的考古发现等。

三、我国古代书籍目录有几种类型？

四、古书错乱的情形主要有几种？校勘方法有几种？

五、简要评述清代乾嘉学派的特点、成就和局限。

第二份试题也大致类似。如第一部分是名称术语简释，第二是简要回答问题，第三是论《隋书·经籍志》和《汉书·艺文志》的比较，第四是今传《尚书》存在的问题等，第五是古书文字致误的原因主要有哪些。我以前没有学过文献学的课程，这让我有机会接触到古文献专业的相关知识。

我的同事马相武介绍我认识北京大学古文献专业金开诚、费振刚、严绍璗老师。严老师还重点介绍了杭州大学古籍所情况，古籍所是独立单位，所长姜亮夫，具体负责人是平慧善老师。平老师是我最早认识的杭大老师，在之后的学习中，平老师给了我很多的帮助。

三

工作两年以后，我终于获得报考研究生的资格。正逢杭州大学姜亮夫先生受教育部委托招收第一届古籍整理专业研究生班，学制两年，毕业后写论文，再回来答辩，在高校工作的老师可以不变动人事关系。这是我求之不得的事，起码可以留住北京户口。读大学伊始，我在图书馆书架上瞥见过姜亮夫先生的《屈原赋校注》，纸张发黄，落满尘土，我还以为作者是清朝人呢。后来知道姜亮夫先生是一位很有名的学者，居然招生，怎能不欣喜若狂。

开学典礼上，姜亮夫先生向我们讲述了他在清华大学读书时梁启超先生赠送的对联"南海圣人再传弟子，大清皇帝同学少年"。姜先生是梁启超的学生，梁启超又是康有为弟子，故称"南海圣人再传弟子"。王国维系宣统朝南书房行走，是溥仪的老师，故曰"大清皇帝同学少年"。我们是姜先生的弟子，按辈分，应当是清华学堂诸导师的三传弟子。姜先生特别强调两点：一是准备吃苦，实事求是地治学；二是团结一致，为共同的目标而学习。姜老拟定的教学大纲：

一、**必修课**：文字学（以《说文》为基础）、音韵学（以《广韵》为基础）、训诂学（以《尔雅义疏》为基础）、文献学（以《文献通考序》为基础）、目录学（以《汉书·艺文志》为基础）、版本学、校雠学（以《通志·校雠略》《校雠通义》为基础）。

二、**选修课**：《史通》《文史通义》《通志总序》《文心雕龙》《国故论衡》《国史要义》《因明入正理论》《墨子》《史记》《资治通鉴》《中国书制史》。

三、**专题报告**：

1. 中国地理：从《汉书·地理志》到《天下郡国利病书》，请陈桥驿主讲。

2. 中国工艺：从《考工记》到《天工开物》。

3. 中国农业：《齐民要术》《农政全书》，请胡道静主讲。

4. 中国居室建筑史：古代宫室制度和《营造法式》。

5. 天文学与语言学的关系。

6. 中国逻辑学，即先秦名辩学。

7. 印度三宗论与佛教提纲。

8. 中国艺术综览，请王伯敏主讲。

9. 书画同源。

10. 古文学概论。

11. 历代职官变迁。

12. 本草与医药。

13. 体育训练。

14. 音乐。

15. 礼俗与民俗。

16. 中国社会发展史。

17. 中国古代社会。

四、十二种先秦古籍选读：《尚书》《诗经》《左传》《荀子》《庄子》《韩非子》《周易》《老子》《论语》《大学》《礼记·曲礼》《屈原赋》。

每个学生毕业后，有"普照"整个专业与中国全部文化史（至低限是学术史）的能力，就各种学术（分类）独立研究古籍的能力，而且存永久坚强的毅力、自强不息的精神、艰苦卓绝的气概，不作浮夸，不为文痞。

在我的求学过程中，杭州大学古籍所读研两年至关重要，完全改变了我的读书观念。大千世界，图书无限。一个人终其一生，也读不了多少书，关键是如何读。这就需要掌握读书方法。蒋礼鸿先生《目录学与工具书》倡导一种"读书有限偷懒法"，就是要充分掌握目录学知识，在书海中自由航行。我在《跂予望之》小引中说，在杭州大学，姜亮夫先生讲治学体会，讲清华学校往事，沈文倬先生讲校勘学，刘操南先生讲《诗经》与天文历算，雪克先生讲《汉书·艺文志》与目录学，郭在贻先生讲《说文解字》与训诂学，张金泉先生讲《广韵》与音韵学，平慧善先生负责协调安排……在人情浮竞中，我感受到一种超脱的宁静与学术的坚守。庄子说："养志者忘形，养形者忘利，致道者忘心。"大约就是这种境界。这种境界的核心就是放弃功利目的，通过有计划的阅读，掌握相关领域知识。即便是做文学研究，也要明白功夫在诗外的道理。姜老在培养方案中说得很清楚，举办古籍整理专业研究生班，不是要培养电线杆子式的专家，而是粗通中国文化的学人。听蒋礼鸿、郭在贻先生讲训诂学感受很深。我们看相关著作，动辄段玉裁如何说，王念孙如何说，就是没有自己的说法。蒋礼鸿先生、郭在贻先生，多是自己如何说。郭老师《唐诗异文释例》针对中华书局校点本《全唐诗》的异文处理提出了自己的看法，说明近代汉语知识对古籍整理的重要性。用现在时髦的话说，这才是硬核学问，不服不行。

　　选择硕士论文题目，颇费周折。最初，通过复旦大学王继权老师的介绍，与黄山书社胡士莼先生联系，想整理一部皖人集子。虽然没有做成，也借机了解了古代安徽作家的情况。我在清华大学图书馆看到一部戴名世的《忧庵集》抄本，中华书局出版的《戴名世集》里没收。查北京图书馆古籍善本书目，有戴名世《忧患集偶钞》不分卷，与《子遗录》一卷合刻，康熙宝翰楼刻本。又查蒋元卿《皖人书录》，安徽省图书馆亦有收藏，我给蒋先生写信求教，蒋先生给我回信介绍此书情况。《皖人书录》著录的是手稿，我觉得未必是定论，于是撰写了《极摹世事炎凉　曲尽人情变态——从〈忧庵集〉窥探戴名世晚年心态》，发表在《江淮论坛》1994 年第 1 期上。

在翻阅清华大学资料的时候，又发现了吕天成的《曲品》，那个本子是乾隆年间杨志鸿的抄本，与《古典戏曲论著集成》收录的《曲品》差异很多。我把全文抄录下来，根据不同的本子进行比对，草拟了《通行本〈曲品〉校补》，得到沈文倬先生的首肯，发表在古籍所论文集《文史新探》（上海社会科学院出版社 1988 年版）中。我准备以清华大学藏钞本《曲品》作为硕士论文题目。后来了解到吴新雷、吴书荫等前辈都曾有过专题论文，吴书荫先生还有《曲品校注》。我学养不够，知难而退。

浙江古籍出版社计划整理朱骏声及其后人遗著，郭在贻老师认为可以选取一本整理出来。此后一段时间，我泡在浙江省图书馆，除查阅《吴县志》外，还读到朱师辙编《吴郡朱氏两代遗著书目》，并附有自己的著述目录。由此确知三代人分别号石隐、半隐、充隐。故此，王季思先生给他们的文集取名《三隐堂文集》。我初步拟作《三隐堂著述汇考》，争取将朱氏三代著述全部浏览一遍。我先撰写了《朱骏声著目述略》发表在《清华大学学报》1987 年第 1 期上。经郭在贻师介绍，我拜访许嘉璐教授，他告诉说，他的学生也做这个选题，劝我放弃。

在杭州大学，陈桥驿先生给我们开《水经注》专题课，介绍《水经注》的版本和研究现状，涉及大量的人文地理和自然地理知识，引起我极大的兴趣。上海人民出版社 1984 年出版了由袁英光、刘寅生整理的王国维《水经注校》，我在校读过程中发现整理本问题较多，觉得是个可以着力探讨的问题，就向指导教师郭在贻先生求教。郭老师建议我从校勘学入手，作客观比对，并由此生发开去，讨论一下整理古籍的一些规律性问题。在郭老师的指导下，我撰写了《关于〈水经注校〉的评价与整理问题》一文，并以此申请文学硕士学位。硕士学位答辩委员会由祝鸿熹老师任主席，郭在贻、张金泉、雪克、崔富章等老师为答辩委员会委员。

硕士毕业后，我向罗宗强老师汇报学习情况，说自己如果不到杭州读书，就不知世间学问之大。王国维说人生有三重境界，第一重是"昨夜西风凋碧树，独上高楼，望尽天涯路"。一个学者能有望尽天涯路的眼界，并非易事。罗老师说，现在很多教授还不明白山外有山的道理，以为自己写了几本书就是专家。他看了我的论文，说我在杭州大学确实学到了治学的本领，亲自推荐发表在《南开文学研究（1987）》（天津古籍出版社 1988 年版）。罗老师还进一步为我规划治学方向，他说："学古籍整理，不是将来一辈子干这一工作。从你的性格特点、才思特点看，都不宜终身干这一行。学了这门知识，是为打一扎实之国学底子，以祈将来在文学研究上有大成就。"

1986 年，清华大学恢复文科建制，成立了中文系，聘请傅璇琮先生任兼职教授。我有机会多向傅先生求教。傅璇琮、蔡义江在中文系听取年轻人汇报工作。我提到清华大学图书馆藏张潮《友声新集》，收录很多清人书信，包括孔尚任的八封信。忽忆《文史》曾发表刘辉先生论张潮《友声初集》及《尺牍偶存》的文章，似未涉及《新集》，就说自己很想做清华大学馆藏古籍善本提要，傅先生深表赞同。我用了两周时间，把清华大学善本书目油印本全部抄录下来，又以《中国古籍善本书目》为线索，将清华大学所藏孤本、稀见本书目摘录出来，约有400多种，利用一切机会逐一翻阅，作了大量读书笔记。

后来还雄心勃勃地计划编撰《清华大学图书馆藏未刊序跋辑要》《清华大学图书馆藏善本叙略》。

　　傅先生知道我研究沈约，又热情地写了一封推荐信，让我与曹道衡先生、沈玉成先生建立联系，方便求教。1986 年秋天，我第一次到文学所拜见曹、沈二位先生，汇报自己研读南朝五史时发现的一些问题，沈老师特别兴奋，说听了我的话犹如空谷足音，好多年没有听到年轻人关注这些问题了，大有"吾道不孤"之感。我后来知道，他们两位整理编辑《魏晋南北朝文学家大辞典》，并着手编《魏晋南北朝文学编年史》，正在一一比对史料，撰写札记，就是后来出版的《中古文学史料丛考》（中华书局 2003 年版）。沈先生听说我拟做沈约研究，非常赞赏，说："你研究我的本家，太好了！"他还建议我报考曹道衡先生的博士研究生。

　　1986 年中国社会科学院研究生院获得第一批博士授予权资格，曹老师被评为博导，可以招生，这是我梦寐以求的事。1987 年初，沈老师告诉我，由于种种原因，曹老师指导博士生的名额被挤占。那一年，我的希望落空，但是有曹、沈二位先生的鼓励，我终于把沈约年谱编完。1988 年继续报考，如愿考入曹道衡先生门下。讨论选题时，我这个北方人作南朝文学研究，南方同学吴先宁做北朝文学研究。最初的题目是《沈约与永明文学研究》，沈老师认为这题目过长，不如《永明文学研究》明了，可以把沈约研究成果作为附录。论文写作很顺利，每完成一章，就先请曹老师看，曹老师非常认真，在文稿旁增添很多史料，指出不妥的地方。我修改誊抄后，再给沈先生看，沈先生是老编辑，特别注意行文的明快流畅。经过他的修改，文字顺畅多了。论文写作就像流水作业，一气呵成。博士论文答辩也很顺利，答辩委员会主席是程毅中先生，委员有曹道衡、邓绍基、袁行霈、沈玉成、陈铁民、葛晓音等老师。经刘世德先生推荐，《门阀士族与永明文学》列入"三联·哈佛燕京学术丛书"，1996年出版。我在后记中写道："这部小书，写作时间前后加起来，不过两年，但是基础工作却准备了十余年的时间。幸运的是，我游学南北，数从名师。他们从材料的甄别、论点的推敲、行文的斟酌、书写的格式，甚至标点符号的运用等，给予我许多具体的指导，披隙导窍，发蒙解惑，使我避免了许多错误，并初步摸索到了一点治学的门径。这部小书实际凝聚了许多学者的心血，这是我永远也不能忘怀的。在商品大潮的猛烈冲击下，实用哲学成为当今主流。在这样的背景下，我的学者梦所以还在支撑着，至少到目前为止还没有彻底破灭，导师们的谆谆教诲和甘于寂寞的敬业精神，是我至今得以恪守信念的最重要的力量源泉。我的作家梦已经永远地留在了贫瘠的山乡，但愿我的学者梦能在清贫的学苑里继续做下去。"

我很感谢曹道衡老师和沈玉成老师。他们都是北京大学的高才生，做过游国恩先生的助手。曹老师曾在无锡国学专修学校师从童书业先生，对《左传》等经书下过苦功。1950年考上北京大学又跳了一级，1953年毕业，先被分配到中央文学研究所，也就是现在鲁迅文学院的前身。曹老师觉得那是培养作家的地方，他想做学问，所以文学研究所成立的时候，他就申请调过来，成为文学研究所的元老。沈玉成和傅璇琮先生一起做游国恩先生的助手，熟悉先秦两汉文献。他们后来都被打成右派，被迫离开北京大学，傅先生到中华书局当编辑，沈先生一路颠簸，辗转多处，1985年文学研究所编撰多卷本《中国文学通史》，余冠英先生把他调到文学所参与编写工作。

　　从上述经历可以看出，曹、沈二位先生最初都研究先秦文学，由于各种复杂的人际关系，被安排研究魏晋南北朝文学，开辟一片天地。沈老师极富才情，能写一手漂亮的小楷。曹老师看似话不多，逻辑思辨能力却极强。曹、沈二位先生走到一起，可谓因缘际遇，珠联璧合，成就一段学术合作的佳话。

刘跃进教授

四

　　一个人在成长过程中，每一步都离不开老师的指导。在学校有老师面授知识，离开学校有目录学作引导。更何况，三人行，必有吾师焉。老师无处不在，老师永远相伴。

　　1982 年初，我也忝为专职教师，教过本科生，带过硕士生，至今还在指导博士研究生，慢慢理解了教师工作的意义。

　　清华大学文史教研组的老师有不同的专业背景，文、史、哲、政、经等都有。作为应届毕业生，我最早到清华大学报到，随后又有北京师范学院历史系毕业的宿志丕老师。她是著名考古学家宿白教授的女公子，有家学渊源。她讲历史，我讲文学。我心里没底，第一次讲课很紧张，准备了两节课的内容，一节课多一点的时间就讲完了。我语速快，又紧张，在讲台上来回走。学生们说，我的讲课就像打机关枪，太快了；在台上走来走去，像笼子里的狼一样。好在清华大学开设的是全校本科生的选修课，对于讲课内容没有硬性要求，爱怎么讲就怎么讲。这就给我们提供了锻炼的机会，留下了发挥的空间。

讲课是一门艺术。我没有经过教育学、心理学的训练，只能在教学实践中摸索。以后讲座，听众的层次、需求多有不同，我特别注意与听众的互动，关注他们的每一点变化，譬如听众的眼神、无意的哈欠、轻微的动作，可能都与你的讲授有关，如果必要，就需及时调整思路，否则很可能失控。讲课有点像说相声，什么地方该丢包袱，自己心里要有数。这就要求每节课都要有别具会心的东西，让听众眼前一亮。我在清华大学讲授10年，每学期末都会有问卷调查，总结经验教训。

在南开大学受到叶嘉莹先生、王双启先生、郝世峰先生的熏陶，我略知如何欣赏美文，讲授诗歌时尽量做比较研究。在古今中外的对比中，努力找到诗歌的妙处，要比按部就班、照本宣科地讲授，效果好很多。我特别感谢赵立生老师。最初他让我在他的课程中穿插着试讲几次，后来我们还分别开设古典诗歌欣赏课。当时规定，选修课两周之后可以调换。开始，选修赵老师课的人多，可惜他的河南口音太重，两周后很多同学转到我这里。赵老师不无幽默地说，带出徒弟饿死师傅。据各方面反映，我在清华大学讲课效果还不错，每次课都有上百人，最多的时候达到 800 人，在清华大学主楼后厅上课，最后一排学生拿着望远镜来上我的课。渐渐地，我在清华大学讲台逐渐站稳了脚跟。1998 年，我的讲义以《赋到沧桑》为书名，交由清华大学出版社出版。我在《赋到沧桑》后记中写道：

1982 年开始在清华大学上文学课，当时抱着两个现实目的，一是扩大同学们的知识面，二是增强同学们的爱国感。其实用更通俗的话来说，就是要把传统文化的根留在同学们的心中。这愿望当然是美好的，但是后来发现，倘若过分拘于这两个现实目的，同学们会很反感，以为你又在搞老一套，传经布道。

经过十几年的教学探索，我渐渐感到，要抓住清华大学文学课的特色，必须首先明确两个前提。

第一，文学与其他学科有很大的不同。它的首要作用是给人带来美感，而不是教育。萨特曾经提出过这样的问题："对于饥饿的人们来说，文学能顶什么用呢？"其实，还可以扩大一点说，整个的人文社会科学研究，对于饥饿的人们来说，能有什么现实的用处呢？我也经常问自己这个问题。同时，还随时关注着理论界的思考。我注意到了汤因比与池田大作之间关于科学研究目的问题的对话。汤因比说："如果把科学研究的目的看作是使饥饿的人果腹，或将其研究活动仅局限在完成这一值得称道的现实目的，结果科学被固定在这样的小圈子里，就会成为无用的东西，对饥饿的人反而或许起不到任何作用。因为束缚在这样有限的目的中，科学在完成重要的新发现方面——

不管是有益的还是有害的发现——都会碰到障碍。科学研究在将其自身作为目的来追求时，也就是不带任何功利的意图，只是为了满足求知的好奇心的时候，才会有种种新的发现。这种不带某种社会性动机和其他意图的研究，在其所获得的各种发现中有许多本来是没有计划和指望的，但到后来却令人吃惊地发现，可以对社会发挥有益的效用。"而我们所做的工作，不正是在追求这种效果吗？

　　第二，清华大学文学课与其他大学中文系的文学课很不相同。我们面对的同学，一方面文学知识相对较少，另一方面又都自视甚高。如果按照大学中文系本科生的要求安排课程，纯以传授知识为目的，你就会感到曲高和寡，同学们毫无兴趣；如果仅仅为了迎合同学们的趣味要求，在文学课中加进大量的水分，甚至"插科打诨"，用"下里巴人"来逗乐取笑，同学们一定会感到你在愚弄他们。既能叫同学们欣赏你的课，从中得到教益，又不至于降低水准，这就需要精心安排。

　　清华大学文学课的特色，就在这种精心安排之中。

　　首先它是文学课，以传授文学知识为主；其次它又不仅仅是文学课，要让同学们在欣赏文学的同时，从历史走到现实，又要用现实来反观历史。历史往往就是一面镜子，众镜相照，才能真正看出社会的真实面貌与个人的价值。从这个意义上说，我特别欣赏吴宓教授《文学与人生》这门课的讲义。我觉得，这才是清华大学文学课的特色，也应当作为清华大学文学课的传统继承下去。

　　要保持清华大学文学课的特色，对教师必然要有较高的要求。

很多人以为在清华大学这样的以理工科为主的大学里讲文学课非常容易，其实哪里是这回事。满腹学问的人未必就能讲得好；没有学问的人可以蒙混一时，但是到头来，同学们还是不买你的账。选修课，同学们有充分的选择自由。我认为，以某种强迫的方式，比如点名、考试，来让同学们听你的课，这不仅是对同学的侮辱，教师自己的脸上也无光。同学们不爱听你的课，教师首先应当从自身寻找原因，而不能怪罪同学。你的课讲好了，自然有人来听；你的课没有意思，反而强迫人家来听，作为教师，应当感到丢脸，而不应理直气壮。桃李不言，下自成蹊。同学们是最公正的裁判。要对得起学生，同时也要对得起自己，没有别的选择，只能给自己提出更高的要求。

首先要有充分的知识准备，讲出一分，起码得有十分的准备。只有这样，才会使自己的课具有较强的辐射力和渗透力，同学们可以举一反三，这会使他在将来自学时受用无穷。

其次要有较高的精神境界，教书育人，应当现身说法。中国人重视诗品，更重视人品。人品不好，诗文写得再好，终究要受到唾弃。这本身就很值得后人玩味。从诗品、人品讲到人生境界，讲到处世原则，不能摆出一副经师的样子，居高临下，发蒙解惑，而是要把自己与学生们摆在平等位置上，不回避自己的观点，不忌讳自身的弱点。只有这样，才会使自己讲课具有较强的感染力和说服力，同学们不仅学到了知识，更重要的是，从听课当中、从前人的境遇之中学会怎样处世，怎样处人，怎样处己。比如在考试题中，我经常出一些类似"我心目中的杜甫""我心目中的陶渊明"这样的试题，提示同学们：我们不仅仅是在考文学题，其实也是我们每一个人所面临的人生课题。对此，同学们大都有较深的体会。

在清华大学讲授文学课已经整整十六年了，保守一点估计，听众已达数千人。同学们对于此课始终抱有热情，给予积极的评价，作为教师，当然是感到由衷的欣慰。从同学们热情期待的目光中，从同学们会心的微笑中，我越发意识到肩上的重任。

几千年传统文化，这是我们民族的根。

要把根留住，根深才能叶茂。

2000 年，清华大学音像出版社给我做了三十二讲的录像，公开出版。

硕士生教育对我来说是个难题。硕士生刚脱离本科教育，相关知识不具备，基本方法不了解，培养方式可以多种多样。按照杭州大学古籍研究所的教学模式，硕士研究生教育只是专业基础教育，需要尽可能多地开设一些与中国文化相关的重要课程，开拓视野。杭大古籍所给我们开了二十多门课，还可以到中文系去旁听其他老师的课。白天课时不够，晚上还要加课。确定指导老师，我们可以向老师求教。而今，专业划分越来越细，我个人没有能力开设很多课程，只能指导他们阅读相关文献，远未能达到预期效果。担心误人子弟，我只带过一届硕士研究生，也不招收海外学生。

博士研究生教育有两种，批量培养方式比较常见。一个老师带好几个学生，大陆的、台港澳的，还有国外的，老师甚至叫不上学生的名字。另外一种方式是传统的师傅带徒弟的办法，熏陶感染。曹道衡老师、沈玉成老师就是这样指导的，文学研究所老师指导博士生大都采用这种办法。那时，研究生名额少，一届毕业后才能继续招收，老师也认真。我更喜欢师父带徒弟的方式。1995年冬，沈玉成先生突然去世，文学研究所先唐文学研究的指导老师失去一员大将。文学所考虑将先唐文学分为两个阶段招生，一是先秦两汉文学，二是魏晋南北朝文学。这两个方向均由曹道衡老师负责。曹先生非常认真，起草了《先秦两汉文学博士生培养计划》：

一、必修课

1.中国上古史　一年级上下二学期　共6学分

2.《诗经》　一年级上学期　3学分

3.《楚辞》　一年级下学期　3学分

4.历史散文　二年级上学期　3学分

5.诸子散文　二年级下学期　3学分

6.《史记》　二年级上下学期　共6学分

7.中国经学概论　二年级上学期　3学分

8.古文字概论（请语言所开设）　二年级下学期 3学分

二、选修课

以下课目视毕业论文决定，二年级下学期开始，每人可选修2至3门。

1.乐府诗研究　2学分

2.魏晋南北朝诗歌　2学分

3.《文选》研究　2学分

4.《春秋》三传研究　2学分

5.《战国策》研究　2学分

6.汉赋研究　2学分

7.《汉书》研究　2学分

8.《尚书》研究　2学分

以上课目由曹道衡开设，刘跃进协助讲授。

三、必读书

《通鉴》卷1至卷184

《史记》（参考泷川资言《史记会注考证》战后版）

《汉书》（参考王先谦《补注》、杨树达《窥管》）

《后汉书》（参考王先谦《集解》）

《周易》（王弼或朱熹注）

《尚书》（伪孔传及孙星衍《尚书今古文注疏》）

《诗经正义》（毛亨、郑玄、孔颖达）

《诗集传》（朱熹）

《毛诗传笺通释》（马瑞辰）

《诗毛氏传疏》（陈奂）

《诗三家义集疏》（王先谦）

《楚辞章句》及《楚辞补注》（王逸、洪兴祖）

《楚辞集注》（朱熹）

《山带阁注楚辞》（蒋骥）

《离骚纂义》（先师　游先生）

《天问纂义》（先师　游先生）

《左传》（杜预注、杨伯峻注）

《国语》（韦昭注）

《战国策》（诸祖耿汇注）

《论语》（朱熹、刘宝楠）

《孟子》（朱熹、焦循）

《庄子集释》（郭庆藩）

《荀子集解》（王先谦）

《韩非子集释》（陈奇猷初版本）

《吕氏春秋》（许维遹或陈奇猷）

《墨子》（选读）

《老子》（王弼注）

《乐府诗集》（郭茂倩）

《文选》（李善注）

《全汉赋》（费振刚）

《说文解字》

《尔雅》（郭璞）

《经学历史》（皮锡瑞）

四、参考书

《说文解字注》（段玉裁）

《说文释例》（王筠）

《尔雅义疏》（郝懿行）

《汉语音韵学》（王力）

《观堂集林》（王国维）

《读书杂志》（王念孙）

《潜研堂集》（钱大昕）

五、毕业论文

应在二年级上学期前确定题目，再按内容安排二年级下学期以后选修课及重点阅读书目，二年级下学期，至晚三年级上学期交出论文提纲，由导师、副导师审阅，写论文时，定期进行辅导。

六、具体要求

总的要求是在三年之内对先秦两汉文学有通盘了解，并对其中若干问题有较深入的研究。这种研究必建立在掌握大量原始材料的基础上，特别这一专业，对经学和文字学必须有较深修养。应强调史料和作品本身，坚决反对空谈、人云亦云及发奇谈怪论。

第一年：先秦至少读完《诗经》《楚辞》《左传》《国策》《孟子》《庄子》《论语》诸书（《诗经》至少阅读《正义》《集传》及马、陈四书，《楚辞》至少读完王逸、朱熹及游师二书），两汉至少读完《史记》及汉代乐府，又《通鉴》卷1-卷184，以期有通盘了解。

第二年：至少把规定必读书读完；把所学课程每课写论文一篇（6000至10000字），要有自己意见。对所选论文题目有较深的理解，并形成初步的看法。要求在这一年终了前，能在报刊上发表文章一至二篇。（外籍学生不强求）

第三年：要求除必读书目外，对《诗经》《楚辞》注本再能多读几本（从正续《清经解》中选读）。对自己选择的研究题目有一定创见，并立论允当。要求史料丰富、扎实，经导师、副导师一致同意，方可打印，参加答辩。凡经过答辩者，均应在本学科内有坚实基础，而对所研究的问题，更能达到有创造性见解的程度。但凡先秦文学研究中主观臆测、硬套国外理论框架的做法，均应坚决反对。

这份培养方案，与姜亮夫先生拟定的方案相比较，有不少相通的地方，都强调通识的重要性，又注重基本典籍的细读。钱穆在《中国文化与中国文学》中指出："欲求了解某一民族之文学特性，必于其文化之全体系中求之。"梁启超在《中国历史研究法》中用"史网"来概括。我们常说，古典连接现实，文学就是人生。文学是社会生活的反映，社会有多复杂，文学就有多复杂，人是一切社会关系的总和。从这个意义上说，文学就是人学。关注人，就必须关注社会生活的方方面面，包括政治制度史、社会经济史等。读懂文学，首先要读懂作者的人生，还要进入历史现场，深入了解作者所处的社会。由此看来，文学研究，广大无边。

现在博士研究生名额比过去多了不少，我觉得没有必要人人都要从事学术研究或教学工作。通过三年的专业学习，我们的学生真正了解到中国文化的博大精深，无论从事什么工作都会有所益处。开卷有益，没有白费的工夫。重要的是要阅读，要有积累，不能有太强的功利目的。当然，如果立志问学，那就要选择正确的方法。黄侃说："凡古今名人学术之成，皆由辛苦，鲜由天才。其成就早者，不走错路而已。"为避免走错路，就必须放弃狭隘的专业束缚，从传统文献学入手，强调问题意识，避免任何花里胡哨的选题。

这里，我还想重申一下资料编纂工作的重要性。

姜亮夫先生在《敦煌学概论》中说："编工具书这件事，我们研究学问的人，非做不可。可惜有些学人不大看得起工具书和编工具书的工作。回忆我的老师王国维先生，他每研究一种学问，一定先编有关的工具书。譬如他研究金文，就先编成了《宋代金文著录表》和《国朝金文著录表》，把所能收集到的宋代、清代讲金文的书全部著录了。他研究宋元戏曲，先做了个《曲录》，把宋元所有的戏曲抄录下来，编成一书。所以，他研究起来，就晓得宋元戏曲有些什么东西……他的《宋元戏曲史》虽然是薄薄的一本书，但是至今已成为不可磨灭的著作。因为他的东西点点滴滴都是有详细根据的。"事实上，姜先生自己也是这样做的。他研究《楚辞》，而有《楚辞书目五种》；研究敦煌学，而有《瀛涯敦煌韵辑》《莫高窟年表》；研究历史，而有《历代人物年里碑传综表》。这样做，能使自己的研究建立在前人基础上而能有所发展。

事实上，好的工具书或资料长编，本身就是研究成果。严耕望先生的学术论著，多是有深度的资料长编。我曾拜访过美国芝加哥大学芮效卫教授，他把《金瓶梅》视为明代百科全书，举凡相关资料，分门别类，分装在不同的卡片柜中。他的资料柜就像中药铺子的药匣子，与《金瓶梅》相关的衣食住行、市井风情、文化掌故、历史事件等海量资料，无所不包。根据选题需要，随时调阅不同的资料。无论什么样的资料长编，都要尽量做到竭泽而渔。表面上看，这是一个慢功夫，但这项工作又必不可少。

总之，研究一本书，就要从这部书的流传版本做起，继而掌握作者的全部资料，最终要关注到作者的时代。同样，研究一位作家，要从他的年谱、交游考证做起，熟读他的全部著作，最终还是要关注他所处的时代。研究一个命题、一个专题，也是如此，都要从资料的收集、整理入手。系统整理资料，可以有助于我们走进中国历史的宏大叙事中，也有助于我们从细枝末节中发现历史的某些面相。

有的时候，历史的真相往往藏在历史细节里。我在《多元文化的融汇与三辅文人群体的形成》(《中华文史论丛》2008 年第 3 期)、《略论贾谊的时代与贾谊的文学》(《西南交通大学学报》2020 年第 6 期)等文中，通过资料的系统梳理，分析了吕不韦组织编写《吕氏春秋》的"大义"与贾谊撰写《新书》所蕴含的远大抱负，都是从历史细节中找到进一步研讨的线索。

如果没有这些资料支撑，只是汇总各类知识，四平八稳，充其量是平庸的教材。真正有价值的教材，作者一定是学有专攻的学者，其内容能反映最前沿的研究成果。现在有些专著往往连概论都不如，只是依据既有的知识，预想一个题目，然后利用现代手段收集相关资料，拼凑成书。这样的成果或许能给作者带来一定好处，对学术界来讲几乎没有借鉴意义。

当然，做地毯式的资料收集，从事汉魏六朝文学研究或许可以做到，研究明清文学就比较困难了。因此，如何收集整理资料，不同的学科、不同的时段，自有不同的处理方法，不能一概而论，重要的是要找到一种有效的整理资料的方法。这是我在南开大学、杭州大学和中国社会科学院读书时，老师传授给我的最重要的学术方法。

韩愈《师说》曰："师者，所以传道、授业、解惑也。"杜甫《戏为六绝句》说："别裁伪体亲风雅，转益多师是汝师。"在我过去 40 多年的求学经历中，老师们的影响既广且深。他们不仅传道、授业、解惑，那种坚忍不拔的人格魅力和实事求是的学术品格，更是激励我不断前行的不竭动力。

2020 年"十一"长假期间根据杨阿敏整理的录音稿修订完成于昌黎若水轩。

潮平两岸阔　风正一帆悬

——诸葛忆兵教授访谈录

诸葛忆兵，温州大学瓯江特聘教授，博士生导师。长期致力于宋代文史研究。在宋代文学研究方面，曾出版过《徽宗词坛研究》《多维视野下的宋代文学》等专著；在宋代历史研究方面，曾出版过《宋代宰辅制度研究》《范仲淹研究》《宋代科举资料长编》等专著。多年以来，又努力打通文史，有《宋代文史考论》《宋代科举制度与文学演变》等专著。现兼任中国宋代文学学会副会长、中国词学学会副会长、中国欧阳修文化研究会副会长、中国李清照辛弃疾学会副会长。

杨阿敏：请谈谈您小时候的家庭生活情况及学习经历。

诸葛忆兵：我父亲是记者，他最早的时候在军队里做军报记者，后来转业到地方，最后调到《温州日报》，是在记者的位置上退休的。我父亲算是跟文字有些关系。我的小学和中学都是在"文化大革命"期间，那个时候读书是非常不正常的，没有什么书可读。课文都是时代色彩非常浓的文章，用今天眼光看，既没有思想内容，也没有艺术魅力。上课也不正式，还经常组织我们小学生参加一些政治活动。比如说林彪倒台的时候，就组织我们不断写批判林彪的文章，小学我们就开始写。老师说我文章写得好，总让我写，其实我是从报纸上改头换面扒下来的。

中小学课堂基本上学不到多少内容，就是认识一些字而已。我们当时中学英语课，第一课就是毛主席万岁，第二课是祝毛主席万寿无疆，第三课是千万不要忘记阶级斗争。所以中小学的学习记忆是非常贫乏的。课外也是无书可读，所有的书都是反动的，或是修正主义的，或是封建主义的。后来能出版的小说就是浩然的《金光大道》《艳阳天》等，一些按八股模式去讲农村阶级斗争的。

"文化大革命"后期，我已经到工厂去上班，还是没有书可读，我当时会去购买任何一本可以买到的小说。当年最搞笑的一部小说，今天如果找到的话，是可以做标本的，叫《虹南作战史》，写上海郊区一个地方农村的阶级斗争。小说的写法是，一段黑体字是政治标语口号，下面再开始一段小说描写。这种小说我也就见过这一本。

我是从拐弯抹角的渠道听到要恢复高考，其他人也不知道从什么地方听到，那时候高考消息还没公布，我就开始准备复习。我高中只上了一个学期就退学了，因为家里担心我毕业以后会被逼着"上山下乡"。当时上山下乡或支边，就是到黑龙江、新疆这些地方，或者到农村去。如果你不去，居委会工作人员会在你家门上贴上白对联，还会敲锣打鼓在你家门口闹，这些场景我都见识过。初中毕业以后，没有硬性要求，如果你考上高中可以读高中，但是高中读完以后你无处可去了，政府部门会逼你走。所以我高中读了一个学期以后，家里就找了一家小工厂，让我上班去了。

我爱好读书是从小开始的。读长篇小说从小学二年级开始，阅读的第一部长篇小说是金敬迈《欧阳海之歌》。"文化大革命"时，虽然多数书被定性为毒草，但是我只要能找得到或借得到的，都会阅读。

　　上班以后有点钱也都去买书。我当时托人从上海买了一套数理化的自学教材，翻了两下就扔下不看了，这书还在。恢复高考以后，大家复习书都找不到，数理化课本都没有，这时候我有一套数理化自学教材，就拿着那套书开始自学。因为没有读完高中，所以第一年考的成绩不是太理想，数学成绩不怎么样，就只考上了温州师专。

　　1977年我上了温州师专。上师专的时候，用今天的眼光来看，我基本上是半文盲。一读到苏轼的词"十年生死两茫茫"，怎么写得这么好？以前我一首宋词都没读过，一首唐诗都没读过，李白、杜甫都没听过。"文化大革命"那个年代是极其可怕的。我最早接触到的古典作品是《水浒传》，"文化大革命"后期批《水浒传》，说宋江是投降派，这个书可以看。后来又找到《三国演义》去看，至于其他的古典作品就完全没有读过。多少年无书可读了，对书本具有一种极度的渴望。我上温州师专那种读书的状态，今天看来也是比较癫狂的。我们同学大都是早上5点起床，然后就开始背诵，不仅背唐诗宋词，课程学什么就背诵什么。如一开始学《诗经》，就拿着余冠英的《诗经选》背，还有《离骚》也通篇背诵。

　　当年杨朔、刘白羽、秦牧的散文我们都去背，古典文学里不仅背诗歌，也背《左传》《国语》的优秀篇章。那真是叫恶补。一方面是对书本的渴望；另一方面就是当时考上大学的人少，虽然是师专，自我感觉还很好，觉得自己将来可以做大事情的，可以做大学问，也对自己有这种过高的期望。5点就起来开始背诵，背到大概7点左右回去吃个早餐，吃完以后继续读书，读到8点上课。白天上课，晚上一般都要学到10点教室熄灯。我还算比较理性，熄灯以后也就回去睡觉了。我们班有同学更疯狂，熄灯以后还在路灯下继续看。以前的读书条件不好，找不到可以读书的地方，找不到有灯光的地方，所以有的同学就在路灯下，路灯那是很灰暗的。在恶补的过程中，我开始大量阅读中外名著。我的读书速度比较快，可能从小学二年级开始读小说，训练了快速读书的习惯。大致上，长篇小说一天可以读三部，上午读一部，下午读一部，晚上再读一部。大量古今中外小说都是那个时候恶补的。

我们师专加起来也就两年零两个月的时间，我们七七级招生是推迟入学的，本来应该读三年。我们在校期间，对待期末考试的态度非常认真。举一个例子，我们浙江温州人前鼻音、后鼻音分不出来，卷舌音、平舌音分不出来，第二声、第三声分不出来。当年为了考现代汉语语音，全班同学发明一招，就是背《新华字典》。背完以后的好处就是查字典特别快，手一抖就抖出来，不用去查检索了。其实说起来也很简单，把所有的第二声都背下来，那么没背的就是第三声。所有的卷舌音都背下来，没背过的是非卷舌音。前鼻音、后鼻音也这样，一网打尽。所以我们班同学考试成绩基本上在90分以上。后来七八级进来，听说还有考试不及格，我们都非常诧异，不及格是怎么考的，就觉得要考不及格是个很难的事情。

杨阿敏：大学毕业之后，您到了中学任教，后来为什么选择考研？读研期间的学习生活是如何安排的？

诸葛忆兵：大学毕业以后去做中学教师，与自己的期望很有差距，所以一心一意要考研究生。当时个人理想也就是当大学老师做学术研究。我们那个时代中文系学生认为正宗的学问就是古典文学，那时候也不知道还有其他一些学科。所以我们班几个准备考研究生的，基本上都是冲着古典文学去的。古典文学作品我背了很多，《唐诗三百首》《宋词三百首》全都背过。背诵过程中最喜欢宋词，背起来抑扬顿挫，感觉比唐诗的整齐要好一些，就决定去报考宋词方向的研究生，做宋词方面的研究。

在中学任教时，基本上还是采取恶补的方式去读书。早上起床和晚上睡觉的时间有时候就更早更晚了，时间上自我掌控，读书空间也好了，自己有寝室，也会在寝室里读。平时上课，只能更多地利用休息日，给自己规定，一个休息日一定要读完一本专著。有点空闲时间，就会躲到学校外面的竹林里读书。

当年硕士招生目录基本上会标明唐宋文学方向，只有黑龙江大学陶尔夫先生标的是唐宋词方向。我一看对路了，所以就考他的研究生。第一年没考上，被英语卡住了。中学的时候学的是毛主席万岁这类东西，相当于英语完全没有学习过。1977年恢复高考，也不考英语，师专又不开英语课。我是从人家那里问英语音标怎么读，人家告诉我，我标注上汉字以后，每个单词自己拿着音标去拼，去背诵，就这样从零开始自学英语。

第一年没考上，但是陶尔夫先生对我的卷面成绩非常满意。当时专业课考两门，唐宋词和中国通史。"文化大革命"期间无书可读的时候，范文澜的《中国通史简编》《中国近代史》是公开出版的，范文澜这几种书我读了十几遍。对中国通史好多东西挺熟悉的，所以这两门课就考得挺好，但是公共课卡住了。后来陶老师想调动工作，他就停止招生，我再考了两次没考上，就是第三年也没考上。因为陶老师对我第一年的考试成绩满意，写信肯定过我，第四年我就写信告诉他，我说算了，不考了。师专出来的英语不行，考研究生太难考了，我考不上了，算了，我就做中学教师。陶老师立刻给我回信，他说你还是要考，你来考我的研究生，我今年恢复招生。第四年我又去考，这才考上了陶老师的研究生。

自学考研时，我曾看到一则报道，说宁波一位工人自学成才，后来被长沙的一个什么学院聘为副教授，说他自学英语，一天背一百个单词。我想我不如他，可以少背一些。我那时候一天背 60 个单词，但是累积下来是很快的。不停地复习，不停地背。我在平阳中学工作时，平阳中学图书馆有一套小丛书，是"文化大革命"以前出的，世界名著的英语简写版，如狄更斯的《双城记》等，就是给初学者的。我就一方面背单词，一方面拿着这些小说看。学英语你要读书，对文章没兴趣就读不进去的，小说读起来好歹有兴趣。我开始去旁听高中的英语课。我是语文老师，汉语语法我比较明白，我就拿汉语的语法去套英语语法，一切问题都解决了，因为汉语语法整个体系是从外面来的。我就这么把英语语法给解决掉了，语法对我来说没什么问题。

上了研究生以后，我还是持续这样一种读书疯狂的状态。我在复习考研究生的时候，写了第一篇论文《"花间词"中的"别调"——毛文锡词作初探》。《花间词》里的一位词人叫毛文锡，我读他的词，觉得他的风格跟花间整体风格不太合，不仅仅是那种花间香艳的风格，他写的题材比较开阔。那时候我就写了毛文锡词的一个讨论稿，把这个讨论稿寄给陶尔夫老师了，陶老师直接就说你这篇文章是可以发表的。

　　我考进黑龙江大学以后，读书还是非常努力。但是陶老师没有提起我那篇论文的事情，也不敢问。一年以后，陶老师才提起这篇文章该怎么改，他提一点意见我就改。那时候非常艰难，所有的改稿都要重新抄一次，不像现在电脑直接修改打印。有时候陶老师就说一句话：再简练一点。就这么一句话，我又在想怎么改，以后的论文写作能力就是靠这篇文章反复修改时训练出来的。到最后，"的"字能省的全省掉。前后改了六七稿，六七稿改完以后，我突然发现自己写论文的能力提高了。改完以后，陶老师帮我推荐了《黑龙江大学学报》，这是我学术生涯中发的第一篇学术论文。

　　在黑龙江大学的时候，学校电影院俱乐部的电影票不是零售的，是一个一个班级集体来订票的。如果想看电影，就到班级文艺委员那里去订票。研究生第一年我一张票都没订过。第二年有一部电影想看了，订了一次票，结果电影取消了。那时候就觉得看电影是在浪费时间。那时候真是很勤奋，勤奋到什么地步？锻炼身体去跑步。因为跑步节省时间，不敢打球，会耽误时间，用的时间长。我做中学教师的时候，人家看见我走路从来是跑步前进的，为了节省时间去读书。当时觉得自己师专出来的，考研究生肯定是知识不如人家，两年里可以听的课也少，也不知道该怎么去复习，必须笨鸟先飞。我就把游国恩的《中国文学史》第二册、第三册一字不落地背了下来，第一册和第四册做了详尽的笔记，背了下来。还把《辞海》古典文学分册里重要的条目全背下来。我后来考博士，还是这么去做。考博士的时候，把《四库全书总目》里的提要一条条背下来，挑重要的背，一般的作家，文学史上没提到的，不可能考的不会去背。

　　1978 年进入师专读书，研究生毕业是 1987 年。师专两年零两个月，中学教师四年，硕士三年，总共九年零两个月，持之以恒地读了十年书。我们那个年代，都拿陈景润做榜样，对自己也是期许甚高，希望自己能够做出更大的成绩来。

我读研后期，常和王兆鹏老师聊天，他一直是我很好的朋友。王兆鹏老师硕士比我晚一届，我是八四级，他是八五级。1985年在洛阳开唐代文学会，那时会议举办方挺会经营的，开唐代文学会的时候，反正大佬都来了，举办方就让大佬每人讲一课，组织了一个讲习班，让全国的研究生报名，他们收钱。那时候给老师讲课费是很低的，主办方因此就收了好多钱。我们作为研究生，那时候这种机会非常难得，全国各地的研究生都报名来了。王兆鹏、曾大兴、刘尊明等好多硕士生都是在那次学习期间认识的。我们听课后，感觉不解渴，老一辈学者被"文化大革命"耽误得太厉害了，比我们大一辈的人基本上是解放以后的政治运动中过来的，读书其实是不多的。现在来看，他们的学术成绩应该是远远被我们超过去了。白天大家就觉得好多课都没意思，我们就不甘心，来一趟怎么就这样呢？我们研究生自己开始组织讨论。那时候给我们安排住的是便宜的通铺，一个大房间里搭了许多床铺。晚上我们就在那里组织自己的学术聊天，王兆鹏老师等就是这样认识的。读博后，我也跟王兆鹏老师讨论我的博士论文选题。他说他做了南渡词研究，前面的好多问题都没搞清楚。我又比较熟悉北宋后一段，正好可以把我的博士论文定到前段，我们就连接起来了。

杨阿敏：在黑龙江大学中文系师从陶尔夫教授，他是如何指导学生的？硕士论文为什么选择以贺铸词为研究对象，论文的主要内容是什么？

诸葛忆兵：在读研期间，因为陶老师只有我一位学生，所以我是在他家书房上课的。陶老师是非常认真的一位老师，他给我上课，是用毛笔字写讲稿的。他总是拿着一叠很厚的毛笔字讲稿坐在书桌前，我坐在沙发上听他讲，我有时候听得累了，还有点犯困，他一直在很认真地讲。陶老师要求我每周上课前，先写出读书报告给他。所以老师讲之前，我要把这个作家的作品读完，还要写出一点东西来。陶老师总是说，你将来学术上的第一个爆发期，就是这许多的读书报告，你的读书报告如果变成你的论文，学术丰收期就到了。所以他对我要求很严格，我当时是所有的时间都花在读书上。

从师专开始，到中学工作，再到读硕士，学习习惯一直持续下来。我假期从来不回家，只是过年才回家几天，暑假从来都是在学校学习。过年回家几天，陶老师还很惊讶：放假还回家呀？所以我经常说我的学生，国庆节、中秋节有两天空就要回家，你们怎么搞的？我过年回家几天还要给老师批评。这两天时间正好读书积累，你应该抓紧学习才是，怎么总回家？

我当时写的最有体会的读书笔记就是贺铸的词。贺铸的作品有280多首，在宋代词人里排位是前十几。宋代词人作品留到今天的，每个人数量都不多。柳永212首，周邦彦186首，李清照就更少了，40多首。姜夔开始只留下20多首，后来清人又找到了一些，加起来也不到一百首。超过300首都是数量特多的，北宋苏轼有350多首。

贺铸词一个是数量多，再一个是风格特别多样。关于他的读书报告自己当时写得是最有体会的，所以就选定贺铸去做硕士论文。那个时候钟振振先生将要出版他的博士论文《贺铸词研究》，他还出版了《东山词校注》。我特地跑到南京去跟他聊天，发现我论文中的这些想法或观点，他的书里都没有，于是确定这题目可以写。

社科院的刘世德先生到哈尔滨来做我的答辩主席，对我的论文非常肯定，认为我的论文修改后应该可以在最好的刊物上发表。后来我的博士论文就是在这个基础上继续写的，博士论文写的是《徽宗词坛研究》，贺铸词创作在徽宗年间，所以就是博士论文中的一个部分。我到中国人民大学工作以后，申请北京社会科学出版基金，把《徽宗词坛研究》提交上去，其中《贺铸词研究》这个章节就完全是硕士论文。北京社会科学出版基金要请两个专家评审，后来他们把评审意见给我看了，评审专家对我论文里贺铸词研究这一章表扬特别多。

我的硕士论文两个章节，一篇发在《北方论丛》上，一篇发在《黑龙江大学学报》上，全部章节在我的专著《徽宗词坛研究》里也能看得到。所以陶老师说得非常对，我的第一个学术丰收期是从读书报告里来的。我开始也很困惑，不知道读书笔记该写什么，我就把自己能想到的东西都给写进去，点点滴滴都写进去。研究生时读《词林纪事》《全宋词》，我就一位作家、一首作品有什么感受，都写下来。到现在，我还是保持做读书笔记的习惯。我现在通读《全宋诗》，每一册我都会做读书笔记，有时候我会把自己的读书笔记给学生看，教会他们写读书笔记。读书笔记就是从阅读感受写起，真正的学术问题就从阅读中来，这一条是最重要的。

现在许多学生还没读书，自己就先设定一个研究题目，他们认为这个题目好像没人做过研究，我是不是将来的论文选题就可以选择这个方面。他们这是拍脑袋拍出来的，不是读书读出来的。你就不知道这一段没人做研究，是不是它不存在学术问题？是不是研究价值不大？这种拍脑袋拍出来的题目是不行的。我自己读完硕士以后，最大的感受就是要读作品，做古典文学研究，第一要读作品。有一些人搞错了，第一步去读人家研究的东西，人家研究的东西已经二手、三手了。

杨阿敏：研究生毕业您再次走上讲台，后来又开始新的求学之路，读博给您带来了什么变化，郁贤皓教授是怎么指导您读书治学的？

诸葛忆兵：博士读书已经没有以前那么疯狂了，但还是很努力。因为留下来做高校老师，结婚生孩子，有好多家务事会分掉你的读书时间。甚至曾经有一段时间，我对自己所读的专业产生疑惑，现实这么残酷，我还给同学讲什么宋词，风花雪月。留在黑龙江大学教书的一段时间内，我曾放下古典书籍，专门阅读海外的各类学术著作。这样的阅读和生活方式的改变，就把以前那种一天 24 个小时里恨不得挤出 20 个小时来读古典书的作息时间给打破了。进入博士以后，还是很发奋。我记得，我那时候周末背着书包要去阅览室看书，同学喊道：周末别去读书了，陪我们打牌吧。我就会留下陪他们打，像以前这种事情是不可能的。

我的博士导师郁贤皓老师指导方式非常简单，他说经史子集你各选一部，阅读完毕后写出 4 篇论文，能发表，这门课就过了。那时候还没有像现在的博士必须要发几篇论文才能毕业，没有这一说，可是郁老师给我们的任务是4篇。经部我写的是《畏天命　敬鬼神——论孔子的"天命"观和鬼神观》，发在《云南社会科学》1995年第1期；史部我写的是《洛蜀党争辨析》，发在《南京师范大学学报》1996年第4期；集部我写的是《周邦彦提举大晟府考》，后来发表在《文学遗产》1997年第5期上。当时史部我选《续资治通鉴长编》来阅读，发现洛蜀党争值得辨析。这是我史学的第一篇文章，这篇论文在宋史学界还有一点反响。当时暨南大学的张其凡先生，也是宋史学界的名家，读了我这篇文章以后就非常肯定，让他的硕博学生都去读我这篇文章，说看看做文学研究怎么来写史学文章的。这篇文章也奠定了我与张其凡先生的学术交往基础。

　　读博期间，时间我们完全自己支配。南京师大的图书资料和黑龙江大学比较，有了天翻地覆的变化了。南京师大的藏书数量很丰富，可以看到大量港台版的学术著作。南师大有专门古籍室，可以读的书就更多了。我那时候基本上天天坐在古籍室里读书，去那看书的人也不多。

　　关于博士论文的选题，前面提到与王兆鹏老师聊天曾有所启发，阅读积累到一定程度，发现自己最有想法的仍然是北宋后期这一段。学界一般都是把北宋的词分为初中晚三期，所以我第一个想法是做北宋后期词坛研究。但是，各种各样的分期分类法，说不清楚，什么叫后期，什么叫中期，我自己也没有办法把它说清楚。那么就选了徽宗词坛，徽宗在位26年，是北宋在位时间第二长的，仁宗在位42年。宋词第一个持续的创作高峰期是仁宗时期，柳永、晏殊、欧阳修、苏轼这些大家创作高潮期都是在仁宗时期，所以仁宗时期是非常值得研究的。

当时受到法国新史学的影响,也就是说我们的历史往往是大人物、大事件构成。事实上,在历史的发展流变中,好多小人物、小事件已经昭示着历史的走向。徽宗词坛虽然著名的作家只有周邦彦和贺铸,我读书做了笔记,经过梳理,发现宋词整体发展流变线条是很清晰的。比如说词的本色,艳情的写作;词自苏轼诗化革新以来的诗化倾向;词来自于民间,俗词经柳永发扬以后在后期的走向流变等等。在作品里这三条线索是很清晰的,都可以读得出来的。所以这就构成了我论文的三个章节。

在这样的阅读过程中,会发现前人的叙说有时候过于简单粗略。前人可能是从大面上说一说,细节的问题他们就不知道了。像龙榆生先生在《词学季刊》上每期都要发表一篇大文章,如《两宋词风转变》之类的大文章,你看他只是粗线条的描绘,其中好多创作细节被遗漏掉,甚至好多细节都是错的。我们现在的研究可以更深入更细致。按照以前的读书笔记,经过归纳整理,最后形成了这一部博士论文。阅读过程是零零碎碎的,笔记也是零碎的,到一定程度我会对读书笔记进行概括。从具体到概括,然后形成观点,博士论文就这么一步步发展过来。如果你零零碎碎的感受都没有,你那些归纳概括从哪里来呢?所以我现在的笔记也还是这么做。好记性不如烂笔头,有一点想法就把它写在卡片。我以前手头全是卡片,买了大量的卡片。现在好,不用做卡片,在电脑里建文档,建文件夹。我现在读书时,觉得这个问题值得研究的,随手把它记在文档里,放在那里,将来发现材料不够,不能写,就搁置在那里。可以写的话,可能就会成为一篇论文。

杨阿敏：您博士毕业后，进入北京师范大学历史系博士后流动站，选择《两宋宰辅制度研究》课题。对于文学研究者而言，选择这样一个纯史学论题可能有些困难，您当时是如何考虑的？

诸葛忆兵：我对中国历史一直具有浓厚的兴趣。"文化大革命"的时候，读范文澜的《中国通史简编》《中国近代史》，培养起来对历史的浓厚兴趣。《续资治通鉴长编》第一版是34册，第二版是20册，这对我来说不是大部头，因为里面的史料我觉得太有意思了。我感觉《长编》还是太短了，中间好多史料都散失了。读博士的时候开始一本本读《长编》，趣味无穷。只有通过读《长编》，宋代的历史才在我脑海里逐渐鲜活起来。我第一次通读长编，开始也是带着一点目的性去读的，郁老师要求我史学写一篇专题论文。一拿起《长编》以后就确实非常喜欢，放不下来。到现在为止，《续资治通鉴长编》我已经通读过十次以上。读博士的时候是第一次，进博士后流动站做《宋代宰辅制度研究》之前阅读第二次，研究报告写完以后，阅读第三次。不过，当时《长编》还没出版完毕，还不能称为通读。这样反复阅读，过一段时间我会把《长编》拿来作闲杂书来翻读。做《宋代科举资料长编》前先通读一次，把所有能用的材料找出来，做完以后要来补阙的时候又再通读一次。我有明确目的性的阅读就有五遍。其他阅读，就是做某一问题研究时，比如说要写苏轼的论文，对元祐年间、元丰年间的事情，我觉得自己该重新复习了，又去通读。我会利用一段不写作的时间专门读书，比如说这个假期我没有什么具体的科研计划和写作计划，那我就专门读书，如完成一部相对厚的书籍阅读，像《三朝北盟会编》《建炎以来系年要录》等。像这样，我一直保持着对史学的浓厚兴趣，这是我转向宋史研究的第一点理由。

第二点和我的博士论文有关系。我的博士论文里涉及大晟乐府研究，其中有好多职官制度。那时候我读书有问题解决不了，就会到处去请教。读博士期间，我就给龚延明先生写过信，请教过他，不过没有收到回信。在南师大，我也会去请教钟振振先生。宋代职官制度太复杂了，我自己后来做了职官制度研究以后，才知道，只要是我不研究的，我就说不清楚。

我举一个例子，在中国人民大学工作以后，有一次到杭州去开范仲淹研究会，跟龚延明先生一起坐车。龚延明先生提出来，说北宋中期以前的谏官，如果仅仅是谏官，就只是一个空的名头，要具体给他个差遣，他才可以担当起谏官的真实职责来。因为宋代是官、职、差遣三者分离的，官只是表明你在什么位置上了，跟你具体干的活不一定有关系。龚先生说了以后，我就从《长编》里连举了几例，这些人就是这个官，也做这个事情了。龚先生说对，是这样的。宋代的官职是很复杂的。

我做宋代文学研究，连历史官制都搞不清楚，我怎么研究？我做过大晟乐府的提举官考，这些官与官之间互相的职责是什么？因为以往研究会讲到周邦彦做大晟府提举官，因此形成了一个格律词派。官制对文学活动产生了影响。所以我就想把宋代官制研究得明白一些，通过宋代官制的研究，以此为切入口去熟悉宋代历史，打通文史，不是把历史学界研究的成果拿过来用。如果他们的研究结论是错的，我不是在错误的结论上出发了吗？这也是我在读博期间读《续资治通鉴长编》的一个感受，读了《长编》发现以往宋史研究好多的错误。有的是可以理解的，因为前面都是政治运动，编写的历史是歪曲的，观念一旦形成，学者一时半会儿改不过来。我们在这个基础上去做文学研究的话，有时候路就完全走歪掉了。

所以我当时申请的都是历史专业的博士后。到了北师大以后，从哪种职官制度着手，当时心里不太清楚。我的博士导师郁贤皓先生做过《唐刺史考》，我能不能照样学习，做宋代的地方职官考？到了北师大以后，跟博士后流动站的联系导师黎虎先生聊研究课题选择，黎先生说："宰辅制度是职官制度中最重要的，你要做研究的话，要提纲挈领，纲举目张，先把最重要的给梳理明白了。"所以宋代宰辅制度这个题目，是黎先生给我提出来的。也是从阅读《长编》开始，把《长编》里所有的宰辅资料先给罗列出来，然后以《长编》为线索，再去读《宋宰辅编年录》等宋代的其他著作。中华书局版的《唐宋笔记丛刊》我也反复读了多少次。在宰辅制度研究过程中，真的收益很大。研究逼迫着我去读大量的宋代史书，要把宋代宰辅制度研究做好，当时能找到的宋代史料我基本也都去通读。

诸葛忆兵教授课堂风采

杨阿敏：您长期在大学讲述和研究文学史，请谈谈您对文学史的思考。

诸葛忆兵：硕士毕业留在黑龙大江大学工作，又开始讲课了，讲课就要写教案。教案的深入程度就不一样了，我好多教案都写成了论文。我发表的研究晏几道的那篇论文，我自己特别得意的《心灵的避难所——论晏几道的恋情词》，就是我的教案。还有研究欧阳修、晏殊的，好多都是我的教案。我还发表过关于《窦娥冤》的文章，《论窦娥形象的内涵及〈窦娥冤〉的创作意图》，也是我的教案。为了讲课，备课的时候不但要读作品，各类的研究著作那段时间要集中读，读完以后还要思考，怎么样把现有的学术成果呈现给学生，能够最精要、最明白地把知识传播出去。思考、整理过程中就会激发自己的一些思索，这个问题人家怎么说不清楚，我来说，这就变成一篇学术论文了。我现在还有好多教案想写成学术论文，就是时间不够用，都先放在那里。

我在讲文学史课的时候，经常会批评现有的文学史，好多东西，人云亦云，胡说八道，经不起推敲。学生听我的文学史课，知道我的许多观点都是自己的。这些观点我是想将来写成论文的，因为不是在唐宋一段的，我就需要熟悉更多的背景材料，不要说错话，所以现在还不敢落笔。讲文学史，不仅要把作品告诉学生，还要讲出史的线索、脉络来。而我们现在的文学史好多都是重要作家作品的介绍，对史的发展脉络，有时候说不出来，很多时候是断裂的。

我在讲文学史的时候，有些讲法不一样，先秦部分，《左传》《国语》《战国策》《论语》《孟子》是不讲的，这不是文学作品。我们今天不会把史学著作和哲学著作当作文学作品，至于这些著作语言表达里有一些文学成分，这是两码事。

我认为中国古代文学创作最有成绩的应该是诗歌，宋词、元曲都归入诗歌门类。元杂剧里最精彩的是曲子，有些故事情节读起来就漏洞百出。窦娥有句唱词是"自古衙门向南开，有理无钱莫进来"。请问窦娥、蔡婆婆和张驴儿比，谁更有钱？那明显是蔡婆婆有钱，张驴儿是一个没钱的赖皮，按道理说，应该是蔡婆婆买通官府才对，这样的情节完全是说不通的。今人拍古代剧，出现一个电线杆之类的小穿帮都还好办，元杂剧中大情节都说不过去，但是曲子真的好，如《西厢记·长亭送别》等。

中国文学史有好多是集体项目，写这个章节的人要是水平太低的话，写作就不行，所以一部文学史，成绩参差不齐。我认为《中国文学史》最好的一部还是20世纪50年代游国恩等主编的。那时候是集国家之力，调全国各个方向最优秀的教授在一起来编写。现在的文学史是主编选择自己熟悉的学者，想到谁叫谁，并不是说这个学科里谁最优秀让谁来。

怎么才能写文学史呢？首先是你写的这一段，所有的文学作品都要读过了。文学作品读过之后，脑子里才会有这一段文学发展的一个史的轮廓，你再把它写出来。许多人文学作品都没有好好读，就下笔写史。如果文学作品你没读过，怎么写史？肯定是人家怎么说你就怎么去搬，是吧！你根本不可能有自己的学术判断。文学史的前提是要有文学作品的阅读。好多人的文学史并不是自己写的，只是人云亦云，不过是把话语组织变换一下，换一个说法，或者是词语、句式写得很新颖，很时髦。他们有时候为了这么穿插变化，搭好花架子，往往把人家说得清楚的文学史现象再度说模糊了。

我在《北大学报》发表了一篇文章《选官制度与文学创作之演进》，我自己挺得意的。我认为在官本位的社会，一个社会让你怎么去做官，就决定你平时的思维和举止言行。文学是生活的反映，你的言行举止会反映到文学作品里，所以中国古代的选官制度一定程度上决定了中国文学发展的走向。汉朝是察举制，大家都在跑官，所以《古诗十九首》基本上是写游子思妇的。在这里讲到汉代游子思妇题材的时候，我提到以往的文学史观点，游国恩主编的文学史其实讲得是最清楚的。九品中正制强调门第，其实除了门第以外，还有一个品评人物。在那个时代，其实是跟着士流的模范人物走的。名士风范，后来叫作魏晋风度，大家都跟着效仿、作秀。也就是说，九品中正制带来人物的品评。

谈玄成为当时的一个时髦举动，成为世人的时尚。那就会出现玄言诗在玄言里，或日常清谈时，辩论不清楚或无法表达观点时，最好的一招就是说说风景：我所言之玄理，全在天上白云里了，你懂不懂？不懂，你太 low 了。所以后来玄言诗里就加入风景描写。玄言是主体，风景是陪衬。到了后来变成风景是主体，玄言是陪衬。谢灵运的诗，最后一定要归结到玄言上去的，有个玄言的尾巴。谈山水风景是谈玄的一个最好的辅助手段，所以山水风景又成了六朝的一个时髦风尚。

我还有文章在《文学评论》上发表的，《论唐宋诗差异与科举之关联》（《文学评论》2012 年第 5 期）。我认为唐宋诗的差异，主要来自科举制度的改变，这也是选官制度。这篇文章也是在对文学发展的历史作出一种解释。

　　杨阿敏：您觉得在读书治学当中，老师的作用大不大？

　　诸葛忆兵：老师的作用非常大。其实每个人都会有体验，一个好老师会让你对一门课极其感兴趣，一个差的老师会让你对这门学科一点兴趣都没了。我就听一位学生对我说，她对古典文学一点兴趣也没有，因为大学碰到一个很差的老师。老师是工农兵学员出身，听到他要上课，她就在走廊里徘徊发愁，不想进去。

　　我的硕士生导师陶尔夫先生非常认真，对我的要求也非常严格，他人品也非常好，在生活上对我又非常关心照顾，各方面都是我绝好的榜样。他们夫妻两人都是做古典文学研究的，陶老师研究宋词，刘敬圻老师在小说研究界是很有名的，是极其优秀的明清小说研究者，人品、学品各方面都很好。当然，你年纪越大，可能自我把控能力越强，不一定受老师影响，这总是少数。但是，碰到一位好老师的话，跟你这种互动、带动，对你的成长是很有用处的。一个人很容易偷懒，让你写读书报告，其实是老师给学生加压。一个人不要懒下去，稀里糊涂消磨掉一段时间。我现在要学生两个礼拜给我交一次读书报告，你读了什么书，有什么想法，就是在学习陶尔夫老师带学生的方法。

　　我学生里也有骗我的，读书报告对付的。有一次，一个学生在谈他的读书报告——以前没有电脑，研究生都来到我家，大家分别讲这两个礼拜读了什么书，有什么感想体会，不像现在用电脑发邮件那么方便，每次就相当于聊天座谈一样——那次我特别生气，我说：你以为我是不读书的，你说来说去，你读没书，我不知道？你明显是没读书，在糊弄我。我说：你不用再做读书报告了，你在浪费我的时间。我对自己要求也严格，对学生要求也严格，许多学生都被我严厉批评过。如果这个学生我不管他了，是什么情况呢？一定是绝对失望时才这样。我认为这位学生就是不想读书，只想混文凭，管也白管，就放弃。其实被我批评的，我还是对他有期望的。

杨阿敏：作为博士生导师，您现在是如何指导学生？在论文写作上，对青年学子有没有一些建议？

诸葛忆兵：指导学生，第一，我是强调学生要去读书，读元典，学术问题要从书本中来，不能事先设定。我们有些制度是逼迫我们去做事先设定，比如进入博士读书期间的研究计划之类，国外也这样，我认为这是很荒唐的。我们现在申报项目都这样，让我们写出预期的研究成果是什么，我都没有开始研究，项目还在申报过程中，我怎么知道有什么成果会出来，这是胡扯的事情。还有学生自己读书可能也会着急，所以他们就会拍脑袋先想题目。这个是我最反对的，研究要从读书中来。我记得北大的张鸣老师说，读完人家一本几十万字的博士论文，发现里边没有一点学术问题，可能就是先拍脑袋想出一个问题来，没有问题也得去一章章敷衍出来。

我的一位学生入学就说要做宋代文学中的军事思想研究，这题目听起来没人做过，当然后来也有论文发表。我就说你怎么能事先设定题目，你知道宋代文学里有没有军事思想？我曾经参加香港树仁大学的学术会议，香港一位教授提交会议一篇论文：宋代辞赋中的军事思想研究，我和四川大学祝尚书老师两个人做点评主持。我点评时告诉他，宋代好多辞赋是为了参加科举考试的练习之作，这些辞赋的特点是没思想，就是我们现在高考练习作文，做什么思想研究，不很荒唐吗？研究到最后，说宋代的军事思想就是以德服人，不是很搞笑吗？刘禹锡考试的那篇赋就没有收入他的文集，有学者考证了一下，是他自己不放进去的。因为考试的文章写得很烂，考试前的练习之作有时候更烂，没思想是这类文章的特征。后来这位学生就改变题目了。我让他们先读书，从书本中发现值得研究的学术问题。

我是让学生每两个礼拜交一次读书笔记，比我老师已经宽容好多了。在读书的同时，我还会要他们选些优秀作品背诵，从《诗经》到宋代作品。作为研究唐宋方向的研究生，在校期间，大作家的文章也选一些别集读一读，也选些全集读一读，像《诗经》可以读选木，三曹七子的诗歌可以读选本。到了唐宋部分，就选一些大家的别集来读。

我会组织学生举办读书讨论会，一周举行一次，作品和学术论文交替进行。自己读书做笔记，是自己读。大家都坐下来一起读，那种精读，感受又不一样。我们现在读周邦彦的词，一个晚上大概会读3到4首作品。具体做法是这样的，把每首作品分配给每一个同学，每首作品由一位同学主讲。主讲最多也就十几分钟，他讲完以后，剩下来的时间大家开始发言讨论。讨论起来，发现非常简单的词语或词作问题都很多，好多问题还落实不了。也发现前面名家对周邦彦的理解，许多读得很走样。学生开始读周词时，会先看参考资料，会被人家观点所左右，比如说这是俞平伯说的。我就说，你不要看谁说的，看他说得对不对，跟你的理解对不对得上，不要他说了，你就根据他的去阐释。你会发现许多作品阅读理解，好几个人都是一种观点，后面的人抄袭前面的。

　　再一个是学术问题讨论，我带的硕博里有学生写成论文，我认为有学术价值的、值得深入的，我会提交读书讨论会，大家来讨论。提前一个礼拜把稿子发给大家读。讨论会是要人人发言的，基本的要求是找毛病。如果你觉得同学的文章写得好的话，赞美的话就简单交代过去。然后所有的时间都要挑毛病，所以我们的读书讨论会全是批判。有些新同学刚刚加入不知道，按套路就赞美：师兄师姐文章写得怎么好。然后，我就挑出文章中的好多毛病，毛病那么清楚，你读不出来吗？后来他们就改过来了。我的学生到其他学校读博，告诉我再拿到同学论文，就挑毛病：文章的漏洞在哪里？观点成立不成立，材料翔实不翔实之类的。

　　这样的读书讨论会，我认为会达到几个目的：一是拓宽学术视野。我研究的是这个领域，对其他人的研究比较生疏，其他同学写了论文以后，你要去讨论它，你读他的论文去思考，去提意见，你就要先看相关的材料，拓宽学术视野，有时候可以举一反三，对自己有启发作用。我们现在参加学术会议的一个作用，看人家写的论文，他这个选题挺有意思，对自己会有启发的。二是让他们做学术思维训练。我不允许同学提鸡零狗碎的意见，你这里有个错别字，这一条注释做的不好。现在参加博士论文答辩，好多老师是这么做的，其实是老师偷懒，不看人家的博士论文，到时候随便挑几条毛病说一下。我要求学生不许这样提意见，必须是成条理的、系统的、有逻辑的。你要总结他的论文缺点在哪几个方面，是观点的、结构的，还是论据的？然后在每一点下面，你具体举例是哪些错误。必须作为一种学术思维训练过程，不是轻易就可以对付过去的。所以现在我的学生参加读书会，一般会说你的文章主要在哪几个方面有问题，有的学生还会提供自己的论述构思。从这种讨论思辨中，逐渐学习怎么去做学术研究，让学生成熟起来。

　　读书讨论会我已经坚持十几年了。最早我是受日本学者启发，日本的读书会非常普遍。我是 2008 年去日本做访问学者，参加了日本早稻田大学一个戴复古诗歌读书会。这个读书会据说坚持了十几年，一个月举行一次。举行读书会的时候，日本各地感兴趣的学者都赶过来参加，一次只讨论几首诗歌。我参加的一次读书会，仅仅读戴复古的两首作品，一个人主题发言，大家反复讨论，包括每个字怎么解释，给我启发很大，原来书是可以这么读的。我从 2008 年回来就发起读书会，我是国学院第一个办读书会的。现在读书会在国学院已经成为风气了，大概有 20 多个读书会存在。甚至国学院有学生来推动老师举办读书会——其他导师都有读书会，我们这里也应该有呀！现在基本上国学院每位教师都有读书会。

　　杨阿敏：文史研究的重要方式是读书，但是每个人读书的效果却大不一样，如何才能在阅读中发现问题？请谈谈您的读书经验和方法。

　　诸葛忆兵：这个问题，我会拿自己怎么读书积累作为范例，剖析给学生听。我自己最经典的一个范例就是在《文学遗产》上发表的《"采莲"杂考——兼谈"采莲"类题材唐宋诗词的阅读理解》。你看朱东润主编《中国历代文学作品选》中编第一册王勃《采莲曲·解题》《唐诗鉴赏辞典》等都是在讨论作品是如何展现江南水乡风光的，如何描摹女子采莲劳动时活泼爽朗、淳朴天真的，以及她们对理想爱情是如何浪漫追求的，其至将她们与诗词中"传统的矜持忧郁的女性形象"相比较，肯定了水乡劳动妇女的健康生活情调。主人公是采莲女，地点是江南水乡，内容是采莲女的生活以及她们的情感，基本上大家完全是一个套路。

我读"采莲"类作品，第一个疑问产生于宋词。宋词里有许多写采莲的作品，宋词中的女性大都是歌妓，怎么突然闯入一群水乡的劳动妇女，这是怎么回事？这必须要有理由，这个怎么成立呢？所以问题就来了。然后在读书中，我对所有的采莲作品开始做笔记。第二个问题是，中国古代妇女主要的劳动生存方式是什么？男耕女织，女的应该是织布，出去应该是采桑，所以有《陌上桑》这样的作品，像《秋胡戏妻》等都是跟采桑有关。后来诗歌中采桑题材怎么没了，怎么变成采莲了？我经过追寻，发现最早写采莲的诗歌是汉乐府的《江南》。

关于《江南》，闻一多先生民国时期有过评述和研究，这首诗不是纯粹写劳动的诗歌，更可能是一种男女嬉戏调情的作品。其由六朝梁武帝改编成宫廷曲，非常明显，"采莲"就不再是一种真实的劳动场面，而是一种宫廷娱乐的歌舞表演形式。装扮成采莲女的歌妓来跳采莲舞的，地点是舞台，身份是歌妓。唐宋诗词中的"采莲"描写，大多数都是骚人墨客在欣赏妙龄少女歌舞时的创作。唐宋时期"采莲"舞曲的表演者大都是歌妓，唐宋诗词借用"采莲"类题材所要表达的大都是男女情爱。南宋宰相史浩有作品《采莲舞》流传至今，在每一首歌词之前都有对歌舞表演的简单叙述。后来我又写了一篇《晏殊、欧阳修"采莲"词论略》，发表在《文艺研究》上。我《"采莲"杂考》这篇论文提交给宋代文学第三次年会，北大张鸣老师点评说，在以为不存在问题的地方被我发现了问题。大家认为采莲是江南水乡女子劳动这个已经成为定论，结果被我发现问题。正是因为这个案例比较具有典型性，我会拿来教学。我先把采莲作品罗列出来，让同学去读，读完以后谈对作品的理解，一般大家理解都是江南水乡女子的采莲活动。最后经过我对材料的梳理，告诉他们这是舞蹈，不是在水乡。我会拿这个做例子，去说明怎么在读书中去寻找问题。

　　读书时勤于思考，问题就随之而来，我写《论窦娥形象的内涵及〈窦娥冤〉的创作意图》这篇文章的时候也是这样。后人把窦娥塑造成反封建的，我想窦娥讲孝道，期待青天大老爷，怎么是反封建的？如果她是反封建的，把她杀了，那应该不是悲剧，封建社会反封建杀掉不是正常的吗？在封建社会，在儒家伦理道德规范下，她维护儒家伦理道德规范被杀掉那才叫冤，这才是窦娥冤，所以我就写了这篇论文。

　　杨阿敏：您以一己之力，潜心五年，编纂成《宋代科举资料长编》，请谈谈全书的编纂缘起及经过，在这一过程中有什么新的收获？

　　诸葛忆兵：我到中国人民大学工作以后，宋代宰辅制度做完了，接下来的研究题目做什么？我读程千帆、傅璇琮先生关于唐代科举与文学的著作，觉得要发挥我自己对历史学相对熟悉，对文学作品也相对熟悉的优势，我可以选宋代科举与文学关系的题目做研究。要做这个题目，对宋代的科举史料不熟悉不行。宋代科举制度的研究，那时候相对较少，北大张希清先生在专门做这方面制度研究，他写的制度史出版比较晚，我等得着急了。资料没有全部掌握，我无法对自己的观点下结论，我说对或错都没有底气，所以我就想先做一部资料长编。

长编出来以后，拿着资料写宋代科举制度史，或者写宋代科举制度与文学演变的关系，我会相对轻松，相对有底气。有了这个想法以后，中国人民大学有一个中央直属高校的资金支持，项目申请起来很方便。我报了以后学校就给了支持，就可以到处跑，查书、买书都很方便。开始的时候我准备让学生来分工负责，如你来做《续资治通鉴长编》资料的收集，他来做《建炎以来系年要录》资料的收集，大家分工合作。项目正式开始的时候，我想不对，学生读过的材料我又不放心，我还得重读，看他的材料选取对不对，有没有遗漏。

所以我就干脆全部自己做。又是从《续资治通鉴长编》开始读起，这么一部部读下来，三年以后，当时工作还没有完成。学校一看我前期发表的许多文章很好，就给项目评优。中国人民大学科研处规定：项目评优，就自动将下一期项目给你了，不用再申报了。我又有了三年时间，基本上把现存宋代全部的书通读一遍。这种通读，是有选择性的。像《全宋文》的通读，一看标题跟科举无关的就放过去，如内外制、风景游记等，这时候就不在我的关心之列了。我最关心的是墓志铭，墓志铭一篇篇通读。《全宋诗》也会看题目，一方面我已经在通读《全宋文》，现在还没通读完，我会把科举有关的都给整理出来。宋代科举资料，我想还会有遗漏，但是绝大部分材料收集到了。

编完宋代科举资料以后，宋代科举制度在我脑子里是鲜活的，只不过没把它写出来。张希清先生宋代科举制度史已经出版，按我

诸葛忆兵教授

的理解，制度史应该写出史的变化。这个制度为什么是这样的？为什么改变？怎么改变？要写出史的变化来。这些方面仍然值得我去研究，所以我的下一个计划就是写宋代科举制度史。整个制度在我脑子里是鲜活的，与宋代科举制有关的文学作品，我都把它放到长编里去了，所以目前我资料掌握是最全的。

去年到现在，我已经写了关于宋代科举制度与文学关系的7篇论文，《宋代科举制度与文学演变》这本书已经交给出版社了。这本书将近30万字，重点是在文学演变上，回归到文学本位。但回归到文学本位是最容易给人家挑毛病的，你这么说人家不一定服你。制度那个东西人家不服不行，因为资料摆在那里，省试、殿试就这么举行的，我有资料你又没法反驳。至于制度对文学的影响，人家就见仁见智了。

杨阿敏：宋代散文文学性不强，您是怎么研究？

中国古代散文的文学性不强，而且有好多是应用文。我现在的思路都在宋代科举与文学这个题目上。像我现在做的科举研究，这些文章应用性质很浓的，题名记、贡院记之类的。这些文章提供的可能是史料价值。有一些资料史书上不记载，比如贡院记，衢州这个地方贡院记保留下来，今存最早一篇贡院记就是写衢州的，说当地考生有四千多人，盖的房间是一百来间，那一个房间坐多少人？起码要坐六七十人吧？看现在仿古贡院建筑，一个小格子好像是坐一个人似的，这在宋代怎么可能呢？贡院记就对这些史料会有些补充。另外，贡院记和题名记的语言风格非常一致，它会形成散文写作里的独特的一类，科举考试是比较高层次的活动，所以文章的语言就是古朴典雅的。像这些应用性的文章，在研究过程中，第一我会把这类文章的写作套路给梳理清楚。比如贡院记，一定会写贡院是谁盖的，花了什么钱，盖了多少间，是谁的功劳之类的；第二是爬梳出它能够提供给我们的史料；第三是它在文学方面的共同特点。

相对来说，宋人传奇的文学性更强，如《夷坚志》中与科举相关的故事。宋代的传奇跟唐朝的传奇写法是不一样的，唐朝的传奇是作者将其作为真正的神鬼故事来写，比如《柳毅传书》《游仙窟》，现实中这肯定不存在，宋代人传奇都当真事来记载。不信鬼神的人讲鬼神故事，和信鬼神的人讲鬼神故事态度是不一样的。宋代的作者相信这个故事是真实的，传奇的人物、地点都是真实的，不像唐朝是虚构的。我读李剑国先生在中华书局出版的《唐五代传奇集》《宋代传奇集》，这点感受就很强烈。宋人的传奇与唐代传奇最大的不同是他们当真实事件来写，所以具有史料的考辨价值。如果他说这个人哪一年中进士，真的就是这一年，至于说这一年中试前做了什么梦，碰到了什么，算卦，那是故事，是另外一回事。所以洪迈的写作态度跟人家是不一样的，可以把《夷坚志》作为史书的一种补充。

一般的中国神鬼故事要劝善惩恶，讲报应，宋代科举故事的一个特点是不讲报应，它的关注点在考上考不上，基本上没有劝善惩恶功能。这跟一般小说不一样。哪怕你采用不正当手段考上，在故事里也是被津津乐道的，行贿都是当做好事来宣传的，不是作为负面的例子。

杨阿敏：据说欧阳修参加考试时，就帮另一位考生写文章？

是的，这样的例子，在古代科举中不是一次发生。大千世界，无奇不有。有一位考生考试时写了一半，写不下去了，把卷子扔在那里走了。另一位考生过来，打开看看，越读越有思路，就帮助他续好文章，交卷了。宋代考场设一个大的柜子，交卷时你自己扔进去，续写的考生就把他人的答卷一起投进去了。前一位考生出了考场以为就完蛋了，试卷都没写完。后来放榜竟然录取了，他也不吭声，也莫名其妙。多少年以后，一位同年到他家做客，问：当年在考场上发生什么奇怪的事情？他突然醒悟过来，是这位老兄帮他续成文章的。

宋代考场巡视的士兵不是站在那里，而是走来走去的，抓到作弊的有奖励。有些士兵就过分积极了，抓到一个就大声吆喝。苏轼做主考官时就给太皇太后写了好几道奏折，欧阳修也写过，就是说这些人过分了，人家不一定是作弊，他为了表功，叫嚷扰乱考场秩序。宋代文人地位高，有的士兵害怕整错了，也不敢随便乱喊，考场纪律就相对松懈了。

杨阿敏：您长期耕耘在宋代文史研究领域，请谈谈您的治学经验。宋代文史研究还有哪些可以开拓深化的课题？

诸葛忆兵：宋词研究领域近年来我基本没有涉足了。我的硕士论文、博士论文都写的是宋词，研究生导师陶尔夫先生就做宋词研究，他申报了国家课题《北宋词史》，但还没开始动笔就不幸去世了。1997年申报下来的，1997年就去世了。这个课题我师母就交代给我去完成。开始我拒绝接受，因为写史必须对所有的作品都很熟悉，否则写不好。我对宋词没有熟悉到这种地步，我必须每个专题都有研究才能够写出来。师母就说，一本书总是有平庸有精彩的，都是精彩的也不可能。于是，我就接受了写作任务。写起来，我的观点跟老师的有好多不一样，写到将近40万字。我的学术研究前半段时间基本上就是做宋词研究，进入北师大历史流动站以后才走向史学研究，出站以后则是史学与文学结合。我觉得我在宋词研究方面没有新的思路了，这几年对这方面的思考比较少。

杨阿敏：您能举一则史学对词学研究影响的例子吗？

词史上都说周邦彦在大晟府任提举官，领导制作音乐和歌词创作，形成"大晟词派"，或者称"格律词派"。这个说法最早是宋代人说的，南宋王灼《碧鸡漫志》、张炎《词源》都是这么说的，王国维先生在《清真先生遗事》里也就跟着说。我通过考证，发现周邦彦在大晟府任提举官，最多只有半年时间，短的话可能只有一两个月。这与《宋史》等史料所说吻合。夸大周邦彦在大晟府中的作用，与对大晟府提举官职权的误解有关，提举官是不参与具体工作事务而行使总管权力的行政官员。所以，大晟府的音乐和歌词创作跟他一点关系也没有。

王灼是下层人士，道听途说，当然是不可靠的。不一定说当代人写的当代史就肯定是对的，让我写当代上层政治史，我哪知道，我哪里会有资料，也是东听西扯的，是吧？那时候也没有严谨的什么学术研究考辨，听到的就记下来。然后张炎在王灼的道听途说上再加以自己想象发挥，完全走样了。研究里有一条叫作以宋证宋，这也不可靠，要注意考辨，包括作者本人说的话。

宋代文史研究有太多的课题，你只要读书的话，课题是无限。有学生会说文史研究前辈学者那么多，题目给他们做的差不多了，我做什么？我说这个问题只存在于本科和硕士阶段，博士阶段的话应该就不存在这个问题了，因为大量读书的时候你就能发现大量问题的是没被研究过的。

至于说可以开拓的课题，肯定是与个人的兴趣有关系，像那些开出一个大课题来让大家都来做，我觉得是不怎么靠谱的事情。你要是能够摆脱固化的观念，会发现有好多新的研究领域。比如我们的研究中涉及皇帝这个话题，是非常概念化的，基本上拿他的位置来确定，他要么是圣人，要么是昏君，要么是独裁者。但是皇帝他是人，人的一面我们在研究中很少把它呈现出来。皇帝作为人的一面，对事件对人物都会发挥作用的，对历史的进程会发生影响的。他既有身份位置的一面，又有人的一面，我就写过《论范仲淹与仁宗之关系》，发表在《江苏社会科学》2010 年第 5 期。今人说到范仲淹受到贬谪了，怎么怎么受打击，受挫折，其实不是这么回事。仁宗对范仲淹有感情，就是贬谪时待遇也是很好的。所以有的人被贬以后，不一定是挫折感，和他们当时的政治态度表现都会有关系的。今人以为他们到地方做官一定不高兴，不是的，有的不是贬谪，是外放，现在好多研究通通说成贬谪。

突破现有的概念，真正回到史料中去，按照史实本身来做研究，这就是一个新的天地。宋代其实没有研究的问题很多，就像我刚才讲科举制度史，我认为仍然是值得研究。但是史学界对我们文学界的人去做史学研究是很不服气的，这个我也不管他了。

后　记

　　本书收录了十位古代文学研究名家的访谈录，前后花了五年时间。

　　树从根脚起，水打源处流。说起这本访谈录还得从大学讲起。在学校，我先是发起一个读书会，后来又张罗着给读书会办《尔雅国学报》，半年时间，出了两期，一期八版。这么折腾下来，深感办刊不易，遂改弦易辙，做起了微信公众号。2017年大学毕业后，先回江西庐山白鹿洞书院工作了几个月，国庆后只身来到北京。当时看到一位学者的个人访谈录居然成册，遂念身处京城，学人云集，自己何不尝试一下？故以"尔雅国学报公众号名家学术访谈录"的名义与古代文学研究名家联系。天遂人愿，清华大学中文系的谢思炜教授第一个答应了我的请求，计划得以顺利开展。

　　"尔雅国学"是我于2015年10月创办的个人公众号，因而访谈之事也就成了数年来工作之外的"主业"。最初只是为了给"尔雅国学"增加些新内容，虽然意识到此工作事关文献保存，但未敢自信其价值。此间所遇挫折艰苦，难以备述，幸常得诸位师友鼓励，开示我以访谈之价值与意义，更加坚定了我继续努力的信心。中国社会科学院文学研究所研究员刘宁老师一直以来对我的访谈多有关注与支持，曾与我详谈此事之重要性，祛除我心中诸多疑惑，她说：

有意义的工作，形式多种多样，不是只有写论著、写论文才是有价值的工作。学术访谈可以发掘保存许多重要的学术史资料，但在如今看重论文、论著的评价体系里，这个工作不被看重，大家也不愿意用心来做。将来人们想了解我们这个时代的学术，可是许多有价值的文献都散失了，这是多么遗憾！而你现在不随波逐流，认真来做这个大家不关注但很有意义的工作，把这个时代有价值，但是大家不去留心搜集的那些资料保存下来、传承下去，这多有意义！如果研究中国当代学术，你的访谈成为重要的参考，甚至是绕不开的，这是多么有价值的工作！

听了刘老师的这番话，若披云雾而睹青天，我更坚信工作的价值，也更有努力的方向。虽然，这本小书尚不足以当此评价，余虽不敏，愿事斯语。不积跬步，无以至千里。刘老师也一直鼓励我，一点点去做肯定能有成就的。怕的就是东张西望，蹉跎了最好的年华。

这几年，我自己遇到一些事情，对访谈工作的价值和迫切性有所体会。在罗宗强先生去世的前一年，我曾到府中拜访。罗先生是年89岁，看上去状态还不错，尚能回忆早年的事情。我说起自己是江西人，他还能想起原先在赣南工作的经历。那天与先生交谈差不多有一个小时，然而他表达时已经不是很清楚了，听起来有些费力，要做记录也很困难，难以继续。后来，罗先生的访谈就成了广陵散，令我永感遗憾。

这本访谈录或许对青年学子还有些参考价值。我自己来自于普通本科院校，大学时代主要是自己摸黑前行，深知不少普通院校学术资源之匮乏。说来可能难以置信，我本科四年，从未见过专业相

关的一位名师或大家来校作讲座。我们大学英语课上，老师曾说过
一句话："大学大学，大不了自己学。"既是调侃也是现实。本书的
系列访谈较为全面地记录下了十位名家数十年的求学经历和治学经
验，相信能使广大的青年学子，虽未能侍坐左右，仍可亲承謦欬。

　　今天，我重读这本访谈录，引起许多回忆，生活有苦有涩，更
有甘甜。这本书，是我人生中主编的第一本正式出版的书籍，它给
我带来快乐，我对此充满感恩之情。这五年，我只做成这一件事。
人这一生要做成一件事真大不易，需要很多条件的和合，很多因缘
的凑巧。若我最初在学校没有"瞎折腾"，也就没有"尔雅国学"公
众号。若我后来不是去了北京，访谈之事也就无从着手。若没有众
多师长对一位寂寂无名的晚生如此支持与关心，访谈便无法坚持下
去。若非崇文书局慨然俯允出版，这些访谈不知何时方能集结成册。
中山大学吴承学教授赐序并题签，使本书大为生色。素慕吴老师为文，
今得高屋建瓴通论一代学人之宏文以冠书首，幸甚至哉！如此众多
因缘凑合，方成此书，对我来说，岂非人生一大幸事哉！

杨阿敏

辛丑端午于永丰麻江村